中华当代学术著作辑要

周邦彦行实新证

U0431416

薛瑞生 著

商务印书馆
The Commercial Press

图书在版编目(CIP)数据

周邦彦行实新证/薛瑞生著. —北京:商务印书馆,2022
(2024.1 重印)
（中华当代学术著作辑要）
ISBN 978－7－100－20494－1

Ⅰ.①周…　Ⅱ.①薛…　Ⅲ.①周邦彦(1056－1121)—
人物研究　Ⅳ.①K825.6

中国版本图书馆 CIP 数据核字（2021）第 232713 号

本书由西北大学中国语言文学
一流学科建设项目资助

中华当代学术著作辑要
周邦彦行实新证
薛瑞生 著

商 务 印 书 馆 出 版
（北京王府井大街36号　邮政编码100710）
商 务 印 书 馆 发 行
北京捷迅佳彩印刷有限公司印刷
ISBN　978－7－100－20494－1

2022年4月第1版　　　　开本710×1000　1/16
2024年1月北京第2次印刷　印张26¼
定价:138.00 元

中华当代学术著作辑要

出 版 说 明

学术升降，代有沉浮。中华学术，继近现代大量吸纳西学、涤荡本土体系以来，至上世纪八十年代，因重开国门，迎来了学术发展的又一个高峰期。在中西文化的相互激荡之下，中华大地集中迸发出学术创新、思想创新、文化创新的强大力量，产生了一大批卓有影响的学术成果。这些出自新一代学人的著作，充分体现了当代学术精神，不仅与中国近现代学术成就先后辉映，也成为激荡未来社会发展的文化力量。

为展现改革开放以来中国学术所取得的标志性成就，我馆组织出版"中华当代学术著作辑要"，旨在系统整理当代学人的学术成果，展现当代中国学术的演进与突破，更立足于向世界展示中华学人立足本土、独立思考的思想结晶与学术智慧，使其不仅并立于世界学术之林，更成为滋养中国乃至人类文明的宝贵资源。

"中华当代学术著作辑要"主要收录改革开放以来中国大陆学者、兼及港澳台地区和海外华人学者的原创名著，涵盖文学、历史、哲学、政治、经济、法律、社会学和文艺理论等众多学科。丛书选目遵循优中选精的原则，所收须为立意高远、见解独到，在相关学科领域具有重要影响的专著或论文集；须经历时间的积淀，具有定评，且侧重于首次出版十年以上的著作；须在当时具有广泛的学术影响，并至今仍富于生命力。

自 1897 年始创起，本馆以"昌明教育、开启民智"为己任，近年又确立了"服务教育，引领学术，担当文化，激动潮流"的出版宗旨，继上世纪八十年代以来系统出版"汉译世界学术名著丛书"后,近期又有"中华现代学术名著丛书"等大型学术经典丛书陆续推出,"中华当代学术著作辑要"为又一重要接续,冀彼此间相互辉映,促成域外经典、中华现代与当代经典的聚首,全景式展示世界学术发展的整体脉络。尤其寄望于这套丛书的出版,不仅仅服务于当下学术,更成为引领未来学术的基础,并让经典激发思想,激荡社会,推动文明滚滚向前。

商务印书馆编辑部

2016 年 1 月

目　　录

题　　记

　　学者面对自己的研究对象，要做法官，不要做情人。因为在法官那里，是什么就是什么；而在情人那里，是东施也是西施。学术的品格是真诚，毁誉有自，评骘适度，言之成理，持之有据，方能无愧学林，嘉惠读者。然而当今学界，法官固所在多有，情人也绝非罕见。学术在无根之誉中失去自我。即如北宋词人周邦彦，自王国维谓其在《汴都赋》中"颇颂新法"之后，其身价与日俱增，乃至被抬到"王安石新党代表人物"的高度，又在其词中处处寻求所谓"政治寄托"，于是不少香艳词乃至妓女词便成为"香草美人格"。然而事实胜于雄辩，是编并无什么高谈阔论，只是于史乘中搜罗爬剔，始发现前期之邦彦乃性情中人，后期之邦彦却因贪恋仕禄而投靠蔡京集团，虽无甚大的劣迹，终有亏于士德。中国人无论对今人还是古人，总好以政治道德为评价之唯一标准，王国维也不例外，始谓邦彦为"词中娼妓"，终又谓邦彦为"词中老杜"，究其因概在于此。谓其人为新党令其上九天者固不可取，谓其人曾向蔡京集团靠拢有亏于士德即令其入九渊者亦未必妥当。中庸之杳渺，当在是其所当是，而非其所当非。若摒弃政治道德标准唯一论，单就词而言，邦彦实乃柳永之亚，王氏在《人间词话》中谓其为"固不失为第一流之作者，但恨创调之才多，创意之才少耳"，实为知者之言，谨以此弁首。

修订本简要说明

　　此乃十余年前旧作①,2008 年曾在三秦出版社出版。此次修订,主要是做"减肥"的工作。但这本书乃学术著作,并非文学传记,不能"大事不虚,小事不拘",而要处处以资料为依据。每一事不能以孤证而下结论,必须以三四种文献为据始为中的。有些文献太长,但节引又有顾此失彼之嫌,必须全引方能说明问题,复类似獭祭。"减肥"也好,獭祭也好,旨在说明问题。若不该獭祭之处而獭祭之,则冲淡了欲说明的主要问题;反之亦然。故修订之目的,唯求其详略得当而已矣。此书初版时四十六万余字,此次"减肥"之后将近三十五万字,但是否做到了详略得当,只好请读者评判了。

---

①　原题《周邦彦别传》。——编者注

引　言

　　周邦彦为宋代词坛一大家,然北宋人言邦彦其人其词者,似乎还未曾经见。由北宋入南宋之王铚,其子王明清谓其与邦彦曾有交往,然其《默记》对邦彦却无片言只字之记载。今所见记周邦彦之仕履行实者,殆自南宋始,其公私载记者盖有:《碧鸡漫志》《东都事略》《题周美成词》《清真先生文集序》《宝真斋法书赞》《藏一话腴》《直斋书录解题》《词源》《咸淳临安志》《宋史》,等等,其他私人笔记、杂录对其遗闻逸事亦有零星记载。南宋初人王灼在其《碧鸡漫志》卷二记邦彦事者三条:

　　　　前辈云:"《离骚》寂寞千年后,《戚氏》凄凉一曲终。"《戚氏》,柳氏(谓柳永)所作也,柳何敢知世间有《离骚》? 唯贺方回、周美成时时得之。

　　　　江南某氏者解音律,时时度曲。周美成与有瓜葛,每得一解,即为制词,故周集中多新声。

　　　　崇宁间建大晟府,周美成作提举官,而制撰官又有七。……新广八十四调……①

王称《东都事略》卷一一六《文艺传》(以下简称《事略》)曰:

----

　　①　[宋]王灼著,岳珍校正:《碧鸡漫志校正》,巴蜀书社 2000 年版,第 39 页。(注释中所引文献,如非特别说明,只在每章首次出现时标注版本,不另注。)

　　周邦彦字美成,钱塘人也。性落魄不羁,涉猎书史。元丰中献《汴都赋》,神宗异之,自诸生命为太学正。绍圣中除秘书省正字。徽宗即位,为校书郎,迁考功员外郎、卫尉、宗正少卿,又迁卫尉卿,出知隆德府,徙明州,召为秘书监,擢徽猷阁待制,提举大晟府。未几,知真定,改顺昌府,提举洞霄宫。卒,年六十六。邦彦能文章,世特传其词调云。①

强焕《题周美成词》(以下简称强《题》)曰:

　　文章政事,初非两涂。学之优者,发而为政,必有可观;政有其暇,则游艺于咏歌者,必其才有余辨者也。溧水为负山之邑,官赋浩穰,民讼纷沓,似不可以弦歌为政。而待制周公,元祐癸酉春中为邑长于斯,其政敬简,民到于今称之者,固有余爱。而其尤可称者,于拨繁治剧之中,不妨舒啸。一觞一咏,句中有眼,脍炙人口者,又有余声,声洋洋乎在耳侧,其政有不亡者存。余慕周公之才名有年于兹,不谓于八十余载之后,蹑公旧踪,既喜而且愧,故自到任以来,访其政事,于所治后圃,得其遗政,有亭曰"姑射",有堂曰"萧闲",皆取神仙中事,揭而名之,可以想象其襟抱之不凡;而又睹"新绿"之地,"隔浦"之莲,依然在目。抑又思公之词,其模写物态,曲尽其妙。方思有以发扬其声之不可忘者,而未能及乎?暇日从容式燕嘉宾,歌者在上,果以公之词为首唱,夫然后知邑人爱其词,乃所以不忘其政也。余欲广邑人爱之之意,故哀公之词,旁搜远绍,仅得百八十有二章,厘为上下卷,乃辍俸余,鸠工锓木,以寿其传,非惟慰邑人之思,亦蕲传之有所托,俾人声其歌

_____

①　[宋]王偁:《东都事略》,武英殿聚珍本。

者,足以知其才之优于为邑如此,故冠之以序,而述其意云。公讳邦彦,字美成,钱塘人也。淳熙岁在上章困敦孟陬月圉赤奋若,晋阳强焕序。①

楼钥《攻媿集》卷五一《清真先生文集序》(以下简称楼《序》)曰:

> 班孟坚之赋两都,张平子之赋两京,不独为五经鼓吹,直足以佐大汉之光明,诚千载之杰作也。国家定都大梁,虽仍前世之旧,当四通五达之会,贡赋地均,不恃险阻,真得周家有德易以王之意。祖宗仁泽深厚,承平百年,高掩千古,异才间出,曾未有继班张之作者。神宗稽古有为,鼎新百度,文物彬彬,号为盛际。钱塘周公,少负隽校俊声,未及三十,作为《汴赋》,《赋》凡七千言,富哉,壮哉,极铺张扬厉之工!期月而成,无十稔之劳;指陈事实,无夸诩之过。《赋》奏,天子嗟异之,命近臣读于迩英阁,由诸生擢为学官,声名一日震耀海内,而皇朝太平之盛观备矣。未几,神宗上宾,公亦低徊不自表襮。哲宗始置之文馆,徽宗又列之郎曹,皆以受知先帝之故,以一赋而得三朝之眷,儒生之荣莫加焉。公之殁,距今八十余载,世之能诵公赋者盖寡,而乐府之词盛行于世,莫知公为何等人也。公尝守四明,而诸孙又寓居于此,尝访其家集而读之,参以他本,间见手稿,又得京本《文选》,与公之曾孙铸裒为二十四卷。中更兵火,散坠已多,然足以不朽矣。公壮年气锐,以布衣自结于明主,又当全盛之时,宜乎立取贵显,而考其岁月仕宦,殊为流落,更就铨部试邲邑,虽归班十朝,坐视捷径,不一趋焉。三馆州厩,仅登松班,而旅死矣。盖其学道退然,委顺知命,人望之如木鸡,自以为

---

① 〔宋〕周邦彦:《片玉词》,明毛晋汲古阁本。

喜,此尤世所未知者。乐府传播,风流自命,又性好音律,如古之妙解,"顾曲"名堂,不能自已,人必以为豪放飘逸,高视古人,非攻苦力学以寸进者。及详味其辞,经史百家之言,盘屈于笔下,若自己出,一何用功之深而致力之精耶?故见所上献赋之书,然后知一赋之机杼;见《续秋兴赋后序》,然后知平生之所安;磬镜乌几之铭,可与郑圃、漆园相周旋;而祷神之文则《送穷》《乞巧》之流亚也。骤以此语人,未必遽信,唯能细读之者,始知斯言之不为溢美耳。居闲养疴,为之校雠三数过,犹未敢以为尽力。淇水李左丞读赋上前,多以偏旁言之,因为考之群书,略为音释,阙其所未知者,以俟博雅之君子,非敢自比张载、刘逵为《三都》之训诂也。钥先世与公家有事契,且尝受廛焉;公之诗文,幸不泯没,钥之愿也。公讳邦彦,字美成,清真其自号。历官详见《志铭》云。制使待制陈公,政事之余,既刊曾祖贤良都官家集,又以清真之文并传,以慰邦人之思。君子谓是举也,加于人数等,类非文史之所能为也。①

岳珂《宝真斋法书赞》曰:

> 右宣和大晟令、徽猷阁待制、清真周公邦彦字美成《友议帖》真迹一卷。《汴都》治赋,公以文艺动人主,而卒以词名天下,岂雕虫篆刻之所推欤? 字画之传,斯亦称矣。嘉泰甲子十二月,舟过吴门,遇公之孙某,同上兰省,道中相从,访而得之。
>
> 左太冲赋《三都》十年,门墙藩溷,皆着纸笔。予意其因以寓墨池模仿之妙,而未必徒以诧记事备言之述,不然则亦焉用是物也? 如公书法,或者得太冲之仿佛乎! 有凤楼之手以侈其标度,有

---

① ［宋］楼钥:《攻媿集》,《影印文渊阁四库全书》本。

香奁之泽以酝其风骨,体具态全,夫岂一日。清真之名,公所自出,世不当徒以考公之词赋,尚可因是著公之翰墨也。①

陈郁《藏一话腴》曰:

> 周邦彦字美成,自号清真,二百年来以乐府独步,贵人、学士、市儇、妓女知美成词为可爱,而能知美成为何如人者,百无一二也。盖公少为太学内舍选,年未三十作《汴都赋》,铺张扬厉,凡七千言,奏之,天子命近臣读于迩英阁,遂由诸生擢太学正,声名一日震耀海内。神宗上宾,哲宗置之文馆,徽宗列之郎曹,皆自文章而得。至于诗歌,自经史中流出,当时以诗名家如晁、张,皆自叹以为不及。②

陈振孙《直斋书录解题》集部别集类曰:

> 《清真集》二十四卷,徽猷阁待制钱塘周邦彦美成撰。元丰七年进《汴都赋》,自诸生命为太学正。邦彦博文多能,尤长于长短句自度曲,其提举大晟府亦由此,既盛行于世,而他文未传。嘉泰中,四明楼钥始为之序,而太守陈杞刊之,盖其子孙家居于(四)明故也。《汴都赋》已载《文鉴》。世传赋初奏,御诏李清臣读之,多古文奇字,清臣诵之如素所习熟者,乃以偏旁取之耳。钥为音释,附之卷末。③

张炎《词源》曰:

---

① [宋]岳珂:《宝真斋法书赞》卷二一,《影印文渊阁四库全书》本。
② [宋]陈郁:《藏一话腴》卷上,《影印文渊阁四库全书》本。
③ [宋]陈振孙:《直斋书录解题》卷一七,《影印文渊阁四库全书》本。

古之乐章、乐府、乐歌、乐曲,皆出于雅正。……迄于崇宁,立大晟府,命周美成诸人讨论古音,审定古调,沦落之后,少得存者。由此八十四调之声稍传。而美成诸人,又复增演慢曲、引、近,或移宫换羽,为三犯、四犯之曲,按月律为之,其曲遂繁。①

潜说友《咸淳临安志》卷六六《人物传》(以下简称潜《志》)曰:

周邦彦,字美成,少涉猎书史,游太学,有俊声。元丰中献《汴都赋》七千言,多古文奇字。神宗嗟异,命左丞李清臣读于迩英阁,多以偏傍言之,不尽悉也。由诸生擢太学正,其后留(流)落不偶。绍圣中,除秘书省正字。徽宗即位,为校书郎,累迁卫尉卿,出知隆德府,徙明州。以秘书监召,赐对崇政殿,上问《汴都赋》其辞云何,对以岁月久不能省忆,用表进入,帝览表称善,除徽猷阁待制,提举大晟府,知真定府,改顺昌府,提举洞霄宫。卒,年六十六。邦彦能文章,妙解音律,命其堂曰"顾曲",乐府盛行于世,人谓之落魄不羁,其提举大晟,亦由此。然其文,识者谓有工力深到处。声[磬]镜乌几之铭,有郑圃、漆园之风;祷神之文,仿《送穷》《乞巧》之作,不但词调而已。自号清真居士,有集二十四卷。(以《东都事略》,本朝王明清《挥麈录》、楼钥《清真集序》、陈直斋《书录解题》修。)②

《宋史·文苑传》曰:

周邦彦字美成,钱塘人。疏隽少检,不为州里推重,而博涉百

---

① [宋]张炎:《词源》,唐圭璋编:《词话丛编》,中华书局1986年版,第255页。
② [宋]潜说友:《咸淳临安志》,《宋元方志丛书》本,中华书局1990年版,第四册,第3595—3596页。

家之书。元丰初，游京师，献《汴都赋》余万言，神宗异之，命侍臣读于迩英阁，召赴政事堂，自太学诸生一命为正，居五岁不迁，益尽力于辞章。出教授庐州，知溧水县，还为国子主簿。哲宗召对，使诵前赋，除秘书省正字。历校书郎、考功员外郎、卫尉、宗正少卿，兼议礼局检讨，以直龙图阁知河中府，徽宗欲使毕礼书，复留之。逾年乃知隆德府，徙明州，入拜秘书监，进徽猷阁待制、提举大晟府。未几，知顺昌府，徙处州。卒，年六十六，赠宣奉大夫。邦彦好音乐，能自度曲，制乐府长短句，词韵清蔚，传于世。①

《碧鸡漫志》成书于绍兴年间，当为有关邦彦事之最早记载。然惜其记事无多，但谓其曾提举大晟府、知音律而已；其评却颇高，谓周邦彦所作乃词中之《离骚》。王称，眉州人。其父赏，绍兴中为实录院修撰。《四库全书总目》谓"洪迈修《四朝国史》，奏进其书"。考洪迈修《四朝国史》在孝宗淳熙年间（1174—1189），《东都事略》成书当在此前，盖当孝宗乾道年间（1165—1173），距邦彦之卒四五十年。称承其家学，旁搜九朝事迹，采集成编，诚如《四库全书总目》所云"叙事约而该，议论亦皆持平"②，其《文艺传》为元人修宋史时多所资取。其去邦彦未远，不知何以记邦彦事亦有所缺略（说详后）。

强焕其人无考，既谓"淳熙岁在上章困敦孟陬月圉赤奋若"，太岁在庚曰"上章"，在子曰"困敦"，在丁曰"圉"，在丑曰"赤奋若"，"孟陬"即正月，故知强《题》写于孝宗淳熙七年庚子（1180）正月丁丑，晚于《东都事略》六七年至十余年，早于楼《序》二十二年（说详后），其谓"元祐癸酉春中为邑长于斯"，"元祐癸酉"为元祐八年，记邦彦赴溧水任之时

---

① ［元］脱脱：《宋史》，中华书局 1985 年版，第 13126 页。
② ［清］永瑢等：《四库全书总目》，中华书局 1995 年版，第 449 页。

间。对邦彦政声之溢美,自当未受楼《序》影响所及,亦当无私意在,然是否有因爱其词而美其人之意,亦未可知耳。

　　楼钥,先世为浙江奉化人,其四世祖之前无考,四世祖楼郁自奉化迁鄞县,遂为鄞人。郁生常、肖;常生异,肖生弄;异生璩、璩,弄子无考;璩生镛、镗,璩生鍚、锡、钥、镃;钥生淳、潇,淳、潇以下则不论焉。楼氏为书香门第,且除楼镃外世世自科第进身入仕,多有官声,而以钥为翘楚。钥生于高宗绍兴七年(1137),卒于宁宗嘉定六年(1213)。孝宗隆兴元年(1163)进士,历知温州,迁起居舍人,累官至参知政事,立朝有节,刚正不阿,曾因忤秦桧而一度罢官,士林誉之;又博通经史,文辞精美,有《范文正公年谱》与《攻媿集》传世。

　　楼《序》谓"钥先世与公家有事契,且尝受廛焉"。按:"事契"即情谊。曾巩《襄州与交代孙颀启》:"惟事契之稠重,实愚冥之幸会。"[①]"受廛",谓愿受其地而居之为民。廛,一个男劳力所居的屋舍。《孟子·滕文公上》:"有为神农氏之言者许行,自楚至滕,踵门而告文公曰:'远方之人,闻君行仁政,愿受一廛而为氓。'"孙奭疏:"远方楚蛮之人,闻滕君行仁政于此,我今所以来至,心愿受一廛居之,以为之氓也。氓,野人也。"楼钥四世祖楼郁自奉化迁鄞县,鄞县属明州,而邦彦曾于政和六年下半年至七年春知明州(详第七章考),此即所谓"受廛"者也。然"事契"又何指耶? 周家世世居钱塘,距鄞县甚远,且周家在邦彦之父周原之前至四世祖无居官者(详第一章考),而楼家尤其是楼钥一支,亦无在钱塘居官者。楼郁,皇祐五年(1053)进士,庆历中为郡县教授前后三十多年,官至大理评事致仕,卒。郁子常,登治平进士,累官知兴化,卒,赠至太傅。常子异,曾知明州。异长子璩,以父任得官,为婺州幕,除於潜令,以课最闻。绍兴中,累官至朝议大夫,持节十余年,所至

---

① ［宋］曾巩:《南丰先生元丰类稿》卷三六,《四部丛刊》本。

多政声,三十二年卒,年七十三。异次子璩,以军器监丞摄工部郎官,出知处州,通判明州,为沿海制置司参议,终朝议大夫,淳熙九年卒。楼家在钥之前数代,唯其祖异与其父璩尝官明州,其父恐不能当"先世"之称,且璩当与邦彦子为同时人,亦未发现二人往来之踪迹。故知在邦彦之前,周家不可能与楼家有"事契"。唯一之解,即周邦彦与楼家有"事契",因周邦彦知明州在楼钥之祖楼异之前,且楼异接周邦彦明州任,为新旧官相互交代(详第七章),宣和二年(1120),邦彦又移家明州,时楼异尚在知明州任,或予以协理,"事契"者当谓此。

　　楼家素有政声,且以楼钥为最,《四库全书总目提要》评《攻媿集》时谓楼钥"居官持正有守,学问赅博",又谓至于"题跋诸篇,元元本本,证据分明"。王应麟《困学纪闻》曾录其"门前莫约频来客,坐上同观未见书"二句载入诗评类中。然则楼钥之祖父楼异,却有损楼家清正之家声。据《宋史》卷三五四《楼异传》载,异为元丰八年(1085)进士,"政和末,知随州,入辞,请于明州置高丽一司,创百舟,应使者之须,以遵元丰旧制。州有广德湖,垦而为田,收其租可以给用,徽宗纳其说。改知明州,赐金紫,出内帑缗钱六万为造舟费,治湖田七百二十顷,岁得谷三万六千。加直龙图阁、秘阁修撰,至徽猷阁待制。郡资湖水灌溉,为利甚广,往者为民包侵,异令尽泄之垦田。自是苦旱,乡人怨之。"①

　　《宋史》卷九七《河渠七》载:"明州水:绍兴五年,明州守臣李光奏:'明、越陂湖,专溉农田。自庆历中,始有盗湖为田者,三司使切责漕臣,严立法禁。宣和以来,王仲嶷守越,楼异守明,创为应奉,始废湖为田,自是岁有水旱之患。乞行废罢,尽复为湖。如江东、西之圩田,苏、秀之围田,皆当讲究兴复。'诏逐路转运司相度闻奏。"②《校勘记》云:"'宣和以来王仲嶷守越,楼异守明,创为应奉',按本书卷一七三《食货

---

①　[元]脱脱:《宋史》,第 11163 页。
②　同上书,第 2403 页。

志》：'政和以来，创为应奉'"；《宋会要辑稿·食货七》之四一："自政和以来，楼异知明州，王仲嶷知越州，内交权臣，专务应奉。"①又《嘉泰会稽志》卷二载王知越州，《乾道四明图经》载楼知明州。按：据《北宋经抚年表》载，王仲嶷知越在政和四年至七年，从本书第七章考可知，楼异知明州在政和七年至宣和三年（1117—1121），其废湖造田亦当在此期间，故知"政和以来"正，而"宣和以来"则误。且因楼异废湖造田之举，大为昏庸的徽宗所赏识，故宣和元年与宣和二年，徽宗两次下诏给楼异升官，令其再任。后因欲壑难填，惹怒徽宗。则楼异为害一方之劣迹可知。

《宋会要辑稿·食货七》之四一载："（绍兴）二年三月二十九日，绍兴府上虞令赵不摇言：'本县所管夏盖等湖一十三处，自废湖为田，租米皆属御前，省税即隶户部。官吏知有湖田数千硕之利，而不知夺此水利，检放省税，岁乃至万硕。建炎以后，湖租尽入户部，然未之废，废之诚便。'吏部侍郎李光言：'一方利病，莫甚于湖田，大抵湖高于田，又高于江海。水少则泄湖水入田，水多则泄田水入湖，故无水旱之岁、荒废之田也。自政和以来，楼异知明州，王仲嶷知越州，内交权臣，专务应奉，将两郡陂湖废为田。涝则增溢不已，旱则无灌溉之利，而湖之为田亦旱矣，百姓失业者不可胜计。望下转运司，比较自兴（疑为"废"字之误）湖以来所失常赋与湖田所得，孰多孰少，检会祖宗条法，应东南[诸]郡自政和以来，以湖为田者，复以为湖。'"

李心传《旧闻证误》卷三亦曰："明、越州鉴湖、夏盖、白马、竹溪、广德等十三湖，自唐长庆中创立，湖水高于田，田又高于江海，旱涝则递输放，其利甚溥。自宣、政间楼异守明，王仲嶷守越，皆内交权臣，专事应奉，于是悉废二郡陂湖以为田，其租悉属御前。重和元年二月甲子，诏

---

① ［清］徐松辑：《宋会要辑稿》，上海古籍出版社2014年版，第十七册，第6137页。

鉴湖田租以备缮修原庙之需,不许他司奏请。他皆类此。由是民失水
利,而官失省税,不可胜计。绍兴元年,李庄简为吏部侍郎,奏请复之。
上虞令赵不摇奉诏考究,自宣和元年至今,湖田凡得米三万三千余斛,
入御前而纳放,省税米十四万六千余斛,得不偿失,遂复废。余姚、上虞
二县湖田其本末如此。"①

上引典籍所记,唯时间不同,事则全同。且从下文第七章考可知,
楼钥之祖楼异政和七年至宣和三年(1117—1121)废湖造田,至绍兴元
年(1131)、三年(1133)或五年(1135)又还田兴湖,给明州造成几二十
年水旱之灾。李光奏请还田兴湖时,楼钥尚未生。至楼钥为《清真集》
写序时,距楼异废湖造田已八十余年,距李光奏请还田兴湖亦六十余
年。事过境迁,若谓楼异废湖造田事,外人不知尚可;若谓楼钥不知,似
不可思议。因为纠其祖父之错,废田兴湖方二十余年,在当地影响很
大,口诛口碑,议论民间,毋容不知。盖楼钥以为期间功过是非已成陈
迹,故借为《清真集》写序时为之遮饰耳。楼异与周邦彦均依附权奸而
贵,楼《序》亦一反其"题跋诸篇,元元本本,证据分明"之美誉,不以公
是公非为是非,而以私是私非为是非,但谓"知斯言之不为溢美",实则
溢美太甚,混淆事实,又启后人谓邦彦为新党之说,为报私恩而忘公义,
实不可取。且为邦彦讳,实则亦为其祖父讳,故有意不秉笔直书耳。楼
《序》又谓"与公(邦彦)之曾孙铸裒为二十四卷","制使待制陈公,政
事之余,既刊曾祖贤良都官家集,又以清真之文并传"。

"都官家集",即陈家藏本陈舜俞集,名《都官集》②。"陈公",即陈
舜俞(?—1067),字令举,湖州乌程(今浙江湖州市吴兴区)人。庆历
进士,官至尚书都官员外郎,其婿周邠编其文为二十卷,蒋之奇为之序;

① [宋]李心传:《旧闻证误》,《唐宋史料笔记丛刊》本,中华书局1981年版,第43—
44页。
② [宋]陈舜俞:《都官集》,《影印文渊阁四库全书》本。

至南宋庆元年间,由其曾孙陈杞刊刻,并跋。

《都官集》与《清真集》究竟合刻于何时耶？陈杞于宁宗庆元六年(1200)知庆元府(即明州,南宋改庆元府),何时离任,无考。《陈都官文集后序》与《清真先生文集序》均当作于陈杞知庆元府时。周邦彦卒于宣和三年(1121),楼《序》既称"公之殁,距今八十余载",而庆元六年距邦彦卒整八十年,不应称"八十余载",故知楼《序》当作于宁宗嘉泰二年(1202)或三年(1203)之间,复以三年一任原之,尤以二年为宜。时楼钥已六十六岁,陈杞年齿几何,无考。楼《序》多溢美邦彦,当出于邦彦曾孙铸之意,特借名人之笔为其曾祖文其过而饰其非耳。然楼钥因"先世与公家有事契,且尝受廛焉",即不秉笔直书,为楼钥计之,似亦有损其令名。

岳珂《宝真斋法书赞》重在评邦彦之书法,至于《汴都赋》,但仅言"以文艺动人主"而已。至如邦彦事迹,则及之者甚微,仅谓"宣和大晟令、徽猷阁待制"云耳,而所谓"宣和大晟令"亦误(详第八章考)。

直斋与藏一居士均理宗时人,去邦彦已远,其言乃言人之所言而未加考辨,不论可也。且宋人有好奇之癖,尤至南宋,多好虚言而不务实据,故转相传抄。大抵如矮子观剧,随人喜怒,又于其间加枝添叶,于是邦彦之事则愈传愈奇,真假相混,徒乱后人视听。由宋入元的张炎所记,即可作如是观。潜说友亦由宋入元,且潜《志》撮录诸籍而未辨,舛误尤多。然潜《志》多注明文献来源,其严谨可嘉。《宋史》据《东都事略》而间采他籍,亦有舛误处。总观如上载记,多真伪混杂,须一一加以考辨,始能见其真假耳。

元明清三代词家,于词集整理多所贡献,然于词家之事迹,却多掇拾宋人牙慧,未加考辨,即人云亦云;亦间有真知灼见者,却不为人所重;乾嘉考据之学,似亦未及光顾词域。近人王国维与陈思,始首重对邦彦事迹之考证,然亦多据上籍亦兼采他籍,未能追本溯源,且据楼《序》,发乎邦彦为新党而受旧党倾轧之说,尤多溢美之辞。王国维在其《清真先生遗事》(以下简称《遗事》)中除考其仕履行实外,又评曰:

> 先生于诗文无所不工,然尚未尽脱古人蹊径。平生著述,自以乐府为第一,词人甲乙,宋人早有定论。惟张叔夏病其意趣不高远,然北宋人如欧、苏、秦、黄,高则高矣,至精工博大,殊不逮先生。故以宋词比唐诗,则东坡似太白,欧、秦似摩诘,耆卿似乐天,方回、叔原则大历十子之流,南宋唯一稼轩可比昌黎,而词中老杜,则非先生不可。昔人以耆卿比少陵,犹为未当也。①

> 先生于熙宁、元祐两党均无依附。其于东坡为故人子弟,哲宗初,东坡起谪籍掌两制时,先生尚留京师,不闻有往复之迹。其赋汴都也颇颂新法,然绍圣之中不因是以求进。晚年稍显达,亦循资格得之。其于蔡氏亦非绝无交际,盖文人脱略,于权势无所趋避,然终与强渊明、刘昺诸人由蔡氏以跻要路者不同。……徽宗时,士人以言大乐、颂符瑞进者甚多,楼《序》、潜《志》均谓先生妙解音律,其提举大晟府以此,然当崇宁、大观制作之际,先生绝不言乐。至政和末,蔡攸提举大晟府,力主田为而排任宗尧(事见《宋史·乐志》及《方伎·魏汉津传》)。先生提举适当其后,不闻有所建议,集中又无一颂圣贡谀之作。然则弁阳翁所记"颇悔少作"之对,当得其实,不得以他事失实而并疑之也。②

陈思《清真居士年谱》(以下简称《年谱》)亦颇多赞颂之词:

---

① 王国维:《清真先生遗事》,《王国维遗书》,上海书店 1983 年版,第七册,第 138—139 页。

② 同上书,第 133—134 页。

《黄鹂绕碧树》"甚驱驰利禄,奔竞尘土。纵有魏珠照乘,未买得,流年住",谓始以党败人,终以党败国也;"对寒梅照雪",自况也;"犹赖是、上苑风光渐好,芳容将煦",亦前首"主人未肯教去"意也。"盛饮流霞,醉偎琼树"句,与"回头谢、冶叶倡条"句,《尉迟杯》"冶叶倡条俱相识,仍惯见,珠歌翠舞"句,汇参所谓"琼树"及"冶叶倡条",非三闾大夫之美人、香草而何? 集中令、慢,固儿女情多,然楚雨含情,意别有托,亦复不少。如《浣溪沙》之"不为萧娘旧约寒,何因容易别长安",《夜游宫》之"有谁知,为萧娘,书一纸",其中所指,断非所欢。惜文集久佚,无术探索,然诵中秋寄李伯纪词,其志洁行芳,已可见矣。①

平心而论,宋人之后,王、陈首创从考据入手而论邦彦之端绪,其功丰伟。然其时王、陈有些典籍无缘经见,如《宋会要辑稿》王、陈均无由寓目;至如1957年始出土之《田子茂墓志铭》,当然更无由经见。至于20世纪末始被华东师范大学教授刘永祥发现的吕陶为邦彦之父周原所写的《周居士墓志铭》,王、陈亦似未尝目检。二氏对楼钥之为邦彦遮饰亦信而不疑,又未据宋代官制,对楼《序》所言事之真伪进行鉴别,始为后人全面了解邦彦留下缺憾。且静庵为学界泰斗,故对其言信之者多而疑之者少,其后论邦彦者多依之为据。陈思于考辨用力甚勤,然却多外证而乏内证;对邦彦之仕履,仅撮录前人之所云,未考辨其真伪;邦彦词中妓女词太多,陈氏无以解释,即掇拾王灼周词中有《离骚》说,以香草美人格方周词,直将邦彦抬上三闾大夫的宝座,尤为不类。

王、陈二氏生当同时,然于后世,因静庵名声太大,陈氏为其大名所掩,故其《年谱》知之者少,即有知之者亦以"纰缪"目之,而于其合理部

① 陈思:《清真居士年谱》,辽沈书社1985年版,第2174—2175页。

分亦弃之若敝屣。王、陈二氏身后之"热遇"与"冷遇",亦对邦彦研究造成了不必要的误区,使其行实中有些该解决的问题未能解决。而王氏又对当代邦彦研究影响极大,其关于邦彦之论述,被后世学者奉为圭臬,且又由王氏之"颇颂新法"说发挥开去,将周邦彦捧上新党人物的宝座。陈氏的"香草美人"说,又适应了"新党人物"说的需要,实质上又被一些学者所继承并发展,遂于邦彦研究之旧误区上,又造成了新的误区。

当代之邦彦研究,以香港学者罗忼烈先生之功力为深,成就为大,亦以其对邦彦之评价为最高。先生除撰有专著《清真集笺注》外,还写有一系列评邦彦的文章,其《拥护新法的北宋词人周邦彦》曰:

他(指周邦彦)和苏轼(1036—1101)同时,两人的主要活动都在北宋中期以后,并同王安石变法及新旧党争有直接的关系,因而被支配了他们的政治生活。在代表着新旧斗争的保守派和革新派两条政治战线上,苏轼是新法的反对者,这是大家都知道的;周邦彦是新法的拥护者,这回事,知道的人恐怕不多。熙宁变法(1069)后,苏轼虽曾请外任或被贬谪,但于宋哲宗元祐年间以司马光、吕公著为首的保守派当权时,也曾高官厚禄,显赫一时;直至绍圣初年革新派执政,才被贬到广东,以后一蹶不振了。就在苏轼青云得意、立登要路的时候,周邦彦被保守派排挤,外放庐州(州治在今安徽合肥)教授。《重进〈汴都赋〉表》自称"旋遭时变,不能俯仰取容,自触废罢",即指此一事件。到宋哲宗绍圣年间,章惇、曾布执政,起用革新派人物,他才被召回汴京。却又"虽归班丁朝,坐视捷径,不一趋焉"(楼《序》)。到宋徽宗时,以蔡京为首的腐败的大地主集团专政,名义上虽奉行新法,实质上却是破坏新法,大干祸国殃民的勾当。周邦彦不屑同流合污以图富贵,加以年事渐高,于是"学道退然,委顺知命"(楼《序》)而已。晚年官至卫尉卿、直龙图阁、徽猷阁待制、大晟府提举等职,地位清贵,"亦循资格得之"(《遗事》)。①

罗先生因其以王国维为宗,且熟悉宋代掌故,对清真现存之诗、词、文均作了详细笺注,其说亦产生了广泛影响,被不少学者所接受。尤以刘扬忠《周邦彦传论》为代表:

> 《汴都赋》为什么会受到如此不一般的赏识呢?对此历代的人们有各种不同的解释或猜测。有人说,这是因为赋中"多古文奇字",故神宗"嗟异之"。又有人说,这是因为赋有"铺张扬厉之工","指陈事实,无夸诩之过",等等。这些说法,都把神宗对此赋的看重简单地归结为对文学才能的欣赏,实在是隔靴搔痒,没有抓到事情的根本。实际上,这篇赋虽然被近人王国维称许为"壮采飞腾,奇文绮错,二刘博奥,乏此波澜;两苏汪洋,逊其典则",但它在技巧艺术上并没有太多的新东西,比起宋以前的大赋,并没有(也不可能)作出什么技巧章法遣词运意上的大突破,在文学史上它的地位并不高。它之所以被特别看重,主要还是因为思想内容上与厉行新法的神宗一拍即合。最先看清这个奥秘的是南宋思想家叶适,他在《习学记言序目》卷第四十七《皇朝文鉴一》中指出,《汴都赋》"非于其文有所取,……惟盛称熙、丰兴作,遂特被赏识"。《汴都赋》主要地是作为反映熙宁、元丰新政的历史文件之一而被载入史册的。②

---

① 此文写于 1975 年,后收入作者《词曲论稿》一书,香港中华书局 1977 年版,第 32—33 页。(以下凡征引此文,均出自此书,不另注。)

② 刘扬忠:《周邦彦传论》,陕西人民出版社 1991 年版,第 17—18 页。(以下凡征引刘扬忠语均出此书,不另注。)

　　如上诸著,对邦彦研究都作出了一定的甚至很大的贡献。但因其对自宋人以来至当代学者所记述邦彦之仕履行实,未能尽辨其真伪,故亦留下了不少缺憾。今考知宋元人所记邦彦之仕履行实多有舛误,且周邦彦之行径,亦并非如楼钥所称"学道退然,委顺知命",王国维氏之所谓"其赋汴都也颇颂新法","先生立身颇有本末",王国维、陈思又以三闾大夫与杜工部方邦彦,则更为不类。罗忼烈又将周邦彦抬到新党代表人物的地位,刘扬忠甚至认为《汴都赋》"是作为反映熙宁、元丰新政的历史文件之一而被载入史册的"。

　　事实究竟如何? 今考知前期周邦彦尚为性情中人,与新、旧两党均无所依附,壮年后之周邦彦却卷入蔡京集团,随其升沉而升沉,虽与强渊明、刘昺等人之无耻下流不同,终有亏于士德。周邦彦并未提举大晟府,大晟府雅俗八十四调亦与周邦彦无关。至于其他仕履行实,亦多与王、陈、罗、刘四氏所得的结论南辕北辙。以是,作《周邦彦行实新证》,旨在还其本面。于其诗、文、词,凡涉今典者,则详征博引,以助观览;至于古典,则亦略加训诂,以便青年读者之阅读。其间之是非曲直,与其词其诗其文所写之心光心声,亦略有所评骘焉。是为引。

第一章　出身与家世考

　　周邦彦之出身家世如何,《事略》、潜《志》与《宋史》本传只字未提,仅谓:"周邦彦字美成,钱塘人。"自宋至近代,亦未曾有人加以考证。幸赖刘永翔《周邦彦家世发覆》①一文,始揭示出邦彦出身家世之奥秘,为周邦彦研究作出重大贡献。

第一节　周邦彦出身书香门第

　　兹据刘永翔文提示,检出吕陶《净德集》卷二六《周居士墓志铭》(以下简称吕《志》)云:

　　　　居士讳原,字德祖,姓周氏,钱塘人。少居乡党自好,慈祥易感,勇于赴人之急。家有藏书,清晨必焚香发其覆拜之。有笑者,辄曰:"圣贤之道尽在是,敢不拜耶?"晚习导引卫生之经,颇能察脉治病。人有疾,闻而药之辄愈。尝遭异人,得秘诀,以奇草化水银为银,而讳之,焚其方,戒子孙不得学。四世祖仕钱氏,卒。钱氏纳国,大父仁礼尚幼,随流散迁徙,遂迷其坟墓。父维翰,受遗言求之。及其将死,又以属居士曰:"吾尝问坟而祖,当于何所求之。若祖疾甚,语已艰难,屡称曰'黄'。今终吾身求之而不得,岂尝须

---

① 刘永翔:《周邦彦家世发覆》,《华东师范大学学报》1996 年第 3 期。

臾忘此也！"居士因野服往来里社间，阴访其地。距城五十余里，偶入微径，渐见牛羊庐舍。问其地，则曰"黄山"。居士乃佯与父老狎，为无町畦，真若其侪者。徐询周氏前世，有翁九十余，嘻叹久之，曰："周氏名某者，昔为某官，死葬于此。儿孙每欲夷之，辄见变怪。坟今具在，此其域也。"居士瞿然起，曰："我周氏后，求此坟三世矣，乃今得之！"及见其家古券，又验于封其故垄之志，曰："虽即死，无恨矣！"春秋五十有二，熙宁丙辰四月辛亥，以疾卒。居士顷尝感梦魇去，初有使者呼召，遽甚。暗中行数里，然后有白光圆如规，寻光又行数里，忽大明，见二道士，有童子执象齿授之，曰："弟子未至应此。"令赋诗为盟。诗成，使人导还，曰："后二纪当复会此。"既寤，犹能记其诗，皆非世间语。迨今亡，果二纪也。娶张、陈二氏。女适里人陶溉，男曰邦直、镇、邦彦，镇早世。邦彦有轶才，在太学久，献赋阙下，天子嘉之，命以太学正，诸生莫不荣愿焉。将以元丰八年二月壬辰，葬居士于钱塘县黄山之原，于是问余以铭。余闻之也：人无显晦，道在则为尊。故虽生刍一束，益可想见君子。《诗》曰"其人如玉"是也。若居士者，虽隐约之中而能自好，虽微吾言，譬如藏香匿光，其将自闻自见。虽然，不铭无以慰其孤之思。铭曰：

嗟若人兮，无爵齿兮。天职为之，曷其尔兮。匪天不庸，眷言子矣。耆定厥家，相在此兮。①

吕《志》所述周家事实，于史可征。吴越之于赵宋，处处听命。忠懿王钱俶，原名钱弘俶，因避宋太祖讳，以单字行，改名俶。宋太宗太平兴国三年（978）五月，钱氏纳土，宋帝封钱俶为淮海王，令其下属以及

---

① ［宋］吕陶：《净德集》，中华书局 1985 年版，第 285—286 页。

"缌麻以上亲属及管内官吏悉归京师"。然查遍《十国春秋》,无周姓而仕吴越者,盖邦彦之五世祖在吴越为小官,故于史无书。然小官之眷属亦随之入京,足见其网罗之广、之严。邦彦之高祖即随其父辈入汴。吕《志》叙邦彦之祖父周维翰受曾祖父周仁礼遗言求祖坟而未得,据此则知最迟至邦彦之祖父周维翰一代,即又迁回故里钱塘。其高祖、曾祖与祖父三代是否入仕,无考,而其父周原则布衣终生,然又较寻常百姓之家为富。即此可知,邦彦祖上乃仕宦书香之家,其后虽家道中落,亦为小康富足之户,藏书亦可观。吕《志》又谓周原"熙宁丙辰(1076)四月辛亥(二十六日),以疾卒",其享年五十有二,而文津阁《四库全书》本《净德集》所载吕《志》却谓"春秋五十有一"。据此上推,则知周原当生于宋仁宗天圣三年(1025)或四年(1026)。吕《志》谓"娶张、陈二氏",既谓"娶",则知张、陈二氏均为妻,而非一妻一妾,即先娶张氏,张氏卒后又娶陈氏。然陈氏何时归周原,无资料可证。邦彦在兄弟行虽为最小,而其生母究竟为陈氏抑或是张氏,无以按断。若臆测之,邦彦既为其少子,似当为陈氏所生者。吕《志》未言陈氏卒,则知周原卒时陈氏尚健在也。陈氏卒年,观后考可知。

现知周原兄弟两人,其弟为周邠。正如刘文所考,周原与周邠之名均取自《诗经》。《诗经·大雅·绵》云:"周原膴膴。"郑笺曰:"周之原地,在岐山之南。""邠"同"豳",郑玄《诗谱》云:"豳者,后稷之曾孙曰公刘者,自邰而出,所徙戎狄之地名。"是以知兄弟二人之名均取义于周人所居之地,正与其姓氏相符。据吕《志》知周原字德祖,而周邠之字则为开祖,亦有一字相同,亦符合古人兄弟取名字之例。

第二节　周邦彦之叔周邠事迹

至如周邦彦之叔周邠,《咸淳临安志·人物传》云:

周邠,字开祖,钱塘人。嘉祐八年(1063)登进士第。熙宁间,苏轼倅杭,多与酬唱,所谓周长官者是也。轼后自密州改除河中府,过潍州,邠时为乐清令,以《雁荡图》寄轼,有诗,轼和韵有"西湖三载与君同"之句。后轼知湖州,以诗得罪,邠亦坐赎金。元祐初,邠知管城县,乞复管城为郑州,有兴废补败之力。由是通判寿春府,见苏辙所行告词。后知吉州,官至朝请大夫、上轻车都尉。其丘墓在南荡山。邠系元符末上书人,至崇宁初第为上书邪等,政和元年(1111)又为僧怀显序《钱塘胜迹记》,盖历五朝云。侄邦彦。①

厉鹗《宋诗纪事》卷二三云:

(周)邠字开祖,钱塘人。嘉祐八年进士。元丰中,为溧水令,仕至朝请大夫、轻车都尉。苏轼倅杭,多与酬倡,所谓周长官者是也。②

今据《咸淳临安志·人物志》与《宋诗纪事》人物小传所记复考之如次:《苏轼诗集》卷十九《次韵周开祖长官见寄》诗中"旧游到处皆苍藓,同甲惟君尚黑头"③,同龄者其出生之年的甲子必同,故知周邠与苏轼同龄,生于宋仁宗景祐三年(1036),小周原十或十一岁,长其侄邦彦二十一岁。《苏轼诗集》卷九《会客有美堂,周邠长官与数僧同泛湖往北山,湖中闻堂上歌笑声,以诗见寄,因和二首,时周有服》④,苏轼此诗

①　[宋]潜说友:《咸淳临安志》,《宋元方志丛书》本,中华书局 1990 年版,第 3959 页。
②　[清]厉鹗:《宋诗纪事》,上海古籍出版社 2013 年版,第 570 页。
③　[清]王文诰辑注,孔凡礼点校:《苏轼诗集》,中华书局 1982 年版,第 981 页。
④　同上书,第 453 页。

作于熙宁六年(1073)五月,诗题谓"时周有服"。此"服"为周原与周邠之父周维翰之"服"耶?抑或其母某氏之"服"耶?无考。然依宋制,有服则不婚娶、不应试、不闻歌,且应离任居丧,"夺情"者除外。但"夺情"多系任剧要之职者。而周邠此时为选人,尚未进入京朝官序列,显然不在"夺情"之内,又不依制守丧,其不为父丧明矣。又,《苏轼诗集》卷四八《会饮有美堂,答周开祖湖上见寄》诗有句云:"杜牧端来觅紫云,狂言惊倒石榴裙。"①即便是母丧,何以周既不守丧且听歌携妓耶?此则与古制母丧"服生不服嫡"之制有关:即凡生母,即便是父之妾,亦服丧三年;若非生母,即便是父之嫡妻,亦可不服其丧。《宋史》卷一二五《礼二十八》"子为生母"条记曰:

　　大中祥符八年,枢密使王钦若言:"编修《册府元龟》官太常博士、秘阁校理聂震丁所生母忧,嫡母尚在,望特免持服。"礼官言:"按周制,庶子在父之室,则为其母不禫。晋解遂问蔡谟曰:'庶子丧所生,嫡母尚存,不知制服轻重?'答云:'士之妾子服其母,与凡人丧母同。'钟陵胡澹所生母丧,自有嫡兄承统,而嫡母存,疑不得三年,问范宣,答曰:'为慈母且犹三年,况亲所生乎?嫡母虽尊,然厌降之制,父所不及。妇人无专制之事,岂得引父为比而屈降支子也?'南齐褚渊遭庶母郭氏丧,葬毕,起为中军将军。后嫡母吴郡公主薨,葬毕,令摄职。则震当解官行服,心丧三年;若特有夺情之命,望不以追出为名。自今显官有类此者,亦请不称起复,第遣厘职。"②

故知"服生不服嫡",自古即然,宋亦如之。周邠既"有服",却不服丧而又听歌,则非其生母之服者明矣。周原、周邠之父有妻有妾,甚或数妾,均有可能。则其兄弟究竟为同父同母所生,抑或同父异母所生耶? 资料缺乏,按断无术,待考。

《苏轼诗集》卷四八《次韵答开祖》诗云:"泪滴秋风不为麟,虚名何用实之宾。豕豚未害为纯孝,狸首何妨助故人。"①据此,知周母卒于秋季,卒于何年,则未知,最早则在前两年。同书同卷《周夫人挽词》云:"教子通经古所贤,安贫守道节尤坚。当熊遗烈传家世,投烛诸郎慰眼前。不待金花书诰命,忽惊玉树掩新阡。凯风吹棘君休咏,我亦孤怀一泫然。"②据"不待金花书诰命"句,亦可证其时周官尚低微,不足以封母。

苏轼于熙宁四年(1071)至七年(1074)倅杭,时周邠尚为选人,还在吏的范畴,未正式进入京朝官序列。而改官又须经三任六考、举主(推荐人)五人,方能赴京改官,据苏轼与周邠唱和诗,既有钱塘者,又有在乐清(今浙江乐清市)者,据王文诰《苏诗编年总案》云:此卷"起熙宁六年癸丑十月在太常博士直史馆杭州通守任,十一月沿漕檄赈饥常、润,至七年甲寅五月事竣还杭州作"③。而周邠既为钱塘令,又为乐清令,《苏轼诗集》卷一四有《次韵周邠寄〈雁荡山图〉》,诗中有句曰"二华行看雄陕右,九仙今已压京东"④,陕右即河中(与陕西隔河相对),显然是周邠赴第三任。此诗作于熙宁九年丙辰(1076),显然已指明次年春赴阙。按宋制,除选人改官者外,其余京朝官移任概不赴阙,故知周邠此行为改官之行。

周邠既为嘉祐八年(1063)进士,政和元年(1111)又为僧怀显序《钱塘胜迹记》,设若其冠年中进士,则起码年七十八岁,七十致仕当在

① [清]王文诰辑注,孔凡礼点校:《苏轼诗集》,第2611页。
② 同上书,第2608页。
③ 同上书,第521页。
④ 同上书,第699页。

崇宁五年丙戌(1106),余如《传》中所云。周邠官途不济,却能诗善文,常与苏轼相唱和,故其后又受"乌台诗案"牵连。

　　周原、周邠是否还有其他弟兄,尚待其父周维翰墓志铭之发现。周原终生布衣且无论,以周邠之久在官场,而接交又多为文人,不至请不到名家为其父写墓志铭。

第三节　周邦式非邦彦之兄弟行考

　　《遗事》谓:"《咸淳志·人物》尚有周邦式字南伯,著名钱唐。中元丰二年(1079)进士,官至提点江东刑狱,知宿州、滑州,皆不赴,提举南京鸿庆宫。十二年起知处州,不行,积官中大夫。其传即在先生(按:谓邦彦)传后,盖先生兄弟行,而亦知处州,亦提举南京鸿庆宫,可谓盛事。"①今知周原三子中无邦式,若果为周维翰后代,则当为周邠之子,即邦彦堂兄弟行。《遗事》言周邦式事太简,为详知其人,兹将《咸淳临安志·人物传》周邦式传全文照录如下:

　　　　周邦式,字南伯,著名钱塘。少好学,中元丰二年进士第,主楚州宝应簿,调祥符尉,知封丘县,通判磁州、郓州,提举秦凤等路常平。王厚以节度使镇临洮,其弟孚通判秦州,主馈运司,挟厚势,一切委吏,嬉宕自如,役夫溃去。朝廷命邦式体量劾奏,不少屈,孚竟以罪去。提举江东常平,为淮南运判,徙梓州路。入对,留为尚书度支郎中。邦式夷澹,不乐中都官,复出,提点淮西刑狱,徙两浙,又徙江东。京师方大营土木,命京殿材,邦式奏言"非地所产",遂已。有施炳者,以累举得州文学,从其子官金陵,与群僚会饮,沾

────────────
① 王国维:《清真先生遗事》,《王国维遗书》,上海书店1983年版,第七册,第129页。

醉,妄斥宫禁。事为仇家所告,邦式被命治诏狱。炳自分必死,比
狱成,才坐远徙,不旁及一人。代归,得知宿州、滑州,皆不赴,提
举南京鸿庆宫。岁满,复自请,凡十二年,乃起知处州,辞不行。
积官中大夫。卒,年七十五。子芑、蔚、茂,芑知名。(以《实录》
附传修)①

现在需要重点考证的则是:周邦式是否为周邠之子?《宋史·徽
宗纪一》载:崇宁元年九月"己亥,籍元祐及元符末宰相文彦博等、侍从
苏轼等、余官秦观等、内臣张士良等、武臣王献可等凡百有二十人,御书
刻石端礼门。庚子,以元符末上书人钟世美以下四十一人为正等,悉加
旌擢;范柔中以下五百余人为邪等,降责有差。"②卷四七二《蔡京传》
亦载:"初,元符末以日食求言,言者多及熙宁、绍圣之政,则又籍范柔
中以下为邪等。凡名在两籍(指元祐党籍与邪等)者三百九人,皆锢其
子孙,不得官京师及近甸。"③《续资治通鉴长编拾补》卷二二载:崇宁
二年九月庚寅,"诏:吏部应系今来状内责降人子弟告示:候参选及到
阙日,并于家状内供其父亲兄弟系与不系籍记之人及后来续添王珪、张
商英、李格非、商倚、吴俦、邓志臣、陈琥、朱绂、姚雄,亦仰照会施行。
诏:应上书邪等人知县以上资序,并与宫观岳庙,选人不得改官及不得
注县令。"④九月癸巳,"诏:于元祐籍记姓名人子弟在外指射差遣,指挥
内添入'亲兄'二字。"⑤十二月壬戌,"诏:元祐系籍人子并亲兄弟,系
大使臣路分、都监以上资序,与诸路宫观岳庙差遣;系亲民资序,与外路
监庙差遣;系监当资序并小使臣,与外路监当差遣;差使、借差,与外路

---

① ［宋］潜说友:《咸淳临安志》,第 3960 页。
② ［元］脱脱:《宋史》,第 365 页。
③ 同上书,第 13724 页。
④ ［清］黄以周等辑注:《续资治通鉴长编拾补》,中华书局 2004 年版,第 771 页。
⑤ 同上书,第 772 页。

合入差遣。"①对"两籍"人及其子弟之惩治,可谓一严再严又三严矣。

　　现考知周邠与苏轼同年齿,即生于宋仁宗景祐三年(1036),周邦式约生于嘉祐元年至三年(1056—1058)。以年齿论之,二人为父子尚可。但周邠既入元祐党籍,又入邪等之邪下(崇宁定邪党,分邪上尤甚、邪上、邪中、邪下四等),周邦式若为周邠之子,其出官仕履又主要在崇宁以后至宣和年间,据上引数据,就只能任"诸路宫观岳庙差遣"或"外路监庙差遣"。然却并非如此,据传称"代归,得知宿州、滑州,皆不赴,提举南京鸿庆宫。岁满,复自请,凡十二年,乃起知处州,辞不行。积官中大夫"。结论是明确的:周邦式虽然"著名钱塘",却并非如王国维所说"盖先生(按:指邦彦)兄弟行,而亦知处州,亦提举鸿庆宫,可谓盛事","盛"则"盛"矣,却奈非兄弟何! 周邦式虽"著名钱塘",却与周邦彦并不同宗;至如其为人,则正好与周邦彦相反,刚直不阿,淡泊名利,不与当权者合作。

　　《遗事》云:"先生有孙与岳倦翁相知,《宝真斋法书赞》云:'嘉泰甲子十二月,舟过吴门,遇公之孙某,同上兰省。'但名字、官阶均不可考。曾孙铸则嘉泰中与楼忠简共编定先生文集者也。案:《桯史》云'辛稼轩守南徐,予来筮仕委吏,时以乙丑南宫试,岁前莅事,仅两旬即谒告去'云云。则倦翁于甲子十二月过吴门,实应乙丑省试,时先生之孙尚赴南宫,而曾孙已与攻媿编定先生文集,可知先生有数孙也。"②所言极是,惜其诸孙与诸曾孙除铸外,无以确知,亦无以再考耳。

---

① [清]黄以周等辑注:《续资治通鉴长编拾补》,第781页。
② 王国维:《清真先生遗事》,《王国维遗书》,第七册,第130页。

第二章　周邦彦生年及少年事迹考

《宋史》本传云："周邦彦字美成,钱塘人。疏隽少检,不为州里推重,而博涉百家之书。"①周邦彦少年事迹,仅此数句。宋人野史笔记记邦彦事迹者不少,但涉及其少年事迹者,却极罕见。故其少年事迹,仅能据其作品中有行迹可寻者,考其大概而已。

第一节　周邦彦生年考

史书因其体例所限,惯例不书生年,只书卒年,生年只能靠卒年去推算。有时连卒年也不书,就只能用其他资料去考证,邦彦就属于生卒年均不书的情况。《东都事略》《咸淳临安志》《宋史》邦彦传均未言邦彦生卒年,仅谓"卒,年六十六"。故邦彦生卒年一直有两说:

《遗事》云:

> 先生卒年,《宋史》《东都事略》《咸淳志》皆云"年六十六"。而据《玉照新志》则先生实以宣和三年辛丑(1121)卒,以此上推,则当生于仁宗嘉祐二年也。②

《年谱》仅在宣和五年下云:

---

① [元]脱脱:《宋史》,中华书局 1985 年版,第 13126 页。
② 王国维:《清真先生遗事》,《王国维遗书》,上海书店 1983 年版,第七册,第 130 页。

卒,年六十六,赠宣奉大夫。(《宋史》)《东都事略》无赠宣奉
大夫。①

王国维谓邦彦生于嘉祐二年(1057)。然古人记年龄用虚岁,故王
氏推算有误,实应生于嘉祐元年(1056),论邦彦者多从之;陈思《年谱》
谓卒于宣和五年(1123),上推六十六年则生于嘉祐三年(1058),昌彼
得等《宋人传记资料索引》从之。

陈说纯粹出于分析,未能用资料为证;王说虽据《玉照新志》,然
《玉照新志》本身记事即误(说详后)。两说之歧异,溯其根源,当源于
对题作"送傅国华奉使三韩"之《鬓云松令》词以及题曰"中秋寄李伯纪
大观文"之《水调歌头》词之真伪判断。

《鬓云松令》"送傅国华奉使三韩"词云:

> 鬓云松,眉叶聚。一阕离歌,不为行人驻。檀板停时君看取。
> 数尺鲛绡,半是梨花雨。鹭飞遥,天尺五。凤阁鸾坡,看即飞腾去。
> 今夜长亭临别处,断梗飞云,尽是伤情绪。②

《水调歌头》"中秋寄李伯纪大观文"词云:

> 今夕月华满,银汉泻秋寒。风缠雾卷宛转,天陛玉楼宽。应是
> 金华仙子,又喜今年药就,倾出月团圆。收拾山河影,都向镜中蟠。
> 横霜竹,吹明月,到中天。要令四海,遥望了此轮安。何处今
> 年无月,唯有谪仙着语,高绝莫能攀。我故唤公起,云海路漫漫。③

---

① 陈思:《清真居士年谱》,辽沈书社1985年版,第2178页。
② [宋]周邦彦著,罗忼烈笺注:《清真集笺注》,上海古籍出版社2008年版,第325页。
③ 同上书,第323页。

《遗事》云：

> 《片玉词》下《鬓云松令》一阕"送傅国华奉使三韩"，案《宋史·高丽传》："宣和四年，高丽王俣卒，诏给事中路允迪、中书舍人傅墨卿奠慰，留二年而归。"（徐兢《宣和奉使高丽图经序》同）国华当即墨卿字，时为中书舍人，故词中有"凤阁鸾坡，看即飞腾去"之句，时先生已卒，即未卒，亦不应复入京师，此词必系他人之作。又《片玉词》上有《水调歌头》一阕"中秋寄李伯纪大观文"，案忠定初罢宣抚使，除观文殿学士知扬州，在靖康元年九月，其罢左仆射为观文殿大学士，在建炎元年八月，十月落职，至绍兴二年复拜观文殿学士、湖广宣抚使，均在先生卒后。且忠定为观文殿大学士仅历两月，其词亦不似建炎侘傺时之作，其伪无疑。[①]

《年谱》以此两词为真，在"宣和元年己亥"下记曰：

> 《水调歌头》中秋寄李伯纪大观文
>
> 《宋史·李纲传》：（李纲）字伯纪，登政和二年进士。宣和元年，京师大水，纲上疏言阴气太盛，当以盗贼外患为忧。朝廷恶其言，谪监南剑州沙县税务。七年，为太常少卿。靖康元年，为尚书右丞。命为亲征行营使充京城四壁防御使，除知枢密院事。太原围未解，以纲为河东北宣抚使，寻除观文殿学士，知扬州。未几，落职，责授保静军节度副使，建昌军安置。金兵再至，除资政殿大学士，领开封府事。《续资治通鉴》：五月，内午朔，京帅茶肆佣，辰兴，见大犬蹲榻榜，近视之，乃龙也，军器作坊兵士取食之。逾五

---

① 王国维：《清真先生遗事》，《王国维遗书》，第七册，第132页。

日,大雨如注,历七日而止,京城外水高十余丈,帝惧甚,命户部侍郎唐恪决水,下流入五丈河。按:"大观文"三字后增。①

又在"宣和四年壬寅"下记曰:

> 送傅国华奉使三韩。《宋史·本纪》:(九月)己巳,高丽国王王俣薨。《外国传·高丽》:宣和四年,俣卒。初,高丽俗,兄终弟及,至是,诸弟争立,其相李资深立俣子楷。来告哀,诏给事中路允迪、中书舍人傅墨卿典慰。《宋史·蔡绦传》:其客傅墨卿、孙傅等复语之曰:"天下事必败,蔡氏必破,当亟为计。"绦心然之。按:傅国华,名墨卿,山阴人。②

其后学者多从王氏而非陈氏,其实二氏均不足为之据,究竟卒于何年,应以资料为本。今查《宋会要辑稿·仪制一一》之九明载:"通议大夫、徽猷阁待制周邦彦(宣和)三年五月赠宣奉大夫。"③宋有赠官之制,可别为二:一为现任官卒后赠官,二为现任官依格赠其上一代或三代。此则记载,不惟指明邦彦卒年,而且证成《宋史》本传谓邦彦卒"赠宣奉大夫"之正,而《东都事略》与《咸淳临安志》不及赠官之误。五月赠官,其卒当在此前,即宣和三年二三月间,最迟亦当在此年四月。此条记载,亦可结束邦彦生卒年之争,王国维所据以断定邦彦卒年之资料虽有误(说详后),但推其卒于宣和三年却是对的。据此上推六十六年,则邦彦生于嘉祐元年(1056)。《鬓云松令》"送傅国华奉使三韩"词与《水调歌头》"中秋寄李伯纪大观文"词,当然为伪作无疑。

---

① 陈思:《清真居士年谱》,第 2175 页。
② 同上书,第 2177 页。
③ [清]徐松辑:《宋会要辑稿》,上海古籍出版社 2014 年版,第四册,第 2534 页。

第二节　周邦彦是否曾游荆州、长安考

邦彦少年事迹,楼《序》、强《题》与《直斋书录解题》以其体例而未言,其余各籍所载均简略而雷同。《事略》曰"性落魄不羁,涉猎书史",潜《志》曰"少涉猎书史,游太学,有俊声",《宋史》曰"疏隽少检,不为州里推重,而博涉百家之书"。相互比较,潜《志》与《宋史》均本之《事略》,然潜《志》但言其美而删其不美,《宋史》言其美而又夸其不美耳。事实本真究竟如何,又难于确考,唯能本其词中纪行之作,而考其大概耳。

从吕陶《周居士墓志铭》知周邦彦之父周原虽为布衣,但其家却藏书颇丰,且对所谓"圣贤之道",崇拜得五体投地,这给少年邦彦"博涉百家之书",创造了颇为优越的条件。然却"性落魄不羁",似乎不为圣贤之道所缚。究竟如何"落魄不羁",以至"不为州里推重",似与其狎妓有关。此则可从其词中略窥端倪,且须从少年是否游荆州、长安,何时游荆州、长安说起。

邦彦词有写及荆州者,亦有写及长安者。然邦彦是否曾游长安,至今多数学者们一直持游移态度;至于游荆州,学者们无怀疑者,但却有一游与两游之说,至今犹争论不休,未为统一。最先谓周邦彦曾游荆州者,当属清人周济,他在《宋四家词选眉批》中批《齐天乐·绿芜凋尽台城路》阕曰:

> 此清真荆南作也。胸中犹有块垒,南宋诸公多模仿之。身在荆南,所思在关中,故有"渭水""长安"之句。[1]

---

[1]　[清]周济:《宋四家词选目录序论》,唐圭璋编:《词话丛编》,中华书局1986年版,第1647页。

又批《解语花·风销焰蜡》阕曰:

> 此美成在荆南作,当与《齐天乐》同时。到处歌舞太平,京师
> 尤为绝盛。①

周济明谓周邦彦曾游荆州,却未指明何时游荆州,对是否游长安未
尝表态,仅谓"所思在关中,故有'渭水''长安'之句"而已。然所思为
谁,亦未明言。

《遗事》仅谓"先生游踪或至关中,故有《西河》'长安道'一阕,惟
此词真伪尚不可定,又无他词足证"②,其持重可知。然又提出"少年曾
客荆州"说:

> 先生少年曾客荆州,《片玉词》上有《少年游》"南都石黛扫
> 晴山"一阕,注云"荆州作"。(《片玉集》无此注。)又,《渡江云》
> 词云"晴岚低楚甸",《风流子》词云"楚客惨将归",均此时作也。
> 其时当在教授庐州之后知溧水之前,集中《齐天乐》"绿芜凋尽
> 台城路"一首作于金陵,当在知溧水前后,而其换头云"荆江留滞
> 最久,故人相望处,离思何限",此其证也。又,《琐窗寒》词云
> "似楚江暝宿,风灯零乱,少年羁旅",时先生方三十余岁,虽云少
> 年可也。③

《年谱》首倡邦彦同时游荆州、长安者,并具体指出游荆州、长安在
熙宁九年(1076)至元丰元年(1078):

---

① [清]周济:《宋四家词选目录序论》,唐圭璋编:《词话丛编》,第1650页。
② 王国维:《清真先生遗事》,《王国维遗书》,第七册,第134—135页。
③ 同上书,第134页。

熙宁九年丙辰，十九岁，游荆州。（据《清真集》）《琐窗寒·寒食》："故人剪烛西窗语。似楚江暝宿，风灯零乱，少年羁旅。"按：此数句语意，居士西游荆州，当正值寒食，故居京师逢寒食追忆及之。

熙宁十年丁巳，二十岁，游长安，秋暮还荆州。（据《清真集》）《虞美人》："宜城酒泛浮春絮。细作更阑语。"《太平寰宇记·襄州襄阳郡·宜城县》："宜城故城汉县，在今县南，其地出美酒。"《玉楼春》："大堤花艳惊郎目。秀色秾华看不足。"又，"临分何以祝深情，只有别愁三万斛。"宋《襄阳乐歌》曰："朝发襄阳城，暮至大堤宿。大堤诸女儿，花艳惊郎目。"按：宜城、襄阳为自荆州至长安川途所经，此二阕皆纪程之作。《西河》："长安道。潇洒西风时起。"郑文焯校云："此词诸本并无题，准以前作，当是长安怀古。"按：《齐天乐》："渭水西风，长安乱叶，空忆诗情宛转"，即谓此词。《风流子》："枫林凋晚叶，关河迥，楚客惨将归。"此词为去长安惜别之作，来自荆州，故曰楚客。其时秋已深矣。

元丰元年戊午，二十一岁，夏自荆州东归。（据《清真集》）《少年游·荆州作》："旧赏园林，喜无风雨。"荆江留滞又两度经春，园林故曰旧赏。《齐天乐·端午》："风物依然荆楚。"又，"卧听江头，画船喧迭鼓。"《太平寰宇记·荆州》："五月五日竞渡戏船，楚风最尚，废业耗民莫盛于此。"按：此词当为本年之作，抑或在前年，如为去年端午，以《虞美人》《玉楼春》证之，则是时已在长安道上矣。《南浦》："浅带一帆风，向晚来、扁舟稳下南浦。迢递阻潇湘，衡皋迥。"又，"菰苴里风，偷送清香，时时微度。"又，"吾家旧有簪缨，甚顿作天涯，经岁羁旅。"又，"恨无凤翼身，只待而今，飞将归去。"据"菰苴里风"句，知归杭在六月中，"旧有簪缨"谓季父郊也。居士游荆州，先后三年，所以《齐天乐》云："荆江留滞最久。"①

陈洵《海绡说词》首倡重游荆州说,评《齐天乐·绿芜凋尽台城路》阕曰:

> 此美成晚年重游荆南之作。观起句,当是由金陵入荆南。又先有次句,然后有起句。因"殊乡秋晚",始念"绿芜凋尽"也。留滞最久,盖合前游言之。"渭水""长安"指汴京。此行又将由荆南入开封矣。《渡江云·晴岚低楚甸》,疑继此而作。王国维谓作于金陵,微论后阕,即第二句已不可通矣。周济谓"渭水""长安"指关中,亦非。②

陈洵谓邦彦曾两游荆州,即少年与晚年,但又未明指少年是何时,晚年又是何时。罗忼烈先生发展了陈氏的两游荆州说,并谓第一次游荆州在元祐五年(1090)至元祐七年(1092),第二次游荆州在中年或晚年,岁月无考,而对游长安持否定态度,在《周清真词时地考略》一文中引《友议帖》之后曰:

> 帝、后丧,大祥禫除谓之"祥除",若王安石《慈圣光献皇后期祥除慰皇帝表》、周南《寿皇祥除代某官慰太上皇表》之类是,其制详《宋史·礼志·凶礼一》。此"祥除"指神宗之丧,"罪逆"谓不容于旧党而获谴,其义甚明。而《遗事》云:"此帖岁月,虽不可考,味'西迈'一语,或即在客荆州之际。"以不考"祥除"之意,故误。按清真历仕神宗、哲宗、徽宗三朝;徽宗祥除,固不及

---

① 陈思:《清真居士年谱》,第2167—2168页。
② 陈洵:《海绡说词》,唐圭璋编:《词话丛编》,第4871页。

见,而哲宗祥除时,彼方归班于朝,亦无"罪逆"可言也。且若在客荆州日,去神宗之丧已六七载,早祥除矣,亦不当言"奄及"也。此帖当是教授庐州命下,出都时致友人者,先还乡然后赴任,庐州在钱塘之西,故曰"西迈"。又据此帖,清真当于元祐二年春夏间抵任,若按外官一任三年之通制,则至元祐四年任满(自命下之岁至是)。①

按宋世官吏,程限不似后世之严,然一登仕籍,苟非以故削籍或致仕,例不中断。故《遗事》又云"则在荆州亦当任教授等职"是也;然以《渡江云》作于此时,《齐天乐》作于金陵,则非。

清真词中怀念旧游之地,以荆江最深切。若《齐天乐》之"荆江留滞最久,故人相望处,离思何限";《琐窗寒》之"似楚江暝宿,风灯零乱,少年羁旅";《迎春乐》之"桃溪柳陌闲踪迹,俱曾是大堤客";又"墙里修篁森似束,记名字曾刊新绿,见说别来,长沿翠藓封寒玉";皆是也。教授荆州后,行旅经过,每有佳篇,玩其辞意,或中年作,或晚年作。以其地望可征,而岁月无考,姑附于此,盖以类从也。

刘扬忠《周邦彦传论》曰:

　　周邦彦离开庐州之后,又辗转流徙到了荆州(今湖北江陵),在这里过了几年不得意的生活。不过他先前任职庐州,正史及地方志都明文记载,信而有征;而荆州一段经历,却没有相应的记载,不知他因何来此,何时来此,以及在此地干了些什么。我们只能从他的某些诗和词中数言其地,可以推断他离庐州之后,去溧水之前

_____

① 罗忼烈:《周清真词时地考略(诗文附)》,《两小山斋论文集》,中华书局1982年版,第60页。

这段时间在荆州住了几年而已。

陈思《年谱》谓邦彦于熙宁九年（1076）游荆州、十年游长安,当年暮秋又回到荆州,元丰元年（1078）自荆州归故里钱塘。后之学者或左袒,以为邦彦未曾入长安;或右袒,视所有长安词为一时之作。陈洵提出重游荆州说,但未具体指出何时初游,何时重游;罗忼烈合王、陈之说而衍为两游荆州说。至今学者仍甲乙其说,迄无定论。虽各间有所发明,然终因不脱前人藩篱,难与事实符契如一。

争论固与《事略》、潜《志》、《宋史》及宋代各种野史笔记记邦彦事迹相互舛误错略有关,然却由邦彦晚年追忆少年之游的《琐窗寒·暗柳啼鸦》词中"故人剪烛西窗语。似楚江暝宿,风灯零乱,少年羁旅"数句中"少年羁旅"之理解所肇始。陈思由此数句而衍为"少年游荆州长安"说;王国维由此而衍为少年"客荆州"与在荆州"当任教授等职"说;罗氏又从而衍为两游荆州说。

综前所述,众说纷纭,似乎均有理由。然若据宋代官制与有关资料,孰是孰非则判然分明。

先说两游荆州说之不合宋制。王国维淹博名高,影响深远。然唯以其博大,故难处处精深,如大海之纳百川而又相容泥沙然。其少年曾"客荆州"之说,即与事实相去甚远。邦彦教授庐州在元祐三年（王断为嘉祐二年误）,时三十三岁;知溧水在元祐八年（1093）,时三十八岁。王氏所谓"虽云少年可也",但却为宋代官制所不许。宋制对新旧官上任离任相互交代时限较宽,而对官史除旬休沐一日外请假却极严,假满百日者则至于停俸,至元祐年间,竟然除父母疾笃之外一律不许请假。邦彦已于元祐三年教授庐州,如在官而用旬休沐一日游荆州,庐州距荆州岂止于一日之程乎? 如请假游荆州,邦彦岂能违制如此乎? 若不请假即出外远游,则邦彦恐不惟被停俸,且恐早已被除名矣,又如何能

"客荆州""游荆州"耶？王氏又以为：

> 先生《友议帖》（见《宝真斋法书赞》）："罪逆不死，奄及祥除，
> 食贫所驱，未免禄仕。此月挈家归钱塘展省坟域，季春远当西
> 迈。"此帖岁月虽不可考，味西迈一语，或即在客荆州之际。果尔，
> 则在荆州亦当任教授等职。①

所谓"罪逆不死，奄及祥除"，是死的讳语，不惟皇帝崩可谓此，其实这
是邦彦丁忧时事，与邦彦"或即在客荆州之际。果尔，则在荆州亦当任
教授等职"根本无关（说详后）。

再说游长安。王国维仅谓"先生游踪或至关中，故有《西河·长安
道》一阕，惟此词真伪尚不可定，又无他词足证"，为不定语气。陈思
《年谱》首倡邦彦少年同时游荆州、长安说，却为罗氏等人所否定。

陈思与王国维生当同时而未尝谋面，而陈氏又惜其为王氏大名所
掩，故其《年谱》不为学人所重视，甚而被嗤为"臆测妄说"。人杰望重，
人微言轻，此所以王国维《清真先生遗事》从者众而疑者寡，陈思《年
谱》嗤者多而与者少也。因藉既久，即成常则。然大树可庇荫亦可障
目，小溪无喧嚣却可穿石。原之史乘，则蓦然惊觉《遗事》多所舛误而
《年谱》多有可取。即如陈氏之少年"游长安"说与宜城、襄阳均为游长
安之"纪程"说，较其他各说均显得更符合实际而近于事实本真。只因
陈氏未能检如刘永祥所检之资料，唯系年有误而已。若能撇开王氏之
在庐州教授任"客荆州""则在荆州亦当任教授等职"说与罗氏之两游
荆州说，依陈思之视荆州词与长安词均为少年游荆州长安之作，并参之
以事实与事理，则一通百通。

---

① 王国维：《清真先生遗事》，《王国维遗书》，第七册，第 134 页。

　　然据笔者考证,邦彦曾两游长安,即少年游荆州、长安、湘中,再知河中府时以事至长安。《年谱》遍检周邦彦《清真集》,则写及长安者不在少数,要者如《一落索·杜宇催归声苦》《苏幕遮·燎沉香》《过秦楼·水浴清蟾》《西河·长安道》《风流子·枫林凋晚叶》《渡江云·晴岚低楚甸》《扫花游·晓阴翳日》《夜飞鹊·河桥送人处》《还京乐·禁烟近》,等等。然原其时景与历史事实,则有少年游长安与知河中府时至长安之别。凡少年游长安之作,盖自荆州经郢州、宜城、襄阳至武关或湖城入陕,返时亦由此程,所写之词不及"河桥""邮亭"。而政和元年(1111)冬至二年春夏间,邦彦知河中府(说详后),二年春以事至长安,此时所写之词始及"河桥""邮亭"。

　　何以有此之别?"河桥"有泛指与专指,泛指谓河上之桥,专指则仅谓黄河上之桥。邦彦词中所及之"河桥",既有泛指又有专指。泛指者且不提,专指者则盖有三:一为同州府(治所当今陕西大荔县)朝邑县(今县已不存)渡黄河至河中府(治所当今山西永济市西黄河岸边)之桥,二为陕州灵宝县(今河南三门峡市西)桥,三为孟州河阳(今河南巩义市西北)桥。自东而西入陕之路则有二:一为自陕州湖城县(今山西芮城县南)入潼关,二为自武关(今陕西丹凤至商南之间)入商州。《宋会要辑稿·方域十》之一载:"太祖建隆三年正月九日,诏西京修古道险隘处,东自洛之巩(今河南巩义市),西抵陕之湖城(熙宁四年废为镇,见《宋会要辑稿·方域五》之三九),悉命治之,以为坦路。……(真宗大中祥符)四年三月,诏自武牢关(即武关)至荥阳、巩县,道路两边有岩险垫裂处,恐经雨摧塌,委逐处相度,刬削修治之。"[①]且入武关者为汉唐古道,较湖城为坦。自荆州北行,无论由武关还是湖城入陕皆不渡"河桥",故凡不及"河桥"之词者则为少年游长安之作明矣。邮亭,

---

　　①　[清]徐松辑:《宋会要辑稿》,第十六册,第9463页。

即驿站、驿馆,自唐以来,为过往官员及据州府所给驿券赴京应试举子所居之处,非常客所能宿者。吴处厚《青箱杂记》卷八载:"唐以前馆驿并给传往来,开元中,务从简便,方给驿券。驿之给券,自此始也。"①《宋会要辑稿·方域十》十四载:"嘉祐三年四月十一日,诏居州县驿舍亭馆者毋得过一月,有违,所在官吏以违制论,仍令转运、提点刑狱司每半年一举行。四年正月十三日,三司使张方平上所编驿券则例,赐名曰《嘉祐驿令》。初,内外文武官下至吏卒,所给驿券皆未有定例,又或多少不同,遂降枢密院旧例下三司掌券司,会倅(粹)名数而纂次之,并取宣敕、令文专为驿券立文者,附益删改为七十四条,总上中下三卷,以颁行天下。"②据此,则知凡及"邮亭"之词,非邦彦少年时以布衣游长安所写者明矣。故结论是明确的:邦彦曾一游荆州而两游长安。

第三节 周邦彦少年游荆州、长安、湘中年月考

《年谱》以为邦彦游荆州、长安在熙宁九年至元丰元年(1076—1078),今据吕陶《周居士墓志铭》,知邦彦之父周原卒于熙宁九年四月辛亥(廿六日),自熙宁九年至元丰元年,正当其父卒、葬及丧期之内,依制则不婚娶、不听乐、不应试,邦彦岂能远游乎? 远游又岂能既听乐又狎妓乎? 故《年谱》谓邦彦熙宁九年至元丰元年游荆州、长安之误不辨自明。邦彦果曾"少年"游荆州、长安,只能在熙宁九年四月之前或元丰元年十月除丧之后求之。但邦彦成婚于其父卒之前,至元丰元年十月除丧之后,成婚已三年有余,与词中所写新婚不侔。据此,知邦彦

---

① [宋]吴处厚:《青箱杂记》,《唐宋史料笔记丛刊》本,中华书局 1985 年版,第 85 页。
② [清]徐松辑:《宋会要辑稿》,第十六册,第 9470 页。

游荆州、长安只能在周原卒之前。又,邦彦此次远游最少三年,归来又在秋季,故知邦彦成婚再迟亦当在熙宁五年(1072),则邦彦远游最早应在熙宁六年(1073),归来则在熙宁八年(1075),时邦彦十八至二十岁,称之为"少年"盖无疑义。其游踪在词中则斑斑可考。《少年游》题"荆州作",其词曰:

> 　南都石黛扫晴山。衣薄奈朝寒。一夕东风,海棠花谢,楼上卷帘看。　　而今丽日明如洗,南陌暖雕鞍。旧赏园林,喜无风雨,春鸟报平安。①

"南都",荆州在春秋时即为楚国郢都,梁元帝萧绎建都于此,称南都。唐肃宗上元初年,亦于此置南都,故称。此词因有题曰"荆州作",故众说无异。然此词又显系到荆州第二年所作,上阕写"昔",下阕写"今",却似乎为陈、王二氏及多数学人所忽略。词上下阕皆写春景,换头处着以"而今",若以为写一时之所见,则不可解。且上阕写"昔"为春末,下阕写"今"却为仲春,岂非时序倒流乎?故只能理解为上阕写初到荆州之时,且揭示出初到荆州之时间与物候"海棠花谢""衣薄奈朝寒"之时,亦即春末,下阕写现在。那么《清真集》中有无符合此二句所指示之时间、物候与心境之词,即初到荆州之词呢?遍检之,唯《荔枝香近》一阕差可相似。其词曰:

> 　照水残红零乱,风唤去。尽日恻恻轻寒,帘底吹香雾。黄昏客枕无聊,细响当窗语。看两两相依燕新乳。　　楼下水,渐绿遍、行舟浦。暮往朝来,心逐片帆轻举。何日迎门,小槛朱笼报鹦鹉。

---

① 　[宋]周邦彦著,罗忼烈笺注:《清真集笺注》,第82页。

共剪西窗蜜炬。①

"残红"，谓落花，即上词所示之海棠花谢时也。"共剪"句，蜜炬，蜡烛。蜂采花蕊，酝酿成蜜，其房如脾，谓之蜜脾。蜜脾之为蜡，可以制烛。李贺《河阳歌》："觥船饫口红，蜜炬千枝烂。"又，李商隐《夜雨寄北》："合当共剪西窗烛，却话巴山夜雨时。"此词虽未明谓荆州，然与上二词所示之时间、物候与心境何其相似乃尔！或以为谓此词写于江南水乡则可，坐实为写于荆州则未必可。此理固然，但原邦彦平生，履江南水乡者，除故里钱塘与荆州外，唯教授庐州、知溧水县、知明州（处州未之任不计）而已。其时邦彦均亦出官，依宋制可携家室，上引《续资治通鉴长编拾补》卷二二即其例，何至有"何日迎门，小槛朱笼报鹦鹉。共剪西窗蜜炬"之辞耶？"何日"两句典出蒋防《霍小玉传》："庭间有四樱桃树，西北悬一鹦鹉笼，见生入来，即语曰：'有人入来，急下帘者。'"②李惟《霍小玉歌》："西北槛前挂鹦鹉，笼中报道李郎来。""燕新乳"即"新乳燕"，亦即雏燕。"看两两相依燕新乳"，显隐喻少年夫妻，意谓"燕新乳"尚能"两两相依"，而自己新婚燕尔，却远游在外，"行舟浦。暮往朝来，心逐片帆轻举"，"客枕无聊"，何日才能像李郎一样，有鹦鹉"报道"，回到妻子身边呢？此情此境，除新婚不久即客荆州外，恐无以当之。若依王国维所谓"客荆州"或在荆州"当任教授等职"时亦即三十七八岁始新婚，则绝难想象。

或谓何以见得此词非写于《少年游·荆州作》前一年？写于前两年甚或前数年亦未必不可。陈思即察及此，谓："《少年游·荆州作》：

①　［宋］周邦彦著，孙虹校注，薛瑞生订补：《清真集校注》，中华书局 2002 年版，第 72 页。（以下周邦彦词如非特别注明均出自本书，不另注。）

②　［宋］李昉：《太平广记》，《影印文渊阁四库全书》本，台湾商务印书馆 1982 年版，第 551 页。

'旧赏园林,喜无风雨',荆江留滞又两度经春。"①罗氏亦察及此,谓:
"词(按:指《少年游》)又云:'旧赏园林,喜无风雨,春鸟报平安。'曰
'旧赏',则词当作于客荆州之次年或第三年春。"仁者见仁,智者见智,
亦为一说。若以熙宁六年为上限,写于《少年游·荆州作》前两年则邦
彦远游为四年,归钱塘时已至熙宁九年深秋乃至初冬,亦即其父卒时尚
远游在外;若写于前数年,则在其父丧期内邦彦亦远游未归,此不惟为
宋制所不许,且为所有封建皇朝之古制所不许。

　　设若《荔枝香近》"照水残红零乱"为熙宁六年春末,邦彦初到荆州
之作,则自钱塘出发当在正、二月间。《蓦山溪》词亦应作于此前后,其
词曰:

　　　　湖平春水,藻荇萦船尾。空翠扑衣襟,扴轻桹、游鱼惊避。晚
　　来潮上,迤逦没沙痕。山四倚。云渐起。鸟度屏风里。　　周郎
　　逸兴,黄帽侵云水。落日媚沧洲,泛一棹、夷犹未已。玉箫金管,不
　　共美人游。因个甚,烟雾底,偏爱莼羹美。

　　词谓"玉箫金管,不共美人游。因个甚,烟雾底,偏爱莼羹美",乐
不思归,当作于游荆州时期。《年谱》谓此词为大观三年(1109)在苏州
为楚云而作:"《蓦山溪》起云:'湖平春水。藻荇萦船尾。'结云:'因个
甚,烟雾底,偏爱莼羹美。'则抵杭时已暮春初矣。"②既为楚云而作,何
以会云"玉箫金管,不共美人游。因个甚,烟雾底,偏爱莼羹美"?显然
是乐不思归,何以又"抵杭时已暮春初矣"?岂非相抵牾耶?

　　邦彦在荆州逾年,至熙宁七年春即写了前所举之《少年游·荆州

　　① 陈思:《清真居士年谱》,第 2168 页。
　　② 同上书,第 2171 页。

作》之后不久,邦彦即沿汉水北上至郢州(今湖北钟祥市)。《点绛唇》词曰:

> 台上披襟,快风一瞬收残雨。柳丝轻举。蛛网黏飞絮。 极目平芜,应是春归处。愁凝伫。楚歌声苦。村落黄昏鼓。

此词曰"柳丝轻举。蛛网黏飞絮","应是春归处",一在仲春,一在晚春,时序亦正好相衔接。又,《长相思》词曰:

> 沙棠舟。小棹游。池水澄澄人影浮。锦鳞迟上钩。 烟云愁。箫鼓休。再得来时已变秋。欲归须少留。

后同调之"好风浮"阕已点明"石城风浪秋",此阕与之同韵,且谓"再得来时已变秋",显为去长安之前经钟祥时所作。余参后同调"好风浮"阕考。

邦彦继续北行路线乃沿汉水北上至宜城(今湖北宜城市)。《虞美人》词曰:

> 帘纤小雨池塘遍。细点看萍面。一双燕子守朱门。比似寻常时候、易黄昏。 宜城酒泛浮春絮。细作更阑雨。相看羁思乱如云。又是一窗灯影、两愁人。

前词言"蛛网黏飞絮",此词言"宜城酒泛浮春絮",时序紧紧相连,当在郢州未久驻足即至宜城。至如词义,思所欢耶?思家室耶?以上阕而言,似思所欢;然以下阕观之,则又思家室矣。所谓"又是一窗灯影、两愁人",乃用李商隐《夜雨寄北》诗事,其意甚明。

邦彦再沿汉水北上至襄阳则写《玉楼春》词曰：

> 大堤花艳惊郎目。秀色秾华看不足。休将宝瑟写悠怀，坐上有人能顾曲。　　平波落照涵赪玉。画舸亭亭浮淡渌。临分何以祝深情，只有别愁三万斛。

"大堤"，据《大清一统志》卷二七一，大堤在襄阳府城外。首二句化用南朝宋《清商曲·襄阳乐》："朝发襄阳城，暮至大堤宿。大堤诸女儿，花艳惊郎目。"①此年秋自长安归至宜城所写之《六幺令·重阳》又用此典曰："华堂花艳对列，一一惊郎目。"可见邦彦确曾至襄阳。且比之郢州与宜城，襄阳为大都，亦为入陕必经之路，邦彦经襄阳当无疑义。陈思谓《虞美人》与《玉楼春》两阕为纪程之作亦可谓察之细矣。至如词义，显为别所欢而作。

邦彦究竟自武关入陕，抑或自湖城入陕，无考，词中亦无踪迹可寻。然以情原之，则似自武关入陕为宜。如前所述，不惟自武关入陕者为坦途，且为捷径。若自湖城入陕，则必经潼关，此途不惟险阻，且潼关为文人所经必有所咏之地，而邦彦作品中何以无从按检？此系臆测，未敢自专。而出陕时则经潼关，有词为证，说详后。入陕之初则有《一落索》词曰：

> 杜宇催归声苦。和春归去。依阑一霎酒旗风，任扑面、桃花雨。　　目断陇云江树。难逢尺素。落霞隐隐日平西，料想是、分携处。

"陇云"，陇首（山名，在今甘肃、陕西交界处）之云，不知前述诸大

①　［宋］郭茂倩编：《乐府诗集》，中华书局1979年版，第703页。

家何故对如"陇云"云云却视而不察。至五月则有《苏幕遮》词曰：

> 燎沉香，消溽暑。鸟雀呼晴，侵晓窥檐语。叶上初阳干宿雨。水面清圆，一一风荷举。　故乡遥，何日去。家住吴门，久作长安旅。五月渔郎相忆否。小楫轻舟，梦入芙蓉浦。

三月至宜城，三月底四月初至长安，此词点明时令为五月，至长安已月余，父母妻室均在钱塘，故有"家住吴门，久作长安旅"之叹。八月在长安，尚有《西河》词曰：

> 长安道，潇洒西风时起。尘埃车马晚游行，霸陵烟水。乱鸦栖鸟夕阳中，参差霜树相倚。　到此际。愁如苇。冷落关河千里。追思唐汉昔繁华，断碑残记。未央宫阙已成灰。终南依旧浓翠。　对此景、无限愁思。绕天涯、秋蟾如水。转使客情如醉。想当时、万古雄名，尽作往来人、凄凉事。

此词写于长安无疑。又，《早梅芳近》词曰：

> 缭墙深，丛竹绕。宴席临清沼。微呈纤履，故隐烘帘自嬉笑。粉香妆晕薄，带紧腰围小。看鸿惊凤耸，满座叹轻妙。　酒醒时，会散了。回首城南道。河阴高转，露脚斜飞夜将晓。异乡淹岁月，醉眼迷登眺。路迢迢，恨满千里草。

词用长安事典与地理景观，又有"临清沼"之句，亦当作于此次游长安经临潼华清宫时盖无疑义焉。邦彦于政和二年（1112）至长安回河中经临潼时所写之《夜飞鹊》词又有"何意重经前地，遗钿不见，斜径都迷"句，亦可与此词互证。若此次未经，其后又如何能谓"何意重经前地"耶？长安词唯此阕写及美女，殊为怪异。又有《风流子》词曰：

> 枫林凋晚叶，关河迥，楚客惨将归。望一川暝霭，雁声哀怨，半规凉月，人影参差。酒醒后，泪花销凤蜡，风幕卷金泥。砧杵韵高，唤回残梦，绮罗香减，牵起余悲。　亭皋分襟地，难堪处，偏是掩面牵衣。何况怨怀长结，重见无期。想寄恨书中，银钩空满，断肠声里，玉箸还垂。多少暗愁密意，唯有天知。

此词当为游长安将要返程之作，亦知邦彦出长安则由潼关耳。值得玩味的倒是：三年远游，在长安仅及五个月，而其余时间均在荆州。且追忆长安词则曰"空忆诗情宛转"，其中原由，难以案断。但若求无解之解，作以大胆臆测，则似乎不难从周词中找到答案。《浣溪沙》词曰：

> 不为萧娘素约寒。何因容易别长安。预愁衣上粉痕干。　幽阁深沉灯焰喜，小炉临近酒杯宽。为君门外脱归鞍。

原来因萧娘而作"秋暮晚景"之《夜游宫》词曰：

> 叶下斜阳照水。卷轻浪、沉沉千里。桥上酸风射眸子。立多时，看黄昏，灯火市。　古屋寒窗底。听几片、井桐飞坠。不恋单衾再三起。有谁知，为萧娘，书一纸。

"桥上"句，酸风，刺人的寒风。李贺《金铜仙人辞汉歌》："魏官牵车指千里，东关酸风射眸子。"又，《四园竹》词曰：

> 浮云护月，未放满朱扉。鼠摇暗壁，萤度破窗，偷入书帏。秋

意浓,闲伫立、庭柯影里。好风襟袖先知。　　夜何其。江南路绕
重山,心知漫与前期。奈向灯前堕泪,肠断萧娘,旧日书辞。犹在
纸。雁信绝,清宵梦又稀。

《夜游宫》用李贺《金铜仙人辞汉歌》典,又据《三辅黄图》载:汉武帝在
建章宫建神明台,台上有金铜仙人,舒掌捧铜盘以盛云表之露。据此,
则知《夜游宫》当写于在长安经灞桥时。《四园竹》词明谓"江南路绕重
山",二词均点明是秋季之候,亦与邦彦离长安至荆州之时序合。"萧
娘"固泛指美女,然三词合观,似乎有所专指。且邦彦明谓"何因容易
别长安",乃因"萧娘"爽约而令人心寒。然却旧情难舍,故不惟离长安
时"桥上酸风射眸子",且"不恋单衾再三起。有谁知,为萧娘,书一纸",
以至已履"江南路",仍睹"肠断萧娘,旧日书辞",甚而"奈向灯前堕泪"。
邦彦还有《玉楼春》一阕,似亦写与"萧娘"之感情瓜葛:

　　　桃溪不作从容住。秋藕绝来无续处。当时相候赤栏桥,今日
独寻黄叶路。　　烟中列岫青无数,雁背夕阳红欲暮。人如风后
入江云,情似雨余黏地絮。

罗先生以为此词作于庐州,在其《周清真词时地考略》一文中曰:

　　　《玉楼春》云:"桃溪不作从容住,秋藕绝来无续处。当时相候
赤栏桥,今日独寻黄叶路。"按桃溪、赤栏皆在庐州。《续修庐州府
志》七又云"桃溪河,在舒城县北二十里,发源安州渒河,入巢湖
(明隆庆《志》)。桃溪水源出六安州界,入巢湖(《名胜志》)。"赤
栏桥在合肥城南,后清真百年,姜夔曾客居于此,有《淡黄柳》词,
序云:"客居合肥城南赤栏桥之西,巷陌凄凉,与江左异,惟柳色夹

道,依依可怜。因度此曲,以舒客怀。"又《送范仲讷往合肥》诗,有"我家曾住赤阑桥"之句。陈克《菩萨蛮》有"赤栏桥尽香街直,笼街(阶)细柳娇无力"之语,皆此桥也。而陈元龙注据《北梦琐言》,谓桑干河之赤栏桥,不止谬以千里矣。又按"今日独寻黄叶路"及下阕所云,词当是去庐州时祖帐留别之作。

　　愚以为为词索解,宜通观其全而不宜摘取枝叶。否则,若单将"桃溪""赤栏(阑)桥"坐实,恐茫茫神州,绝不止庐州有之耳。以罗先生之见,"桃溪"只能解作庐州之桃溪,那么此句意即庐州不能再住下去,这与第二句怎么接茬呢? 能说是在庐州住不下去的原因,是因为"秋藕绝来无续处"吗? 秋藕之断绝与庐州难居,究竟有什么必然联系呢? 若将"赤栏桥"坐实为庐州之赤栏桥,那"黄叶路"又该作何解呢? 难道说庐州也有黄叶路么? 如此解词,岂不死于句下乎?

　　况且赤栏桥不惟庐州与桑干河有之,长安亦有之。雍正《陕西通志》卷一六云:"赤栏桥与第五桥相近,隋开皇三年引香积厨水自赤栏桥经第五桥入城。"[1]与昆明池较近,唐宋时为士女聚集之处,诗人们常常写及,已经成为士女相恋的代名词了。如温庭筠《杨柳》八首之一即曰:"宜春苑里最长条,闲袅春风伴舞腰。正是玉人肠绝处,一渠春水赤阑桥。"写的正是士女相恋于赤阑桥之情景。

　　观八月长安词多及思归之情,故九月上旬即出陕归至宜城。题曰"重阳"之《六幺令》词曰:

　　　　快风收雨,亭馆清残燠。池光静横秋影,岸柳如新沐。闻道宜城酒美,昨日新醅熟。轻镳相逐。冲泥策马,来折东篱半开

----

① 雍正《陕西通志》,《影印文渊阁四库全书》本,第805页。

菊。　　华堂花艳对列,一一惊郎目。歌韵巧共泉声,间杂琮琤玉。惆怅周郎已老,莫唱当时曲。幽欢难卜。明年谁健,更把茱萸再三嘱。

从宜城南下又至郢州,写《长相思》词曰:

　　好风浮。晚雨收。林叶阴阴映鹢舟。斜阳明倚楼。　　黯凝眸。忆旧游。艇子扁舟来莫愁。石城风浪秋。

许多城市都以石城命名,此石城单指浙江石城,概述其远游思归之情。《年谱》以为此词作于江陵:

　　《绮寮怨·上马人扶》过片云“去去倦寻路程,江陵旧事,何曾再问杨琼”,白居易有《问杨琼》诗。按:杨琼善歌,居士游荆州时所欢,必杨其姓而能歌,故借用之。①

陈思以为此词乃怀念荆州旧时所识之歌者,虽未指明写作时间,但陈氏以为三年间同时游荆州、长安,且具体指出游荆州、长安在熙宁九年(1076)至元丰元年(1078),陈洵则以为“重过荆南途中作”,亦未指明在何时。罗先生同意陈氏之说,以为此词为重游荆州之作,在《周清真词时地考略》一文中曰:

　　《齐天乐》词当视为邦彦三年远游总结之作,其词曰:“绿芜凋尽台城路,殊乡又逢秋晚。暮雨生寒,鸣蛩劝织,深阁时闻裁剪。云窗静掩。叹重拂罗裀,顿疏花簟。尚有练囊,露萤清夜照

_____

①　陈思:《清真居士年谱》,第 2172 页。

书卷。　　荆江留滞最久，故人相望处，离思何限。渭水西风，长安乱叶，空忆诗情宛转。凭高眺远。正玉液新笃，蟹螯初荐，醉倒山翁，但愁斜照敛。"

台城，在今江苏南京北玄武湖侧，与鸡鸣山相接。本吴后苑城，晋咸和中修缮为新宫，亦谓之宫城。因城址在金陵附近，故后人多称金陵为台城。

三年远游，词中写及妓女者比比皆是，尤其是对长安之萧娘、荆州之杨姓妓女可谓一往情深，难怪《宋史》本传谓其"疏隽少检，不为州里推重"，殆与狎妓有关，非无据造作之辞也。或谓唐宋士子狎妓本为司空见惯之事，即如达官如晏殊、欧阳修乃至王安石、司马光等，谁个无此东山之乐，又何独苛责邦彦耶？此理固然，但狎妓宴欢以佐酒似司空见惯，而狎妓无度以至越过士人常例则必将获谴。至如还有何事以获此劣评，无考。

第四节　　周邦彦少年在钱塘诗词考

周邦彦少年事迹，可考知唯游荆州、长安而已，至于二次游长安，则在政和二年(1112)知河中府时，容后再考。下列诸词，似应视为少年时在钱塘之作。

《迎春乐》词曰：

> 清池小圃开云屋。结春伴、往来熟。忆年时、纵酒怀行速。看月上，归禽宿。　　墙里修篁森似束。记名字、曾刊新绿。见说别来长，沿翠藓、封寒玉。

"年时"，张相《诗词曲语辞汇释》："年时，犹云当年或那时也。"其

实"年时"即"去年",陕西方言至今仍作"去年"解。《汇释》所举各例
均解作"去年"更确切。如卢挚《清平乐》词:"年时寒食,直到清明节。
草草杯盘聊自适,不管家徒四壁。今年寒食无家,东风恨满天涯。早是
海棠睡去,莫教醉了梨花。""年时"显然即"去年"。"杯行",沿座行
酒。王粲《公宴诗》:"合坐同所乐,但愬杯行迟。""记名字"三句,意谓
去年游此地时,曾将名字刻在绿竹上,谁知一别又是一年了。此词作年
莫考,然观词义,无宦游之象,江南又多竹,似当写于少年在钱塘时,暂
系于此。以抛砖引玉耳。

《永乐大典》卷三五七九"村"字韵有邦彦《楚村道中二首》,其一
为七律:

> 林栖野啄散鸦群,极目风霾乱日曛。短麦离离干忆雨,远峰黯
> 黯细输云。愁逢杂路寻车辙,赖有高林出酒巾。辄得问津凡父老,
> 不应看客废锄耘。①

"林栖"句,谓林中栖鸦晨起后散乱地在啄食。"极目"句,谓云初聚而
遮住日光。"风霾",《诗经·邶风·终风》:"终风且霾。"毛传:"霾,雨
土也。"《尔雅·释天》:"风而土雨为霾。""短麦"句,谓春麦逢旱而盼
雨。短麦,尚未长高之麦。久旱不雨,故曰"干忆雨"。"愁逢"句,谓深
山路杂,依车辙而寻路。"酒巾",即酒旗。其二为五古:

> 族云行太虚,布置初狼籍。弥逢夭四维,俄顷同一色。雨形如
> 别泪,含恶未忍滴。泥途颇翻车,行者目朝夕。中央成白道,袅袅
> 踏蛇脊。潺湲冒田水,去作洞底碧。高林荫清快,渴乌时一掷。晚

---

① 《永乐大典》卷三五七九,明嘉靖隆庆间内府重写本。

休张庄聚,泾草蒙古驿。往时解鞍地,醉墨栖坏壁。孤星探先出,天镜小摩拭。比邻忽喧呼,夜磔鲁津伯。梦归谂草堂,再拜悲喜剧。问言劳如何,嗟我子行役。平明看屋溜,两鹊声喷喷。果逢南使还,冯寄好消息。谁秣百里驹,肯税不论直。①

"族云",聚集之云。南朝宋鲍照《喜雨》:"族云飞泉室,震风沉羽乡。""含恶",意谓心情不佳。"泾草",水沟之草。"夜磔"句,意谓昨夜曾祭风神,故天开云散。磔,祭风。《尔雅·释天》:"祭星曰布,祭风曰磔。""鲁津伯",《太平御览》卷九〇三引《符子》曰:"朔人献燕昭王以大豕,曰:'养奚若?'使曰:'豕也,非大圊不居,非人便不珍,今年百二十矣,人谓豕仙。'王乃命豕宰养六十五年,大如沙坟,足如不胜其体。王异之,令衡官桥而量之,折十桥,豕不量。又命水官舟而量,其重千钧,其巨无用。燕相谓王曰:'奚不飨之?'王乃命宰夫膳之。夕见梦于燕相曰:'造化劳我以豕形,食我以人秽,吾患其生久矣!仗君之灵,得化吾生,始得为鲁津之伯。'燕相游乎鲁津,有赤龟奉璧而献。""屋溜",屋檐。《礼记·玉藻》:"颐溜,垂拱。"孔颖达疏:"颐溜者,溜,屋檐。"

二诗当为一时所写,前一首写久旱不雨,后一首写旱后暴雨。且后一首有"往时解鞍地,醉墨栖坏壁"二句,则去时曾经此地,今归时又经此地也,知第二首为归时作。观诗中"梦归谂草堂,再拜悲喜剧"两句,其时邦彦之母尚健在。考邦彦母卒于元祐三年(说详后),故知此二诗必写于元祐三年之前。诗中又有"果逢南使还,冯寄好消息"两句,知邦彦此游必在钱塘之南,考邦彦终生未曾在钱塘之南为官,而少年游荆州、长安又在钱塘之西,故知此二诗必写于少年在故里南游时。究竟南游何处,诗中虽谓"晚休张庄聚,泾草蒙古驿",而"张庄""古驿"又无以确考,存疑可也。

---

① 《永乐大典》卷三五七九。

周密《齐东野语》卷四有邦彦《曝日》诗曰：

　　冬曦如村酿，奇温止须臾。行行正须此，恋恋忽已无。①

《遗事》谓：“先生诗之存者，一鳞片爪，俱有足观。至如《曝日》诗云：‘冬曦如村酿，微温只须臾。行行正须此，恋恋忽已无。’语极自然，而言外有北风雨雪之意，在东坡和陶诗中犹为上乘，惜仅存四句也。”②“奇”作“微”，或版本有别。观其“行行”句，或当作于行役道中，作年莫考。暂系于少年在钱塘时。刘克庄《后村千家诗》有邦彦《春雨》诗曰：

　　　耕人扶耒语林丘，花外时时落一鸥。欲验春来多少雨，野塘漫水可回舟。③

诗写南方春季景观，作年莫考，暂系少年在钱塘时。《永乐大典》卷八九九“诗”字韵有邦彦《偶成》诗曰：

　　　窗风猎猎举绡衣，睡美唯应枕簟知。忽有黄鹂深树语，宛如春尽绿阴时。④

此诗作年亦莫考，诗亦写南方春季景观，暂系少年在钱塘时。
　　如上数诗均清新可喜，不似晚年诗之谈佛论道，或感慨人生无常，故似当作于少年时也。暂系于此，以待高明耳。

①　［宋］周密：《齐东野语》，《唐宋史料笔记丛刊》本，第65页。
②　王国维：《清真先生遗事》，《王国维遗书》，第七册，第138页。
③　［宋］刘克庄撰，胡问侬、王皓叟校注：《后村千家诗校注》，贵州人民出版社1986年版，第341页。
④　《永乐大典》卷八九九。

第三章 元丰事迹考

《宋史》本传云："元丰初,游京师,献《汴都赋》余万言,神宗异之,命侍臣读于迩英阁,召赴政事堂,自太学诸生一命为正,居五岁不迁,益尽力于辞章。"①史书以其体例,概言之而已。然究竟何年入京师,何年入太学,何年被命为太学正,却人各言殊。其实邦彦入京师在元丰元年(1078),入太学在元丰五年(1082),一命为太学正在元丰七年(1084),兹考之如次。

第一节 周邦彦元丰元年入京师考

邦彦少居故里钱塘,其后入京师,然究竟在何年何月,各籍所载未详。《东都事略·文艺传》与《咸淳临安志》均谓"元丰中献《汴都赋》",《宋史》本传谓其"元丰初,游京师",《挥麈余话》亦谓其"元丰初以太学生进《汴都赋》",更明谓进《汴都赋表》在元丰元年七月。"元丰初"盖不误,以其《西平乐·稚柳苏晴》词自序亦有"元丰初,予以布衣西上"之语。按古人用语习惯,"元丰初"即指元丰元年,否则不当用"初"字。现知邦彦之父周原卒于熙宁九年(1076)四月辛亥,邦彦依制应守丧三年(实为二十七月)。据此,知邦彦丁外艰至元丰元年(1078)七月始服除。故其入京师之上限当不逾此。且其《西平乐》词自序又云:"后四十余年,辛

---

① [元]脱脱:《宋史》,中华书局 1985 年版,第 13126 页。

丑正月二十六日,避贼复游故地。感叹岁月,偶成此词。"此则是元丰元年入京师之明文。

第二节　周邦彦入太学在元丰五年考

邦彦入京师在元丰元年,但入太学却在元丰五年。王国维以为邦彦入太学在元丰二年,《年谱》亦持此说,且据《续资治通鉴长编》谓元丰二年八月甲寅,诏增太学舍八十斋,断是年晚秋入太学。然原诸事实,却似是而实非。《长编》卷二九九载:"元丰二年八月丁巳(八月二十二日)……诏益太学生员舍为八十斋,每斋屋五间,命入内东头供奉官宋用臣勾管修展。"①但《长编》卷三〇一又载:"元丰二年十二月乙巳(十二月十一日)……御史中丞李定等言:窃以取士兼察行艺,则是古者乡里之选。盖艺可以一日而校,行则非历岁月不可考。今酌《周官》书考宾兴之意,为太学三舍选差升补之法,上《国子监敕式令》并《学令》,凡百四十三条。诏行之。"②《宋史·神宗纪》亦载:"(元丰二年)十二月乙巳,御史中丞李定上《国子监敕式令》并《学令》,凡百四十条。"③是年八月又怎能入太学呢?

《宋史·选举三》略言:"元丰二年,颁《学令》:太学置八十斋,斋各五楹,容三十人。外舍生二千人,内舍生三百人,上舍生百人。"④未言建斋始末与颁《学令》之月日,故王氏《遗事》与陈氏《年谱》即据以为"先生入都为太学生,当在此时"。现各籍载之甚明,知元丰二年八月廿二日始命宋用臣修展太学,十二月始建成八十斋,颁《学令》,生员实扩至二千

---

① ［宋］李焘:《续资治通鉴长编》卷二九九,中华书局1995年版,第7287页。
② ［宋］李焘:《续资治通鉴长编》卷三〇一,第7327—7328页。
③ ［元］脱脱:《宋史》,第299页。
④ 同上书,第3660页。

四百人,自当在元丰三年以后,谓邦彦于元丰二年即入太学岂非无据?

不惟如此,直至元丰三四年间,邦彦恐亦未能成为太学生。且看《宋史》卷一五七《选举三》对三舍制之记载:"月一私试,岁一公试,补内舍生;间岁一舍试,补上舍生,弥封、誊录如贡举法;而上舍试则学官不预考校。公试,外舍生入第一、第二等,升内舍;内舍生试入优、平二等,升上舍:皆参考所书行艺乃升。""岁时月各有试,程其艺能,以差次升舍,其最优者为上舍,免发解及礼部试而特赐之第。"①《宋史》亦明载:国子监制,"凡入学授业,月旦即亲书到历。如遇私故或疾告、归宁,皆给假,违程及期月不来参者,去其籍。"②周密《癸辛杂识》后集"成均旧规"条记太学入学及升补法曰:

　　太学私试以孟、仲、季分为三场,或司成无暇,则并在岁晚。有公试则无私试,试为监中司成命题,就差学官充考校封录之职,不复经由朝廷。至第三日即揭晓,每十人取一,孤经则二三人亦取二名。第一等常缺。第二等谓之放等,魁当三分,第二名二分半。第三等魁二分,率从第二三取起,魁二分,第二、第三一分半,第四、第五一分三厘,余并一分。太学公试遇省试年,则在省试后二月下旬,凡引试二日(经赋一日,论策一日)。非省试年分,则随铨试后引试,系朝廷差官,士子则襕幞入试。③(着重号为引者所加,下同。)

据上引公私记载,若邦彦于元丰三四年间入太学,何以"岁一公试,补内舍生;间岁一公试,补上舍生"?而邦彦何以至元丰七年仍为

　　①　[元]脱脱:《宋史》,第3660页。
　　②　同上书,第3659页。
　　③　[宋]周密:《癸辛杂识》,《唐宋史料笔记丛刊》本,中华书局1988年版,第59—60页。

外舍生耶？况"三试不升舍，乃出之"，何能等到元丰七年耶？

据此，知邦彦入京师当在元丰元年冬，而入太学却当在元丰五六年间。方勺《泊宅编》卷十谓元丰六年太学入学在七月①，然元丰六年五六月间，邦彦即在太学写《薛侯马并序》，准此，则知邦彦入太学必在元丰五年无疑。又据周密《癸辛杂识》所载，每遇省试之年，太学试在二月下旬；而元丰五年刚好是省试之年，由此即可断定邦彦此年省试落榜，无奈才采取三学进身，入学必在元丰五年三月无疑。

第三节　周邦彦在京师行迹与太学生活

据上考可知，自元丰元年至元丰五年三月间，邦彦游学京师，却并未入太学。《宋史》本传谓其"元丰初，游京师"，着一"游"字，则较他籍为严谨耳。然"游"则既可游于达官贵人之门，亦可游于北里二曲之秦楼楚馆。其少年游荆州、长安，多及美女，固可谓之因"疏隽少检"所致；而将归故里钱塘时，已发乎为"吾家旧有簪缨，甚顿作天涯，经岁羁旅"（《南浦》）之叹。谓邦彦此次入京，亦专为美女而来，似亦不符合实际。然若谓邦彦从此即与美女绝缘，亦似不符合实际。故愚以为此数年在京之日，既游于达官贵人之门，亦难脱与北里二曲之干系。与达官贵人游，不能谓之贬。因在唐宋之时，士子们欲登龙门，必先"行卷""温卷"，让座主认识自己，了解自己。宋赵彦卫《云麓漫钞》卷八载："唐之举人，先借当世显人，以姓名达之主司，然后以所业投献；逾数日又投，谓之'温卷'，如《幽怪录》《传奇》等皆是也。"②处于此士风之下，欲登科第，概莫能免。然究竟邦彦在京华投剌于谁，无考。其间是否还

---

① 参见［宋］方勺《泊宅编》，《唐宋史料笔记丛刊》本，中华书局 1983 年版，第 55 页。
② ［宋］赵彦卫：《云麓漫钞》，《唐宋史料笔记丛刊》本，中华书局 1996 年版，第 135 页。

回过钱塘,亦无从考证。今知邦彦生于嘉祐元年(1056),元丰元年(1078)入京师时已二十三岁,至元丰五年(1082)入太学时已二十七岁矣。

这里有一个问题尚需补充说明,即自三学取士后仍重进士之选,三学取士只是进士取士的补充而已。对此《宋史·选举一》说得十分清楚:"宋初承唐制,贡举虽广,而莫重于进士、制科,其次则三学选补。"①元丰二年颁《学令》之后,三学取士始成常制,然仍重进士。然而有些学者甚至是知名学者如罗忼烈,却以为王安石改革学制,是以三学取士代替了进士考试,或以为进士考试还在重诗赋考试的老路上走,只有三学取士才重经世致用之学,是最先进的取士之法。这是个误解。其实熙宁变法是全面改革的,单就取士之途而言,首先改革的是科举。旧制,科举又分进士、明经、制科诸科。熙宁三年(1070),神宗用王安石议,罢制科与明经科,又将明经科罢后所节省之名额增补为进士科之名额。这说明在改革中,进士科不惟没有取消,反而增强了,但考试内容又做了大的改进。至如学官设置,《宋史·职官五》载:

> 国子监:旧置判监事二人,以两制或带职朝官充,凡监事皆总之。直讲八人,以京官、选人充,掌以经术教授诸生。(旧以讲书为名,无定员。淳化五年,判监李至奏为直讲,以京朝官充。其后,又有讲书、说书之名,并以幕职、州县官充。其熟于讲说而秩满者,稍迁京官。皇祐中,始以八人为额,每员各专一经,并选择进士并《九经》及第之人,相参荐举。)丞一人,以京朝官或选人充,掌钱谷出纳之事。主簿一人,以京官或选人充,掌文簿以勾考其出纳。(旧制,祭酒阙,始置判监事。)……元丰官制行,始置祭酒、司业、

---

① [元]脱脱:《宋史》,第3603页。

丞、主簿各一人,太学博士十人,(旧系国子监直讲,元丰三年,诏改为太学博士,每经二人。)正、录各五人,武学博士二人,律学博士、正各一人。①

元丰五年至七年即邦彦在太学之年,权国子司业者则为蔡卞,《宋会要辑稿·职官二八》之十载:"(元丰六年)国子司业朱服言:'养士莫盛于太学,而士鲜能知射。今武学教场隶本监,欲听学生每遇假日习射。'从之。"②同书同卷之一一一载:"(元祐二年)八月十二日诏以郓州处士王大临为太学录,以司马光荐大临通经术,而尝召不起故也。"③"七月二十二日诏朝请郎盛侨依旧国子司业。侨自司业除杨王府侍讲,国子监奏留,从太学生之请故也。"④据此知元丰五年至元祐二年,先后为国子司业者为蔡卞、朱服与盛侨,又御除黄暨、黄裳为国子博士,王大临由司马光荐为太学录。蔡卞为蔡京之兄,当然是新党人物无疑。至于朱服,亦为新党人物。

邦彦于元丰五年三月入太学,则正当舒亶、朱服等新党人物掌太学时。作为太学生之邦彦,是否就亲近或投靠这些人物,无考。此时之邦彦是否一改当年"疏隽少检"之习气,亦未可断知。观其《足轩记》《薛侯马并序》两文亦应作于在太学为诸生时,却仍然一如少年时之倜傥风流。《足轩记》一文云:

太学斋率容三十人,几席鳞比,讽诵之声相续。于是各□□斋后之隙地,哀众财,购小轩,为讲肆,游□□□□□□觊德堂之

① [元]脱脱:《宋史》,第3909—3910页。
② [清]徐松辑:《宋会要辑稿》,上海古籍出版社2014年版,第六册,第3759页。
③ 同上书,第3760页。
④ 同上。

后,真积□术之两□□□□□□□□□□□□□构轩如他斋,挠楠曲桓,因其□□□□□□□□□□湖景孤屿圮岸,幽藻随波,寒芦怀风,群雁上下,□□□□轩之左右皆凿地为池,植蒲荷,泛青萍,取小鱼置其中,□外有榆有柳。轩之两旁,各有杂花数十本。观其露重而荷翻,萍密而鱼跳,土簿而笋见,草疏而虫跃。孤花自媚,乍开乍落,蜂吟蝶停,井干而绕幽丛,蕞然有可喜者。于是众友环坐于轩,或议而争,或笑而哗,或相视而默,起观鱼池之游咏,坐指花实之荣谢。既已,复执卷以深思,以是终日,虽景象至微,而意态自足。钱唐周邦彦于是为名其轩曰"足轩",命同斋友咸赋诗以道其意。

客有诋是名者,曰:"孰为斯名?岂不太迫哉!以室屋为足耶?君不见乎充堂衍宇,华薨雕欀,□□马而容旗旄者乎?以得处此为足耶?君不见乎升金门,上玉堂,□□微而谒承明乎?以景物为足耶?君见夫□涛怒澜,荡云沃日,渺无际,谓之东海者乎?君见夫渭川千亩,洛阳万本,西湖十里,条干拂云汉,奇艳照城郭,清阴荫龟鱼者乎?以是为足,彼之足也岂胜计哉!"

邦彦徐笑而谓之曰:"客少止,试为君道其崖略。近乎天地之广,未始有极,天之赋形,不可殚名。耳目之用,厌故而玩新,恶常而好异。以既见为故,以未见为新,以故者为常,以新者为异。地广物众,亘古而无穷,以有限之身,慕无穷之物,则奚时而不新,奚时而不故,奚时而不常,奚时而不异哉?然子所谓足者,岂非志愿终毕,无复余觊者乎?"客曰:"然。""心为物役,景与时变,志愿所逐,至死而已,岂得为足?若欲尽物而后为足者,天下无有也。"客曰:"然则如之何而足也?"曰:"请为君安其足。今夫巨浪负舟,杯水容芥,同为浮而已矣。□□□半,虫吟秋暮,同为鸣而已矣。今见□之□□□□□□□者烦,则凡植物之生,如纤罗缛锦,□□□□□□□□吾轩侧之花,盛者萎,缀者脱,则凡植物之死,如委□□□者,亦若是衰而已矣。观鱼之泳,朝浮而夕沉,出没噞喁,则横海吞舟,喷浪飞涎者,亦若是得其所而已矣。观蜂蝶之往来缘扑,则物之逐扰扰以终其生者,亦若是劳而已矣。吾于万物,不观其色而观其真,不观其形而观其理。天下之广,山海之富,有形之象,不必目历而物数,故无往而不足。是以清宫洞房,安床弱席,人之所息,足于一寐。熊蹯鲤鲙,紫兰丹椒,羞焈调芼,人之所食,足于一饫。如有隐忧,则目眇而不瞑,咽结而不下,虽有奇居异馔,尚能寄支节而润舌乎?则知所足者在此而不在彼也。越内外之度而驰之万物,是为漏卮洞管,其中欿然无物可实,故无往而不足。若夫男子之得时,乘肥衣轻,握符节以役臣仆者,不识果欲窃是物以足其志乎?托是具以行其志乎?若窃是物以足其志者,是亦小丈夫而已矣,乌可以名足?则是轩之名,复何嘲哉?"客曰:"吾益矣,请书诸壁以告来者。"邦彦曰:"唯,唯。"

某年某月某日记①

宋之太学,虽经元丰二年扩建,仍然逼窄不堪。程颐《论改学制事目》第二条即记其拥挤逼窄之状曰:"旧制八十斋,每斋三十人,学生以二千四百人为额。每斋五间,容三十人,极甚迫窄,至两人共卧一榻,暑月难处,遂更互请假外出。学者失所如此,而愿留者,止为解额优宽而已。今欲以七间为一斋,容三十人,除学官、职事人及诸般占使外,可为五十斋,所容千五百人。"②又在《回礼部取问状》中记曰:"堪会看详文称朝廷广教之意,不当有限,盖谓不当立定二千四百人之限。若逐斋人数,自是据地位所容,难为强使之多。斋舍多少,则系朝廷处之。虽使

① [宋]江钿:《圣宋文海》卷七,瞿氏铁琴铜剑楼藏残宋本,现藏于国家图书馆。
② [宋]程颢、程颐:《河南程氏文集》卷七,《四部丛刊》缩本,商务印书馆1936年版。

未及,徐图之可也,盖非立定限数之意。若不恤斋舍宽窄,苟欲人数之多,使学者不安其居,乃是徒为美观,不务实事,非圣朝立事之意。所称每斋七楹,则是七间,别无间架不同。今见学舍,除学官、职事人及诸般占使外,可为五十余斋,每斋置三十卧榻,并是量度尺寸,算计可容。旧来常是二人或者三人共一榻,不惟暑月难处,兼亵渎之甚。"①足见其时太学虽号称八十斋(或谓七十七斋),其实供诸生所宿者,不惟不足此数,且逼窄太甚。宋之太学生员,其食宿所需,皆为国家仓廪依制供给。而住宿拥挤之状,除程氏所述者外,即为邦彦在《足轩记》中所述者,即由生员集资于隙地建房以缓其居。然八十斋斋各有名,为神宗所命。《宋会要辑稿·崇儒一》之三二小字注曰:"旧太学七十七斋",后又引高宗时国子司业高闶语曰:"在京太学讲堂及诸斋名,并系神宗皇帝所赐。"②周辉《清波杂志》卷第四"两学人物"条亦载曰:"元祐间,敏求斋有治《春秋》陈生与宋门一娼狎。"③"敏求"即其八十斋之一斋名,其时,同治一经者聚一斋。其八十斋各以何名之,无考。"足轩"者,乃邦彦及诸生集资所建之轩名。"购小轩"之"购",当为"构"字之误,观下文可知。而所谓"觐德堂",文中已指明为"讲肆",程颐文中又谓太学有四讲堂,宋末遗民周密在其《癸辛杂识》别集上"汴梁杂事"条记北宋太学曰:"讲堂曰'明善',藏书阁曰'稽古'。"④邦彦文此处不巧恰有所缺略,原其文意,当为四讲堂之一,堂名亦当为神宗所命无疑。"土簿"之"簿",当为"薄"字之误。"井干",《庄子·秋水》:"出跳梁乎井干之上。"成玄英疏:"干,井栏也。"郭庆藩集释:"干,当从木作干。"按"井干"之上疑脱一字。"游咏"之"咏",当为"涌"字之误。"升金门,上玉

---

① [宋]程颢、程颐:《河南程氏文集》卷七。
② [清]徐松辑:《宋会要辑稿》,第五册,第2745页。
③ [宋]周辉:《清波杂志》,中华书局1985年版,第34页。
④ [宋]周密:《癸辛杂识》,《唐宋史料笔记丛刊》本,中华书局1988年版,第217页。

堂",《文选》杨雄《解嘲》:"历金门,上玉堂有日矣。"李善注引应劭曰:
"待诏金马门。"又引晋灼曰:"《黄图》有大玉堂、小玉堂。"班固《西都
赋》:"又有承明、金马,著作之庭,大雅宏达,于兹为群。""潴渺",《文
选》木华《海赋》:"长波潴渺,迤涎八裔。"李善注:"潴渺,相重之貌。"
按:字书无此字,当为宋人对"潴"字之俗写。"潴",《说文》:"'潴',涫
溢也。今河朔方言谓'沸溢'为'潴'。""杯水容芥",《庄子·逍遥游》:
"覆杯水于坳堂之上,则芥为之舟。""弱席"之"弱"当为"蒻"字之误。
《淮南子·主术》:"匡床蒻席,非不宁也。"高诱注:"蒻,细也。"颜师古
《急就篇》注:"蒻,谓之柔弱者也,蒲蒻可以为席。""羞鱼调芼",《文
选》枚乘《七发》:"羞鱼脍炙,以御宾客。"《礼记·内则》:"芼羹",注:
"芼,菜也。"疏:"按公食大夫礼,三牲皆有芼者,牛藿、羊苦、豕薇也。
是芼乃为菜也,用菜杂肉为羹。""漏卮洞管",《淮南子·泛论》:"今夫
溜水足以益壶榼,而江河不能实漏卮。"洞管,即洞箫。"歉然",不自
满之意。《孟子·尽心上》:"如其自视歉然,则过人远矣。"观其文,
谓:"吾于万物,不观其色而观其真,不观其形而观其理。天下之广,
山海之富,有形之象,不必目历而物数,故无往而不足。是以清宫洞
房,安床弱席,人之所息,足于一寐。熊蹯鲤鲙,紫兰丹椒,羞鱼调芼,
人之所食,足于一饫。如有隐忧,则目眵而不瞑,咽结而不下,虽有奇
居异馔,尚能寄支节而润舌乎?则知所足者在此而不在彼也。越内
外之度而驰之万物,是为漏卮洞管,其中歉然无物可实,故无往而不
足。若夫男子之得时,乘肥衣轻,握符节以役臣仆者,不识果欲窃是
物以足其志乎?托是具以行其志乎?若窃是物以足其志者,是亦小
丈夫而已矣,乌可以名足?"全文以"知足者常乐"之意一线贯穿,以
轻裘肥马、高官厚禄、窃物以足其志者为"小丈夫",大得苏轼《赤壁
赋》之意脉,非奔名竞利、斤斤于物欲之间者所能为。

　　《薛侯马并序》一文云:

薛侯,河东土豪也,以战功累官左侍禁。西方罢兵,薛归吏部授官,带所乘骆马寓武城坊,经年不得调,羁马库屋下。马怒,败主人屋,时时蹄碎市贩盎器,薛悉卖装以偿。伤已阽屋,因对马以泣。邻居李文士因之为薛作传,同舍赋诗者十一人,仆与其一焉。

薛侯俊健如生猱,不识中原生土豪。蛇矛丈八常在手,骆马蕃鞍云锦袍。往属嫖姚探虎穴,狐鸣萧萧风立发。短鞯淋血斩胡归,夜斫坚冰濡马渴。中都久住武城坊,屋头养骆如养羊。枯萁不饱篱壁尽,狭巷怒蹄盆盎伤。只今栖栖守环堵,五月湿风柔巨黍。千金夜出酬市儿,客帐昼眠听戏鼓。边人视死亦寻常,笑里辞家登战场。铨劳定次屈壮士,两眼荧荧收泪光。齿坚食肉何曾老,骗马身轻飞一鸟。焉知不将万人行,横槊秋风贺兰道。①

诗序既谓"同舍赋诗者十一人",则必作于元丰五六年至七年三月被擢为试太学正之前,即为太学生时。复以诗序所述他事原之,当作于元丰六年冬或七年春。考宋与西夏之战,自英宗治平三年(1066)直至北宋灭亡,时战时和,从未彻底停止。故诗序所谓"西方罢兵",当指元丰五年永乐之役后之暂时罢兵,非永久罢兵之意。元丰五年春,神宗误听不懂军事之臣僚所谏,主动出师伐夏,导致是年九月永乐之败,损失惨重,此后神宗无意再对西夏用兵(说详后)。序又谓"薛归吏部授官","经年不得调",则最早已至元丰六年九月以后,诗中又有"五月湿风柔巨黍"之句,则知作于元丰六年五六月间,因元丰七年邦彦已入官为试太学正,不可能十数人同舍。"经年"云云,殆概言之,非实指满一年也。骆马,白身黑鬣之马。《诗经·小雅·四牡》:"四牡骓骓,啴啴

---

① [宋]陈郁:《藏一话腴》内编卷上,《影印文渊阁四库全书》本,台湾商务印书馆1986年版,第560页。

骆马。"巨黍，古代良弓名。《文选》潘岳《闲居赋》曰："溪子巨黍，异絭同机。"李善注："《史记》苏秦说韩王曰：'溪子巨黍者，皆射六百步之外。'许慎曰：'南方溪子，蛮夷柘弓，皆善材也。'孙卿子曰：'繁弱巨黍，古之良弓。'""湿风"，潮湿之风，此处当为燥热之风，"湿"，通"㬠"，因元丰六年五月久旱不雨。《宋史·神宗纪三》曰：元丰六年五月"甲申，以时暑趣决开封大理狱。庚寅，以旱虑囚"。"柔"，通"鞣"。据此句，知元丰六年五月邦彦已在太学，足可证邦彦入太学在元丰五年无疑。《周礼·考工记·弓人》："苟有贱工，必因角干之湿，以为之柔。""五月"句意谓薛侯昔日曾执巨黍、乘骆驹，驰骋于疆场之上，然而如今却困居于京师五月燥风之中。"骗马"句，《集韵》："骗，跃而乘马也。""贺兰道"，贺兰山在今宁夏回族自治区，宋时为西夏所占。"武城坊"在何处？考宋之汴京，分内城与外城，内外城各建坊若干。《宋会要辑稿·方域一》之十二载："至道元年十一月二十五日诏：张洎改撰京城内外坊名八十余，分定布列，始有雍洛之制。……城南厢二十坊，曰大宁、崇礼、广济、敦教、建宁、昭化、永通、景平、通惠、敦化、武成、景耀、永泰、建平、长庆、清平、光庆、永昌、敦信、永安。"①据此，知武城坊在城南。

第四节　《汴都赋》作于元丰七年三月考

周邦彦献《汴都赋》究竟在何年？诸籍所载不一。《东都事略·文艺传》与《咸淳临安志·人物传》均谓"元丰中"，而《宋史》本传则谓"元丰初，游京师，献《汴都赋》余万言，神宗异之，命侍臣读于迩英阁，召赴政事堂，自太学诸生一命为正"，《挥麈余话》在引录周邦彦《重进

---

① ［清］徐松辑：《宋会要辑稿》，第十五册，第9272页。宋人之人名与地名常常同音异字，此处谓"武成"，邦彦诗中谓"武城"，当为同地而异字。

〈汴都赋〉表》中谓"元丰元年七月所进《汴都赋》",《直斋书录解题》谓"元丰七年进《汴都赋》",《遗事》在引录诸说后驳之云:

> 余案:元年当为六年之误,赋中所陈有疏汴洛、改官制、修景灵宫三事。案《宋史·河渠志》元丰二年三月,以宋用臣提举导洛通汴。《神宗纪》元丰二年六月甲寅,清汴成。三年六月丙午,诏中书省详定官制,五年夏四月癸酉,官制成。三年九月乙酉,诏即景灵宫作十一殿,以时王礼祀祖宗,五年十一月景灵宫成,告迁祖宗神御。此三事皆在元年之后,此一证也。楼攻媿《清真先生文集序》云:"未及三十作《汴都赋》。"时先生方二十八岁,若在元年,则才二十三岁,当云"年逾二十",不得云"未及三十",此二证也。楼《序》《咸淳志》《直斋书录》皆云赋奏,命左丞李清臣读于迩英殿。案:清臣官至门下侍郎,此云"左丞",非称其最后之官,乃以读赋时之官称之。而《神宗纪》及《宰辅表》,清臣以元丰六年八月辛卯自吏部尚书除尚书右丞,至元祐初乃迁左丞,则"左丞"当为"右丞"之误。献赋在七月,而读赋则在八月以后,亦与事实合,此三证也。若直斋所云七年,则又因六年七月而误也。①

《遗事》之驳《余话》可谓铁证如山,然断献赋之作年及一命为太学正却与《续资治通鉴长编》卷三四四所载相左:元丰七年(1084)三月壬戌(是月庚子朔,壬戌则为廿三日),"诏太学外舍生周邦彦为试太学正,寄理县主簿厮。邦彦献《汴都赋》,上以太学生献赋、颂者以百数,独邦彦文采可取,故擢之"②(着重号为笔者所加)。值得注意的是,陈

---

①　王国维:《清真先生遗事》,《王国维遗书》,上海书店 1983 年版,第七册,第 96—97 页。

②　[宋]李焘:《续资治通鉴长编》卷三四四,中华书局 1990 年版,第 8266 页。

思《年谱》即引录清毕沅《续资治通鉴》曰："元丰七年，三月，壬戌，诏以太学外舍生钱塘周邦彦为试太学正。邦彦献《汴都赋》，文采可取，故擢之。"①与《长编》所载基本相同，惜其为王国维大名所掩，却未引起学界的注意。此两籍明载为"外舍生"，与他籍谓"诸生"相左，此其一。此谓"试太学正，寄理县主簿尉"，亦与他籍独谓"太学正""太学录"而不及"寄理县主簿尉"者异，此其二。此指明擢升原因，亦不为他籍所记，此其三。此三不同，颇启人思。

臆邦彦盖于元丰五年进士科不第，则如《长编》卷三〇一所载"本贯若所在州给文据试"，于元丰五年入太学为外舍生。宋时每逢节庆或天示祥瑞，臣僚献文、赋、颂者以为常例。然若他籍所载，邦彦以一介"诸生"献赋，何能达于天览，且命重臣如右丞李清臣者"读于迩英阁，召赴政事堂"耶？《长编》则谓"上以太学生献赋、颂者以百数，独邦彦文采可取，故擢之"。明谓"献赋、颂"为一集体行为而非个人行为。然此种集体行为又绝非因节庆或天示祥瑞而发，因此等赋、颂臣僚所献者尚未能遍览，神宗又何暇去光顾群生员之赋、颂耶？盖此次集体行为乃因一重要活动而起，不然何至"献赋、颂者以百数"？宋代至仁宗始重建学校，至神宗始以三学补选取士，其幸太学亦为常例。盖邦彦及太学生员献赋、颂，亦因神宗幸太学而发，虽无史料可证，似亦无大差谬。神宗所以命李清臣遍读太学生所献赋、颂，其意盖在校士，故又召其至政事堂面试学问政事，始擢其为"试太学正，寄理县主簿尉"。准此，则知邦彦献赋与擢为试太学正均在元丰七年三月，《遗事》仅据《挥麈余话》即断为元丰六年七月，误。楼《序》云"未及三十，作为《汴赋》，《赋》凡七十言"，此年邦彦二十九岁，正与"未及三十"合。诸籍谓二十八岁献《赋》者，则误。楼《序》又云其赋"期月而成"，则当写于是年正、二月

①　陈思：《清真居士年谱》，辽沈书社1985年版，第2168页。

间。盖神宗正月或二月幸太学,诸生献赋颂,"期月而成",则已至三月矣。况赋中即已有写作日月可寻,其中有句曰:"至于天运载周,甲子新历(一作'新运'),受朝万方,大庆新辟。"所谓"甲子新历",则已指明为元丰七年(此年岁在甲子),且此数句之下,即接写群臣朝贺新春盛况,此段尾又云"如此淫乐者十有七年",自神宗即位至元丰七年正好"十有七年",《长编》与《续资治通鉴》所载,不正好与《汴都赋》原文叙述妙合无垠么?不也证明宋人所记除陈振孙《直斋书录解题》言对年份外,其余都错得离谱么?近代学者中的陈思与王国维两家,正好是陈思《年谱》正而王国维《遗事》误。然而令人奇怪的是,十多年前,是编初版本已指出王国维此断之误后不久,就有位博士生,以国家立项的"周邦彦词接受史"研究为题,在《文学遗产》等杂志上发表了一系列文章,维护王国维的观点,批判我的错误。我不是说我的错误不能批判,只想说明实证文章必须靠事实来说话,不能唯权威是从。况且今之青年学者,不像老一代学者那样全靠死记硬背,只需在电脑上点一下"甲子新历"四字,描写元丰七年群臣朝贺新春盛况的一段全文就出现在您的面前,何以将周邦彦自己说的话丢在一边,却去维护王国维的错误观点呢?对青年学者来说,这种学风实在是应该改正的,否则再继续这样下去,岂不是在错误的道路上越陷越深么?恕我直言,但却不掩悯忧!

　　《汴都赋》是否在歌颂新法,这与邦彦是否是新党人物相为表里,关系极大的。为明所以,兹将《汴都赋》全录如下,并分段予以笺注,然后再探讨是否歌颂新法的问题。罗忼烈先生有关评论亦附后,以便读者参考。

　　　　臣邦彦顿首再拜曰:自古受命之君,多都于镐京,或在洛邑,唯
　　　梁都于宣武,号为东都,所谓汴州也。后周因之,乃名为京。周之
　　　叔世,统微政缺,天命荡杌,归我有宋,民之戴宋,厥惟固哉!奉迎

鸾舆，至汴而上，是为东京。六圣传继，保世滋大，无内无外，涵养如一。含牙带角，莫不得所，而此汴都，高显宏丽，百美所具，亿万千世。承学之臣，弗能究宣，无以为称，伊彼三国，割据方隅，区区之霸，言余事乏，而三都之赋，磊落可骇，人到于今称之，矧皇居天府而有遗美，可不愧哉！谨拜手稽首献赋曰：

"镐京"，周武王所都，故址在今西安市西南。《诗经·大雅·文王有声》："考卜维王，宅是镐京。""洛邑"，故址在今洛阳市。《尚书·召诰序》："成王在丰，欲宅洛邑，使召公先相宅，作《召诰》。""宣武"，唐建中二年置宣武军节度使，治所在开封。梁太祖朱温曾为宣武军节度使，称帝后建都于此，故云。"叔世"，即末世。"六圣"，谓宋太祖、太宗、真宗、仁宗、英宗、神宗。"含牙带角"，《淮南子·兵略训》："凡有血气之虫，含牙带角，前爪后距。"此谓气势雄伟。

　　发微子客游四方，无所适从，既倦游，乃崎岖邅回。造于中都，观土木之妙，冠盖之富，炜烨焕烂，心骇神悸，瞑暗而不敢进，于是夷犹于通衢，彷徨不知所届。适遭衍流先生，目而招之，执其袪，局局然叹曰："观子之貌，神采不定，状若失守，岂非蔽席隐茅，未游乎广厦；诛草锄棘，未撷乎兰蕻，披褐挟缊，未曳乎绮縠；微邦陋邑，未睹乎雄藩大都者乎？"发微子妌然有赧色，曰："臣翱翔乎天下，东欲究扶桑，西欲穷虞渊，南欲尽反户，北欲彻幽都，所谓天子之都，则未尝历焉。今先生讯我，诚有是也。然观先生类辩士，其言似能碎昆仑而结溟渤，铄混沌而形罔象，试移此辩，原此汴都可乎？臣固不敏，谨愿承教。"

"发微子"，虚拟名，类子虚、乌有、亡是公者，下文"衍流先生"同此。

"骹","骇"古字。"瞑瞗"（音歇豁），惊视，惊惧，危险，见《一切经音义》引《通俗文》。此词在今为生僻，于古则俗语，陕西方言至今仍用。"夷犹"，迟疑，犹豫不前。"祛"，袖口。《诗经·郑风·遵大路》："遵大路兮，掺执子之祛兮。""蔽席隐茅"，谓以茅草房隐身蔽体。"蔎（音设）"，香草名，见《说文》。"姡（音活）然"，羞愧貌。姡，本意为面丑。"扶桑"，日出处。《楚辞·九歌·东君》："照吾槛兮扶桑。"王逸注："日出，下浴于汤谷，上拂其扶桑，爰始而登，照耀四方。""虞渊"，亦称虞泉，日没处。《淮南子·天文训》："日至于虞渊，是为黄昏。""反户"，南方之地。《淮南子·墬形训》："南方曰都广，曰反户。""幽都"，北方之地。《尚书·尧典》："申命和叔宅朔方，曰幽都。"孔传："北称幽，则南称明，从可知也。都，谓所聚也。"蔡沈集传："朔方，北荒之地……日行至是，则沦于地中，万象幽暗，故曰幽都。""镂混沌"句，《庄子·应帝王》："南海之帝为倏，北海之帝为忽，中央之帝为浑沌。倏与忽时相与遇于浑沌之地，浑沌待之甚善。倏与忽谋报浑沌之德，曰：'人皆有七窍以视听食息，此独无有，尝试凿之。'日凿一窍，七日而浑沌死。""混沌"，亦作浑沌。"罔象"，亦作象罔，《庄子·天地》："黄帝游乎赤水之北，登乎昆仑之丘而南望，还归，遗其玄珠。使知索之而不得，使离朱索之而不得，使吃诟索之而不得也。乃使象罔，象罔得之。"王先谦集解引宣颖曰："似有象而实无，盖无心之谓。"此句意谓不该镂而镂之，不该形而形之。

　　先生笑曰："客知我哉！"丁是中噪据床，虚徐而言曰："噫！了独不闻之欤？今天下混一，四海为家，令走绝徼，地掩鬼区，惟是日月所会，阴阳之中，据要总殊，搹键制枢，拱卫环周，共安乘舆。而此汴都，禹画为豫，周封郑地。觜觿临而上直，实沈分以为次。惟蓬泽之故境，昔合虡之所至；芒砀涣涡截其面，金堤玉渠累其脊；雷夏瀎沮绕其胁,礨丘訾娄夹其胝。梁周帝据而麇沸,唐汉尹统而宁一;故此王国袭故不徙,恢坼甸域。尊崇天体,司徒制其畿疆,职方辨其土地。前千官而会朝,后百族而为市;分疆十同,提封万井;舟车之所辐辏,方物之所灌输;宏基融而壮址植,九鼎立而四岳位;仰营域而体极,立土圭而测晷。蜀险汉坌,荆惑闽鄙;惟此中峙,不首不尾;限而不迫,华而不侈。环睇眰于郡县,如岣嵝之迤逦。观其高城万雉,埤堄鳞接,缭如长云之方舒,屹若崇山之碨硜;坤灵因赑屃而局踖,土怪畏榨压而妥贴;麋胥不可緪而登,爵鼠不可啄而穴;利过百二,嶮逾四塞;鄙秦人之践华,陋荆州之却月;顿捷步与超足,矧蹒跚与蹩躠;阛城为门,二十有九,琼扉涂丹,金铺镂兽;列兵连卒,呵夜惊昼;异物不入,诡邪必究。城中则有东西之阡,南北之陌;其衢四达,其涂九轨;车不理轚互,人不争险易;剧骖崇期,荡夷如砥。雨毕而除,粪夷荜秽,行者不驰而安步,遗者恶拾而恣弃。跨虹梁以除病涉,列佳木以安怵惕;殊异羊肠之诘曲,或蜿蜒而折轊。”

“喙”,嘴。《庄子·秋水》:“今吾无所开吾喙,敢问其方。”“虚徐”,从容不迫。“绝徼”,极远之地。“鬼区”,边远地区。班固《典引》:“仁风翔乎海表,威灵行乎鬼区。”蔡邕注:“鬼区,绝远之区也。”“搞”,《说文》:“把也。”“禹画为豫”,《尚书·禹贡》:“荆河为豫州。”郑玄注:“豫州界自荆山而北至于河。”《周礼·夏官·职方》:“河南曰豫州。”“周封郑地”,《史记·郑世家》:“郑桓公友者,周厉王少子而宣王庶弟也。宣王立二十二年,友初封于郑。”按姬友初封之郑,其地当今陕西华县,平王东迁,郑徙于今河南新郑县,有河南省中部黄河以南之地。“觜觿(音紫西)”两句,意谓汴京正临觜宿之分野。觜觿,星宿名,二十八宿之一,即觜宿。“蓬泽”两句,“蓬泽”,本名逢泽,亦曰蓬池,古泽名,故址当今开封东南,战国魏地,本逢忌之薮。《左传·哀公十四年》:"迹人来告曰,逢泽有介麋。"《正义》曰:"《周礼·夏官》,迹人掌邦田之政,凡田猎者受令焉。郑玄云:'迹之言迹,知禽兽处也。'……介,大也;麋,獐也。"故知"合麋"当为"介麋"之误。又阮籍《咏怀》之十二:"徘徊蓬池上,环顾望大梁。"韦应物《大梁亭会李四栖梧作》:"至今蓬池上,远集八方宾。""芒砀涣涡",芒山与砀山均在安徽砀山县东南,与河南永城县相接。"涣",即涣水,旧自河南陈留县东流,经商丘、永城,入安徽汇入淮河;今上流已湮,下流在永城以东者即今之浍河。涡,水名,源出河南通许县,流经安徽西北部,于怀远县入淮。"金堤"句,谓水渠上之堤有如其脊梁。"雷夏"句,谓沼泽湖泊绕在她(汴京)的腰间。《尚书·禹贡》:"雷夏既泽,灉沮会同。"雷夏,即雷泽,古泽名,其地当今山东菏泽东北黄河南岸。《史记·五帝本纪》:"舜耕历山,渔雷泽。""灉",水名,源山东曹县,东北流至菏泽,与沮水合。灉、沮皆汇于雷泽。"胁",腰部。"矗丘"句,"矗丘",未知所在。"訾娄",春秋时卫邑。"胂",夹脊肉。"梁周"句,谓梁、周两代虽据之为京,却治之糜乱。五代后梁与后周均都汴京。"糜沸",喻世事混乱之甚,有如糜粥之沸于釜中。"尹统",治理统治。"恢圻"句,谓扩大京畿地域。"圻(音齐)",京都千里之地,通"畿"。"司徒",古官名,相传始于少昊,周时为六卿之一,曰地官大司徒,后亦称户部尚书。"职方",古指职掌方面之官。《礼记·曲礼下》:"五官之长曰伯,是职方。""分疆"两句,谓地域辽阔。《汉书》卷二三《刑法志》:"殷、周以兵定天下矣。……因井田而制军赋。地方一里为井,井十为通,通十为成,成方十里;成十为终,终十为同,同方百里;同十为封,封十为畿,畿方千里;……一同百里,提封万井。""九鼎",古代象征国家政权的传国之宝。《史记·武帝本纪》:"禹收九牧之金,铸九鼎,象九州。"相传成汤迁九鼎于商邑,周武王迁之于洛邑。战国时,秦、楚皆有兴师到周求九鼎之事。周显王二十四年,宋大秋社亡,九鼎没于泗水彭城下。"四岳",本指西岳华山、南岳衡山、东岳泰山、北岳恒山,此处代指全国。
《左传·昭公四年》:"四岳、三涂、阳城、大室、荆山、中南,九州之险
也。"杜预注:"东岳岱,西岳华,南岳衡,北岳恒。"《汉书·郊祀志上》:
"嵩高为中岳,而四岳各如其方。""营域",指国土。汉严遵《道德指归
论·道生》:"宇宙之外,营域之内,拘以无禁,束以无制。""土圭",古代
用以测日影、正四时、度土地之器。《周礼·地官·大司徒》:"以土圭
之法,测土深,正日景,以求地中。""坌(音本)",本谓尘埃,此处谓偏
僻。"睎睨",瞭望。"礥碪(音确截)",高峻。"坤灵",地神。"赑屃
(音闭细)",传说中壮猛有力之神龟。"縻胥",以绳攀缘之军士。"爵
鼠",谓雀与鼠。爵,通"雀"。"百二",以二敌百,喻山河险阻之地。本
指秦地,此处指汴京。《史记·高祖本纪》:"秦,形盛之国,带河山之
险,县隔千里,持戟百万,秦得百二焉。""践华"句,贾谊《过秦论》:"然
后践华为城,因河为池。"李善注引服虔曰:"断华山为城,美大之也。"
"陋荆州"句,《荆州图记》:"沌阳县有却月城,西一里有马城。"《太平
御览》卷一九二引梁元帝《金楼子·说蕃》:"东西两岸为却月城。""蹩
躠(音别萨)",跛行、尽力前行貌。《庄子·马蹄》:"及至圣人,蹩躠为
仁,踶跂为义,而天下始疑矣。"疏:"用力之貌。"其实古之所谓雅词,今
则存于地方俗语之中。即如"蹩躠",陕西方言至今仍存、仍用。"阚
城"两句,"阚",窥视。据《宋会要辑稿·方域一》之一载,汴京有新、旧
城,旧城谓之阙城,亦曰里城;新城谓之国城,亦曰外城、罗城。旧城东、
西各二门,南北各三门,共十门;新城南、东、北各五门,西六门,共二十
一门;是新、旧城相加共三十一门。然《东京梦华录》卷一谓新城十五
门,其中陈州、戴楼两门,其旁各有　蔡河水门,共十七门;旧城四面各
三门,共十二门;新、旧城合为二十九门。"金铺",《说文》:"铺,箸门铺
首也。"《汉书·哀帝纪》:"孝元庙殿门铜龟蛇铺首鸣。"注:"铺首作龟
蛇之形,以衔环者也。"段玉裁《说文注》:"古者箸门赢为形,谓之椒图。

以金为之,则曰金铺;以青画琐文镂中,则曰青琐。""錾互",《说文》:"錾,车辖相击也。《周礼》曰:舟舆錾互者。"段注:"辖者键也,键在惠头,谓车惠相击也。诸书亦言车毂相击。《秋官·野庐氏》:凡道路之舟车錾互者,叙而行之。""剧骖崇期",《尔雅·释宫》:"七达谓之剧骖,八达谓之崇期。"邢昺疏曰:"三道交复有一歧出者"谓之"剧骖","四道交出"谓之"崇期"。""跨虹梁"句,据《宋会要辑稿·方域十三》之十九载,汴京新、旧城汴河上之桥共有八座,然《东京梦华录》却谓汴京仅汴河上之桥即有十三座,未知孰是? 岂《宋会要辑稿》仅言城内汴河上之桥,而《东京梦华录》不惟言城内,且言城外近郊耶?《东京梦华录》卷一"河道"载:"自东水门外七里至西水门外河上有桥十三。从东水门外七里曰虹桥,其桥无柱,皆以巨木虚架,饰以丹雘,宛如飞虹,其上下土桥亦如之。""除病涉",除去涉水之患。"列佳木"句,据《宋会要辑稿·方域十三》载,汴京汴河桥上有木栏杆,有的桥上还建有店铺,故无惊惧之虞。"踠",同"宛"。班固《东都赋》:"马踠余足,士怒未渫。"《文选》注:"踠,屈也。""辖(音未)",车轴头。《史记》卷八二《田单传》:"城坏,齐人走,争涂,以辖折车败,为燕所虏。"

顾中国之阛阓,丛赀币而为市。议轻重以奠贾,正行列而平肆。竭五都之瑰富,备九州之货贿。何朝满而夕除,盖趋赢而去匮。萃骈侩于五均,扰贩夫于百隧。次先后而置叙,迁有无而化滞。抑强贾之乘时,摧素封之专利。售无诡物,陈无窳器。欲商贾之阜通,乃有廛而不税。销卓、郑、猗、陶之殖货,禁乘坚策肥之拟贵。道无游食以无为,矧敢婆娑而为戏。

"阛阓(音还会)",市门与市垣,古代市道即在垣及阓之间,故云。左思《蜀都赋》:"阛阓之里,技巧之家。"刘渊林注:"阛,市巷也;阓,市外内门也。"张衡《西京赋》:"尔乃廓开九市,通阛带阓。""赍",通资。"五都",历代所指不同,此处泛指大都市。"驵侩(音葬筷)",牲畜交易之经纪人。《汉书·货殖列传》"节驵侩",注云:"侩者合会二家交易者也,驵者其首率也。""五均",管理市场之官署。《逸周书·大聚》:"市有五均,早暮如一。"注:"均,平也,言早暮一价。""素封",无官爵封邑而拥有财富之富人,此处指囤积居奇以牟利之商人。《史记·货殖列传》:"今有无秩禄之奉,爵邑之入,而乐于之比者,命曰'素封'。"《正义》:"古不仕之人自有园田收养之给,其利比于封君,故曰'素封'也。""窳(音于)器",谓粗劣之物。"廛(音缠)而不税",《周礼·王制》:"市,廛而不税。"注:"廛,市物邸舍,税舍不税其物。""销卓"句,意谓张扬国有贸易而拟制大商贾。卓、郑、猗、陶,古时四大商贾。《史记·货殖列传》:"蜀卓氏之先,赵人也,用铁冶富。秦破赵,迁卓氏。卓氏见虏略,独夫妻推辇,行诣迁处。诸迁虏少有余财,争与吏,求近处,处葭萌。唯卓氏曰:'此地狭薄,吾闻汶山之下,沃野,下有蹲鸱,至死不饥。民工于市,易贾。'乃求远迁,致之临邛,大喜,即铁山鼓铸,运筹策,倾滇蜀之民,富至僮千人。""程郑,山东迁虏也,亦冶铁,贾椎髻之民,富埒卓氏。""猗顿用盬盐起。"《集解》引《孔丛子》语曰:"猗顿,鲁之穷士也。耕则常饥,桑则常寒。闻朱公富,往而问术焉。朱公告之曰:'子欲速富,当畜五牸。'于是乃适西河,大畜牛羊于猗氏之南,十年之间其息不可计,赀拟王公,驰名天下。""范蠡既雪会稽之耻,……乃乘扁舟浮于江湖,变名易姓,适齐为鸱夷子皮,之陶为朱公。朱公以为陶天下之中,诸侯四通,货物所交易也。乃治产积居,与时逐而不责于人。故善治生者,能择人而任时。十九年之中三致千金,再分散与贫交疏昆弟。此所谓富好行其德者也。后年衰老而听子孙,子孙修业而息之,遂至巨万。故言富者皆称陶朱公。""乘坚策肥",乘好车,骑良马。《汉书·食货志上》:"乘坚策肥,丝履曳缟。""婆娑",宋玉

《神女赋》:"既姽嫿于幽静兮,又婆娑乎人间。"六臣注刘良曰:"婆娑,放逸貌。"

　　罗先生在《拥护新法的北宋词人周邦彦》一文中引此段后曰:"这一段,主要叙述市易法。……从前茶、盐、酒、矾的专利制度,是有民户制造,官府收购,转交大商人经销而取利。由于管理不善和官商勾结,富商巨贾又垄断了市场,攫取暴利;并且设法降低产品的质,以便增加商品的量,如盐里渗灰、酒里渗水之类。这样不但加重了小商贩和消费者的负担,又造成了国家税收的大笔损失。现在在市易法监管下,一方面稳定茶、盐、酒、矾的市价和提高质量,一方面大幅度增加代理商的专利税。于是大商人的垄断活动,不是被缩小就是完全被排除了。至于开采冶炼矿物和铸造钱币的专利,由政府鼓励增产,借以获得更多的税收。在熙宁、元丰年间,这个发展也就达到了北宋的顶峰。总而言之,市易法从多方面限制了富商、地主、官僚资本的发展,不但使财富集中于国家,也维护了广大人民的利益,同时小商贩也得到了苏息。赋云'抑强贾之乘时,摧素封之专利',又云'销卓、郑、猗、陶之殖货,禁乘坚策肥之拟贵',指此。'强贾',指有势力的商霸;'素封'指地主阶级的富商;卓氏、程郑以冶炼起家,成为临邛的富商;猗顿是制盐和畜牧的巨商;陶朱公是'逐时而居货','随时逐利'(《史记·货殖列传》《集解》及《索隐》)的奸商;'乘坚策肥',指同官僚勾结的商人。这几类凭借权势、残民以自肥的商业恶霸既被管制,于是以前裹足不前的客商和贩子,纷纷来作生意。于是'扰贩夫于百隧',市场空前的繁荣,而'五乡之瑰富','九州之货贿'都集中到汴京来了。"

　　　　其中则有安邑之枣,江陵之橘,陈夏之漆,齐鲁之麻,姜桂槁谷,丝帛布缕,鲐鳖鳅鲍,酿盐醢豉。或居肆以鼓炉橐,或鼓刀而屠狗彘。又有医无闾之珣玗,会稽之竹箭,华山之金石,梁山之犀象,霍山之珠玉,幽都之筋角,赤山之文皮,与夫沉沙栖陆,异域所至。殊形妙状,目不给视。无所不有,不可殚记。

"安邑"四句,《史记·货殖列传》:"安邑千树枣……陈夏千亩漆……江陵千树橘……齐鲁千亩麻……此其人皆与千户侯等。""鲐鲞鳅鲍",《史记·货殖列传》:"鲐鲞千斤,鳅千石,鲍千钧。"《说文》:"鲐,海鱼也。"段注:"即今之河豚也。"《说文》:"鲞,刀鱼也,饮而不食,九江有之。"段注:"刀鱼,今人语尚如此,以其形像刀也。"《说文》:"鳅,白鱼也。"段注:"白而小之鱼。《史记》鳅千石,徐广曰:鳅,博鱼也,张守节曰:杂小鱼也。师古于《汉书》作'鯫'字,盖未然。""橐",古代冶炼用以鼓风之装置,若今之风箱。"又有"七句,《尔雅·释地》:"东方之美者,有医无闾之珣玗琪焉;东南之美者,有会稽之竹箭焉;南方之美者,有梁山之犀象焉;西南之美者,有华山之金石焉;西方之美者,有霍山之多珠玉焉;西北之美者有昆仑虚之璆琳琅玕焉;北方之美者,有幽都之筋角焉;东北之美者,有斥山之文皮焉。"《说文》:"珣,医无闾珣玗琪,《周书》所谓夷玉也。从玉,旬声。一曰器,读若宣。""医无闾",山名;"珣玗琪",合三字为玉名。玗、琪二字,又各有本意。见段玉裁《说文解字注》。"犀象",犀牛和象。"幽都",已见前注。"筋角",动物之筋与角,古时用以制弓。《周礼·天官·兽人》:"皮毛筋角,入于玉府。"贾公彦疏:"兽人所得禽兽,其中皮毛筋角,择取堪作器物者,送入于玉府,拟给百工饰作器物。""赤山"句,《淮南子·墜形训》:"东北方之美者,有斥山之文皮焉。"高诱注:"文皮,虎豹之皮也。"葛洪《抱朴子·博喻》:"是以南禽歼于藻羽,穴豹死于文皮。"赤山,应为斥山。

若夫帝居宏丽,人所未闻:南有宣德,北有拱辰;延亘五里,百司云屯。两观门峙而竦立，罘罳遐望而相吞；天河群神之阙，紫微太一之宫。拟法象于穹昊，敞阊阖而居至尊。朴桷不斫，素题不枅；上圆下方，制为明堂；告朔朝历，颁宣宪章。谓之太庙，则其中可以叙昭穆。谓之灵台，则其高可以观氛祥。后宫则无非员无录之女、佞幸滑稽之臣。陋甘泉与楚宫，缪延寿与阿房。信无益于治道，徒竭民而怠荒。故今上林仙籞，不闻乎鸣跸，瓴甋箷，岁久而苔苍。其西则有宝阁灵沼，巍峨泛滟；缭以重垣，防以回堤；云屋连箷，琼栏压堰。池水则溶溶沄沄，洋洋混混，涵潏混瀁，潇瀄浩溏。微风过之，则澜沕瀺灂，漫散洄淀，渚渚涟漪。大风过之，则汩涌溮溹，瀡溗湢鮀，掀鼓渼溢，不见津漊，俛橺景以断续，漾金碧而陆离；恍湡浯与方壶，帝令鬼凿而神移。其草则有菰荑萑芦，茵苕莲藘，虈䓞蘪葎。其鱼则有鳣鲤鲨鮀，鬣鮋鲲鲮，鲂鳟鲷鳊，鳜鲋王鮪，科斗魁陆，蛙鼁鳖鼍，含螯巨螯，容与相羊，荫藻衣蒲。其鸟则有鸊鹛鹈鸹，鹅鹭凫鹥，䴖鶄鸡鸧，鸲鹒鸊鹤，鸽鹏楚雀，鹔鹢挥霍，鸐鸐鸓鸓，群鹤睢啄（一作"喙"）。其木则有梣槚栟榈，梗楠枒枞，棋栌槟榔，櫩柘桑杨，梓杞豫章。勾科扶疏，蔽芾竦寻，集弱椅施，拿枝刺条，条（一作"修"）干蟠根，矫躩鳞皱。其下则有申叶兰茝，芸芝荃荪，发布丝匀，馥郁清芬，其气袭人。

"南有"五句，《宋会要辑稿·方域一》之一载："大内据阙城之西北，宫城周回五里，即唐宣武军节度使治所，梁以为建昌宫，后唐复为宣武军治，晋为大宁宫，国朝建隆三年五月诏广城，命有司画洛阳宫殿，按图以修之。南三门，中曰宣德，梁初曰建国，后改咸安，晋初曰显德，又改明德，太平兴国三年七月改丹凤，九年七月改乾元，大中祥符八年六月改正阳，景祐元年正月改今名。……开宝四年改北一门曰拱辰，梁曰厚载，后改玄武，大中祥符五年十一月改宣德。"《东京梦华录》卷一"大内”："大内正门宣德楼列五门,门皆金钉朱漆,壁皆砖石间甃,镌镂龙凤飞云之状,莫非雕甍画栋,峻桷层榱,覆以琉璃瓦。曲尺朵楼,朱栏彩槛,下列两阙亭相对,悉以朱红杈子。宣德楼正门乃大庆殿,庭设两楼如寺院钟楼,上有太史局保章正测验刻漏,逐时刻执牙牌奏。每遇大礼车驾斋宿及正朔朝会于此殿。殿外左右横门曰左右长庆门。内城南壁有门三座,系大朝会趋朝路。宣德楼左曰左掖门,右曰右掖门。左掖门里乃明堂,右掖门里西去乃天章、宝文等阁。宫城至北廊约百余丈,入门东去街北廊乃枢密院,次中书省,次都堂宰相朝退治事于此,次门下省,次大庆殿外廊横门。北去百余步又一横门,每日宰执趋朝,此处下马,余侍从、台谏于第一横门下马,行至文德殿,入第二横门。东廊大庆殿东偏门,西廊中书、门下后省,次修国史院,次南向小角门正对文德殿常朝殿也殿前东西大街,东出东华门,西出西华门。……宣德门外西去紫宸殿正朔受朝于此,次曰文德殿常朝所御,次曰垂拱殿,次曰皇仪殿,次曰集英殿御宴及试举人于此,后殿曰崇政殿、保和殿,内书阁曰睿思殿,后门曰拱辰门。”“罘罳(音桴思)”,门外之屏。《礼记·明堂位》："山节……疏屏。"郑玄注："屏谓之树,今桴思(同罘罳)也。刻之为云气虫兽,如今阙上为之矣。"《释名·释宫室》："罘罳在门外。罘,复也;罳,思也。臣将入请事,于此复重思之也。"“紫微太一”,《史记·天官书》："中宫天极星,其一明者,太一常居也。"《索引》："案《春秋合诚图》云:紫微,大帝室,太一之精也。"《正义》："泰一(同'太乙'),天神之最尊贵者也。"《晋书·天文志》："紫微,大帝之坐也,天子之常居也。"“穹昊”,犹穹苍,苍天。“阊阖”,天门,屈原《离骚》："吾令帝阍开关兮,倚阊阖而望予。"“朴桷(音决)”两句,《淮南子·精神训》："今高台层榭,人之所丽也,而尧朴桷不斫,素题不枅。"高诱注："朴,采也;桷,椽也;素题者,不加采饰。"“采”,同“棌”。一说,“朴”为“样”之形误,高注当训“样”为“采”。朴桷,柞木椽子。素题,谓端额不加采饰之梁柱。枅(音积),柱上方木。"明堂",皇帝宣明政教之堂。"告朔朝历",《周礼·春官·大史》:"颁告朔于邦国。"郑玄注:"天子颁朔于诸侯,诸侯藏之祖庙,至朔,朝于庙,告而受行之。"古制,天子每年冬以明年朔政分赐诸侯,诸侯受而藏之祖庙,诸侯每月初祭庙受朔政,谓之告朔。朔政者,一年十二月之施政也。"太庙",皇帝之祖庙。"昭穆",宗庙中神主之排列次序,始祖居中,以下父子(祖、父)递为昭穆,左为昭,右为穆。"甘泉",即甘泉宫,本秦宫,汉武帝扩建,故址在今陕西淳化县西北甘泉山。《三辅黄图·甘泉宫》:"始皇二十七年作甘泉宫及前殿,筑甬道,自咸阳属之。汉武帝建元中增广之,周回一十九里,中有牛首山,望见长安城。""楚宫",春秋卫文公在楚丘(今河南滑县)营建。《诗经·墉风·定之方中》:"定之方中,作于楚宫。"朱熹注:"楚宫,楚丘之宫也……卫为狄所灭,文公徙居楚丘,营立宫室。""延寿与阿房",延寿,汉未央宫前门,此代指未央宫。《汉书》卷九七《外戚传》:"登车乘警跸,便时上林延寿门,入未央宫前殿。"《三辅黄图》:"阿房宫亦曰阿城,惠文王造,宫未成而亡。始皇广其宫,规恢三百余里,离宫别馆,弥山跨谷,辇道相属,阁道通骊山八十余里。表南山之颠为阙,络樊川以为池。作阿房前殿,东西五十步,南北五十丈,上可坐万人,下建五丈旗,以木兰为梁,以磁石为门。周驰为复道,渡渭属之咸阳,以象太极,阁道抵营室也。阿房宫未成,欲更择令名名之,作宫阿基旁,故天下谓之阿房宫。""籞(音于)",《汉书·宣帝纪》:"又诏池籞未御幸者,假与贫民。"注引苏林曰:"折竹以绳绵连禁籞,使人不得往来,律名为籞。"又引应劭曰:"池者陂池也,籞者禁苑也。""瓴甋簃(音零底移)",砖作之阁边小屋。"瓴甋",砖,亦即甓。"簃",阁边小屋。"其西"以下,写宋室于汴京城西所建之御苑。孟元老《东京梦华录》卷七"三月一日开金明池琼林苑"条载:"三月一日,州西顺天门外开金明池、琼林苑,每日教习车驾上池仪范,虽禁从士庶,许纵赏,御史台有榜不得弹劾。池在顺天门街北,周围约九里三十步,池西直径七里许。入池门内,南岸西去百余步,有西北临水殿,车驾临幸,观争标、赐宴于此。往日旋以彩幄,政和间,用土木,工造成矣。又西去数百步乃仙桥,南北约数百步,桥面三虹,朱漆栏楯,下排雁柱,中央隆起,谓之骆驼虹,若飞虹之状。桥尽处,五殿正在池之中心。四岸石甃向背,大殿中坐,各设御幄,朱漆明金龙床,河间云水戏龙屏风,不禁游人。殿上下回廊,皆关扑、钱物、饮食、伎艺人作场、勾肆,罗列左右。桥上两边,用瓦盆,内掷头钱、关扑、钱物、衣服,动使游人还往,荷盖相望。桥之南立棂星门,门里对立彩楼,每争标,作乐,列妓女于其上,门相对街南,有砖石甃砌高台,上有楼观,广百丈许,曰宝津楼。前至池门,阔百余丈,下瞰仙桥、水殿。车驾临幸,观骑射、百戏于此池之东岸。临水近墙皆垂杨,两边皆彩棚幕次,临水假赁,观看争标。街东皆酒食店舍,博易场户艺人勾肆,质库,不以几日解下,只至闲池,便典没出卖。北去直至池后门,乃汴河西水门也。其池之西岸,亦无屋宇,但垂杨蘸水,烟草铺堤。游人稀少,多垂钓之士,必于池苑所买牌子,方许捕鱼。游人得鱼,倍其价买之,临水炸脍,以荐芳樽,乃一时佳味也。习水教罢,系小龙船于此池岸;正北对五殿起大屋,盛大龙船,谓之奥屋。车驾临幸,往往取二十日,诸禁卫班直,皆簪花、披锦绣、捻金线衫袍、锦带、勒帛之类结束,竞逞鲜新,出内府金枪宝装弓剑、龙凤绣旗、红缨锦鞾,万骑争驰,铎声震地。""沄沄",水流浩荡貌。"湜湜",水清貌。"潤(音闵)",水流平缓貌。"瀞(音净)",水冷。"浩溔(音咬)",亦作"灏溔",水无边际貌。《史记》卷一一七《司马相如传·上林赋》:"然后灏溔潢漾,安翔徐回。"《正义》引郭璞云·"皆水无涯际也。""泑(音九)",水纹。"瀺灂(音蝉拙)",水声。宋玉《高唐赋》:"巨石溺溺以瀺灂兮,沫潼潼而高厉。"《文选》注引《埤苍》曰:"瀺灂,水流声貌。"又,《上林赋》:"临坻注壑,瀺灂霣坠。""洞淀(音回殿)",水流回旋沉积。"潗濈(音耻急)",水涌起貌。《上林赋》："淲潗鼎沸。"《索隐》引郭璞云："皆水微转细涌貌。""潏",大波。"淈汩",即"淈测",《上林赋》："淈测泌瀄,横流逆折。"《索隐》："淈测,相迫也。""濞",通"湄",岸边。"儛欐景"两句,谓金碧辉煌之殿阁在水中之倒影。"儛",通"舞";"欐",通"檐";"景",通"影"。"恍渭浯"句,恍若渭浯与方壶。渭水,又称沙河,在河北。浯溪,在湖南祁阳。方壶,传说中之神山。《列子·汤问》："渤海之东,不知几亿万里,有大壑焉。……其中有五山焉:一曰岱舆,二曰员峤,三曰方壶,四曰瀛洲,五曰蓬莱。"

　　上方欲与百姓同乐,大开苑囿,凡黄屋之所息,鸾辂之所驻,皆得穷观而极赏,命有司不得弹劾也。于时则有绝世之巧,凝神之技,恍人耳目,使人忘疲。是故宫旋室浮,舣舰移也;蛟螭蜿蜒,千桡渡也;唬虎譬鑐,角抵戏也;星流电掣,弄丸而挥剑也;鸾悲凤鸣,纤丽歌也;鸿惊燕居,绰约舞也;霆震雷动,钧天作也;犇騳骉骤,群马闯也;辬辒辌辒,万车辙也;洒天翳日,扬埽墐也;杌山荡海,欢声同而和气浃也。震委蛇而啼罔象,出鲛人而舞冯夷者,潜灵幽怪助喜乐也。

　　此段写所谓皇帝与民同乐。据《东京梦华录》卷七"驾幸临水殿观争标锡宴"条载："驾先幸池之临水殿,锡宴群臣。殿前出水棚,排立仪卫。近水殿,中横列四彩舟,上有诸军百戏,如大旗、狮豹、掉刀、蛮牌、神鬼、杂剧之类;又列两船,皆乐部;又有一小船,上结小彩楼,下有三小门,如傀儡棚,正对水中;乐船上参军色,进致语,乐作。彩棚中门开,出小木偶人、小船子,上有一白衣人垂钓,后有小童举棹划船,缭绕数回,作语,乐作,钓出活小鱼一枚,又作乐,小船入棚。继有木偶、筑球、舞旋之类,亦各念致语唱和,乐作而已,谓之水傀儡。又有两画船,上立秋千,船尾百戏人上竿,左右军院、虞侯兼教鼓笛相和。又有一人上秋千,将平架筋斗掷身入水,谓之水秋千。水戏呈毕,百戏、乐船并各鸣锣鼓,动乐舞旗与水傀儡,船分两壁退去。有小龙船二十只,上有绯衣军士各五十余人,各设旗鼓铜锣。船头有一军校,舞旗招引,乃虎翼指挥也。又有虎头船十只,上有一锦衣人,执小旗立船头上,余皆着青短衣、长顶头巾,齐舞棹,乃百姓卸在行人也。又有飞鱼船二只,彩画间金,最为精巧,上有杂彩戏衫五十余人,间列杂色小旗绯伞,左右招舞,鸣小锣鼓、铙铎之类。又有鳅鱼船二只,只容一人撑划,乃独木为之也,皆进化石朱缅所进。诸小船竞诣奥屋,曳大龙船出谒水殿,其小龙船争先团转翔舞,迎导于前,其虎头船以绳牵引龙舟。大龙船约长三四十丈,阔三四丈,头尾鳞鬣,皆雕镂金饰,楻板皆退光,两边列十阁子,充阁分歇,泊中设御座,龙水屏风,楻板到底,深数尺,底上密排铁铸大银洋如桌面大者压重,庶不欹侧也。上有层楼台观槛曲,安设御座龙头上,人舞旗左右,水棚排列六桨,宛若飞腾,至水殿舣之一边。水殿前至仙桥,预以红旗插于水中,标识地分远近。所谓小龙船列于水殿前,东西相向,虎头、飞鱼等船,布在前后,如两阵之势。须臾,水殿前水棚上,一军校以红旗招之,龙船各鸣锣鼓出阵,划棹旋转,共为圆阵,谓之旋罗。水殿前又以旗招之,其船分而为二,各圆阵,谓之海眼。又以旗招之,两队船相交,谓之交头;又以旗招之,则诸船皆列五殿之东,面对水殿,排成行列。则有小舟,一军校执一竿上挂以锦彩银碗之类,谓之标竿,插在近殿水中。又见旗招之,则两行舟鸣鼓并进,捷者得标,则山呼拜舞,并虎头船之类,各三次争标而止。其小船复引大龙船入奥屋内矣。"

"艅艎",有屋舟,亦即奥屋。"虓虎",《诗经·大雅·常武》:"阚如虓虎。"毛传:"虎之自怒虓然。"《说文》:"虓,虎鸣也。""譬譬",《说文》:"譬,两虎争声。""角抵戏",《汉书·武帝纪》:"三年春,作角抵戏,三百里内皆来观。"注引应劭曰:"角者角技也,抵者相抵触也。"又引文颖曰:"名此乐为角抵者,两两相当,角力、角技艺射御,故曰角抵,盖杂技乐也。""曐",古"星"字。"弄丸",《庄子·徐无鬼》:"市南宜僚弄丸,而两家之难解。"王先谦疏曰:"姓熊字宜僚,楚之贤人,亦是勇士,……宜僚正上下弄丸而戏,不与使者言。"据此,知弄丸乃掷众丸于空中,不使其落地的一种杂技游戏。"犇骉馻骤",左思《吴都赋》:"骉骉埒峤。"李善注:"众马走貌。"《说文》:"(骤),次第驰也。""骤",《玉篇》谓马走貌。"轗轲辒輼",说文段注:"輼,楼车也。""辒",俗作"轗"。"埲壒",《广雅·释诂》:"埲,尘也。"班固《西都赋》:"轶埃壒之混浊。"李善注引许慎《淮南子》注曰:"壒,埃也。壒与壒同。""委蛇罔象",《庄子·达生》:"水有罔象,丘有峷,山有夔,野有彷徨,泽有委蛇。……委蛇其大如毂,其长如辕,紫衣而朱冠。其为物也,恶闻雷车之声,则捧其首而立,见之者殆乎霸。""罔象",成玄英疏:"注云状如小儿,黑色,赤衣,大耳,长臂。""鲛人",《述异记》:"南海中有鲛人室,水居如鱼,不废机织,其眼能泣则出珠。""冯夷",《庄子·秋水》:"河伯欣然自喜。"《释文》云:"河伯姓冯名夷,一名冰夷,一名冯迟,已见《大宗师》篇。一云姓李名公子,冯夷是公子之妻。"《史记·滑稽列传》:"苦为河伯娶妇",《正义》曰:"河伯华阴潼乡人,姓冯氏,名夷,浴于河中而溺死,遂为河伯也。"

　　将《东京梦华录》所写与《汴都赋》对观,则知其为写实而已。复按其手法,亦与《阿房宫赋》毫无二致。

　　　若乃丰廪贯儋,既多且富,永丰万盈,广储折中,顺成富国,星列而棋布。其中则有元山之禾,清流之稻,中原之菽,利高之黍,利下之秜,有虋有芑,有秬有秠。千箱所运,亿廪所露。入既夥而委积,食不给而红腐。如坻如京,如冈如阜。野无菜色,沟无捐瘠，捃拾狼戾，足以厌鳏夫与寡妇。备凶旱之乏绝，则有九年之预。又将敦本而劝稼，开帝籍之千亩。良农世业，异物不睹。播百谷而克敏，应三时而就绪。跖鏄铠哦，灌畷雨霅。蚗任其力，侯疆侯以。千耦其耘，不怒自力。疏遫其理，狼莠不植。奄观坚皂，与与蓁蓁。沟塍畹畦，亘万里而连绎。丑恶不毛，硗狭荒瘠，化为好畤。

"廥(音快)"，储秣草之仓。《韩非子·内储下》："昭奚恤之用荆也，有烧仓廥窌者而不知其人。""永丰"三句，永丰、广储、顺成，均汴京诸仓名。"折中"，谓折中粮价。宋代中央与地方均设有常平仓，以平抑物价。"其中"以下写物产之富。"元山之禾"，《吕氏春秋·本味》："饭之美者，玄山之禾，不周之粟。"高诱注："玄山，处则未闻。""元山"，即玄山。宋真宗佞道，创造了圣祖赵玄朗为赵宋始祖的神话，并下诏避其讳，故其后的宋人逢"玄"即改写为"元"。"清流之稻"，左思《魏都赋》："雍丘之粱，清流之稻。"刘渊林注："清流，邺西，出御稻。""中原之菽"，《诗经·小雅·小宛》："中原有菽，庶民采之。"传："中原，原中也。""利高"二句，谓高地利于黍，低地利于稌。"虋"，赤苗嘉禾。"芑"，白苗嘉禾。"秠"，黍类。"秬"，黑黍。"红腐"，本谓陈米色红腐烂，后泛指陈米。《汉书·贾捐之传》："孝武皇帝元狩六年，太仓之粟，红腐而不可食。""如坻(音赤)如京"，《诗经·小雅·甫田》："曾孙之庾，如坻如京。"《传》："京，高丘也。"《笺》："坻，水中之高地也。"意谓谷米堆积如山，下句"如冈如阜"同此意。"捃(音俊)拾狼戾"，意谓太平年间物产丰富，随便拾取而不为过错。《孟子·滕文公上》："乐岁粒米狼戾，多取之而不为虐。"注："乐岁，丰年；狼戾，犹狼藉也。""捃"，拾取。"又将"四句，谓以农为本，鼓励开垦荒地，农民安居乐业，不旁骛他业。"帝籍"，指帝王之版籍。"应三时"句，谓不违农时。"三时"，谓春、夏、秋三个务农季节。《国语·周语上》：“三时务农而一时讲武。”注：“三时，春夏秋。”“跖镈铠哄”，意谓农民挥动农具，有如铠胄之士赴疆场般威猛。“跖”，背上。“镈”，农具。“哄”，争斗。“灌畷雨霆”，谓灌溉及时有如久雨一般。“畷”，通缀，连续貌。“侯疆侯以”三句，《诗经·周颂·载芟》：“千耦其耘，……侯疆侯以。”《毛传》：“疆，强力也；以，用也。……强有余力者相助。”“疆”，疆之形误。“怒”，强制。“疏邀（音素）”，犹疏密。《管子·小匡》：“以旦暮从事于田野，税衣就功，别苗莠，列疏邀。”尹知章注：“邀，密也，谓苗之疏邀当均列之。”“狼莠”，狼，莨之误。莨与莠均恶草。“坚皂”，成熟之粟。皂，同粒。颜之推《颜氏家训·勉学》：“吾在益州，与数人同坐。初晴日明，见地上小光，问左右此是何物？有一蜀竖就视，答云：‘是豆逼耳。’相顾愕然，不知所谓。命取将来，乃小豆也。穷访蜀士，呼粒为逼，时没之解。吾云：‘《三苍》《说文》此字白下为匕，皆训粒。《通俗文》，音方力反。’众皆欢悟。”“与与蘪蘪”，繁盛貌。《诗经·小雅·楚茨》：“我黍与与，我稷翼翼。”郑笺：“黍与与，稷翼翼，蕃庑貌。”张衡《南都赋》：“其原野则有桑漆麻苎，菽麦稷黍，百谷蕃庑，与与翼翼。”“蘪蘪”，通翼翼。“丑恶”三句，谓荒瘠之地均经耕作而变为沃土。“丑恶不毛”，谓荒地。“硗（音壳）”，瘠薄狭小。此段歌颂皇帝太平治绩，谓物产丰盈，人民安乐。

罗先生以为此段是歌颂“均输法”与“农田水利法”的：“这片段描写均输法施行后汴京存粮的丰富。汴京从五代以来一直是皇室、贵族、官员云集的场所。由于宋皇朝实行强干弱枝的政策，汴京及京畿结集了几十万军队。因此汴京就成为一个空前巨大的消费城市。在粮食方面，为了供应大都市的消费，开国之初即依靠汴水，将东南六路集中于长江下游的物资运输过来。宋太祖建隆年间设置的发运司，就是主持这项工作的运输机构。但是百年以来，这个运输、供应工作产生了很多的毛病。首先因为上下内外不通声气,发运司的权限不大,既不了解京师诸仓库的米粮储备和各项物资需要的实际情况,又没有掌握诸路上贡物品的权力,遂使供求之间严重脱节。上贡物品又有硬性规定,不管各地区是丰收还是歉收,数额都不能变通。这样就往往使农民倾家荡产。而京师所需要的物品又'多求于不产,责于非时',缓急不相应。于是豪商大贾便乘虚而入,控制市场,获取厚利。同时,因运输全由官府包办,主持运输的吏卒,不但趁机走私帮,而且大量侵盗官物,有时甚至'托风水以灭迹'。以致官府损失的粮米,单是江南两路,已经每年不少于二十万斛。"

"熙宁二年(1069)七月颁布的六路均输法,就是旨在矫正上述弊端,以适应国家需要的法令。此后,对于歉收的地区不再令其输送货物,而且折成货币交纳,叫做'额斛'。而这些地区上供的数额,则由发运司所辖仓库的储存供应京师,叫做'代发'。发运司则利用'额斛'的货币,到丰收地区收购,来补充库存。在漕运方面,则招募一部分商船和官船合作,互相检察,因此大大减少了物资的损失。自此以后,单是楚、泗各州,经常存积的粮米已不下数千万石,每年运到汴京的亦有六百多万石。其他地区的还没有计算在内。赋云'千箱所运',指上供粮米之多。赋中提到的地名,元山属江苏,清流属安徽,是江、淮路的地区;中原、利高、利下不全在东南六路之内。在'徙贵就贱,用近易远'的原则下,到元丰六年周邦彦献赋时,或者均输法不单只适用于淮、浙、江、湖六路了。所以上供物资,一时大量涌入京师,于是增建的仓库'星列而棋布',到了'亿廪所露'的程度。由于供过于求,就会'人既夥而委积,食不给而红腐'。堆积'如坻如京,如冈如阜'。积谷防饥,'备凶旱之乏绝,则有九年之预'。赋的描写,虽有夸饰的部分,但尊儒反法的《宋史》在《食货志·漕运》里,也不能不承认那时候京师'兵食有余'。粮米多,人人有饭吃,当然'野无菜色,沟无捐瘠','足以厌鳏夫与寡妇'。当王安石行青苗法时,保守派顽固分子郑侠,曾绘了一幅《流民图》,画京师一带流民扶老携幼,衣不蔽体,拥塞于道路,企图夸张小过,蒙蔽宋神宗,借以打击新法。在《汴都赋》这一段指证下,是无所遁形的。"

"熙宁二年十一月,继均输法之后开始发布了农田水利法。这是发展农业生产的具体措施,为民裕国强的根本政策。这项法令,与次年正月发布的青苗法相辅相成,鼓舞了农民生产跃进的热情,而且吸收了人们的兴趣,纷纷提出有关农田水利的建议。这项法令实施后获得的主要成就有四:一是湖陂等水利工程的兴建,即恢复埋塞了的湖陂的灌溉机能,如沧州北三堂、济州南李堰等处。同时开凿沟渠,建设水库,以利灌溉。二是修浚河道,即把淤塞而泛滥成灾的河流浚深,并加强堤防,在河旁多开渠道以减小水势,灌溉农田,如汴水、蔡水等。由于这两种水利工程的兴建,自然扩大了灌溉面积,因而增加了许多耕地。赋云'沟塍畹畦,亘万里而连绎',指此。三是因水利工程之大力兴建,北方许多靠河的地方(如汴水两侧)可以改造为水田,种植了水稻。从前不少干旱硗碛之地,则利用决水的办法把膏腴的淤泥冲到田里,于是尽变为良田。赋云'丑恶不毛,硗狭荒瘠,化为好畤',沙漠变成绿洲,即指此而言。四是除因兴修水利而增加的农田外,更大量开垦荒地,作农耕之用。赋云'敦本而劝稼,开帝籍之千亩',指此。从熙宁三年至九年(1070—1076)的六七年间,水利农田法已取得空前未有的成果:水利田有一万多处,灌溉民田达三千多万亩,官田近二十万亩。赋云'帝籍之千亩''千耦其耘',指出单是汴京一地,所增的田地已经大有可观了。勤俭刻苦的大量农民,在青苗法和农田水利法的有利条件下安心干活,故赋云'良农世业,异物不睹。播百谷而克敏,应三时而就绪',一群群地走向田间,挥动农具,开动水车,构成一幅热闹的耕作图,故赋云'跖𨱟铠哄,灌畷雨霆'。'疏邋其理,狼莠不植'是指除草、分秧。'奄观坚皂,与与蓁蓁',是大丰收的喜象,描绘不止壮观,也相当动人。"

　　转名不易,惟彼汴水,贯城为渠,并洛而趋。昔在隋叶,祀丁大业,欲为流连之乐,行幸之游,故凿池导水,南抵平扬州。生民力尽于畚锸,膏血与水而争流;凤艒徒见于载籍,玉骨已朽于高丘;顾资治世以为利,迄今抗筏而浮舟。桃花候涨,竹箭比驶;汹涌溷瀳,瀜淢沸漕;轰防巇岸,湝灂迅迈。非江非海,而朝夕舞乎滂湃;掀万石之巨艒,比坳堂之一芥;舵舻不时而相值,篙师跼拱而俟败;智者不敢睥睨而兴作,绵千祀而为害。岂积患切病,待圣人而后除耶?厥有建议,导河通洛,引宜禾之清源,塞摩华之混浊,廮广堤而节暴,纤直行而杀虐。其流舒舒,经炎凉而靡涸。于是自淮而南,邦国之所仰,百姓之所输,金谷财帛,岁时常调,舳舻相衔,千里不绝。越骱吴艚,官艘贾舶,闽讴楚语,风帆雨楫,联翩方载,钲鼓镗铃。人安以舒,国赋应节。

隋炀帝大业五年,役民工数百万开汴渠以通淮,死者数万,骨积成山。渠成,两岸植杨柳,又役民女五百,名之曰"殿脚女",乘龙舟自汴至扬,使"殿脚女"牵船以往,遂使民不聊生。事详见唐无名氏《开河记》。"祀丁大业",以大业为年号。"祀",元祀。"丁",当。"艒"(音塔),船的一种。"抗筏",即浮筏。"抗",举。"桃花候涨",谓春汛。"竹箭比驶",谓水流之急。《诸子集成·慎子逸文》:"河之下龙门,其流,驶如竹箭,驷马追,弗能及。"驶,应为驶之形误。"溷瀳(音屈驿)",水混貌。屈原《渔父》:"世人皆浊,何不淈其泥而扬其波?""瀳",水流貌。"瀜(音风)淢(音虹)沸漕(音画)",均水流声。"轰防巇(音配)岸",轰毁堤岸。"轰",轰击。"巇",毁。"湝(音货)",浪涛冲击声。

"灂",《影印文渊阁四库全书》本作"潝",同"潝",水盛貌。"掀万石"两句,谓波浪之大,能将载万石之巨船掀翻,就像掀翻芥子般容易。"艐(音拨)",海上巨船。《庄子·逍遥游》:"覆杯水于坳堂之上,则芥为之舟。""舵舻"两句,谓船只往来不断,高明的船夫亦有翻船之虞。"鼫(音石)",指蝼蛄。《周易·晋》:"晋如鼫鼠,贞厉。"孔疏:"晋如鼫鼠者,鼫鼠有五能而不成技之虫也……晋如鼫鼠无所守者也,蔡邕《劝学篇》'鼫鼠五能,不成一技。'王注曰:'能飞不能过屋,能缘不能穷木,能游不能度谷,能穴不能掩身,能走不能先人。'"意谓因浪涛太大,再高明的船夫在巨浪面前,也会像五能而不成技的鼫鼠一样。"千祀",即千年。"导河通洛",谓疏导黄河与洛水。有宋一代,黄河泛滥不绝,故导河通洛为当政者之要务。"引宜禾"句,谓引来适宜灌溉农田之清水。"塞擘(音波)华"句,为"擘华塞浑浊"之倒,即筹划治水,以塞浊流。"擘华",通作擘划。"经炎凉"句,谓至淡水季节而不干涸。"贾舶",商船。此段前写隋炀帝开河给人民造成的灾难,后写兴修水利为人民造福,总不离歌颂皇朝之治绩。

罗先生以为"导河通洛"是新法实行后的政绩之一:"汴河是京师漕运和水路交通的大动脉。周世宗时,曾经疏浚,使与五丈河及蔡水相通。其后,岁久淤浅。宋神宗时,范子渊建议于水泥镇北门,凿渠道洛水通汴;复在沙谷至河阴县十里店,凿渠道五十二里导洛通汴;又自巩县神屋山至士家堤,筑大堤四十七里,以防黄河水患。这是一项巨大的水利工程。结果于元丰二年,完成了疏浚汴河及导洛通汴的工作。自此以后,汴京和东南各地舟楫相通,商业和旅行十分便利。赋云:'惟彼汴水,贯城为渠,并洛而趋。……厥有建议,导河通洛,引宜禾之清源,塞擘华之混浊,蠲广堤而节暴,纡直行而杀虐。其流舒舒,经炎凉而靡涸。'是说浚汴和导洛的工程情形。接着又说:'于是自淮而南,邦国之所仰,百姓之所输,金谷财帛,岁时常调,舳舻相衔,千里不绝。越舲吴艚，官艘贾舶，闽讴楚语，风帆雨楫，联翩方载，钲鼓鍠铃。人安以舒，国赋应节。'写水道畅通后，均输、市易和行旅更加利便而舒适。汴河舳舻千里，京师船舶云集：有来自吴、越各地的漕运，满载着金谷财帛等上供物品；有来自吴、越、闽、楚各地的商船，满载着各色各样的货物；操着各地方言的商人和旅客，打锣打鼓，唱着歌儿，风雨无阻地一窝蜂似的从水路涌到汴京。这种热闹情形，我们可以从张择端的《清明上河图》看到一个轮廓。而图中横跨汴河的大桥，又恰是赋中'跨虹梁以除病涉，列佳木以安怵惕'的巨型拱木桥。浚汴和导洛通汴，是新法水利政策的重大成功。在周邦彦看来，是'日薄尘飞官路平，眼前喜见汴河倾'①；在苏轼看来，却是'无情汴水自东流，只载一船离恨向西州'②。正是'几家欢乐几家愁'了。"

　　《宋会要辑稿·方域十六》之一至十七即专记载导洛通汴工程之全过程，此工程始于元丰元年（1078），完成于元丰三年（1080），时任参知政事的章惇，还专门写了《导洛通汴记》。若将导洛通汴工程算作宋代大的水利工程之一则可，若以此工程为王安石改革的重大收获之一，恐有附会之嫌，起码不够典型。因为水利建设不是新旧党争的焦点，终宋之世，治黄、治汴从未中断，即使有争论，也是治河方略之争，与新旧党争无关。《宋会要辑稿》记之甚明，无须赘笔。范子渊当时为都水监丞，"水泥镇"为"汜水镇"之误；"巩县神屋山至士家堤"亦为"巩县神尾山至任家堤"之误。当然，此误可能是笔误或校对之误耳。

　　　若夫连营百将，带甲万伍，控弦贯石，动以千数。营则龙卫神

---

　　① 罗先生自注："清真《浣溪沙》词句。写作年代，疑是宋徽宗时自明州还京作。"
　　② 罗先生自注："东坡《虞美人》词句。据清王文诰《苏文忠公诗编注集成总案》二十四云：'甲子（元丰七年）十一月……与秦观淮上饮别，作《虞美人》词。'此词作于淮上，词义甚明。而《冷斋夜话》以为维扬饮别者，误。"

勇,飞山雄武,奉节拱圣,忠靖宣效,吐浑金吾,掷扬万胜,渤海广
备,云骑武肃。材能蹶张,力能挟辀,投石超距,索铁伸钩,水执鼋
鼍,陆拘罴貅,异党之寇,大邦之仇,电鸷雷击,莫不系累而为囚。
于是训以鹳鹅鱼丽之形,格敌击刺之法,剖微中虱,贯牢彻札,挥铊
掷镰,举无虚发。人则便捷,器则犀利,金角丹漆,脂胶竹木,以时
取之,遴弃恶弱。割蛟革以连函,劂兕觥以为弭,剸鱼服以怀锷。
百工备尽,锃磨锻削,其成鉴钢而钣鐷,植之霜凝而电烁。故有强
冲劲弩,云梯轒车,修锻延锻,铦戈兑殳,繁弱之弓,肃慎之矢,溪子
之弩,夫差之甲,龟蛇之旐,鸟隼之旟。军事蚤正,用戒不虞。

龙卫、神勇、飞山、雄武、奉节、拱圣、忠靖、宣效、吐浑、金吾等,均为
宋禁军之军名。宋代军制,分禁军、厢军、乡军三类,凡禁军均有名字,
如龙卫军、神武军等。"蹶张",以脚踩弩,使之张开。《史记》卷九六
《申屠嘉传》:"以材官蹶张,从高帝击项籍,迁为队率。""挟辀",夹住车
辕,极言力大。《左传·隐公十一年》:"公孙阏与颍考叔争车,颍考叔
挟辀以走,子都拔棘以逐之。""投石超距",古代军中习武练兵活动。
《史记·白起王翦列传》:"王翦使人问军中戏乎?对曰:'方投石超
距。'"司马贞《索隐》:"超距,犹跳跃也。""索铁伸钩",绞铁成索,拉开
铁钩,极言力大。《淮南子·主术训》:"桀之力,制觡伸钩,索铁歊金。"
高诱注:"索,绞也。""异党之寇",谓反叛之首。"鹳鹅鱼丽",军阵名。
《左传·昭公二十一年》:"郑翩愿为鹳,其御愿为鹅。"注:"鹳、鹅,皆阵
名。"又《左传·桓公五年》:"为鱼丽之陈(同阵)。"杜预注:"《司马
法》:'车战二十五乘为偏。'以车居前,以伍次之,承之隙而弥缝阙漏
也。五人为伍。此盖鱼丽阵法。"张衡《东京赋》:"火列具举,武士星
敷;鹳、鹅、鱼丽,箕张翼舒。""剖微中虱"两句,谓击刺、射术之高明,微
可以中虱与札,坚可以裂石。《列子·汤问》:"纪昌者,又学射于飞

卫,……昌以牦悬虱于牖,南面而望之,旬日之间,浸大也;三年之后,如车轮焉,以睹余物,皆丘山也。乃以燕角之弧,朔蓬之簳射之,贯虱之心而弦不绝。"刘向《新序·杂事四》:"昔者,楚熊渠子夜行,见寝石以为伏虎,关弓射之,灭矢饮羽,下视知石也。却复射之,矢摧无迹,熊渠子见其诚心而金石为之开,况人心乎?"沈括《梦溪笔谈·器用》:"镇戎军有一铁甲……强弩射之不能入。尝有一矢贯札,乃是中其钻空,为钻空所刮,铁皆反卷,其坚如此。""铊(音这)",短矛。"鏺(音梭)",铁枪。"蛟革",亦称蛟胎,即鲨鱼皮,特韧。"劂(音夺)觡骼(音革)"句,用兕之骨角作弓的两端。"劂",砍,陕西方言至今仍用。"骼",兕之骨角。"弭",弓之两端,"剸(音团)",砍。"鱼服",鱼皮制的箭袋。"繁弱",古良弓名。《左传·定公四年》:"分鲁公以大路、大旗,夏后氏之璜,封父之繁弱。"杜预注:"繁弱,大弓名。""肃慎之矢",《国语·鲁语下》:"此肃慎氏之矢也。昔武王克商,通道于九夷、百蛮,使各以其方贿来贡,使无忘职业。于是肃慎氏贡楛矢、石砮,其长尺有咫。""溪子之弩",《史记·苏秦列传》:"天下之强弓劲弩皆从韩出,溪子、少府时力,距来者,皆射六百步之外。"《集解》引许慎曰:"南方溪子、蛮夷柘弩,皆善材。""夫差之甲",《国语·越语上》:"今夫差衣水犀之甲者,亿有三千。"韦昭注:"犀形似象而大,今徼外所送,有山犀、水犀,水犀之皮有珠甲,山犀则无。""龟蛇之旐"二句,《周礼·春官·司常》:"鸟隼为旟,龟蛇为旐。"郑玄注:"鸟隼象其勇健也,龟蛇象其扞难辟害也。"

此段歌颂武备。罗先生以为此段亦为对施行新法时"整军经武"的歌颂:"这片段主要以京师及畿辅禁军为例,描述熙宁变法后整军经武的成就。宋朝百年来积弱积贫的原因,同募养过百万的军队有密切关系,因而革除军队里种种积弊,使对内足以镇压动乱,对外足以抗御强邻,便是这次改革的主要目标。改革工作大致分两类:一是对原有军队加以整顿和改编,即'并营''置将'。一方面大量削减或遣散缺乏战斗力的老弱兵士,去芜存精,严格训练;一方面设置军器监,监造精良的武器。二是进一步为巩固地方秩序和国防,发布了保甲法和保马法。《汴都赋》的这一片段,虽然以描写禁军为主,但分布于京师及各地的禁军,比全国的厢军多两三倍,而禁军又是多从乡兵及厢军遴选而来的。故代表性很强。'连营百将,带甲万伍',实非夸大。"

　　其次则有文昌之府,分省为三,列寺为九,殊监为五。左选为文,右选为武,曰三十房,二百余案,二十四部。黜隋之陋,更唐之故,补弊完缺,剔朽焚蠹。人夥地溥,事若织组。滋广莫治,亹亹成蛊;纤弱不除,将胜戕斧。虽离娄之明,目迷簿书而莫睹。豪胥依文以鬻狱,庸吏瘝官而受侮;各怀苟且以逃责,孰肯长虑而却顾。官有隐事,国有遗利。纷讼牍于庭庑,絷累囚于图圄;此浮彼沉,甲可乙否;操私议而轧泐,各矛盾而龃龉。于是合千司之离散,俨星罗于一宇,千梁负栋,万楹镇础,诛乔松以为煤,空奥山而劚楮。官有常员,取雄才伟器者以充其数。上维下制,前按后覆,譬如长蛇,抶其脊膂而首尾皆赴。阖户而议,飞檄乎房闼,应答乎秦楚。披荒榛而成径,绎缠绻而得绪。崇善废丑,平险除秽,悉不遗乎一羽。于是宣其成式:变乱易守者,刑之所取,贻之后昆,永世作矩。

　　"其次"九句,写官府与官制。文昌府,尚书省之别称。叶梦得《石林燕语》卷二云:"元丰五年,官制初行,新省犹未就,仆丞并六曹寓治于旧三司。司农寺、尚书省及三司使廨舍,七月成,始迁入。新省揭榜曰'文昌府',前为都省令厅,在中,仆射厅分左右,凡为屋一千五百八十间有奇。六曹列于后,东西向,为屋四百二十间有奇。凡二千五百二十间有奇,合四千一百间有奇。"①三省,指中书、门下、尚书三省。三省之下,又设六部、二十四司、三十房。宋代吏部分左右选,左选管理文官,右选管理武官。宋神宗于元丰三年(1080)改官制,因隋唐而变隋唐,使官制更趋于合理,故云"黜隋之陋,更唐之故,补弊完罅,剔朽焚蠹。""滋广"四句,意谓隋唐以来形成的官制之弊端,如不及时改革,就会给蠹虫开方便之门。"亹亹",门户。"蛊",寄生虫。"离娄之明",《孟子·离娄上》:"孟子曰:'离娄之明,公输子之巧,不以规矩,不能成方圆。'"焦循《正义》曰:"离娄,古之明目者,黄帝时人也。黄帝亡其玄珠,使离朱索之。离朱,即离娄也,能视于百步之外,见秋毫之末。""豪胥"句,谓胥吏可舞文弄墨,制造冤狱。"庸吏"句,意谓贤者不在其位,遂使奸吏为非作歹。"瘝(音关)官",旷废官职。《尚书·康诰》:"王曰:呜呼!小子封,恫瘝乃身,敬哉!"孔传:"恫,痛;瘝,病。治民务除恶政,当如痛病在汝身欲去之。""纷讼"句,意谓民颂不断,文牍往来于官府。"阤(音是)",堂前阶石的两端。"操私议"句,意谓为私见而互相暗中倾轧。"汩(音误)",潜伏。"础",柱石。"空奥山"句,意谓砍空山中之木。"奥山",《山海经》中地名,或以为河南泌阳县东北之虎头山。《山海经·中山经》:"又东三百里,曰奥山,其上多柏、杻、橿,其阳多㻬琈之玉。""劅(音住)",砍。"抶(音是)",打。"阖户"三句,意谓令出乎中央,回应乎全国。"绎绰綮"句,意谓标准立而万事有绪。"绰",音义均同"准",为准之古字,义为丈量标准。《管子·君臣上》:"衡石一称,斗斛一量,寸尺一绰制,戈兵一度。"注:"绰,古准字,准节律度量也。""綮",音义均同"繁"。此段批隋唐官制之弊端,颂宋代官制之优长。

①　[宋]叶梦得撰,[宋]宇文绍奕考异:《石林燕语》,《唐宋史料笔记丛刊》本,中华书局1984年版,第17—18页。

　　罗先生评论此段曰："宋王朝的官僚机构甚多,叠床架屋许可权和职责混淆不清,互相牵制,文牍簿书翻来覆去,徒耗精力,完全没有办事的效率。故自变法之初,王安石便着意整顿,逐步归并机构,划分职权。但因要做的事情太多,一时未能彻底调整。元丰三年(1080),诏中书省详定官制,至元丰五年(1082)才告完成,可见工作相当繁复。赋云:'文昌之府,分省为三,列寺为九,殊监为五。左选为文,右选为武,曰三十房,二百余案,二十四部。'是详定官制后的大致情形。又云:'人夥地溥,事若织组。滋广莫治,蠠蠠成蛊;纤弱不除,将胜戕斧。虽离娄之明,目迷簿书而莫睹。豪胥依文以鬻狱,庸吏瘝官而受侮;各怀苟且以逃责,孰肯长虑而却顾。官有隐事,国有遗利。纷讼牍于庭庑,縶累囚于囹圄;此浮彼沉,甲可乙否;操私议而轧沕,各矛盾而龃龉。'历数变法前各种官僚机构的罪状:衙门太多,官员太多,文书太多,职权纠缠不清,意见不一,互相倾轧,大家都不负责,胥吏乘机舞弊,作威作福。总之是腐败无能,一塌糊涂。因此消灭官僚机构的种种弊端,选拔干练的行政人员,划分各部门的许可权与专责,都是必须的措施。尤其重要的是中央集权,发号施令能够有效地执行,无远不至,方能彻底推行新法。故赋云:'合千司之离散,俨星罗于一宇,千梁负栋,万楹镇础,诛乔松以为楳,空奥山而剧楮。官有常员,取雄才伟器者以充其数。上维下制,前按后覆,譬如长蛇,抶其脊脊而首尾皆赴。阖户而议,飞檄乎房闶,应答乎秦楚。披荒榛而成径,绎绰緌而得绪。崇善废丑,平险除秽,悉不遗乎一羽。'这个改革,不但彻底,也很有效;'千梁负栋,万楹镇础'似的,人家同心协力,贯彻建设国家的政策。改制既定,'于是宣其成式:变乱易守者,刑之所取',赏罚分明,绝对尊崇法制。并把这种法制的宪章'贻之后昆,永世作矩'。"

　　至若儒宫千楹,首善四方,匀襟逢掖,褒衣博带,盈仞乎其中。

士之匿华铲采者，莫不拂巾袨褐，弹冠结绶。空岩穴之幽邃，出郡国之遐陋。南金象齿，文旄羽翮，世所罕见者，皆倾囊鼓箧，罗列而愿售。咸能湛泳乎道实，沛然攻坚而大叩。先斯时也，帝悼道术之沉郁，患训诂之荒谬；诸子腾蹿而相角，群言駚荡而莫守；党同伐异，此妍彼丑。挈俗学之芜秽，诋淫词而击掊；灭窦突之荧烛，仰天庭而睹昼，同源共贯，开覆发蔀。于是俊髦并作，贤才自厉，造门闱而臻壶奥，骋辞源而驰辨囿。术艺之场，仁义之薮，温风扇和，儒林发秀，宸眷优渥，皇辞结纠。荣名之所作，庆赏之所诱。应感而格，驹行雉呴；磨钝为利，培薄为厚。魁梧卓行，拵锋露颖，不驱而自就。复有珮玉之音，笾豆之容，弦歌之声，盈耳而溢目，错陈而交奏。焕烂乎唐虞之日，雍容乎洙泗之风，夸百圣而再讲，旷千载而复觌。又有律学以议刑制，算学以穷九九。舞象舞勺，以道幼稚，乐德乐语，以教世胄。成材茂德，随所取而咸有。

"至若"五句，谓汴京之太学校舍宽敞，生员很多。"儒宫"，指太学。"勾襟逢掖"，犹云摩肩接踵。"盈仞"，充满。"士之"三句，谓生员们穿着朴素。"空岩穴"两句，意谓生员们来自全国各地。"岩穴""遐陋"，指边远偏僻之处。"南金"五句，谓天下所有人才，都愿出而为皇朝效力。《诗经·鲁颂·泮水》："元龟象齿，大赂南金。"传："南，谓荆、扬也。"笺："荆、扬之州，贡金三品。"南金、象齿、文旄、羽翮，均为宝物，此处用以喻贤才。"咸能"两句，谓士子们乐于遨游于道德之域，勤学好问。"湛泳乎道实"，乐于遨游于道德之实。"攻坚"，谓刻苦好学，不怕困难。"大叩"，谓有疑则问。此句语出《礼记·学记》："善问者如攻坚木，先其易者，后其节目。及其久也，相说以解。不善问者反此。善待问者如叩钟，叩之以小者则小鸣，叩之以大者则大鸣。待其从容，然后反其声。不善问者反此。""道术"，指儒学。"诸子"句，谓诸子相互竞争而又辩驳。"腾躏",相互追逐。"相角",相互角触辩论。"骀(音台)荡",放纵。《庄子·天下》:"惜乎惠子之才,骀荡而不得,逐万物而不反。""灭窔突"两句,《淮南子·道德》:"此犹光乎日月而载列星,阴阳之所行,四时之所生,其比夫不明之地,犹窔奥也。"《汉书》卷一〇〇上《叙传》:"斯所谓见势利之华,暗道德之实,守窔奥之荧烛,未仰天庭而睹白日也。"注:"应劭曰:'《尔雅》:东南隅谓之窔,西南隅谓之奥。'师古曰:'窔、奥,室中之二隅也。荧烛,荧荧小光之烛也。'""突(音要)",同窔。"窦突",即"窔奥"。"窦",字书无此字,当为宋代俗写"奥"为"窦"。此两句以"窔奥荧烛"与"天庭白日"为喻,意谓弃其"俗学之芜秽",而臻于"儒学之壶奥"。"同源共贯",谓诸子百家虽分流却同源,虽辩驳却共贯。"开覆发蔀",谓揭开障蔽,发其真谛。《庄子·田子方》:"丘之于道也,其犹醯鸡欤? 微夫子之发吾覆也,吾不知天地之大全也。""蔀(音剖)",院上架木,上覆以席,所覆之席曰蔀。"俊髦",俊杰之士。"造门闑"句,谓入道德之门而知其奥妙。"壶奥",壶为宫巷,奥为室隅,比喻事理之奥秘精微。"宸眷优渥",犹云皇恩浩荡。"皇辞结纠",与上句相对为文,意同。"应感"二句,意谓交相感应,究物之原理,以出乎自然,有如驹之能行,雉之能呴一样。"呴(音够)",鸟鸣声。"磨钝"五句,意谓功到自然成。"复有"五句,谓太学生知礼好学。"笾豆之容",谓行动合乎礼仪。"弦歌之声",指读书声。《礼记·乐记》:"正六律,和五声,弦歌《诗》《颂》。"疏:"谓以琴瑟之弦,歌此《诗》《颂》也。""雍容"三句,谓当年孔子教授诸徒之风,经千年而重现。洙、泗,山东二水名。古时二水流经曲阜,洙在南,泗在北,春秋时为鲁地。孔子居洙、泗之间,教授弟子,故后称教育之风为洙泗之风。"又有"二句,宋代太学,除经学之外,又设律学与算学,故云。"九九",演算法名,即九宫。"舞象舞勺,以道幼稚",象、勺,二舞名。《礼记·内则》:"十有三年,学乐,诵诗,舞勺;成童,舞象,学射御。"郑玄注:"先学勺,后学象,文武之次也。成童,十五以上。"此段写学校教育,仍先破后立,歌颂皇宋之功德。

罗先生以为此段是对实行新法后对"科举制和学制"的歌颂:"这新学制有三个特色:(一)开放了太学之门,不再被特权阶级的官员子弟独占,而且大量增加学额。因此全国各地的'士子'只要通过地方考试,就可以跑到京师进太学,求上进,不再受从前那种科举考试的折磨。于是数以百计的'士子'纷纷前来。赋云'于是俊髦并作,贤才自厉,造门阗而臻壶奥,骋辞源而驰辨囿'指此。(二)太学的课程,摒弃了那些荒谬的训诂、芜秽的俗学,而专注于与事务有关的经术;且自颁布《三经新义》以后,更形成了一种'托古改制'的新学风。故赋云:'术艺之场,仁义之薮,温风扇和,儒林发秀。'所谓'艺术',即上述考试项目中的'艺';所谓'仁义',即上述考试专案中的'行'。(三)升级制度极为严格,从'外舍'升'内舍',只有十分之一人;从'内舍'升'上舍',只有半数;而毕业考试,上等者不过十分一左右。毕业后的资格、前途都很好。在严格淘汰、功名奖励之下,生员一定自发地勤奋学习,互相竞争。赋云'宸眷优渥,皇辞结纠。荣名之所作,庆赏之所诱';便指使功名和官职为奖励。又云'应感而格,驹行雊响;磨钝为利,培薄为厚。魁梧卓行,揍锋露颖,不驱而自就',便指自发地勤学,使自己脱颖而出。总之,新太学法是王安石及革新派打击敌人、培养干部人才的利器,是必要而正确的设施;所以《汴都赋》强调指出。"《汴都赋》此段是否如罗先生所说,是在歌颂学制改革,读者自会明断。需指出者则是,三学取士始终只是对科举取士的补充,即使在熙、丰年间,仍然是以科举取士为主,且进士出身者出官,则始终优于三学进身者,从三学进身者只是极少数。罗先生谓"不再受从前那种科举考试的折磨","毕业后的资格、前途都很好"云云,不是错误就是疏忽。终宋之世,只是在徽宗朝曾一度取消科举考试,但时间不长就又恢复了。罗先生可能弄混了。

若夫会圣之宫,是为原庙。其制则般输之所作,其材则匠石之所抡。万指举筑,千夫运斤,挥汗霡雾,吁气如云,鼛鼓弗盛,靡有谂勤。赫赫大宇,有若山踊而嶙峋。下盘黄垆,上赴北辰,瑞珠广寒,黄帝之宫。荣光休气,笼眬往来,葱葱郁郁而氤氲。其内则檐橑榱题,宋槛楹栌,枋栱闱闳,屏宇闳闉,耸张矫踞,龙征虎蹲。延楼跨空,甬道接陈。黝垩备旿,灿烂诡文。菱阿芙蕖之流漫,惊波回连之潩减,飞仙降真之缥缈,翔鹓鸑之觺觓。地必出奇,土无藏珍,球琳琅玕,璠玙瑶琨,流黄丹砂,玳瑁翡翠,垂棘之璧,照夜之玭,鹄象觜角,剖犀劂玉,锲刻雕镂,其妙无伦。焜煌焕赫,璀错辉映。繁星有烂,彤霞互照。轩庑所绘,功臣硕辅,书太常而铭鼎彝者环列而趋造,龙章凤姿,瑰形玮貌,文有伊周,武有方召,犹如塞谔以立朝。图宁社稷,指斥利害,踟蹰四顾而不挠。其殿则有天元、太始、皇武、俪极、大定、辉德、熙文、衍庆、美成、继仁、治隆之名。重瞳隆准,天日炳明,皇帝步送,百寮拜迎,九卿三公,挟辀扶衡,仪仗卫士,填郭溢城。于是黔首飙集,百作皆停。地震岳移,波翻海倾,足不得旋,耳不得听。神既安止,穷间微巷,咨嗟叹异之声。于是山罍房俎,牺尊竹筐,践列于两楹。瞽史陈辞,宰祝行牲,案刍豢之肥臊,视物色之犂骍,登降裸献,百礼具成。

"会圣宫",《石林燕语》卷四:"天圣末,诏即河南永安县訾王山建宫,以奉太祖、太宗、真宗神御容,欲其近陵寝也。宫成,赐名会圣,改訾王山为凤台山。自是祖宗山陵成,皆奉安于宫中。……宣祖初葬今京城南,既迁陵寝,遂以其地建奉先寺,仍为别殿,岁时奉祀宣祖昭宪太后。其后祖宗山陵,遂皆即京师寺宇为殿,如奉先故事。兴国开先殿以奉太祖,启圣院永隆殿以奉太宗,慈孝崇真殿以奉真宗,普安殿以奉元德皇后。元丰间,建景灵宫,于是皆奉迎以置原庙。自奉先而下皆废,普安亦元德皇后殡宫旧地也。"据《宋史》卷一六《神宗纪》载:元丰三年九月"乙酉(二十一日),诏即景灵宫作十一殿,以时王礼祠祖宗。"元丰五年十一月"壬午(初五),告迁祖宗神御。癸未(初六),初行酌献礼。乙酉(初八),以奉安神御赦天下,官与享大臣子若孙一人。"《宋会要辑稿》《长编》所记与《宋史》略同。"原庙",在正庙之外另立的宗庙。《史记·高祖本纪》:"及孝惠五年思高祖之悲乐沛,以沛宫为高祖原庙。"裴骃《集解》:"谓'原'者,再也。先既已立庙,今又再立,故谓之原庙。""般输",即公输班,又称鲁班。"万指",言人数之多。"霉",当为"飞"字之俗写。"鼛(音高)",《诗经·小雅·鼓钟》:"鼓钟伐鼛。"《周礼·地官·鼓人》:"以鼛鼓鼓役事。"注:"鼛鼓,长丈二尺。""谂",通"念",思念。"黄垆"两句,谓列祖功业之大且深。"黄垆",谓地下,犹黄泉。《淮南子·览冥训》:"考其功烈,上际九天,下契黄垆。"注:"黄垆,黄泉下垆土也。""瑞珠",通作"蕊珠"。道教传说天上有蕊珠宫,为神仙所居之府。"广寒",传说月中有广寒宫,为嫦娥所居。此以瑞珠、广寒、黄帝之宫比景灵宫。"荣光休气",谓景灵宫充满祥瑞馥郁之气。"休",美好。《汉书》卷八一《匡衡传》:"使群下得望盛德休光,以立基桢。""昽",日初明貌。"橑(音老)",檐下木。"榱(音催)题",橼头。"宋(音忙)",屋之正梁。"栭(音而)",柱顶上承托栋梁之方木,亦称斗拱。"闱阂",宫中小屋。"阂",字书无此字,疑为"阆"字之误。"阆阊",皇宫之门。"矫踞",高耸。"黝垩"两句,谓梁栋檐楹上涂上各种颜料,光彩辉煌。"旷(音户)",光彩貌。"菱阿"四句,写景灵宫内所画各种图案。"芙蕖",荷花之别名。"瀼淢(音翼遇)",水面之波纹,即涟漪。《淮南子·本经训》:"木巧之饰,盘纡刻俨,赢镂雕琢,诡文回波,淌流瀼淢,菱阿纱抱,芒繁乱泽,巧伪纷挐,以相摧错。"注:"淌流瀼淢,皆文书拟像水之貌。""垂棘",春秋晋地名,以产玉著称。《左传·僖公二年》:"晋荀息请以屈产之乘与垂棘之璧,假道于虞以伐虢。"杜预注:

"垂棘出美玉,故以为名。""玭(音频)",即玭珠,通称蚌珠。《尚书·禹贡》:"淮夷玭珠暨鱼。"注:"玭珠,珠名。"疏:"玭是蚌之别名,此蚌出珠,遂以玭为珠名。""鹕(音湖)象鬐(音学)角",《尔雅·释器》:"象谓之鹕,角谓之鬐,……金谓之镂,木谓之刻。""劀",音义均同"错",雕刻。"轩庑"以下十二句,写原庙廊庑上所画的功臣像。自汉代以来,皇帝们都将功臣像画于朝堂或原庙中,以示旌奖。"硕辅",宰辅之臣。"伊周",指伊尹和周公。两人都曾摄政,故以后并称。伊尹,汤臣,曾辅佐成汤伐夏桀。周公即姬旦,曾辅佐武王伐纣。"方召",指方叔与召虎,两人曾辅佐周宣王中兴。"蹇谔",亦作蹇鄂、蹇愕、蹇咢。《周易·蹇》:"六二,王臣蹇蹇,匪躬之故。"高亨注:"言王臣蹇蹇忠告直谏者,非其身之事,乃君国之事也。"后因以"蹇蹇匪躬"谓为君国而忠直谏诤。"蹇蹇匪躬",亦作"蹇谔匪躬"。"重瞳",《史记·项羽本纪》:"吾闻之周生曰:'舜目盖重瞳子。'又闻项羽亦重瞳子。""隆准",高鼻子。《史记·高祖本纪》:"高祖为人,隆准而龙颜。"裴骃《集解》引文颖曰:"准,鼻也。""皇帝步送"至"耳不得听"十二句,写奉安列祖神御于景灵宫之盛况。皇帝步送,谓神宗步送载着祖宗塑像的车子,下句"百寮拜迎"同此。"九卿三公",泛指大官。"挟辀扶衡",谓大官们扶着载宋代列祖塑像的彩舆。"郛",城。"黔首",百姓。"飙集",迅速聚集起来。"百作",各行各业。"神既安止"三句,写民众对奉安列祖神御盛大场面的赞叹。"穷闾微巷",犹言街头巷尾。"于是"以下九句,写神御奉安好后祭祀盛况。"山罍",刻有山云花纹之酒器,用以祭祀。《礼记·明堂位》:"山罍,夏后氏之尊也。""房俎",玉饰有脚之祭器。《礼记·明堂位》:"周以房俎。"注:"房,谓足下跗也,上下两间有似于堂房。""牺尊",祭祀用的酒器,作牺牛形,亦有身作牛形者。"竹篚",盛祭品之竹筐。"瞽史",乐官。"宰祝",太宰与太祝之并称,均为主祭祀之官。《礼记·月令》:"乃命太祝,循行牺牲。"牺、牲,均为祭品。"行牲",即将祭品献上。"刍豢",指牛羊犬豕之类的家畜。"肥腯",肥瘦。"犁骍",杂色者为犁,纯赤色者为骍;祭祀用牛必须纯色,用杂色者则为不敬,故云。《诗经·小雅·信南山》:"祭以清酒,从以骍牡,享于考祖。"扬雄《法言·修身》:"或问犁牛之鞟与玄骍之鞟,有以异乎? 曰:同。然则何不犁也? 曰:将致孝乎鬼神,不敢以其犁也。"宋咸注:"祭祀之牲用黝骍。""登降",犹云进退,谓登阶、下阶,进退揖让之礼。

《长编》卷三三一记奉安神御于景灵宫事较详:元丰五年十一月"辛巳(初四),奉安礼仪使宰臣王珪、蔡确,知枢密院孙固,门下侍郎章惇,中书侍郎章楶,同知枢密院韩缜,尚书左丞蒲宗孟,及百官等,班集英殿门。上诣蕊珠、凝华等殿祖宗神御,行告迁礼。至慈圣光献皇后、英宗皇帝坐,号恸久之,群臣莫能仰视。于是珪等奉神御升彩舆,赴集英殿。有司请皇帝还内,上不听,每神御步从出殿,次第道毕,始还宫。时将奉安景灵宫,至是,塑像工毕,始迁坐于集英殿也。……壬午(初五),质明,宰臣百官班集英殿。上御殿东幄,升殿,奠荐如仪,礼仪使以神御彩舆行。有司奏请还内,上不听,步出幄,每神御导出,至宣德门外,次第导辞毕,还宫。奉安于景灵宫。癸未(初六),上朝享景灵宫,宰臣百官陪祠殿下。先诣天兴,次遍诸殿,至继仁殿,哀恸久之。先是,祖宗神御殿分建于诸寺观,上以为未足以称严奉之义,乃酌原庙之制,即景灵宫建十一殿,每岁孟月朝享,以尽时王之礼。及是,工成,奉安礼毕,初朝享也。"①建原庙奉安神御为元丰五年十一月事,其时周邦彦刚刚入太学,其场面为亲历亲见,故写来亦井井有序。

　　至于天运载周,甲子新历,受朝万方,大庆新辟。于时再鼓声

---

① ［宋］李焘:《续资治通鉴长编》,第7968—7969页。

绝,按欒收镐,俨三卫与五仗,森戈矛与殳戟,探平明而传点,趋校尉而唱籍。千官鹜列以就次,然后奏中严外办也。撞黄钟以启乐,和羽扇以如翼。伏飞道驾以临坐,千牛环帝而平息。炉烟既升,宝符奠瑞。聆《乾安》之妙音,仰天颜而可亲。羌夷束发而蹈舞,象胥通隔而传译;宣表章以上闻,奏灵物之充斥。群臣乃进万年之觞,上南山之寿;太尉升奠,尚食酌酒;乐有嘉禾、灵芝、和安、庆云,舞有天下、大定、盛德、升闻;饮食衎衎,燔炙芬芬。威仪孔摄而中度,笑语不哗而有文。故无族谭错立之动,众蹦席步武之纷纭。盖天子以四海为宅,有百姓而善群。廷内不洒扫而行礼,则天下云绕而丝萦。故受玉而惰,知晋惠之将卒;执币以傲,知若敖之不存。闻乐而走者,为金奏之下作;虽美而不食者,为牺象之出门。赋《湛露》《彤弓》,而武子不敢答;奏《肆夏》《大明》,而穆子不敢闻。盖礼乐之一缺,则示乱而昭昏。是以定王享士,会以殽烝,而刑三晋之法;高祖因叔孙之制,而知为帝之尊。岂治朝之礼物,尚或展翳而沉湮,此所以举坠典而定彝伦者也。其乐则有《咸池》《承云》《九韶》《六英》《采齐》《肆夏》《箫韶》九成,神农之瑟,伏羲之琴,倕氏之钟,无句之磬,铿铿锽锽,和气薰烝。于以致祖考之格,于以广先王之声。昔王道既弱,淳风变浇,乐器遭郑卫而毁,朦瞽适秦楚而逃。朝廷慢金石之雅正,诸侯受歌管之敖嘈;文侯听淫声而忘倦,桓公受齐乐而辍朝,季子始无讥于邻,仲尼乃忘味于《韶》。故使制度无考,中声浸消,非细则攒,非庫则高。惟今也,求器得耕野之尺,吹律有听凤之箫。或洒或离,或薮或馨,或镛或栈,或箐或筊,众器俱举,八音孔调。鸳鸯离丹穴而来集,鸣喈喈而舞修翳。又有賨旅巴渝之舞,僸㑁狄鞮之倡,远人面内而进技,逾山海而梯航。故纳之庙者,周公所以广鲁;观之庭者,安帝所以喜其来王。

"载周",《诗经·大雅·文王》:"陈锡哉周",毛传:"哉,载。"按《左传·宣公十五年》《国语·周语》《史记·周本纪》引此诗均作"载周"。《周颂·载见》:"载见辟王",毛传:"载,始也。"谓周之天命始于文王。此处谓赵宋之天命始于太祖。"甲子新历",谓刚刚经过甲子之年。神宗元丰七年(1084),正好岁在甲子,此段即写元丰七年庆新春之盛况。"受朝万方",指国内及国外。"再鼓声绝,按槊收镝",意谓天下太平。《左传·庄公十年》:"夫战,勇气也;一鼓作气,再而衰,三而竭。"此处指无战事。"俨三卫"四句,写庆新春朝会时布置警卫与百官入朝景况。"传点",点名。"唱籍",按册点名。《新唐书·仪卫志上》:"朝日……平明,传点毕,内门开。监察御史领百官入,夹阶,监门校尉二人执门戟,曰:'唱籍。'既视籍,曰:'在。'入毕而止。""鹙列"句,按官职之高低班次很快就列。"中严",中庭戒备,古代帝王元旦朝会或郊祀等大典的仪节之一。《隋书·仪礼志四》:"梁元会(元旦)之礼,未明,庭燎设,文物充庭……侍中奏中严,王公卿尹各执珪璧入拜。""外办",宫禁警卫官,又作"外班"。《晋书·礼志下》:"漏未尽五刻,谒者、仆射、大鸿胪各各奏群臣就位定。漏尽,侍中奏外班。皇帝出,钟鼓作,群臣皆拜伏。""佽飞",古之勇士。《宋史·仪卫志》:"夹道佽飞、骑、左右金吾、果毅都尉各二人分领。虞侯佽飞四十八人,铁甲佽飞二十四人。""千牛",皇帝警卫官千牛备身的简称。"宝符",应为"符宝"之倒。《宋史·职官志》:"符宝郎二人,掌外廷符宝之事,禁中别有内符宝郎。官制行,未尝除。大观初,八宝成,诏依《唐六典》增置,靖康罢之。"《乾安》,即《乾安》曲。宋代每遇大典,在皇帝出入时奏《乾安》曲。《宋史·乐志一》:"皇帝出入作《乾安》,罢旧《隆安》之曲。""象胥",外交官或翻译官。《周礼·秋官·象胥》:"掌蛮、夷、闽、貉、戎、狄之国使,掌传王之言而论说焉,以和亲之。""太尉",三公之一,武官之最高者。宋代为虚衔,俗呼枢密使为太尉,位次次于宰相。"尚食",管理皇帝膳食之官,秦始置,东汉后并于太官汤官,北齐门下省设尚食局,唐宋因之,属殿中省。"衎衎(音汉)",和乐貌。《周易·渐》:"鸿渐于盘,饮食衎衎。""燔炙",烧烤,此处谓佳肴。《诗经·大雅·凫鹥》:"旨酒欣欣,燔炙芬芬。""孔摄",落落大方。"族谭错立",《周礼·秋官·朝士》:"禁慢朝,错立族谈者。"郑玄注:"错立族谈,违其位傅语也。"贾公彦疏:"傅,亦聚也;聚语,解族谈也。""躐席",越前而登席。古人宾席在户西,以西头为下。行礼时,人各一席,如相距较远,可以由下而升。若布席稍密,或数人共一席,必须由前入可得己之坐;若不由前,为躐席。《礼记·玉藻》:"登席不由前为躐席。""故受玉"两句,《左传·僖公十一年》:"春,晋侯使以平郑之乱来告。天王使召武公、内史过赐晋侯命。受玉惰。过归,告王曰:'晋侯其无后乎?王赐之命而惰于受瑞,先自弃也已,其何继之有?礼,国之干也。敬,礼之舆也。不敬则礼不行,礼不行则上下昏,何以长世?"意谓无礼则不能久,其后三年,晋惠公果卒。"执币"两句,《左传·文公九年》:"楚子越椒来聘,执币傲。叔仲惠伯曰:'是必灭若敖氏之宗。傲其先君,神弗福也。'"杜预注:"子越椒,令尹子文从子。傲,不敬。十二年《传》曰:'先君之敝器,使下臣致诸执事。'明奉使皆告庙,故言傲其先君也。为宣四年楚灭若敖氏张本。"又据《左传·宣公四年》与《史记·楚世家》,若敖氏之后代楚国令尹子文,恐其侄越椒将使若敖氏灭宗,临终时聚族人泣曰:"鬼犹求食,若敖氏之鬼不其馁而?"后越椒果叛楚,攻楚庄王。庄王以三王之子为质,不受,后楚庄王果灭若敖氏之族。"闻乐"两句,《左传·定公十年》引孔子谓梁丘据曰:"牺象不出门,嘉乐不野合。"注:"牺象,酒器;牺尊、象尊也。嘉乐,钟磬也。""赋《湛露》"句,《左传·文公四年》:"卫宁武子来聘,公与之宴,为赋《湛露》及《彤弓》。不辞,又不答赋。使行人私焉,对曰:'臣以为肄业及之也。昔诸侯朝正于王,王宴乐之,于是乎赋《湛露》,则天子当阳,诸侯用命。诸侯敌王所忾而献其功，王于是乎赐之彤弓一，彤弓百，旅弓五千，以觉抱宴。今陪臣来继旧好，君辱贶之，其敢干大礼以自取戾？'"意谓《湛露》及《彤弓》为享诸侯之乐，故宁武子不敢对也。"奏《肆夏》"句，《肆夏》，古乐章名，九夏之一。《周礼·春官·大司乐》："牲出入则令奏《昭夏》。"《左传·襄公四年》："穆叔如晋，报知武子之聘也，晋侯享之。金奏《肆夏》之三，不拜。工歌《文王》之三，又不拜。歌《鹿鸣》之三，三拜。韩献子使行人子员问之曰：'子以君命辱于敝邑，先君之礼，借之以乐，以辱吾子。吾子舍其大而重拜其细，敢问何礼也？'对曰：'《三夏》，天子所以享元后也，使臣弗敢与闻。《文王》，两君相见之乐也，臣不敢。'"杜预注："《肆夏》，乐曲名。《周礼》以钟鼓奏九《夏》；其二曰《肆夏》，一名《樊》；三曰《韶夏》，一名《遏》。盖击钟而奏此三《夏》曲。……《文王》之三：《大雅》之首，《文王》《大明》《绵》。""是以"三句，《左传·宣公十六年》："晋侯使士会平王室，定王享之。原襄公相礼，殽烝。武子私问其故，王闻之，召武子曰：'季氏，而弗闻乎？王享有体荐，宴有折俎。公当享，卿当宴，王室之礼也。'武子归而讲求典礼，以修晋国之法。""殽烝"，煮熟牲体节解，连肉带骨放在俎上，以享宾客。"刑"，效法。"高祖"两句，据《史记》卷九九《叔孙通传》载：叔孙通与鲁诸生三十余人，为汉高祖制礼，汉七年，与长乐宫行朝仪，高祖曰："吾乃今日知为皇帝之贵也。""彝伦"，常理，典范。《尚书·洪范》："王乃言曰：'呜呼，箕子！惟天阴骘下民，相协厥居，我不知其彝伦攸叙。'"蔡沈集传："彝，常也；伦，理也。"《咸池》《承云》《九韶》《六英》，皆古乐名。《礼记·乐记》："《咸池》备矣"，郑玄注："黄帝所作乐名也，尧增修而用之。咸，皆也，池之言施也，言德之无不施也。"《周礼·春官·大司乐》："舞《咸池》以祭地。"《列子·周穆王》："奏《承云》《六莹》《九韶》《晨露》以乐之"，张湛注："《承云》，黄帝乐；《六莹》，帝喾乐；《九韶》，舜乐；《晨露》，汤乐。"按《六莹》亦作《六英》。"《采齐》《肆夏》"，《周礼·春官·乐师》:"教乐仪,行以《肆夏》,趋以《采荠》。"郑玄注引郑司农云:"《肆夏》《采荠》,皆乐名,或曰皆逸诗。谓人君行步以《肆夏》为节,趋疾于步则以《采荠》为节。"荠亦作齐。《礼记·玉藻》亦有"趋以《采齐》行以《肆夏》",郑玄注:"《采齐》,路门外之乐节也;齐当为楚荠之荠。《肆夏》,登堂之乐节也。""《箫韶》九成",《尚书·皋陶谟》:"《箫韶》九成,凤凰来仪。"疏引孔安国传;"《韶》,舜乐名;言箫,见细器之备。……九奏而致凤凰。""神农之瑟"两句,《尔雅·释乐》释"大瑟"疏曰:"《世本》:'庖牺作五十弦,黄帝使素女鼓瑟,哀不自胜,乃破为二十五弦。'"又,《说文》:"琴,禁也,神农所作。"又云:"瑟,庖牺所作弦乐也。"《礼记·乐记》:"昔者舜作五弦之琴以歌《南风》。"《尔雅·释乐》释"大琴"疏曰:"琴操曰:《世本》云:'神农作琴'。"其说不同。"倕(音垂)氏之钟",《说文》:"古者垂作钟。"《庄子·胠箧》:"俪工倕之指,而天下始人有其巧矣。"《吕氏春秋·离谓》:"周鼎著倕而龁其指。"注:"倕,尧之巧工。"传说他始造耒耜、钟、铙、规矩、准绳。"无句之磬",《尔雅·释乐》:"大磬谓之馨。"疏曰:"《世本》曰:'无句作磬。'……然《考工记》曰:'磬氏为磬。'""朦瞽"句,《论语·微子》:"太师挚适齐,亚饭乾适楚,三饭缭适蔡,四饭缺适秦。"注:"鲁哀公时,礼乐崩坏,乐人皆去。""文侯"句,《礼记·乐记》:"魏文侯问于子夏曰:'吾端冕而听古乐,则惟恐卧;听郑卫之音,则不知倦。敢问古乐之如何也? 新乐之如此何也。'"子夏对曰:"今夫新乐,进俯退俯。奸声已滥,溺而不止。及优侏儒,扰杂子女,不知父子。乐终不可以语,不可以道古,此新乐之发也。今君之所问者乐也,所好者音也。夫乐者,与音相近而不同。文侯曰:'敢问何如?'子夏对曰:'夫古者天地顺而四时当,……今君之所好者,岂溺音乎?'文侯曰:'敢问溺者,何从出也?'子夏对曰:'郑音好滥淫志,宋音燕女溺志,卫音趋数烦志,齐音敖辟乔志。此四者,皆淫与色而害于德,是以祭祀弗用也。'""桓公"句,《白氏六帖》:

"魏侯之听郑音,悦而无倦;桓公之受齐乐,荒而不朝。"《论语·微子》:
"齐人归女乐,季桓子受之,三日不朝,孔子行。""季子"句,吴公子季札
聘于鲁,得观周乐,于《国风》"周南""召南"以下,工每歌毕,均有评语,
"自郐以下无讥焉",郐以下尚有曹风。"无讥",不足道。"仲尼"句,
《韶》,古传为虞舜之乐。孔子在齐,闻《韶》而三月不知肉味,推《韶》为
尽善尽美,见《论语·八佾》与《述而》。"㧛(音化)",宽,横大。"庳
(音辈)",低。"求器"句,《晋书·乐志上》:"荀勖又作新律笛十二枚,
以调律吕。正雅乐,正会殿庭作之,自谓宫商克谐,然论者尤谓勖暗解。
时阮咸妙达八音,论者谓之神解。咸常心讥勖新律声高,以高近哀思,
不合中和。每公会作乐,勖意咸谓之不调,以为异己,乃出咸为始平相。
后有田父耕于野,得周时玉尺,勖以校所治钟鼓金石丝竹,皆短校一米,
于此伏咸之妙。""吹律"句,刘向《列仙传》:"箫史者,秦缪公时人也,善
吹箫,缪公有女号弄玉,好之,公遂以妻之,遂教弄玉作凤鸣。居数十
年,吹似凤声,凤凰来止其屋,为作凤台,夫妇止其上,不下数年。一旦
皆随凤凰飞去。""洒",乐器名。《尔雅·释乐》:"大瑟谓之洒。"郭璞
注:"长八尺一寸,广一尺八寸。""离",乐器名。《尔雅·释乐》:"大琴
谓之离,小琴谓之应。"郭璞注:"或曰琴大者二十七弦,未明长短。""鼖
(音焚)",大鼓。《周礼·考工记·鼓人》:"以鼖鼓鼓军事。"注:"大鼓
谓之鼖,鼖鼓,长八尺。""馨",《尔雅·释乐》:"大磬谓之馨。"郭璞注:
"形似犁管,以玉石为之。""镛""栈",大钟和小钟。《尔雅·释乐》:
"大钟谓之镛,其中谓之剽,小钟谓之栈。""管""笭",大箫与小箫。
《尔雅·释乐》:"大箫谓之管(按今本'言'上无'竹'),小箫谓之笭。"
"鸑鷟(音月卓)"两句,《国语·周语上》:"周之兴也,鸑鷟鸣于岐山,
其衰也,杜伯射王于鄗。"注:"鸑鷟,凤之别名也。"《诗经·大雅·卷
阿》:"凤凰于飞,翙翙其羽。……凤凰鸣矣,于彼高冈。菶菶萋萋,雝
雝喈喈。"《山海经·南山经》:"丹穴之山……有鸟焉,其状如鸡,五彩

而文,名曰凤凰。""修矫",《方言》:"矫,飞也。"《广雅》作:"矫,飞也。"
"賨旅巴渝之舞",左思《蜀都赋》:"奋之则賨旅,玩之则渝舞。"李善注:
"应劭《风俗通》曰:巴有賨人,剽勇。……阆中有渝水,賨人左右居,锐
气席舞。高祖乐其猛锐,数观其舞,后令乐府习之。"《汉书·礼乐志
二》:"巴俞鼓员三十六人",师古曰:"巴,巴人也;俞(同渝),俞人也。
当高祖初为汉王,得巴俞人,并跷捷善斗,与之定三秦,灭楚,因存其武
乐也。巴俞之乐因此始。"《后汉书·南蛮传》:"至高祖为汉王,发夷人
还伐三秦。秦地既定,乃遣还巴中……俗喜歌舞,高祖观之,曰:'此武
王伐纣之歌也。'乃命乐人习之,所谓《巴渝舞》也。""僸佅(音禁卖)"
句,班固《东都赋》:"僸佅兜离,罔不具集。"李善注引《孝经钩命诀》:
"东夷之乐曰佅,南夷之乐曰任,西夷之乐曰林,北夷之乐曰僸。"《上林
赋》:"俳优侏儒,狄鞮之倡。"李善注:"郭璞曰:狄鞮,西戎乐名也。"又,
《礼记·王制》:"五方之民,言语不通,嗜欲不同。达其志,通其欲,东
方曰寄,南方曰象,西方曰狄鞮,北方曰译。"孔疏曰:"鞮,知也,谓通传
夷狄之语,与中国相知。""倡",歌舞艺人。"远人"句,谓远方属国派艺
人来内地进技。"梯航",谓遇山梯越,遇海航渡。"故纳之"两句,武王
卒,成王幼,周公摄政,制礼乐,定尊卑,假天子位,坐明堂,天下治。周
公摄政七年,成王成立,周公致政于成王,立于陛下,执臣子礼,卒,嘱葬
成周(今河南洛阳)。然成王感周公之德,以天子礼葬周公于毕(今咸
阳周原),并赐周公之封地鲁国以天子礼乐,故曰"纳之庙者,周公所以
广鲁"。《礼记·明堂位》记此事曰:"昔者周公朝诸侯于明堂之位,天
子负斧依南乡(向)而立;三公,中阶之前,北面东上;诸侯之位,阼阶之
东,西面北上;诸伯之国,西阶之西,东面北上;……明堂也者,明诸侯之
尊卑也。""周公相武王以伐纣。武王崩,成王幼弱,周公践天子之位,
以治天下。六年朝诸侯于明堂,制礼作乐,颁度量,而天下大服。""成
王以周公为有勋劳于天下,是以封周公于曲阜,地方七百里,革车千乘,

命鲁公世世祀周公以天子之礼乐。是以鲁君,孟春乘大路(辂),……纳夷蛮之乐于大庙,言广鲁于天下也。"《史记》卷三三《鲁周公世家》曰:"周公在丰,病,将没,曰:'必葬我成周,以明吾不敢离成王。'周公既卒,成王亦让,葬周公于毕,从文王,以名予小子不敢臣周公也。""于是成王乃命鲁得郊,祭文王。鲁有天下礼乐者,以褒周公之德也。""观之"两句,《后汉书·马融传》:"俗儒世士,以为文德可兴,武功宜废,遂寝搜狩之礼,息战阵之法,故猾贼纵横,乘此无备。融乃感激,以为文武之道,圣贤不坠,五才之用,无或可废。元初二年,上《广成颂》以讽谏。"《广成颂》中有句曰:"明德耀乎中夏,威灵畅乎四方;东邻浮巨海而入享,西旅越葱岭而来王……"元初,汉安帝年号。此段写元丰七年庆新春盛况,而重点又在写礼乐之盛;而在写礼乐之盛时,同样是用破中有立之法,批判了过去的礼崩乐坏,颂扬宋王朝能承周礼之美。

　　若其四方之珍,以时修职,取竭天产,发穷人迹。砥其远迩,陈之艺极。厥材竹木,厥货龟贝,厥币锦绣,厥服绤绤,斿贡羽毛,祀贡祭物,嫔贡丝枲,物贡所出,器贡金锡,砺砥砮丹,铅松怪石。惟金三品,惟土五色。泗滨浮磬,羽畎夏翟。龙马千里,神茅三脊。方箱楕筐,肆陈乎殿陛,丰苞广匦,丞传乎骑驿,连樯结轨,川咽涂塞,耿歉终岁而不息。至于羌氏、僰、翟、僬耳、雕脚、兽居、鸟语之国,皆望日而趋,累载而至,怀名琛,拽驯兽,以至于阙下者旁午。乃有帛氎罽毼,兰干细布,水精琉璃,轪虫蚌珠,宝鉴洞胆,神犀照浦,《山经》所不记、齐谐所不睹者,如粪如壤,轸积乎内府。或致白雉于越裳,或得巨蘖于西旅,非威灵之遐畅,孰能出瑰奇于深阻?盖徼外能率夷种来与修好,则中土当有圣人出而宁宇。然皇帝不宝远物,不尚殊观,抵金于崭岩之山,沉玉于五湖之川,洞剀之剑,

　　乃入骑士之鞘,咭膝之马,或服鼓车之辕。

　　"以时修职",意谓按时进贡。"砥其远迩",谓贡赋远近平均。砥,均。《诗经·小雅·大东》:"周道如砥。"毛传:"如砥,贡赋平均也。""陈之艺极",《左传·文公六年》:"陈之艺极。"杜预注:"艺,准也;极,中也。贡献多少之法。"疏:"艺是准限,极是中正。制贡赋多少之法,立其准限中正,使不多不少。陈之以示民,故言陈之。""厥材"九句,《周礼·大宰》:"以九贡致邦国之用:一曰祀贡,二曰嫔贡,三曰器贡,四曰币贡,五曰材贡,六曰货贡,七曰服贡,八曰斿贡,九曰物贡。""砮(音弩)",石制箭头。《尚书·禹贡》:"砺砥砮丹。"《国语·鲁语下》:"于是肃慎氏贡楛矢石砮,其长尺有咫。""惟土五色",《尚书·禹贡》:"王者封五色土为社,建诸侯则割其方色土与之。""泗滨浮磬",《尚书·禹贡》:"泗滨浮磬。"疏:"石在水旁,水中见石,似若水中浮然。此石可以为磬,故谓之浮磬也。""羽畎夏翟",《尚书·禹贡》:"羽畎夏翟。"孔传:"夏翟,翟,雉名,羽中旌旄,羽山之谷有之。"《汉书·地理志上》引《禹贡》作"夏狄"。"神茅三脊",江淮间产的一种茅草,茎有三棱,亦名菁茅。古代以为祥瑞,多用于祭祀。《南史·江夏王刘义恭传》:"大明元年,有三脊茅生石头西岸,又劝封禅,上甚悦。""歈歈",观其上句,当为川巴之民间歈歌,与今之船夫号子类。《楚辞·招魂》:"吴歈蔡讴,奏大吕些。"刘禹锡《竹枝词九首·引》:"屈原居沅湘间,其民迎神词多鄙陋,乃为作《九歌》,到于今荆楚歌舞之。故予亦作《竹枝》九篇,俾善歌者扬之,附于末。后之聆巴歈,知变风之自焉。""羌氐"六句,谓边远少数民族俱归附,争先恐后来到汴京。"羌氐、僰、翟、儋耳","僰"字书无此字,当为"僰"之误,《影印文渊阁四库全书》本正作"僰"。皆少数民族邦国。《诗经·商颂·殷武》:"自彼氐羌。"郑玄笺:"氐羌,夷狄国,在西方者。"《说文》:"西南僰人,僬侥。"《山海经·

大荒北经》:"有儋耳之国,任姓。"郭璞注:"其人耳大,下儋垂在肩上。"
"雕脚"句,《后汉书·南蛮西南夷列传》:"及其化行,则缓耳雕脚之伦,
兽居鸟语之类,莫不举种尽落,回面而请吏,陵海越障,累译以内属
焉。""望日",望着皇帝。日,喻皇帝。《史记·五帝本纪》:"帝尧者,放
勋。其仁如天,其知如神。就之如日,望之如云。""帛氎"四句,《后汉
书》卷八六《南蛮西南夷列传·哀牢夷》:"哀牢人皆穿鼻儋耳,其渠帅
自谓王者,耳皆下肩三寸,庶人则至肩而已。土地沃美,宜五谷蚕桑。知
染采文绣,罽氉帛叠,兰干细布,织成文章如绫锦。……出铜、铁、……水
精、琉璃、轲虫、蚌珠。"注"帛叠"引《外国传》云:"诸薄国女子织作白叠
花布。"按"氉"即"叠"。注"兰干"引《华阳国志》曰:"兰干,獠言纻。"
"轲虫",即海贝。"宝鉴洞胆",《西京杂记》:"高祖初入咸阳宫,周行
府库……有方镜,广四尺,表里有明。人直来照之,影则倒见;以手扪心
而来,则见肠胃五脏,历然无硋;人有疾病在内,掩心而照之,则知病之
所在。有女子有邪心,则胆张心动,秦始皇常以照宫人。""神犀照浦",
《异苑》:"晋温峤至牛渚矶,闻水底有音乐之声,水深不可测,传言下多
怪物。乃燃犀而照之,须臾,见水族覆火,奇形异状,或乘马车着赤衣
帻。其夜,梦人谓曰:'与君幽明道隔,何意相照耶?'峤甚恶之,未及
卒。""《山经》所不记","《山经》",即《山海经》。《周书·异域传上》:
"求之邹说,诡怪之迹实繁;考之《山经》,奇谲之词匪一。""齐国所不睹
者",《庄子·逍遥游》:"《齐谐》者,志怪者也。"成玄英疏:"姓齐名谐,
人姓名也;亦言书名也,齐国有此俳谐之书也。"按旧题吴均撰《齐谐
记》,与此说不同。"翎积",聚集。"或致"句,《太平御览》卷九一七引
《孝经援神契》:"周成王时,越裳献白雉。"又卷七八五引《尚书大传》卷
四:"周公居摄六年,制礼作乐,天下和平。越裳以三象重译而献白
雉。""或得"句,《尚书·旅獒》:"西旅献獒。"孔传:"西戎远国贡大
犬。"孔疏:"西方之戎,有国名旅者。""威灵",神灵,此指神宗的威望。

"夹种",当为夷种之讹。"抵",弃掷。"崭岩",高峻。"洞",通明闪亮。"剽",刀剑刃。"啮膝之马",良马。王褒《圣主得贤臣颂》:"驾啮膝,骖乘旦。"李善注:"应劭曰:'马怒有余气,长啮膝而行。'张晏曰:'啮膝、乘旦,皆名马名也。驾则旦至,故以为名。'""鼓车",载鼓之车,皇帝出行时仪仗之一。《后汉书》卷七六《循吏传序》:"建武十三年,异国有献名马者,日行千里;又进宝剑,贾兼百金。诏以马驾鼓车,剑赐骑士。"

　　至于乾象表贶,坤维荐祉,灵物仍降,嘉生屡起。晕适背僪,蜺蜺抱珥,鸣星陨石,怪飙变气,垂白鲐背者不知有之,况能言孺倪?岂独此而已也。复有穿龟负图,龙马载文,汾阳之鼎,函德之芝,肉角之兽,箫声之禽,同颖之禾,旅生之谷,游郊栖庭,充畦冒畤,非烟非云,萧索轮囷,映带乎阙角,葱郁乎城堥,鸷鸟不攫,猛兽不噬,应图合谍,穷祥极瑞,史不绝书,岁有可纪。

"乾象表贶",上天恩赐。"乾象",天象。"坤维荐祉",大地赐福。"坤维",大地。"仍降",不断下降。"晕适"两句,《吕氏春秋·明理》:"其日有斗蚀,有倍僪,有晕珥。"注:"倍僪,晕珥,皆日旁之气也。……在上向内为冠,两旁向内为珥。""晕适",谓出现日晕与月晕的变异现象。又,《汉书·天文志》:"晕适背穴,抱珥蜺蜺。""蛪",即"虹"字。"垂白"句,"鲐背",谓老人背上生斑如鲐鱼之纹,为高寿之征。《尔雅·释诂上》:"鲐背,耇老,寿也。"郭璞注:"鲐背,背皮如鲐鱼。"此上所言,古人均以为是不吉之兆,故谓老人亦未曾见。下文则写吉兆不断出现。"穿龟负图",传说《周易》为神龟从河中负出。《周易·系辞上》:"河出图,洛出书,圣人则之。"《尚书·顾命》:"天球,河图。"孔传谓河图即八卦,郑玄以为帝王受命之瑞。"龙马载文",《艺文类聚》十一引《尚书中候》："龙马衔甲，赤文绿色。"注："龙形象马，甲所以藏图也。"《礼记·礼运》："河出马图。"孔疏："龙而形象马，故云马图，是龙马负图而出。""汾阳之鼎"，汉武帝元鼎元年在汾水所得之宝鼎，后泛指象征国祚的宝鼎，见《史记·封禅书》。"汾阳"，当作"汾阴"。"函德之芝"，古人以为芝草为祥瑞之物，皇帝有道，则芝生，故云。《汉书·宣帝纪》："金芝九茎，产于函德殿铜池中。"注引服虔曰："金芝，色像金也。"又引如淳曰："铜池，承溜也。"《宋书·符瑞志下》："芝英者，王者亲近耆老，养有道，则生。汉章帝元和中，芝英生郡国。""肉角之兽"，即麒麟，传说麒麟头上生肉角，故云。扬雄《剧秦美新》："来仪之鸟，肉角之兽，狙犷而不臻。"李善注："肉角，麟也。""箫声之禽"，谓凤凰。《荀子·解蔽》："《诗》曰：'凤凰秋秋，其翼若干，其声若箫。有凤有凰，乐帝之心。'此不蔽之福也。"杨倞注："逸《诗》也。……尧时凤凰巢于阿阁。言尧能用言不蔽，天下和平，故有凤凰来仪之福也。"又，刘向《列仙传》："萧史者，秦穆公时人也。善吹箫，能致孔雀、白鹄于庭。穆公有女，字弄玉，好之，公遂以女妻焉。日教弄玉作凤鸣，居数年，吹似凤声，凤凰来止其屋，公为作凤台，夫妻止其上。不下数年，一旦皆随凤凰而去。""同颖之禾"，《尚书序》："唐叔得禾，异亩同颖，献诸天子，王命唐叔归周公于东，作《归禾》。"孙星衍《尚书古今文注疏》引郑康成曰："二禾同为一穗。"《归禾》诗，今亡。又《诗经·大雅·生民》："实颖实栗。"毛传："颖，垂颖也；栗，其实栗栗然。""旅生之谷"，"旅"，当为"旅"字之误。《东观汉记》："建武二年，天下野谷旅生，麻菽尤盛。"《后汉书·光武帝纪》同，李贤注："旅，寄也。不因播种而生，故曰旅。""游郊栖庭"，《文子》."凤凰翔于庭，麒麟戏于郊。""非烟"两句，《史记·天官书》："若烟非烟，若云非云，郁郁纷纷，萧索轮囷，是为卿云。卿云，喜气也。""卿云"，亦作"庆云"。此段写祥瑞纷至，以颂太平。

发微子于是言曰:"国家之有若是钦! 意者先生快意于吻舌而及此耶?"先生曰:"国家之盛,乌可究悉? 虽有注河之辩,折角之口,终日危坐,抵掌而谈,犹不能既其万一,此特汴都之治迹耳。子亦知夫所以守此汴都之术,古昔之所以兴亡者乎?"客曰:"愿闻之。"

"注河",犹言口若悬河。《世说新语·赏誉》:"王太尉云:郭子玄语议如旋河写水,注而不竭。""折角",《汉书》卷六七《朱云传》载:汉元帝时,"少府五鹿充宗贵幸,为《梁丘易》。自宣帝时善梁丘氏说,元帝好之,欲考其异同,令充宗与诸《易》家论。充宗乘贵辩口,诸儒莫能与抗,皆称疾不敢会。"朱云与之辩:"连折五鹿君,故诸儒谓之语曰:'五鹿岳岳,朱云折其角。'"岳岳,长角貌。

先生曰:緊此寰宇,代狭代广,更张更弛。黄帝都涿鹿,而是为幽州;少昊都穷桑,乃今鲁地;伏牺都陈、帝喾都亳、尧都平阳,乃若昊天而授人时;舜都蒲阪,乃觐群后而辑五瑞;公刘处豳,而兆王业之所始;太王徙邠者,以避狄人之所利;文王作酆,方蒙难而称仁;武王治镐,复戎衣而致久。盖周有天下三百余年,而刑措不及用;及其衰也,亦三百余年,而五伯更起,星离豆割,各据谷兵以专利,强侯协带于弱国,不领人君之经费,天下日蹙而日裂,中国所有者无几。当时权谋为上,雌雄相噬。孰有长距,孰有利觜,兵孰先选,粮孰凤峙,孰有桥关之卒,孰有凭轼之士,孰自素愠,孰自强佷,孰欲报惠,孰欲雪耻。或奉下邑以赂仇,或举连城而易器。骸骨布野,介胄生虮;肘血丹轮,马鞍销髀。势成莫格,国墟人鬼。噫! 彼土宇,凡几吞而几夺,几完而几弛。秦中形势之国,加兵诸侯,如高屋之建瓴水。神皋天邑,以先得者为上计。其他或左据函谷,右界

襄斜,号为百二之都;东有成皋,西有崤渑,定为王者之里。以至置
春陵之侠客,兴泗上之健吏,扼襟控咽,屏藩表里。名城池为金汤,
役诸侯为奴隶,拓境斥地,蹂躏荒裔。东包蟠木,西卷流沙,北绕幽
陵,南裹交趾。厥后席治滋永,泰心益侈,或慢守以启戎,或朋淫而
招尤,横调无艺而垂竭,游役不时而就毙。卢令日纵而不继,鹭翿
厌观而常值。睊眥则覆尸而流血,愉悦则结缨而佩璲。粉墨杂糅,
贤才逆曳,肿微黇黠而窃肉食,贼臣回穴而图大器。郡国制节,侯
伯方轨,或为大尾而不掉,或为重腿而屡踬。室有丹楹,城有百雉。
朝廷无用于扬燎,冠冕不闲于执贽。天维披裂,地轴杌捝,群生焦
爨而疹瘁。虽有城池,周以邓林,萦以天汉。曳辇可以陟崇巇,设
跗可以济深水,故魏武侯浮西河而下,自哆其地,而进戒于吴起。
盖秕政肆于庙堂之上,则敌国起于萧墙之里,奚问左孟门而右太
行,左洞庭而右彭蠡。

"緊",语助,无实义。"黄帝都涿鹿",《史记·五帝本纪》注引《地
括志》:"涿鹿本名彭城,黄帝初都,迁有熊也。""少昊都穷桑",少昊,黄
帝子,都于穷桑。《史记·五帝本纪》引《帝王世纪》:"少昊邑于穷桑以
登帝位,都曲阜,故谓之穷桑帝。"晋王嘉《拾遗记》又谓:"穷桑者,西海
之滨,有孤桑之树直上千寻……""伏牺都陈",《帝王世纪》:"太昊帝庖
羲氏,风姓也,蛇身人首,有圣德,都陈。"按地今在河南淮阳。"帝喾都
亳",帝喾,黄帝之曾孙。《史记·五帝本纪》注引皇甫谧云:"(帝喾)都
亳,今河南偃师是也。""尧都平阳",尧,帝喾之子。《史记·五帝本纪》
注引《帝王世纪》云:"尧都平阳,于《诗》为唐。……汉曰太原郡,在古
冀州太行、恒山之西。""舜都蒲阪",《史记·五帝本纪》注引《括地志》
云:"河(黄河)东县二里故蒲阪城,舜所都也。""辑五瑞",《史记》谓
"辑五瑞"注云:"辑,敛也。五瑞,公侯伯子男所执,以为瑞信也。""公

刘"句,公刘,周人之祖,周之兴,自公刘始,故云。然据《史记·周本纪》载,公刘之子节庆始都于豳,邦彦误记。"太王"两句,自公刘之后,经节庆、皇仆、差弗、毁隃、公非、高圉、亚圉、公叔祖类八代,至古公亶父,是为太王。因戎狄与周人争利,故太王始率周人迁于岐下,《史记·周本纪》载之甚明,《诗经·大雅·大明》亦曰:"古公亶父,来朝走马,率西水浒,至于岐下。"即叙此次迁徙过程。"邠",即豳。邦彦谓太王迁邠,误。"文王"两句,周文王迁丰(酆)后,曾被殷纣王囚于羑里,故云。"武王"两句,武王治镐京,《尚书·周书》曰:"一戎衣,天下大定。"孔传曰:"一着戎衣而灭纣,言与众同心,动有成功。"乂,安定,太平。"五伯",即五霸。"星离豆割",谓分裂为许多诸侯国。"星离",谓如星之布散。"豆割",谓其分割。郭璞《江赋》:"雹布余粮,星离沙镜。"李善注:"雹布星离,言众多也。"又,《晋书·地理志序》:"平王东迁,星离豆剖;当涂驭寓,瓜分鼎立。"后以喻分裂。"谷兵",谓险要地形与兵力。"长距",长爪,喻兵力雄厚。爪,本谓鸡爪,雄鸡相斗,全凭爪利,故用以喻武力。《左传·昭公二十五年》:"季(平子)、郈(昭伯)之鸡斗,季氏介其鸡,郈氏为之金距。"《汉书·五行志中》:"丞相府史家雌鸡伏子,渐化为雄,冠、距、鸣、将。"注:"距,鸡跗足骨,斗时所用刺之。""利觜(音嘴)",鸟之利嘴,亦喻兵。潘岳《射雉赋》:"当味值胸,裂膆破觜。"《文选》注:"觜,喙也。""兵孰先选",意谓孰先选有利战机。"粮孰夙峙",意谓孰先将粮草准备充足。"夙",早。"峙",高耸。"桥关之卒",意谓守备关隘的士卒。刘歆《遂初赋》:"驰太行之严防兮,入天井之乔关。""桥"同"乔"。"凭轼之士",指口辩之士。《汉书·郦食其传》:"韩信闻食其凭轼下齐七十余城。"颜师古注:"冯读若凭,凭,据也。轼,车前横板隆起者也。云凭轼者,言但安坐乘车而游说,不用兵众。""赂仇",赠送给敌人财物土地以求苟安,如晋献公宠骊姬而内乱,晋公子夷吾为入继王位,即许以西河之地以赂秦。事见《史记·晋世家》。"或举"句,战国时,赵惠文王得和氏璧,秦昭王寄书赵惠文王,诈称愿以十五城易璧。事见《史记·廉颇蔺相如列传》。"器",国器,谓领土。"如高屋之建瓴水",《史记·高祖本纪》:"秦形胜之国,带河山之险,县隔千里,持戟百万,秦得百二焉。地势便利,其以下兵于诸侯,譬犹居高屋之上建瓴水也。"《集解》引如淳曰:"瓴,盛水瓶也。居高屋之上而幡瓴水,言其向下之势易也。""神皋",谓肥沃的土地。沈约《齐故安陆昭王碑文》:"禹穴神皋,地埒分陕。"李善注:"皋,地也。其地肥沃,故云神皋。""其他"六句,谓秦国。"春陵之侠客"两句,谓后汉光武帝刘秀。因刘秀为春陵节侯刘买之后裔,其兄刘伯升又好侠养士,刘秀初起事亦在春陵,故云。事见《后汉书·光武帝纪》。"兴泗上之健吏",指刘邦。因刘邦曾为泗水亭长。《晋书·张载传》录《榷论》:"设使秦、莽修三王之法,时致隆平,则汉祖泗上之健吏,光武春陵之侠客耳。""蟠木"四句,《大戴礼记·五帝德》:"(颛顼)乘龙而至四海,北至于幽陵,南至于交趾,西至于流沙,东至于蟠木。"孔广森补注:"《海外经》曰:东海中有山焉,命曰度索,上有大桃树,盘曲三千里,裴骃谓蟠木即此也。""招宄(音轨)",招致内乱。《尚书·舜典》:"寇贼奸宄。"《国语·鲁语上》:"窃宝者为宄。"注:"乱在内为宄。""宄",亦作"轨",见《史记·五帝本纪》。"横调无艺",谓横征暴敛,没有限度。《魏书·任城王澄传》:"初,民中每有横调,百姓烦苦,前后牧守,未能蠲除,澄多所省俭,民以忻赖。"《左传·昭公二十年》:"布常无艺,征敛无度。"注:"艺,法制也。言布政无法制。""卢令"句,谓游猎无度。《诗经·齐风·卢令》:"卢令令,其人美且仁。"毛传:"卢,田犬;令令,缳环声。"陈奂传疏:"韩之田犬称卢,义实本于《诗》之卢也。"刘向《说苑·善说》:"韩氏之卢,天下疾狗也。"、"不绁",不拴。犬常猎则不拴,故云。"鹭翿(音道)"句,用白鹭羽制成之舞具,形似雉扇或伞。《诗经·陈风·宛丘》:"无冬无夏,值其鹭翿。"毛传:"翿,翳也。"风韶《凤氏经说·宛丘》:"《诗·宛丘》翿,纛同。……此诗鹭翿,以鹭羽为翿。舞人起伏进退,执翿者在旁,以翿指挥之也。""愉悦"句,谓如果相互交好,则不惜将宝物送之,甚至为朋友而牺牲。《左传·哀公十五年》载:子路为卫大夫孔悝之宰,孔悝作乱,子路在外,闻而返,不得入。恰遇子羔出卫城门,谓子路曰:"子可还矣,毋空受其祸。"子路曰:"食其食者不避其难。"遂强以入,与之战,被击断冠缨,子路曰:"君子死而冠不免。"遂结缨而死。后遂谓从容而死为"结缨"。事亦见《史记》卷六七《仲尼弟子列传》。"佩璲",一种用以佩带之美玉。"粉墨杂糅",谓贤愚不分。"逆曳",谓受迫而不能按正道行事。《史记·屈原贾生列传》:"阘茸尊显兮,谗谀得志;圣贤逆曳兮,方正倒置。"司马贞《索隐》引胡广曰:"逆曳,不得顺随道而行也。""肿微"句,"肿微",未详。疑为"肿膝"之误,马之膝盖粗大,为劣马。《韩非子·说林下》:"此其为马也,踦肩而肿膝。夫踶马也者,举后而任前,肿膝不可任也。""豻豞"字书无此二字,当为"犴貐"之误。《类篇》:"豻豞,顽恶也。"此以"肿膝豻豞"喻指无才无德之人。"肉食",谓高官厚禄。《左传·庄公十年》:"肉食者鄙,未能远谋。"杜预注:"肉食,在位者。"此句意谓无能者当位。"贼臣"句,意谓奸贼佯作居于岩穴而隐居,实际上却在窥视而欲乘机窃国。"郡国制节",制节,谓制度合适。《管子·霸言》:"小国得之也以制节,其失之也以离强。"尹知章注:"制度合节,故得。""侯伯方轨",方轨,谓大道平坦。《后汉书·张彪张禹等传论》:"统之,方轨易因,险涂难御。"李贤注:"方轨,谓平路也。""重腄",亦作"重膇",脚肿病。"重",通"肿"。《左传·成公八年》:"民愁则垫隘,于是乎有沉溺重腄之疾。"杜预注:"重腄,足肿。""踕(音捷)",同"踕"。"扬燎",《诗经·小雅·正月》:"燎之方扬,宁火灭之。"郑笺:"火田为燎。"即放火烧田以除草。《诗》序曰:"《正月》,大夫刺幽王也。""执贽",古代礼制,谒见人时携礼物以相赠。《礼记·檀弓上》:

"鲁人有周丰也者,哀公执挚请见之。""挚",陆德明释文作"贽"。郑玄注:"挚,所执以至者,君子所见于所尊敬,必执挚以见其厚意也。""披裂",披开。"杌陧",不安。扬雄《太玄》:"圛相杌陧,内相失也。"范望注:"杌陧,不安。"爨,古"然"字。"邓林",神话传说中的树木。《山海经·海外北经》:"夸父与日逐走,入日。渴欲得饮,饮于河渭,河渭不足,北饮大泽。未至,道渴而死。弃其杖,化为邓林。""设泭"句,未名所自,疑是"设泭"之误。《国语·齐语》:"方舟设泭,乘桴济河。"韦昭注:"编木曰泭。"即木筏。"故魏武侯"七句,《战国策·卫一》:"魏武侯与诸大夫浮于西河,称曰:'河山之险,岂不亦信固哉!'王钟侍王,曰:'此晋国之所以强也。若善修之,则霸王之业具矣。'吴起对曰:'吾君之言,危国之道也,而子又附之,是危也。'武侯愤然曰:'子之言有说乎?'吴起对曰:'河山之险,信不足保也;是伯王之业,不从此也。昔者,三苗之居,左彭蠡之波,右有洞庭之水,文山在其南,而衡山在其北。恃此险也,为政不善,而禹放逐之。夫夏桀之国,左天门之阴,而右天溪之阳,庐、睾在其北,伊、洛出其南。有此险也,然为政不善,而汤伐之。殷纣之国,左孟门而右漳、釜,前带河,后被山。有此险也,然为政不善,而武王伐之。且君亲从臣而胜降城,城非不高也,人民非不众也,然而可得并者,政恶故也。从是观之,地形险阻,奚足以霸王矣!'""哆(音痴)",张口。此句意谓张口即夸其地形势险要。此段叙历代兴衰,指出中原虽为王者之地,然能否王天下,并不在地势是否险要,而在于为政是否得人。

发微子曰:"天命有德,土此四方,如辐之辏毂,如栭之会极,其础巩者,天与之昌;其阘砢者,天与之亡;且非易之所能坏,亦非险之所能藏;非愚之所能弱,亦非贤之所能强。故将吞楚也,白蛇首断于大泽;将继刘也,雄雉先雊于南阳。龙黎出楼,而屡孤隐亡周之语,蓐收袭门,而天帝贻刑虢之殃。人力地利,信不能偃植而支仆,而皆听乎彼苍。故鲸鲵勠斧,决一死于吻血,兕虎阚阚,践巍岳为平岗;踩生灵如蹋块,簸天下如扬糠。其败也,决目而折骨;其成也,顶冕而垂裳。由此观之,土地足以均沛泽,而施灵光而已。易险非所较,贤否亦未可议也。”

“如桷之会极”,如梁与椽之相会。“桷(音攫)”,方形椽。“极”,屋梁。“硈(音洽)巩”,《尔雅·释言》:“硈,巩也。”郭璞注:“硈然坚固。”“阘砢(音裸)”,司马相如《上林赋》:“寋产沟渎,谽呀豁閜。”又,“崔错登骪,阬衡阘砢。”《文选》注引郭璞曰:“阘砢,相扶持也。”然《史记》卷一一七《司马相如传·上林赋》,注“阬衡阘砢”时,同样引郭璞语,却作“接孽倾欹貌”,同引郭璞语,却抵牾如此。《说文》:“阘,门倾也。”段注曰:“此与上‘閜’篆各字各义,或合为一,非也。《上林赋》说大木之状。‘阬衡阘砢’,《索隐》引郭璞云:‘阬衡阘砢’者,‘接孽倾欹貌。’也。按此‘閜’字当作‘阘’,与‘谽呀豁閜’义不同。”段说辩之甚明,况且在《汴都赋》中,若释为“相扶持”,则难与下句通义,应据段说释为“倾欹”。“故将”两句,谓刘邦斩白蛇起义。相传刘邦为赤帝之子,白蛇为白帝之子,斩白蛇象征易代。事见《史记·高祖本纪》。“将继刘”两句,谓刘秀建立东汉。《搜神记》:“秦穆公时,陈仓人掘地得物,若羊非羊,若猪非猪,牵以献穆公。道逢二童子,童子曰:‘此名为媪,常在地中,食死人脑,如欲杀之,以柏插其首。’媪曰:‘彼二童子,名为陈宝,得雄者王,得雌者伯。’陈仓人舍媪逐二童子,二童子化为雉,飞入平林。陈仓人告穆公,穆公发徒大猎,果得其雌。又化为石,置之汧、渭之间。至文公时,为立祠陈宝。其雄者飞至南阳,今南阳雉县是其地也。秦欲表其符,故以名县。每陈仓祠时,有赤光长十余丈从雉县来,入陈仓祠中,有声殷殷如雉雊。其后,光武起于南阳。”刘秀为南阳人,故云。雉,野鸡;雊,鸣。"龙漦(音离)"两句,《国语·郑语》:"夏之衰也,褒人之神化为二龙,以同于王庭,而言曰:'余,褒之二君也,夏后卜杀之与去之与止之,莫吉。卜请其漦而藏之,吉。乃布币焉而策告之,龙亡而漦在,椟而藏之,川郊之。'及殷、周莫之发也。及厉王之末发而观之,漦流于庭,不可除也。王使妇人不帏而噪之,化为玄鼋,以入于王府。府之童妾未既乱而遭之,既笄而孕,当宣王时而生。不夫而育,故惧而弃之。为弧服者方戮在路,夫妇哀其夜号也,而取之以逸,逃于褒。褒人褒姁有狱,而以为入于王,王遂置之,而嬖是女也,使至于为后而生伯服。天之生此久矣,其为毒也大矣,将使候淫德而加之焉。毒之酋腊者,其杀也滋速。申、缯、西戎方强,王室方骚,将以纵欲,不亦难乎?王欲杀太子以成伯服,必求之申,申人弗畀,必伐之。若伐申,而缯与西戎会以伐周,周不守矣!缯与西戎方将德申,申、吕方强,其隩爱太子亦必可知也,王师若在,其救之亦必然矣。王心怒矣,虢公从矣,凡周存亡,不三稔矣。"《史记·周本纪》亦从《战国策》而载此事。后周幽王宠褒姒,果杀太子而立褒姒子伯服,引起申、戎之乱,西周灭亡。龙漦,龙之涎沫。"蓐收"两句,《国语·晋语二》:"虢公梦在庙,有神人面白毛虎爪,执钺立于西阿,公惧而走。神曰:'无走!帝命曰:"使晋袭于尔门。"'公拜稽首,觉,召史嚚占之,对曰:'如君之言,则蓐收也,天之刑神也,天事官成。'公使囚之,且使国人贺梦。舟之侨告诸其族曰:'众谓虢亡不久,吾乃今知之。君不度而贺大国之袭,于己也何瘳?吾闻之曰:"大国道,小国袭焉曰服。小国傲,大国袭焉曰诛。"民疾君之侈也,是以遂于逆命。今嘉其梦,侈必展,是天夺之鉴而益其疾也。民疾其态,天又诳之,大国来诛,出令而逆,宗国既卑,诸侯远己。内外无亲,其谁云救之?吾不忍俟也!'将行,以其族适晋。六年,虢乃亡。"蓐收,西方神名,司秋,主刑罚。"勸劈",疲也。一曰恶怒。"闉""閟",字书无,未详。此段承上段,叙王朝之兴亡,虽在天命,亦重在人事,在王者之立德爱民。

先生曰：以易险非所较者，故已乖矣；以贤否非可议者，乌乎可哉？客不闻王公设陷以守其国，有德则昌者乎？地欲得险，势欲参德。迫隘卑陋，则无以容万乘之扈从，供百司之廪饩；据偏守隅，则无以限四方之贡职，平道理之远迩。膴原申区，割宅制里；走八极而奔命，正南面而负扆；举天下于康逵，力士韄靴而不敢取，贪夫汗缩而不敢睍者，恃德之险也。襟冯终南太华之固，背负清渭浊河之注，搤人之吭，而拊人之脊，一日有变而万卒立具。然而布衣可以窥隙而试勇，匹夫可以争衡而号呼，彼天府之衍沃，适为人而保聚，此以地为险者也。地严德畅，然后为神造之域，天设之阻。

"参德"，《礼记·中庸》："可以赞天地之化育，则可以与天地参矣。"《晋书·乐志》："参德天地，比功四时。""道理"，一作"道里"，是。"膴原"，《诗经·大雅·绵》："周原膴膴。"毛传："膴膴，美也。"郑玄笺："周之原，地在岐山之阳，膴膴然肥美。""割宅制里"，《汉书·晁错传》载晁错上书论当世之急务曰："营邑立城，制里割宅，通田作之道，正阡陌之界。"割宅，谓划分居宅之区域。"南面而负扆"，《史记·主父偃传》："南面负扆设袂而揖王公，此陛下之所服也。"《淮南子·氾论》："负扆而朝诸侯。"高诱注："负，背也；扆，户牖之间。言南面也。""韄靴"，软貌，见《广韵》。"天府"，谓秦地。《战国策·秦策一》："苏秦始将连横，说秦惠王曰：'大王之国，西有巴蜀、汉中之利，北有胡貉、代马之用，南有巫山、黔中之险，东有崤、函之固。田肥美，民殷富，战车万乘，奋击百万，沃野千里，蓄积饶多，地势形便，此所谓天府，天下之雄国也。'"此段接上段，谓有德始可论地势险要而王天下。

大哉炎宋,帝眷所瞩。而此汴都,百嘉所毓。前无湍激旋渊吕梁之绝流,后无太行石洞礅狐句望浚深之岩谷。丰乐和易,殊异四方之俗。兵甲士徒之须,好赐匪颁之用,庙郊社稷,百神之祀,天子奉养群臣稍廪之费,以至五谷、六牲、鱼鳖、鸟兽,阖国门而取足。甲不解累,刃不离鞘,秉钺匈奴而单于奔幕,抗旌西㼚而舟骖蚁伏。南夷散徒党而入质,朝鲜畏菹醢而修睦;解编发而顶文弁,削左衽而曳华服;逆节踯躅而取祸首者,折简呼之而就戮。眈眈帝居,如森锽利镞之外向,死士逡巡而莫触。仁风冒于海隅,颂声溢乎家塾。伊昔天下阽危,王猷失度,皇纲解纽,噪豺当路。帝怀宝历,未知所付,可受方国,莫越艺祖。图纬协期,讴谣扇孺。赤子云望而风靡,英雄螽趯而蝇附。玉帛骏奔者万国,冠冕充塞乎寰宇。绝塞税铠而免轴,障垒熄燧而摧橹。拜槛神威,有此万旅,奕世载德,蔑闻过举。发柈禾耦,子携稚哺,击果懋穗,疏恶鉴妩。铷舭交之磛刻,刿挽抢而牧围。爰暨皇帝,粉饰朴质,称量纤巨。锽锽奏庙之金玉,璨璨夹楹之簠簋。训典严密,财本丰阜,刑罚纠虔,布施优裕。田有愿耕之农,市有愿藏之贾,草窃还业而敛迹,大道四通而不廞。车续马连,千百为群,肩舆糒载,前郄而后趄,抟壤歌号者万井,未闻欧嘤而告愈。虽立壝为界,其谁敢擂脾以批掉。况此汴都者乎,抑又有天下之壮客,未尝睹其奥也。

"炎宋",《宋史·太祖纪》:"(建隆元年三月)壬戌,定国运以火德土,色尚赤。""前无"两句,《淮南子·俶真训》:"唯体道不能败,湍濑旋渊吕梁之深,不能留也,太行、石洞、飞狐、句望之险,不能难也。"郭璞注:"湍濑,急流;旋渊,深渊也;吕梁,水名也,在彭城,皆水险流滞也。太行,在野王北,上党关也;石洞、深溪、飞狐,在代郡;句望,在雁门,皆隘险也。"据此,知"石洞"为"石涧"之误。"礅"为"飞"字之俗写,《影印文渊阁四库全书》本正作"飞"。又,《庄子·达生》:"孔子观于吕梁,县水三十仞,流沫四十里,鼋鼍鱼鳖之所不能游也。""甲不解累"两句,《国语·齐语》:"诸侯甲不解累,兵不解翳,弢无弓,服无矢,隐武事,行文道,帅诸侯而朝天子。"韦昭注:"累,所以盛甲也。""韣(音毒)",弓枪之套。"秉钺"句,谓举兵则匈奴奔逃。"抗旌"句,谓举兵则西僰臣服。"西僰",应为"西僰(音伯)"之误,《影印文渊阁四库全书》本正作"僰"。西僰,我国西南地区少数民族名。《史记·西南夷传》:"巴蜀民或窃出商贾,取其筰马僰僮髦牛。""自筰以东北,君长以什数,冉駹最大。"《正义》曰:"今益州南戎州北临大江,古僰国。"又引《括地志》曰:"蜀西徼外羌,茂州、冉州,本冉駹之地也。"扬雄《长杨赋》:"扶服蛾伏。"李善注:"蛾伏,如蚁之伏地也。"《尔雅·释虫》:"蚁,本又作蛾,俗作蚁字。""菹醢",《楚辞·九章·涉江》:"伍子逢殃兮,比干菹醢。"据传比干被剖心,此云"菹醢",盖谓极刑也。"文弁",指宋人戴的礼帽。弁,礼帽。"伊昔"四句,谓后周末年,群雄割据。"阽(音店)危",面临危险。"帝怀宝历",谓天帝怀着天下之历运。"艺祖",谓有文德才艺之祖,为古代帝王对祖先之美称,此指宋太祖赵匡胤。"图纬",谓《河图》与诸经之《纬》书,起于西汉末,东汉尤为盛行,以附会经意与占卜术数为旨归,称图纬之学。"图纬协期",意谓宋有天下符合天意。"讴谣扇孺",历代王朝更换,多有童谣为之张目,故云。"螽趯(音中踢)",谓如蝗虫般聚集而来。"螽",蝗类之总称。"趯",跳跃。"玉帛"四句,意谓天下和平,战争结束。"税铠",脱去铠甲。"鞋",字书无此字,疑为"靴"字之误。靴,指战靴。"熄燧",烽燧熄灭。"橹",兵器,战车。"神威",宋朝禁军名。"有此万旅",据《宋史》卷一八八《兵志二》载,元丰年间,禁军共612000余员。"奕世",累世,世世代代。"过举",错误的行为。"发栉"四句,写整编禁军。"发栉禾耨",《淮南子·兵略训》:"故圣人之用兵也,若栉发耨苗,所去者少而所利者多。"此处谓如

"栉发耨苗"一般整治禁军。"子携稚哺",即老弱。"击果"两句,谓精简禁军,裁减老弱,整编精锐。"击果"为"击菒(音槁)"之误。"击菒",除去枯草。《国语·齐语》:"及寒,击菒除田,以待时耕。"韦昭注:"菒,枯草也。""果"亦作"菓",或"菓"与"菒"形近而致误。意其乃抄手之误,非邦彦之误也。"懋",繁盛。"疏恶",粗劣,意谓除去老弱。"鉏(音讹)觚交"两句,意谓整编禁军之后,兵多将广,武器精良,训练有素,方能扫除掉前进道路上之障碍,免除了战争的危险,不致使王朝再加播迁。"鉏",削除。"觚交",锋芒,棱角。"碜刻",亦作碜可、碜磕,可怕的样子。"刜(音弗)",用刀砍。"搀抢",《淮南子·俶真训》:"古之人有处混冥之中神气不荡于外,万物恬漠以愉产欃枪衡杓,莫不弥靡。"搀抢,即天搀、天枪,彗星。亦作"欃枪"。古人以搀抢为妖星,主兵祸。"牧圉",牛马,牧为牛,圉为马,借指播迁中的君王车驾。《左传·僖公二十八年》:"不有居者,谁守社稷?不有行者,谁扞牧圉?""爰暨"句,意谓到了当今皇帝神宗朝。"爰暨",到。"粉饰",奖掖。"称量纤巨",意谓斟酌轻重。"锽锽"句,意谓祭祀宗庙之钟鼓金声玉振,一片太平景象。"璨璨"句,意谓物产丰富,仓库充盈。"纠虔",《国语·鲁语下》:"少采夕月,与大史、司载纠虔天刑。"韦昭注:"纠,恭也;虔,敬也;刑,法也……因夕月而恭敬观天法、考行度,以知妖祥也。"后谓察举其罪而慎行天子之法。"不殹",不闭塞。《说文》:"殹,闭也。""肩舆",轿子。"秮载",《玉篇》:"秮秮,束禾也。""车续"四句,写交通繁忙,车马拥挤。"前郤而后跙(音巨)",犹云进退艰难。"郤",当为"却"字之误。《影印文渊阁四库全书》本正作"却"。"跙",行不前貌。"抟壤歌"句,意谓千家万户都在歌颂升平。晋皇甫谧《高士传》:"帝尧之时,天下太和,百姓无事,壤父年八十余而击壤于道中。观者曰:'大哉,帝之德也!'壤父曰:'何德于我哉?'"抟壤歌,即《击壤歌》,亦曰《壤歌》。"咢",击鼓而歌。"万井",千家万户。"欧嚘(音衣忧)",叹息声。“瘉”，困劳之病。“虽立壝（音围）”两句，意谓邻里之间虽只有简单的矮墙相隔，但却和睦相处，相安无事。“壝”，围绕四周之矮土墙。“搟”，释也。“批捭”，用手扒开。此段写汴京丰乐和易，供奉充足，兵强马壮，四夷臣服，万民称颂。

且宋之初营是都也，上睇天时，下度地制，中应人欲，测以圣智，建以皇极，基以贤杰，限以法士，垣以大师，屏以大邦，扞以公侯，城以宗子。以义为路，以礼为门，键钥以柄，开阖以权，扫除以政，周裹以恩，乃立家室，以安吾君。有庭其桓，社稷臣也；有梴其桷，众材会也；有闱孔张，通厥明也；有牖孔阳，达厥聪也；其槛如衡，前有凭也；其壁如削，后有据也；其陛则崇，止陵践也；其极则隆，帝居中也。邑都既周，宫室既成，于是上意自足。乃驾六龙，乘德舆，先惊跸，由黄道，驰骋乎书林，下观乎学海。百姓欣跃，莫不从属车之尘而前迈。妙技皆作，见者胆碎，乃使力士提挈乎阴阳，抟捖乎刚柔，应乎成器，方圆微硕，或粉或白，随意所裁。上方咀嚼乎道味，斟酌乎圣泽，而意犹未快，又欲扶槎而上，穷日月之盈具，寻天潢之流派，操执北斗之柄，安行二十八壘之次，夺雷公之枹，收风伯之鞴，一瞬之间，而甘泽雾霈。囚孛彗于幽狱，敷景云而黯霭，统摄阴机，与帝唯诺而无阂。如此淫乐者十有七年，疲而不止，谏而不改。吾不知天王之用心，但闻夫童子之歌曰：‘孰为我尸，孰厘我载，茫茫九有，莫知其界。’”

客乃靦靦然惊，拳拳然谢曰：非先生无以刮吾之蒙，药吾之聩，臣不能究皇帝之盛德。谨再拜而退。

“皇极”，《尚书·洪范》：“建用皇极。”注：“皇，大；极，中也。凡立事当用大中之道。”“垣以”四句，《诗经·大雅·板》：“价人维藩，大师维垣,大邦维屏,大宗维翰。怀德维宁,宗子维城,无俾城坏,无独斯畏。"毛传:"价,善也。藩,屏也,垣,墙也,王者天下之大宗。翰,干也。"郑笺:"价,甲也。被甲之人为卿士,掌军事者。大师,三公也;大邦,成邦诸侯也;大宗,王之同姓之适子也。王当用公卿、诸侯及宗室之贵者为藩屏、垣干,为辅弼。""无行酷虐之政,以安女(汝)国。以是为宗子之城,使免于难。遂行酷虐,则祸及宗子,是为城坏。""扞",维护。"以义"两句,《孟子·万章》:"夫义,路也;礼,门也。""键钥"两句,意谓皇帝掌握着国家的权柄。"键钥",即锁钥。"柄",掌握。"桓",柱子。"有梴"两句,《诗经·商颂·殷武》:"松桷有梴,旅楹有闲。"毛传:"梴,长貌。"即长木,用以连椽者。"桷",方形椽。"槛",栏杆。"衡",车前横木。"其陛"两句,宫殿之台阶必高,限臣下依级而上,不能越级,以示帝王之尊。陛旁则设栏杆,以赐老臣据栏而上,无恩赐而扶栏杆者则为越制。叶绍翁《四朝闻见录·刘三杰扶陛》:"朝辞宁皇,刘有疚疾,伛偻扶陛栏以下,上目之震怒。""极",指帝王之位。"六龙",天子之驾六马,马八尺称龙,故以"六龙"代指天子车驾。"惊跸",晋崔豹《古今注》:"警跸,所以戒行徒也。周礼跸而不警,秦制出警入跸,谓出军者皆警戒,入国者皆跸止也,故云出警入跸也。至汉朝梁孝王,王出称警,入称跸,降天子一等焉。一曰,谓行者皆警于涂路也。"据此,知天子出行清道警卫曰警跸,亦作惊跸。"黄道",天子出行之道。《汉书·天文志》:"日有中道,月有九行。中道者,黄道,一曰光道。"日者,君象,故天子所行之道曰黄道。"属车",帝王出行时之随从车。秦汉以来,帝王大驾属车八十一乘,法驾属车三十六乘,分左中右三列行进。"力士",土管金鼓旗帜,随皇帝出入,防守四门。"扶槎",张华《博物志》:"旧说云天河与海通。近世有人居海渚者,年年八月有浮槎去来不失期。人有奇志,立飞阁于槎上,多赍粮,乘槎而去。十余日中,犹观日月星辰,自后茫茫忽忽,亦不觉昼夜。去十余日,奄至一处,有城郭状,屋舍甚严。遥望宫中多织妇,见一丈夫牵牛渚次饮之。牵牛人乃惊问曰:‘何由至此?’此人俱说来意,并问此是何处。答曰:‘君还至蜀郡访严君平则知之。’竟不上岸,因还如期。后至蜀,问君平,曰:‘某年月日有客星犯牵牛宿。’计年月,正是此人到天河时也。”“盈昃”,罗忼烈先生《清真集笺注》曰:“一作盈昃,是也。《说文》:‘昃,日在西方时昃也。’”“天潢”,《史记·天官书》:“王良,……旁有八星,绝汉,曰天潢。”“操执北斗”五句,喻神宗功同天地。“曑”,古文“星”字。“枹”,鼓槌。“鞴”,韦囊,用以鼓气。“孛彗”,即彗星。“幽狱”,即监狱。古人以为彗星见则不祥,故云。“景云”,即祥云,瑞云。《淮南子·天文训》:“虎啸而谷风生,龙举而景云属。”应贞《晋武帝华林园集诗》:“凤鸣朝阳,龙翔景云。”《文选》注:“《孝经援神契》曰:‘王者德至山陵则景云出。’孙柔之曰:‘一名庆云。’《文子》曰:‘景云光润。’”“十有七年”,英宗于治平四年(1067)四月崩,神宗即位,至元丰七年(1084),整十七年。上文所述之乐为与民同乐或神游八极,故曰“淫乐”,又曰“疲而不止,谏而不改”。“天王”,天子,指神宗。“孰为”四句,意谓大宋王朝为百姓创造了幸福生活,九州安乐。“孰为我尸”,《诗经·召南·采蘋》:“谁其尸之,有齐季女。”“尸”,祭祀时之神主。古代祭祀,始则以活人代替被祭之人,后以木为牌位祭之。“釐”,胙肉,祭祀后之福食。《史记·屈原贾生列传》:“孝文帝方受釐,坐宣室。”裴骃《集解》引徐广曰:“釐,祭祀福胙也。”“载”,陈设。《诗经·大雅·旱麓》:“清酒既载,骍牡既备,以享以祀,以介景福。”高亨注:“载,陈设。”“九有”,九州。《诗经·商颂·玄鸟》:“方命厥后,奄有九有。”毛传:“九有,九州也。”“觑觑”,《庄子·天地》篇成玄英疏:“觑觑,惊貌。”此段进一步写汴京宫室之华丽壮美,并歌颂神宗之文德。

第五节　《汴都赋》旨在颂扬皇朝治绩
并非专意颂扬新法

今通观周邦彦之赋可知,盖本汉大赋之窠臼,其与《两京》《三都》并无什么大的差异,唯尽其铺张扬厉之能事,颂汴京之富丽堂皇,并借此以颂扬赵宋王朝的太平治绩而已。

自南宋偏安之后,高宗为掩饰其父兄罪责,将国力衰微、金兵南下的责任全部推在了王安石身上,视新法为洪水猛兽。故至南宋,反对新法已成为官方推动的一股思潮,士大夫概莫能外。元明清三代学者,对邦彦之赞美亦仅止于词。而近人与当代学者,未知具何法眼,却看出周美成是在颂新法的,于是则人词并赞,始作俑者乃王国维与陈思。王国维未考楼钥之以私情而忘公义,反而掇拾楼钥之说,又从而发挥扩大之,在其所著《遗事》中谓"其赋汴都也颇颂新法",又谓:"先生《汴都赋》变《二京》《三都》之形貌,而得其意,无十年一纪之研炼而有其工。壮采飞腾,奇文绮错。二刘博奥,乏此波澜;两苏汪洋,逊其典则。至今同时硕学,只诵偏旁;异世通儒,或穷音释。"陈思《年谱》则发展为寄托说。

现当代学者则与王、陈之调相唱和,且愈来愈加溢美。罗忼烈先生将周邦彦抬到了新党代表人物的地位,刘扬忠则认为:"《汴都赋》是以元丰新政的历史档之一而被载入史册的。"可是当后来王国维发现玉带排方之滥,就改变了自己的看法:

囊作《清真先生遗事》,颇辨《贵耳集》《浩然斋雅谈》记李师师事之妄,今得李师师金带一事,见于当时公牍,当为实事。案《三朝北盟会编》三十:"靖康元年正月十五日,圣旨:应有官无官

诸色人,曾经赐金带,各据前项所赐条数,自陈纳官,如敢隐蔽,许
人告犯,重行断遣。"后有尚书省指挥云:"赵元奴、李师师、王仲端
曾经祗候倡优之家(中略),曾经赐金带者,并行陈纳。"当时名器
之滥如是,则"玉带""排方"亦何足为怪? 颇疑此词为师师作矣。
然当时制度之素,实出意外,《老学庵笔记》一言:"宣和间,亲王公
主及他近属戚里入宫辄得金带关子,得者旋填姓名卖之,价五百
千,虽卒伍屠酤,自一命以上皆可得。方腊破钱唐时,太守客次有
服金腰带者数十人,皆朱勔家奴也。时谚曰:金腰带,银腰带,赵家
天下朱家坏。"然则徽宗南狩时,尽以太宗时紫云楼金带赐蔡攸、
童贯等(见《铁围山丛谈》六),更不足道,以公服而犹若是,则便服
之僭侈更何待言。"国家将亡,必有妖孽",殆谓是欤?①

王国维以大学者的姿态,给学坛树立了闻错必改的风范,然而始终以王
国维为宗的罗、刘二氏,这时候却一直承袭王氏旧说。

　　如果再将周邦彦与当时其他人作以比较,这个问题就看得更为清
楚。周邦彦献赋之后,由太学外舍生(根本不是内舍生,所谓内舍生是
出于一些学者的想象)一命为试太学正、寄理县主簿尉,是否就是神宗
将周邦彦当作新党人物,对周邦彦加以超擢的?《宋史·职官九》载:
"凡除职官,以寄禄官品之高下为准:高一品已上为行,下一品为守,下
二品已下为试,品同者否。"②又据《宋史·职官八》载:元丰改制后官
品共分九品(各品又分正、从)二十九阶,太学正、录均为正九品(以下
注官品者均从《宋史·职官八》,不另出),则试太学正为不入流,故又
"寄理县主簿尉(从九品)"。"寄理"云云,谓暂理为县主簿尉资序,即

<hr />

① 王国维:《庚辛之间读书记》,《王国维全集》第二卷,浙江教育出版社 2009 年版,
第 441—442 页。
② [元]脱脱:《宋史》,第 4060 页。

让其领"县主簿尉"俸禄而在太学供职,以示恩宠。《宋史·职官五》载:"太学博士十人(元丰三年,诏改为太学博士,每经二人),正、录各五人","正、录掌举行学规,凡诸生之戾规矩者,待以五等之罚,考校训导如博士之职。"①足见无学术地位可言,只是一个管理官员,类似现在大学生刚毕业留校所当的班主任。然而刘扬忠却谓"品级并不高,但学术地位却极为重要",未知何据,而又与史料之载记乖戾如此耶? 自太学外舍生一命为试太学正固为推恩,却不为超擢,元丰后以太学生一命为官者已为定制,高出邦彦者亦不罕见。如《长编》卷二九四载:元丰元年十一月乙酉,"太学生钟世美为试校书郎、睢州军事推官、太学正。世美以内舍生上书称旨,下国子监保明在学行艺亦饬故也。或刻世美书印卖,上批:'世美所论有经制四夷等事,传播非便',令开封府禁之。"②同书卷二九八亦载:元丰二年五月戊辰朔,上批:"太学外舍生檀宗益,上书论修整学事颇有条理,嘉其应务之材,在所可试。判国子监李定尝保奏自入学无殿罚,同斋诸生称其素行无缺,可试校书郎、充太学录。"③"试校书郎、睢州军事推官、太学正","试校书郎、充太学录",都比"试太学正、寄理县主簿尉"要高出一阶。至如钟世美者,始可谓"声名一日震耀海内",钟世美与周邦彦两两相较,何以会有此轩轾? 盖神宗不重辞章,唯重经世致用之学,邦彦仅"文彩可取",故推恩则在钟、檀之下。何以神宗、李清臣等这些新党人物都懵懂如稚童,不辨执言者大,执言者小,执言者重,执言者轻,而重者大者反而轻奖而轻者小者却重奖呢?

① [元]脱脱:《宋史》,第3910、3911页。
② [宋]李焘:《续资治通鉴长编》卷二九四,第7166页。
③ 同上书,第7239页。

第四章　元祐事迹考

元丰七年(1084)三月,周邦彦被命为试太学正;八年三月,神宗崩,年甫十岁的哲宗即位。由宣仁高后垂帘听政,翌年改元元祐。宣仁高后一变神宗之政,重用旧党,排斥新党,史称"元祐更化"。至三年(1088)春,邦彦即出教授庐州。邦彦在试太学正任情况如何,出教授庐州是不是旧党对"新党代表人物"周邦彦的排挤倾轧,兹考之如次。

第一节　周邦彦在太学之上官同僚考

《宋史·职官五》记国子监云:

> 旧置判监事二人,以两制或带职朝官充,凡监事皆总之。直讲八人,以京官、选人充,掌以经述教授诸生。丞一人,以京朝官或选人充,掌钱谷出纳之事。主簿一人,以京官或选人充,掌文簿以勾考其出纳。
>
> 元丰官制行,始置祭酒、司业、丞、主簿各一人,太学博士十人,(旧系国子监直讲,元丰三年诏改为太学博士,每经二人。)正、录各五人,武学博士二人,律学博士、正各一人。
>
> 祭酒,掌国子、太学、武学、律学、小学之政令,司业为之贰,丞参领监事。
>
> 博士,掌分经讲授,考校程文,以德行道艺训导学者。正、录掌

举行学规,凡诸生之戾规矩者,待以五等之罚,考校训导如博士之
职。职事学录五人,掌与正、录通掌学规。学谕二十人,掌以所授
经传谕诸生。直学四人,掌诸生之籍及几察出入。①

元丰七年至元祐三年,太学祭酒、司业以及博士、正、录究竟为谁,
颇难详考,只能就其可考者而考之。元丰七年至八年,祭酒为谁,无考。
元祐元年至元祐五年,国子祭酒一直为郑穆。《宋史·郑穆传》曰:"凡
居馆阁三十年,而在王邸一纪,非公事不及执政之门。""元祐初,召拜
国子祭酒。每讲益,无问寒暑,虽童子必朝服延接,以礼送迎。诸生皆
尊其经术,服其教训。……三年,扬王、荆王请为侍讲,罢祭酒,除直集
贤院,复入王府。荆王薨,为扬王翊善。太学生乞为师,复除祭酒,兼徐
王翊善。四年,拜给事中兼祭酒;五年,除宝文阁待制,仍祭酒。六年,
请老。提举洞霄宫。"②又据《续资治通鉴长编》卷四五八载,元祐六年
五月庚辰:

> 国子祭酒、宝文阁待制郑穆三上表陈乞致仕,诏穆提举洞霄
> 宫。给事中范祖禹言:"穆虽年过七十,精力尚强。自为布衣,闽
> 中士人称'四先生',穆其一也。平生历官,多掌学校;在王府十
> 余年,持身清谨,未尝有过;擢居左省,议论不苟;复为祭酒,多
> 士衿式。旋观其人,终始无缺,年耆德茂,力求引去。在穆进
> 退,诚为可荣,而为朝廷计,则可惜也。愿留穆旧职,以示朝廷
> 贵老尊贤之美。"不报。太学生千余人以状诣丞相府,请留。
> 亦不报。③

① [元]脱脱:《宋史》,中华书局1985年版,第3910—3911页。
② 同上书,第11014、11015页。
③ [宋]李焘:《续资治通鉴长编》,中华书局1993年版,第10969页。

　　邦彦被命为太学正时,国子司业为朱服与翟思。《宋会要辑稿·崇儒二》之五有“(元丰)六年七月十三日国子司业朱服”言诸州学当置教授事,元丰七年朱服亦当在国子司业任。《长编》卷三六三载:元丰八年十二月戊寅,“奉议郎国子司业翟思知南康军。思进神宗挽诗失韵头,故有是命。思前为御史,常论韩缜过恶,议者谓缜因是以报怨。”①翟思当为接朱服任者。翟思,《宋史》无传,《东坡外制集》有《翟思知泉州》,《元丰类稿》有《翟思太学博士》,《彭城集》有《祠部员外郎翟思殿中侍御史》,《清江三孔集》有《权发遣兖州翟思可除国子司业》,即此,可见其仕履之一般。《长编》同卷同年十二月乙酉又载:“承议郎殿中侍御史黄降为国子司业。”黄降即黄隐,因讳而改名,其为国子司业乃接翟思任。黄隐,《宋史》无传,《宋史翼》卷三传曰:

　　　　黄隐字光中,初名降,字从善。治平四年登进士第四人。……知常州府无锡县,以最闻。元丰五年,入为监察御史里行。时方尚王安石学,神宗问隐学术何宗,隐以司马光对,寻迁监察御史。八年,黄履言隐行谊端方,文学该赡,擢殿中侍御史。言守右仆射中书侍郎韩缜不堪大用,不报。又言京西转运副使沈希颜多求羡余,希冀进用,非法聚敛,一路受弊。……寻迁国子司业,取《三经新义》板火之,力排王氏新说,每见生员试卷引用,辄斥其说,出榜示众。安石死,诸生欲设斋致奠,隐辄愤怒将绳以率敛之法,为刘挚、上官均、吕陶上章论劾。元祐二年八月左迁鸿胪少卿,右正言丁骘论其党附程颐,出知泉州,寻改泗州。元符初,责降水部员外郎,分司南京,睦州居住。二年,诏以托附元祐,非毁法度,责授平江军司

①　[宋]李焘:《续资治通鉴长编》,第8680—8681页。

马,南安军安置。崇宁元年,再贬管勾灵仙观,入党籍,寻卒。靖康初,赠直龙图阁。①

至元祐二年初盛侨为国子司业,接黄隐任。《长编》卷四一二载:"(元祐三年七月丙辰)国子司业盛侨为扬王府侍讲。""丙寅,职方员外郎黄景为扬王府侍讲,盛侨依旧国子司业。侨自司业除扬王府侍讲,国子监奏留,从太学生之请也。"②盛侨离太学十日后,因太学生之请而复回,足见在太学声誉之高。盛侨,余杭人,徙建德,再徙吴兴。师事胡瑗,瑗在太学,使为堂长,历官国子司业,仕至直集贤院知越州。《宋史》无传,其事略见《宋元学案》。

至元祐三年正月,丰稷又与盛侨并为国子司业。《长编》卷四〇八载:"(元祐三年正月)己丑,承议郎、左司谏丰稷为国子司业。扬王颢、荆王頵尝令成都府路走马承受官造锦地衣,稷白御史中丞胡宗愈,请率僚属言之。宗愈狐疑未决,稷即独奏劾,以谓二圣节俭朴素,欲化天下,而近属奢侈僭靡至如此,官吏辄奉承,宜皆纠正其罪,以示天下。监察御史赵岊时与稷同进对,退谓稷曰:'闻君言,使岊汗流浃背。'给事中赵君锡曰:'谏官如是,天下必太平。'不数日,稷徙他官。"③《宋史·丰稷传》载:丰稷字相之,明州鄞人。登第,为谷城令,以廉名称。知封丘县,入为殿中侍御史,改国子司业、起居舍人,历太常少卿,元祐八年,以集贤院学士知颍州、江宁府,拜吏部侍郎,又出知河南府,加龙图阁待制。徽宗立,以左谏议大夫召,道除御史中丞。尝论蔡京之奸、曾布之佞、宋用臣不当赐美羡。蔡京得政,贬海州团练副使、道州别驾,安置台州。除名徙建州,少复朝请郎。卒,年七十五。"稷三任言责,每草疏,

---

① 　[清]陆心源辑:《宋史翼》卷三,光绪三十二年刊本。
② 　[宋]李焘:《续资治通鉴长编》,第 10026、10031 页。
③ 　同上书,第 9934 页。

必密室,子弟亦不得见。退多焚稿,未尝以时政语人。"①

　　此数人均为旧党人物无疑,其人品均可嘉,邦彦与他们关系如何,无考。然亦不见与这些人有什么矛盾与磨擦。祭酒郑穆为国子监之长,其人品可谓正人君子之表率,然亦为一介书生,于政事似不当行,故始有黄隐专权弄法之事发生。

　　在太学司业之下,太学博士有马希孟、刘概、黄裳与刘泾。《长编》卷三三四载:"(元丰六年三月)辛巳,太学正马希孟为太学博士,以上批:'自景灵新宫成,群臣献歌颂者以十数,希孟之文可观'也。""丁酉,上批太学博士员阙进呈,以刘概、黄裳为太学博士。"小字注云:"此据《御集》:二月二十二日,神宗改正官制,员阙多归吏部,以为不可毫发增损。曾孝宽以吏部尚书对,戒饬甚竣。孝宽云:'适有一事欲奏禀:比有太学博士阙,一人臣以为可以预选而无恩例。一人臣以为不可,为(谓)以恩例当得,法行之初,不敢申请,故欲面禀。盖可预选者状元叶祖洽,乃无恩例,不可占射,不可为者。获贼改官人董希,以恩例当在祖洽之上。'神宗默然,即日批付中书:'太学博士并堂选。'"②所谓堂除、堂选,即由执政官相议后而除官选官。宋代官制,因阙少官多,故堂除与吏部除往往争名额。据此知刘概、黄裳为御除太学博士。

　　马希孟,鄄城人,为太学博士,贯穿《礼》经,神宗欲用为御史,未及而卒。《宋史》无传,其人其事见《宋元学案补编》。刘概,无考。黄裳字冕仲,一作勉仲,号演山,延平人。精《礼》经,元丰五年(1082)进士第一,政和间知福州,累迁至端明殿学士、礼部尚书,《宋史翼》有传。刘泾、谢文瓘,《长编》卷三六四载:元祐元年正月丁未,"御使王岩叟言:近除太学博士刘泾、学正谢文瓘不协众议,并罢之。"③《宋史·刘泾

　　① ［元］脱脱:《宋史》,第 10426 页。
　　② ［宋］李焘:《续资治通鉴长编》,第 8032、8037 页。
　　③ 同上书,第 8714 页。

传》曰：

> 刘泾字巨济,简州阳安人。举进士,王安石荐其才,召见,除经义所检讨。久之,为太学博士,罢,知咸阳县,常州教授,通判莫州、成都府,除国子监丞,知处、虢、真、坊四州。元符末上书,召对,除职方郎中。卒,年五十八。泾为文务奇怪语,好进取,多为人排斥,屡踬不伸。①

《宋史·谢文瓘传》曰：

> 谢文瓘字圣藻,陈州人。进士甲科,教授大名府。元丰中,上疏言:"臣下推行新法,多失本意,而榜笞禁锢,民受其虐,掊克聚敛,不胜多门。其不急之征,非理之取,宜罢减之。"大臣以为讪朝廷,议置之罪。神宗曰:"彼谓奉法者非其人尔,非讪也。"哲宗时,御史中丞黄履荐为主簿,三年不诣执政府。召对,除秘书省正字,考功、右司员外郎。绍圣末,都水使者议建广武四埽石岸,朝廷命先治岸数十步,以验其可否。黄流湍悍,役人多死,一方甚病,功不可成,而使者申前说愈力。文瓘条别利害,罢其役。徽宗立,擢起居舍人、给事中。诏修《神宗宝训》,文瓘请择当时大政事、大黜陟,节其要旨,而为之说以进。然所论率是王安石,谓神宗能察众多之谤,任之而不贰,于是朋党消而威柄立,他皆放此。……崇宁元年,出知濮州。寻治党事,坐元丰上疏及尝诮吕公著书再谪绍武军,移处州。帝披党籍曰:"朕究知文瓘本末。"命出籍,乃以为集

---

① 〔元〕脱脱:《宋史》,第13104—13105页。

英殿修撰、知济州,卒。①

既而有孙谔、阎木为太学博士,叶涛为太学正,游酢为太学录等之命,其制文均见苏辙《栾城集》前集卷二八。此外,尚有蔡肇为太学正。其中唯孙谔、阎木无考。《宋史·叶涛传》曰:

> 叶涛字致远,处州龙泉人。进士乙科,为国子直讲。虞蕃讼起,涛坐受诸生茶纸免官。涛,王氏婿也,即往从安石于金陵,学为文词。哲宗立,上章自理,得太学正,迁博士。绍圣初,为秘书省正字,编修《神宗史》,进校书郎。曾布荐为起居舍人,擢中书舍人。司马光、吕公著、王岩叟追贬,吕大防、刘挚、苏辙、梁焘、范纯仁责官,皆涛为制词,文极丑诋。安焘降学士,涛封还命书,云:“焘在元祐时,尝诋文彦博弃熙河,全先帝万世之功,不宜加罪。”蔡京劾为党,罢知光州。又以诉理有过,为范镗所论,连三黜。曾布引为给事中,居数月而病,以龙图阁待制提举崇禧观,卒。②

《宋史·游酢传》曰:

> 游酢字定夫,建州建阳人。与兄醇以文行知名,所交皆天下士。程颐见之京师,谓其资可以进道。程颐兴扶沟学,招使肄业,尽弃其学而学焉。第进士,调萧山尉。近臣荐其贤,召为太学录。迁博士,以奉亲不便,求知河清县。范纯仁守颍昌府,辟府教授。纯仁入相,复为博士,签书齐州、泉州判官。晚得监察御史,历知汉阳军、和、舒、濠三州而卒。③

---

① ［元］脱脱:《宋史》,第 11159—11160 页。
② 同上书,第 11182—11183 页。
③ 同上书,第 12732—12733 页。

《宋史·蔡肇传》曰：

> 蔡肇字天启，润州丹阳人。能为文，最长歌诗。初事王安石，见器重。又从苏轼游，声誉益显。第进士，历明州司户参军、江陵推官。元祐中，为太学正，通判常州，召为卫尉寺丞，提举永兴军路常平。徽宗初，入为户部、吏部员外郎，兼编修国史，言者论其学术反复，出提举两浙刑狱。张商英当国，引为礼为部员外，进起居郎，拜中书舍人。前此，试三题，率以宰相上马为候，肇援笔立就，不加润饰，商英读之击节。才逾月，以草御史幸义责词不称，罢为显谟阁待制知明州，言者又论其包藏异意，非议辟雍以为不当立，夺职，提举洞霄宫。会赦，复之，卒。①

新任为太学祭酒、司业、博士、正、录者，当然以旧党人物为多，但新党人物也不是没有，有些人似乎难以判定究竟是新党还是旧党。但无论这些人物政治面貌如何，邦彦似乎与这些人物关系尚可，其中如游酢、蔡肇，邦彦就不惟在太学期间与之相唱和，且终生有交游（说详后）。就现有资料来看，无任何理由说明周邦彦为旧党倾轧对象。其中"近除太学博士刘泾、学正谢文瓘不协众议，并罢之"，唯刘泾似乎还勉强算得上新党人物，谢文瓘根本算不上新党人物。所谓"不协众议"，亦未能知其详，是否排挤倾轧，难以剧断。即便是排挤倾轧，亦未及邦彦，足见邦彦并未受到旧党之排挤倾轧，此理至明。

第二节　黄隐事件与太学风波

元祐元年至二年，汴京太学突起轩然大波，司业黄隐取王安石《三

---

① ［元］脱脱：《宋史》，第13120—13121页。

经新义》板火之,力排王氏新学,每见诸生试卷引用《三经新义》则斥之且出榜示众,阻诸生为王安石设斋致奠(安石卒于元祐元年四月),以致引发诸生公愤,聚众喧腾,至匿名写诗、曲以暴其事,终为御史刘挚、上官均、吕陶所劾,于元祐二年八月十二日左迁鸿胪少卿,旋又出任外州。《长编》卷三九〇载,元祐元年十月,御史中丞刘挚劾黄隐曰:

> 伏见国子司业黄隐,学不足以教人,行不足以服众。学之政令,唯考校课试,迁补职掌,最系奖励,不可不公。而隐违法徇私,事皆有状,以至大喧物论:多于生员试卷之末妄立词说,出榜以示众,变弃义理,疑惑学者,阴附权要,奖进浮薄。故使学众不服,怨情汹汹,至有腾为嘲谤之词者。①

又言:

> 故相王安石训经旨,视诸儒义说得圣人之意为多,故先帝以其书立之于学以启迪多士。而安石晚年溺于《字说》《释典》,是以迈制禁学者无习此二者而已。至其所颁经义,盖与先儒之说并行而兼存,未尝禁也。隐微见安石政事多已更改,辄尔妄意迎合傅会,因欲废安石之学,每见生员试卷引用,隐辄排斥其说,此学者所以疑惑而怨之深也。夫安石相业虽有间,然至于经术学谊,有天下公论所在,岂隐之所能知也。朝廷既立其书,又禁学者之习,此何理哉? 伏望速赐罢隐,以允清议而正风俗。②

吕陶《净德集》卷四《请罢国子司业黄隐职任状》曰:

---

① ［宋］李焘:《续资治通鉴长编》,第9497页。
② 同上书,第9497页。

臣窃以士之大患,在于随时俯仰而好恶不公,近则隳丧廉耻,远则败坏风俗。此礼义之罪人,治世之所不容也。太学者,教化之渊源,所以风劝四方,而示之表则,一有不令,何以诲人? 臣伏见国子司业黄隐,素寡学问,薄于操行。久任言责,殊无献告,唯傅会当时执政,苟安其位。及迁庠序,则又无以训导诸生,措注语言,皆逐势利。且经义之说,盖无古今新旧,唯贵其当。先儒之传注既未全是,王氏之解亦未必尽非,善学者审择而已。何必是古非今,贱彼贵我,务求合于世哉。方安石之用事,其书立于学官,布于天下,则肤浅之士莫不推尊信向,以为介于孔孟。及其去位而死,则遂从而诋毁之,以为无足可考,盖未尝闻道而烛理不明故也。隐亦能诵记安石《新义》,推尊而信向之久矣。一旦闻朝廷议科举以救学者浮薄不根之弊,则讽喻其太学诸生,凡程试文字,不可复从王氏新说,或引用者类多黜降,何取舍之不一哉? 诸生有闻安石之死,而欲设斋致奠以伸师资之报者,隐辄形愤怒,将绳以率敛之法,此尤可鄙也。……①

《长编》卷三九〇,记载监察御史上官均劾黄隐曰:

(黄隐)躐等升补要官亲戚,以为荣进之计。谤语喧腾,至为匿名诗曲以暴其事,学徒纵弛,骜佚无节。而备被官长贰,曾不察禁。自朝廷兴建三舍以来,学规弛废,取舍失平,未有如今日者也。②

《长编》卷四〇四载:

---

① [宋]吕陶:《净德集》卷四,《丛书集成初编》本,商务印书馆1935年版,第40页。
② [宋]李焘:《续资治通鉴长编》,第9499页。

　　（元祐元年八月辛卯）国子司业黄隐为鸿胪少卿。先是，刘
　　挚、吕陶、上官均为御史日，皆有章劾隐考校迁补徇私违法，妄意迎
　　合时政，凡生员试卷引用王安石《经义》者，不问是非，辄加排斥；
　　又预出榜学舍，谓"朝廷已复诗赋，使学者知倾邪浮薄"。不可任太
　　学长贰，章皆不报。及是，乃左迁制词，责以繁言。屡至，士不诚服
　　故也。

　　（八月癸卯）鸿胪少卿黄隐知泉州。以右正言丁骘论其党附
　　程颐，避韩绛易名，因不才罢司业，迁少卿，非是，固有是命。寻改
　　泗州。①

　　旧党执政之后，又渐渐分为朔党、洛党与蜀党。在此风波中，刘挚
为朔党，吕陶与上官均为蜀党，黄隐为洛党。黄隐因附程颐且徇私舞
弊，为朔党与蜀党所攻，至崇宁时，亦均入元祐党籍而被夺职。此次太
学风波，为旧党内部斗争，即便可视为党祸，却与新旧党争无关。周辉
《清波杂志》卷七载：

　　自昔名公下世，太学生必相率至佛宫荐悼。王荆公薨，太学录
　　朱朝伟作荐文，以公好佛，其间多用佛语。②

　　刘永翔注云："朱朝伟"当作"朱朝倚"。朝倚元祐二年为福建路所
荐，素有学问，久为太学职事。徽宗朝，为御史。见《长编》卷四八一、
《皇宋十朝纲要》卷一五，余无考。固不能说为王安石作荐文就是新
党，朱朝倚是否新党亦姑且毋论，但他曾为王安石作荐文却是事实，而

---

①　[宋]李焘：《续资治通鉴长编》，第 9835、9844 页。
②　[宋]周辉：《清波杂志》，《唐宋史料笔记丛刊》本，中华书局 1994 年版，第 321 页。

周邦彦是否曾为王安石作荐文亦未可知。然其时邦彦在太学,左袒右袒均不见典籍所载,故不能以此责周邦彦。但说他是新党的代表人物,不也错得离谱吗?

《长编》卷三九四载,元祐二年正月辛未,"司封员外郎盛侨为国子司业。国子司业旧止一员,于是更增其一,侨与黄隐并为之。"①所以"并为者",盖因当政者尚未下定决心将黄隐调离,而增盛侨以平息太学生之骚乱耳。然终于众怒难犯,至是年八月将黄隐调离。黄隐罢后,盛侨仍为司业。

第三节　周邦彦赋诗颂扬曲真

陈郁《藏一话腴》乙集卷上录邦彦《天赐白》诗并序云:

> 永乐城陷,独王湛、曲真夜缒以出。真持木为兵,且走且战,前陷大泽中,顾其旁有马而白,暂腾上驰去,五鼓达米脂城,因以得脱。真名其马为"天赐白"。蔡天启得其事于西人,邀余同赋。
>
> 君不见书生镌羌勒兵入,羌来薄城束练急。蜡丸飞出辞大家,帐下健儿纷雨泣。凿沙到石终无水,扰扰万人如渴蚁。挽维窃出两将军,敌箭随来风掠耳。道旁神马白雪毛,噤口不嘶深夜逃。忽闻汉语米脂下,黑雾压城风怒号。脱身归来对刀笔,短衣射虎朝朝出。自椎杂宝涂箭创,心折骨惊如昨日。谷城鲁公天下雄,阴陵一跌兵刃穷。舣舟不渡谢亭长,有何面目归江东。将军偶生名已弱,铁花暗涩龙文锷。缟帐肥刍酬马恩,闲望旄头向西落。②

---

① ［宋］李焘:《续资治通鉴长编》,第9602页。
② ［宋］陈郁:《藏一话腴》,《影印文渊阁四库全书》本,台湾商务印书馆1986年版,第560页。

考永乐之败在元丰五年(1082)九月。四年有灵州之败,五年,神宗又误听好大喜功之臣僚建议,筑永乐城;九月,西夏攻永乐,神宗又误用志大才疏之徐禧为主帅,用中人为主将;临战又不听熟悉敌我情况的战将曲珍(即邦彦序文中之"曲真")建议,随后被围于永乐城中。将士昼夜血战,城中缺水,渴死者十之六七,至绞马粪中汁以为饮。围城浃旬,夏人呼珍讲和,珍拒之死战。会大雨,夏人急攻之,城陷,徐禧与将士二十余万人战亡,唯曲珍、王湛等四人裸跣走脱,"珍缒而免"。是年十一、十二两月,神宗追封、赏赐战亡将士及死难家属,曲珍却"以城陷败走,降授皇城使"。

邦彦敢为诗歌颂战功累累却受神宗惩治的曲珍,说明他有胆有识,非见风使舵者比,也足以说明此诗写于元祐年间,非徽宗朝时之邦彦唯皇帝之眼色行事者(说详后)。序谓"蔡天启得其事于西人,邀余同赋",亦说明蔡肇与邦彦关系密切。罗氏谓蔡肇为"投机分子",而所谓"新党代表人物"周邦彦,却与"投机分子"蔡肇相唱和,未知罗氏当又作何解释矣。

第四节　周邦彦教授庐州乃宋制之常,与新旧党争无关

按宋制中低级官员其寄录官四年(足四年,即四周岁)一转之常例(贪赃枉法者除外),邦彦可于元祐三年春迁守太学正(从九品),于是"出教授庐州"。《宋史》本传既误以为"自太学诸生一命为正",故接云"居五岁不迁,益致力于辞章"。所谓"五岁"者,乃以其惯例计之,非五周岁之谓也。王国维因判献赋与一命为(试)太学正之岁在元丰六年,故又断"出教授庐州"在元祐二年,误。即以《宋史》本传而论,着一"益"字,亦透露出个中消息,盖因唯以辞章为意而乏"应务之材"。即使非无"应务之材",亦与神宗崩而旧党执政无关。然自王国维谓"其

赋汴都也颇颂新法"之后,有些学者便横一"周邦彦为新党人物"于胸中,以为邦彦于元祐三年出教授庐州,乃受旧党排挤倾轧的结果。罗忼烈曰:

当保守派重登政治舞台之初,曾吸收了一些反对派的游离分子。官职低微的周邦彦,当时似乎也在被争取之列。所以当他不肯改变政治立场,"低佪不自表襮","不能俯仰取容"的时候,被排斥的命运就注定了。于是,在宋哲宗元祐二年(1087)吕公著独揽大权、苏轼为翰林学士时,他被轰出太学,到庐州(州治在今安徽合肥)当教授。同年四月,陈师道却因苏轼之荐,以布衣身份出任徐州(今江苏徐州市)教授。陈师道因反对王安石的《三经新义》,不肯参加改制后的科举试,大受守旧派的赞赏,所以"一命"便为教授,与太学正出身的周邦彦相等,这是政治立场造成的幸与不幸。而所谓"苏门四学士",也在这时候通过苏轼的关系,开始跑到汴京来:黄庭坚当了校书郎,张耒作了太学录,秦观作了太学博士;而晁补之的太学正,也许是顶替周邦彦的遗缺。几年后,贺铸又以李清臣、范百录、苏轼之荐,由武官变为文官任承事郎。

周邦彦从元祐二年至绍圣四年(1097)召还京师,整整十年,"仕宦殊为流落"(楼《序》),历任庐州教授、荆州(州治在今湖北江陵)教授、溧水(今江苏溧水)令,这时候正是他三十二岁至四十二岁的壮年时代。《重进〈汴都赋〉表》自谓"漂零不偶,积年于兹",便指这十年之间。在保守派的打击下,他的政治报复被扼杀了。由于怀才不遇而引志消磨、精神苦闷,积极的用世热情,变而为郁结、沮丧,是古时"士大夫"的通病,周邦彦也不例外。

刘扬忠曰:

　　面对元祐初年复杂多变的政治局面,同情和支持过新法的周邦彦何去何从? 他用一种特立独行的倔强态度表明了自己的政治节操和立场。邦彦是一个立身颇有本末的正直文人,而不是那种"颠狂柳絮随风舞,轻薄桃花逐水流"的"风派"人物。面对炙手可热的元祐党人,他决不愿"俯仰取容",投靠对方,改换门庭以图富贵。自神宗去世以后,他一直"低徊不自表襮",以沉默和不合作来表示对元祐执政集团的对抗。这种不受招安、不肯逢迎的态度惹恼了新贵们,因而他不但被搁置在大学正任上,已历五年而不予升迁,而且不久就进一步遭到斥逐外放的惩罚了。

　　刘扬忠没有引用任何数据,只是重复罗说,不论可也。至于罗指出的"低徊不自表襮""不能俯仰取容"该作何解,容后再说。必须指出的是:新学、新法、新党是三个不同的概念,也是三个不同的范畴。赞成王安石新学者,不一定就赞成其新法;即便是既赞成其新学也赞成其新法者,亦不一定就是新党。在上述黄隐事件中,劾黄隐者均为旧党之中坚人物,但却并不反对王安石《三经新义》即是明证。即如旧党领袖人物司马光,也承认《三经新义》是一家之言,只是反对废诸儒之说而独尊王学并将其列为官学,以致士子们能将《三经新义》背得滚瓜烂熟却不会解经。熙宁、元丰、元祐年间的党争是一个十分复杂的问题,不能作非此即彼的简单结论。况且新、旧两党之争,主要是在熙宁年间;而到了元丰年间,旧党几被排除净尽,新党已经站住脚跟,全面执政。如果说在熙宁年间赞成新法,还可说得上是新党的话;那么到了元丰年间,即便是真的赞成新法,也算不上是什么新党了。原因很简单,此时的赞成新法,已经失去了熙宁年间那种锐意精进的时代精神,已经成为士大夫比较普遍的认识,在这种"统治阶级的思想就是统治思想"的环境里,赞成新法顶多只不过是能跟上时代而已。连当初坚决反对新法的人,有些也改变态度,反而为新法或新法中部分内容辩护了。苏轼就是如此。熙宁年间,当新、旧两党斗争激烈时,他曾被旧党当作枪使,强烈反对新法。而当他在元丰年间,当过几任地方官,看到新法有便民之处后,到了元祐年间,反而与旧党领袖人物司马光因全废新法辩论得面红耳赤,以致大骂"司马牛"。这是众所周知的事实。所以即便是周邦彦真的在《汴都赋》中歌颂新法,也算不上什么新党,更何况他根本就没有在《汴都赋》中去专门歌颂新法。白敦仁曰:"邦彦对新法是完全持肯定态度的。《汴都赋》全文,吕祖谦《宋文鉴》卷七载之。其内容除王国维《清真先生遗事》中所提到的疏汴河、改官制、修景灵宫三事外,对熙宁新法如市易法、均输法、农田水利法以及整军经武,改革科举学制诸端,都有热情的歌颂。考虑到周邦彦少年时代在家乡已经接触到新法,考虑到当时的太学本身就是熙丰新法的产物,考虑到当时太学生一般思想倾向('献赋颂者以百数'),则邦彦的献赋及其对新法的歌颂,是不足为奇的。"[1]此实通脱之论,非一味强调邦彦为新党人物者之不务实际也。

弄清新学、新法、新党的关系及其时世变化之后,再来看看罗先生所列举的事实,是否就是旧党对新党人物周邦彦的排挤倾轧。在此期间,旧党人物以及"苏门四学士"内调而邦彦外出是事实,但事实并不等于真实,因为事实本身就是真相与假相并存的。如不对这些事实加以具体分析,即认为是对邦彦的排挤倾轧,似乎太简单化了。当我们将这些事实放在当时的时代背景下,并用宋代官制予以检验之后,就会发现邦彦出教授庐州,乃宋代官制所使然,根本与新旧党争无任何关系。根据宋代官制的规定,初中进士者为选人,尚未正式进入仕途。而选人除个别特恩者外,一律不能在京任职,必须到外地去任幕职官。而邦彦

---

[1]　白敦仁:《周邦彦词赏析集·前言》,巴蜀书社1988年版,第4页。

并非如此,"一命"即在京为官。况且在京为官,本为储才之意,即储于太学,考察其实际才能,然后因才使用。即如他是旧党中坚人物,亦不能越制而留京;即如他是新党代表人物,其时仍是新党执政,他也必须经一任或两任外任始能再内调。这是宋代官制所使然,不是人力所能强为的。即如罗氏谓新党执政之后"曾以利禄为饵,吸收了一些反对派的游离分子",罗又在注中说明这个"游离分子"就是蔡肇。蔡肇其人正如《宋史》本传所云,的确初从王安石游,后又从苏轼游。徽宗朝,政敌的确也曾以"学术反复"为词,而排挤其出朝,说他是旧党人物也可以,入为太学正也是苏轼推荐的。但当他于元祐元年为太学正时,却已经历了"第进士,历明州司户参军、江陵推官",然后才为太学正的,这完全符合宋代官制所规定的先远后近、先外后内的原则。《长编》卷三九二即载,元祐元年(1086)十一月戊寅,曾肇仍充实录院修撰时,侍御史王岩叟即劾曰:"肇自及第,便忝冒作教官,自教官即入为京师官,因缘侥幸,以窃荣进。至于今日,都不曾历一日州县之职,未尝习知民事,岂可辄为中书舍人,预天下之政? 伏望且令出补外官,使习知民事,他日用之,于肇不为无益。"①更有名的例子还是苏轼。据《宋史·苏轼传》载,轼中进士后丁母忧,服除,归朝,调福昌县主簿,"欧阳修以才识兼茂,荐之秘阁,试六论,旧不起草,以故文多不工。轼始具草,文义粲然。复对制策,入三等。自宋初以来,制策入三等,唯吴育与轼而已。除大理评事、签书凤翔府判官。"②以苏轼之高才多誉且中才识兼茂与制科,尚要外出任职;曾肇已居官多年,官位不低,但仍因未曾历亲民之职,而为御史所劾,何况邦彦此时尚为选人,连一任外任都未曾经历耶? 更能说明问题的例子还是举钟世美。如前所述,元丰元年

---

①　[宋]李焘:《续资治通鉴长编》,第 9525 页。

②　[元]脱脱:《宋史》,第 10802 页。

十一月,钟世美以言经制四夷而被超擢为试校书郎、睦州军事推官、太学正。可是《长编》卷三一二又载:元丰四年四月"辛丑,新权江宁府观察推官钟世美为承务郎、中书户房习学公事"①。此则说明钟虽十分受重用,但为太学正不久还要去作江宁府观察推官,然后才能回朝至"中书户房习学公事"。须知元丰元年至元丰四年,是新党执政的,总不能说这也是对钟世美的排挤倾轧吧?而邦彦推恩远在钟世美之下,何以出任外州就成了"旧党"对"新党"人物邦彦的排挤倾轧呢?以罗氏对宋代掌故之熟悉,何以出此之论,岂其对邦彦爱之深而誉之切耶?

罗氏又曰:"陈师道因反对王安石的《三经新义》,不肯参加改制后的科举试,大受守旧派的赞赏,所以'一命'便为教授,与太学正出身的周邦彦相等,这是政治立场所造成的幸与不幸。"据《宋史·陈师道传》载:"熙宁中,王氏经学盛行,师道心非其说,遂绝意进取。(曾)巩典五朝史事,得自择其属,朝廷以白衣难之。元祐初,苏轼、傅尧俞、孙觉荐其文行,起为徐州教授,又用梁焘荐,为太学博士。"②然《长编》卷四三〇却载元祐四年七月丙子,"亳州司户参军、徐州教授陈师道,候太学正有阙日差。从左谏议大夫梁焘荐也。"③这里说得清清楚楚,陈师道也是经过外任之后才入朝为太学正的。尚须指出的是,周邦彦"一命"为"试太学正",而非"太学正",虽一字之查,却相去甚远,罗氏似未经见此资料,故作此断。陈师道受旧党沾溉是无疑的,但以此来说明周邦彦受排挤倾轧却难于成立。须知超擢、常迁与贬降,是三个不同的概念,不能认为未加超擢就是贬降,就是排挤倾轧。

罗氏又以"苏门四学士"为例曰:"而所谓'苏门四学士',也在这时

①　[宋]李焘:《续资治通鉴长编》,第 7576 页。
②　[元]脱脱:《宋史》,第 13115 页。
③　[宋]李焘:《续资治通鉴长编》,第 10384 页。

候通过苏轼的关系,开始跑到汴京来:黄庭坚当了校书郎,张耒作了太学录,秦观作了太学博士;而晁补之的太学正,也许是顶替周邦彦的遗缺。"与蔡肇、陈师道一样,"苏门四学士"受旧党尤其是受苏轼之沾溉是无疑义的;但也与蔡肇、陈师道一样,他们在入为校书郎、太学博士、正、录之前,也都经历了几任亲民之任。如黄庭坚举进士之后,就曾历叶县尉、北京国子监教授,留守文彦博器重他,留再任,知太和县,至元祐元年始召为校书郎。张耒举进士后,亦曾历临淮主簿、寿安尉、咸平县丞,然后才"作了太学录"的。秦观举进士后,曾历定海主簿、蔡州教授,元祐元年应贤良方正科试后,才除太学博士的。至于晁补之,虽为"苏门四学士"之一,但他的出官,却根本与苏轼无关。晁举进士后,曾历潭州司户参军、北京国子监教授,"元祐初,为太学正。李清臣荐堪馆职,召试,除秘书省正字,迁校书郎。"张耒在《晁无咎墓志铭》中亦谓:"举进士,礼部别试第一,而考官谓其文辞近世未有,遂以进御。神宗见之,曰:'是深于经,可革浮薄。'于是名重一时,遂中第。""召试学官时,试者累百,而所取五人,公中其选,除北京国子监教授,又为卫州教授,未行除太学正。"①两籍所记稍有出入,此且毋论。然李清臣是新党人物,难道说因为他荐了晁补之,就认为他是向旧党投降了吗? 神宗对他那么赏识,能说神宗也投降了旧党了吗? 此四人仕履均见《宋史·文苑六》本传。事实摆得清清楚楚,不知罗先生何以会得出如上结论,且谓"晁补之的太学正,也许是顶替周邦彦的遗缺"。《墓志》谓晁于元丰八年(1085)为太学正,《宋史》本传谓晁为太学正在元祐元年(1086),周于元祐三年外任,怎么就是晁顶了周的阙呢? 须知宋代之所谓"阙",是旧官先去,腾出阙位来,新官再来补的,而不是新官先来旧官后去。按照宋代授官法,吏部先将阙位张榜公布,应格官

---

① 〔宋〕张耒:《柯山集拾遗》卷一二,武英殿聚珍本。

人可以参选；选定之后，经吏部铨选拟注某官差遣，如现阙即赴任；如该阙现任人尚未出阙，仍须待阙，即等待现任人出阙之后方能赴阙；待阙官无俸禄，寓居他处等候赴任。据此，所谓晁补之是顶了周邦彦的阙，岂非向壁虚构乎？

至于罗氏所谓"在宋哲宗元祐二年（1087）吕公著独揽大权、苏轼为翰林学士时，他被轰出太学，到庐州（州治在今安徽合肥）当教授"，难道时间的巧合（实际上周邦彦出教授庐州在元祐三年），就能掩盖事实的本质？宋代除官，分钦除（皇帝钦命）、堂除（宰相与执政官议事在政事堂，故名）与吏部除三种。虽常常因阙少员多，堂除与吏部除相互争阙，但除授范围却有明确的界限。《宋史·职官一》载："中书省：掌进拟庶务，宣奉命令，行台谏章疏、群臣奏请兴创改革，及中外无法式事应取旨事。凡除省、台、寺、监长贰以下，及侍从、职事官，外任监司、节镇、知州军、通判，武臣遥郡横行以上除授，皆掌之。"①同书《职官三》又载：文官归吏部尚书左选，"文臣京朝官以上及职任非中书省除授者悉掌之。……自初任至幕职州县官，侍郎左选掌之。"②这里说得清清楚楚，无庸混淆。据此即知，一个小小的州学教授，怎么也轮不上堂除。吕公著即便是想排挤周邦彦，也要通过吏部，而吏部也不是宰相说一句话就能了事的。

至于苏轼，当时为翰林学士，虽为皇帝近侍之臣，但职守却是只掌制命，不与朝政，只有荐士之权，而无除官之权的。宋代官制，所以优于前代者，不惟在于职守清楚，且诸司之间相互制约。即如翰林学士，可谓清要之极。叶梦得《石林燕语》卷七即云："祖宗用人，多以两省为

---

① ［元］脱脱：《宋史》，第 3783 页。
② 同上书，第 3831 页。

要,而翰林学士尤号清切;由是登二府(谓宰相与枢密使)者,十常六七。"①其清要可知。马端临《文献通考》卷五四亦云:"翰林之职,本以文学言语被顾问,出入侍从,因得参谋议纳谏诤,其礼尤宠。"然又云:"故事,学士掌内庭书诏,指挥边事、晓达机谋、天子机事、密命在焉,不当预外司公事。盖防纤微闲,或漏省中语。故学士院常在金銮殿侧,号为深严。"②"不当预外司公事",就是不许干预六部二十四司公事,怎么能说苏轼一为翰林学士,就将周邦彦排挤走了呢?苏轼即便是想排挤,恐怕也没有这个权力。罗氏是素以熟悉宋代掌故著称的,不知何以会说出如此昧于宋代官制的话?

至如贺铸由武官换文官,也是宋代官制明文规定所允许的。宋人左文右武,然文官可换武官,武官也可换文官。《宋史·职官九》载:"诸训武郎至进武校尉,不曾犯赃私罪及笞刑经决而愿换文资者,听召保官二员,具家状连保状二本,诣登闻鼓院投进乞试。……诸武臣试换文资,于《易》《诗》《周礼》《礼记》各专一经,仍兼《论》《孟》;愿试诗赋及依法官条试断案、《刑统》大义者,听。"③《宋史·贺铸传》曰:"贺铸字方回,卫州人,孝惠皇后之族孙。……初,娶宗女,隶籍右选(按即武选),监太原工作,……元祐中,李清臣执政,奏换通直郎通判泗州,又倅太平州。"④这里说得清清楚楚,贺铸之由武换文,是在李清臣执政时,况且贺铸也不是旧党,未知罗氏何以举此为例?况且叶梦得在《贺铸传》中,对贺铸赞颂备至。叶梦得当然是新党代表人物无疑,何以新党代表人物却对旧党人物赞颂备至呢?

①　[宋]叶梦得撰,[宋]宇文绍奕考异:《石林燕语》,《唐宋史料笔记丛刊》本,中华书局 1984 年版,第 106 页。
②　[元]马端临《文献通考》,中华书局 2011 年版,第 1581、1583 页。
③　[元]脱脱:《宋史》,第 4048—4049 页。
④　同上书,第 13104、13105 页。

周邦彦其时为选人，如前所述，而由选人改官是必须要经过亲民之任的。叶梦得《石林燕语》卷七即载曰："故事，在京职事官绝少用选人者。熙宁初，稍欲革去资格之蔽，于是始诏选举到可试用人，并令崇文院校书，以备询访差使。候二年取旨，或除馆职，或升资任，或只与合入差遣，盖欲以观人才也。时邢尚书恕，以河南府永安县主簿，首为崇文院校书，胡右丞愈知谏院，犹以为太遽，因请虽选人而未历外官，虽历任而不满者皆不得选举。"①即是罗氏前所举如黄庭坚、张耒、秦观、蔡肇、晁补之等，哪一个没有经过亲民之任即地方行政官？当然，必须历地方官就不一定必须历教授之职，但任教授却不是排挤倾轧，如晁补之，就是在百中选五才被选中的，这却是明摆着的事实。即如罗氏前所举七人中，除蔡肇、张耒、贺铸三人之外，其余四人都曾历教授之职，难道说一任教授就是排挤倾轧么？况且前引侍御史王岩叟劾曾巩时尚曰"肇自及第，便忝冒作教官"，即认为刚刚及第便任作教官是任人太遽；邢恕以河南永安县主簿首为崇文院校书，知谏院胡宗愈亦"犹以为太遽"，怎么到了周邦彦那儿，一任教授之职就是排挤倾轧呢？

尚须指出的是，邦彦出教授庐州，还有几个偶然原因：《长编》卷四〇三载：元祐二年七月丁巳，"诏：内外学官，选年三十以上历任人充。从御史中丞胡宗愈请也。"②同书卷四〇八载：元祐三年正月庚申，"诏：幕职州县官，虽未经考，听举贤良方正能直言极谏科。"③同书卷四〇九载，元祐三年三月己卯，"左正言丁骘奏：窃睹明诏，欲于后次科举以诗赋取士，天下学者之幸也。然近时太学博士及州郡教授，多缘经义而进，不晓章句对偶之学，恐难以教习生员。臣愚欲乞下两省馆职、寺监长贰、外路监司，各举二人曾由诗赋出身及特奏名入仕者，以充内外教

---

① ［宋］叶梦得撰，［宋］宇文绍奕考异：《石林燕语》，第97页。
② ［宋］李焘：《续资治通鉴长编》，第9805页。
③ 同上书，第9921页。

官。盖经义之法行,而老师宿儒久习诗赋,不能为时学者,皆不就科举,直候举数应格,方得恩命。今或举以为教官,当能称职。伏乞二圣早降睿旨,使四方多士,一变妄诞穿凿之风,而趋规矩准绳之学,天下幸甚!"①这些都说明,自熙宁三年(1070)罢诗赋考试之后,年轻人不习诗赋,以致十七年后到了元祐二年(1087)恢复诗赋考试的时候,需要年三十以上以诗赋出身的人来充任州郡教官。而周邦彦既不愿或因故未能参加"贤良方正能直言极谏科"之制科考试,又年三十以上,且"文采可取",长于诗赋,自然就成为州郡教授之最佳人选。据此即知,周邦彦要由选人改官,出京到地方去任亲民官就成为必然,而出任庐州教授,则又由上述三个偶然性因素所决定。

故邦彦"出教授庐州",是仕途必经之路,与新旧党争无关,亦不当以排挤倾轧目之。且初仕出外任远州亦宋代官制之常。邦彦初仕即在太学任职,已为优宠之遇,况还有一任近州必一任远州之制。若以为邦彦出任远州乃党祸所致,恐与宋代官制未合,亦无史料为之支撑。不然,哲宗于元祐八年九月亲政,翌年即绍圣元年,新党人物如章惇、李清臣等又纷纷上台执政,邦彦何以不见剧升亦不见内调,直至绍圣二年十一月始"还为国子主簿"耶?难道说在新党执政之后,新党人物周邦彦仍然受排挤倾轧么?

---

① [宋]李焘:《续资治通鉴长编》,第9963页。

第五章　周邦彦并未"流落十年"考

邦彦于元祐三年(1088)出教授庐州,绍圣二年(1095)十一月还朝为国子主簿。王国维以为出教授庐州在元祐二年(1087),还朝在绍圣四年(1097),正好十年。邦彦在《重进〈汴都赋〉表》中谓:"臣命薄数奇,旋遭时变,不能俯仰取容,自触罢废,漂零不偶,积年于兹。"①楼《序》亦谓:"未几,神宗上宾,公亦低徊不自表襮。"《挥麈余话》谓:"其后流落不偶,浮沉州县三十余年。"《遗事》谓:"其赋汴都也颇颂新法,然绍圣之中不因是以求进。"于是当代许多学者们均以为"流落十年",是旧党对新党代表人物的排挤倾轧。如果单观察表面现象,此说似乎甚合于理。但现象有时并不能代表本质,这也是众所周知的道理。其实,出教授庐州乃宋制之常,上章已经论之甚明,无须赘笔。且按宋制,选人须经三任六考,始能磨勘改官。《石林燕语》卷六即记改官之制曰:"天圣前,诸路使者荐举未有定限,选人只用四考改官,然是时吏部选人磨勘,岁才数十人而已。庆历以后,增为六考。知州等荐,吏部皆视属邑多寡,裁为定数。"②邦彦自谓"命薄数奇"是对的(此容后说),而学者们以为这是对邦彦的排挤倾轧却错了。

---

① ［宋］周邦彦著,罗忼烈笺注:《清真集笺注》,上海古籍出版社2008年版,第532页。

② ［宋］叶梦得撰,［宋］宇文绍奕考异:《石林燕语》,《唐宋史料笔记丛刊》本,中华书局1984年版,第89页。

第一节　周邦彦赴庐州行踪

庐州,宋属淮南西路(治所在今合肥市)。宋分州为雄、望、紧、上、中、中下、下七等,又有同下州之名,指军、监。又按格分为都督州、节度州、观察州、防御州、团练州、军事州。庐州属望州与节度州,知庐州者例领淮南西路兵马钤辖。《宋史·地理四》载:"西路。府:寿春。州七:庐、蕲、和、舒、濠、光、黄。军二:六安,无为。""庐州,望,保信军节度。大观二年,升为望。旧领淮南西路兵马钤辖。建炎二年,兼本路安抚使。绍兴初,寄治巢县。乾道二年,置司于和州。五年,复旧。……县三:合肥,上。舒城,下。梁,中。本慎县,绍兴三十二年,避孝宗讳,改今名。"①《宋会要辑稿·崇儒二》之六载:"元祐元年十月十二日诏:齐、卢(当为"庐"字之误)、宿、常、虔、颍、同、怀州,各置教授一员。"②元祐三年至五年(1088—1090),知庐州者为穆珣,六年为朱服,七年为刘定。穆珣,《宋史》无传,仅知其元丰八年(1085)以中散大夫知越州,元祐元年(1086)移知寿州,三年移知庐州。朱服传已见上引。刘定,《宋史》无传,据《宋人传记资料索引》,知其为鄱阳人,字子先,皇祐五年(1053)进士,充秦凤路转运判官,历知陈、青、江宁、庐等州,官至集贤学士,邹浩尝论其知陈州时贪污不法。

宋制,官员离旧任赴新任之前,如父母尚在,则给宁假一月,让其探视父母,这是《假宁令》明确规定的。故邦彦赴庐州任,先归钱塘探视母亲,然后由水路赴庐州,途经金陵,又有茅山之游。题曰"离恨"之

---

① [元]脱脱:《宋史》,中华书局1985年版,第2182、2183页。
② [清]徐松:《宋会要辑稿》,上海古籍出版社2014年版,第五册,第2764页。

《尉迟杯》当为赴庐州任时离京之作,其词曰:

> 隋堤路。渐日晚、密霭生深树。阴阴淡月笼沙,还宿河桥深
> 处。无情画舸,都不管、烟波隔前浦。等行人、醉拥重衾,载将离恨
> 归去。　　因思旧客京华,长偎傍、疏林小槛欢聚。冶叶倡条俱相
> 识,仍惯见、珠歌翠舞。如今向、渔村水驿,夜如岁、焚香独自语。
> 有何人、念我无聊,梦魂凝想鸳侣。

"隋堤",隋炀帝时沿通济渠、邗沟河岸修筑的御道,道旁植杨柳,
后人谓之隋堤。"淡月笼沙",杜牧《泊秦淮》:"烟笼寒水月笼沙,夜泊
秦淮近酒家。""冶叶"句,李商隐《燕台春》:"蜜房羽客类芳心,冶叶倡
条遍相识。"冶叶倡条,形容杨柳枝叶婀娜多姿。亦借指歌妓。《年谱》
以为此词作于宣和五年(1123)奉祠南归时:

> 《尉迟杯》(离恨),隋堤,记地也;行人离恨归去,记事也;因思
> 旧客,惜往也;鸳侣,朝官也。宣和庚子,眷属已移寓明州,辛丑独
> 来,今又独去,故云"如今向、渔村水驿,夜如岁、焚香独自语。"按:
> 此二阕(谓此阕与《兰陵王·咏柳》)皆奉祠南归所作。《耆旧续
> 闻》以《兰陵王》为师师饯送惜别之词,盖因此阕绍兴初都下盛行,
> 牵连附会,与《玉照新志》记《瑞鹤仙》词可同发一笑。①

现已考知邦彦卒于宣和三年,且并未奉祠(说详后),《年谱》之
误自明。其实此词当为离京南行之作,观其"隋堤路""渔村水驿"等
句可知。元丰八年邦彦归钱塘葬父亦在春季,然词又有"旧客京华"

---

① 陈思:《清真居士年谱》,《清真集校注》附录,中华书局2002年版,第497页。

"冶叶倡条俱相识"句,不似暂离语气,应为离京外任之叹,故知应是教授庐州离京之作。元道士刘大彬《茅山志》卷二九有邦彦《芝术歌并序》曰:

> 道正卢至柔,得芝一本,生于术间,术生石上,根须连络不可解。遇于白鹄庙之侧,樵斧断取之,犹金石也。邦彦请乞于卢,持寿叔文(父)。

> 华阳之天诸洞府,阿穴便门迷处所。三君谒帝不知还,帐冷祠空遗鹤羽。玉津宝气久成腴,灵术神芝时出土。日精潜烛山自明,人力穷搜神不与。前年栋挠作新宫,坎坎空岩响斤斧。君来胎禽舞海雪,君去山云杂川雨。是生朱草示尘寰,故遣樵青入林莽。蘖膏紫漆自坚栗,下附天苏蟠石坞。肉人但恐奇祸作,药笼复忧神物取。庐陵太守蕴仙风,健骨清姿欲飞举。阴功除瘼民已悦,灵药引年天亦许。愿因服饵断膏粱,未让南华养生主。①

《诗渊》第六册"寿"字韵亦收此诗,无序,题作"寿叔父","华阳之天"作"华阳阴天","祠"下缺"空"字,"胎禽"作"脂膏","紫漆"作"柴漆","肉人"作"凡躯","药笼复"作"私室每","灵药"作"寿药","未让南华养生主",作"百越苍梧访钟吕"②。两两相较,除有异字外,末句竟全然不同,说明《清真集》自宋至明永乐年间,起码有两种不同的版本流传。"茅山",山名,有二。一在江苏句容县东南,原名句曲山。相传汉茅盈与弟茅衷、茅固修道于此,因改名茅山。《元丰九域志》卷六记江宁府古迹曰:"茅山,即三十六洞天之第八洞也。"一在浙江绍兴县

---

① ［元］刘大彬:《茅山志》,涵芬楼《道藏》本,商务印书馆1923—1926年版。
② 《诗渊》,书目文献出版社1984年影印版,第六册。

东南,即会稽山。《史记·封禅书》:"禹封泰山,禅会稽。"《索引》:"晋灼云:'本名茅山。'《吴越春秋》云:'禹巡天下,登茅山,群臣乃大会计,更名茅山为会稽。'"此处指江苏句容县之茅山。"道正",即道观之主持、观主。"卢至柔",《无锡县志》卷二云:"(惠)山根有圣水井,宋卢至柔隐山中学道时所凿,环甃以甓,上悉书符箓,以为汲引,可以愈疾,至今邑人信之。"同书卷三下云:"明阳观在州西开元乡灿山,去州七里。宋崇宁中,道士卢至柔卓庵修行于上。大观间,主茅山道士刘混康以至柔业行清苦,具事上闻,敕观额。"①或崇宁前卢至柔曾主茅山耳。"芝",即灵芝。"术",秫的古字。秫,粱米、粟米之黏者,用以酿酒。"白鹄庙",当为白鹤庙,在茅山,《景定建康志》卷四五:"升元观在中茅峰西,本名白鹤庙,刘至孝三遇仙桃之所也。元祐中,桐川道士汤友成、友直居之。政和八年,守臣俞㮚奏改今额。"②传说三茅君修道于茅山,有白鹄常止于此,后人于此建庙。"华阳",即华阳洞。茅山有蓬壶、玉柱、华阳三洞,均为道士修炼之洞府。《六朝事迹编类》卷下"华阳洞":"旧《经》云即第八金坛大洞天也。唐改为太平观,在句容县东南四十里茅山之侧。"又,《建康志》卷一九:"华阳洞在茅山侧,三茅、二许得道于此。""阿穴"句,谓洞穴之多。"三君",即三茅君,谓茅氏三兄弟。"胎禽",鹤之别称。南朝梁陶弘景《瘗鹤铭》:"相此胎禽,浮丘著经。""樵青",颜真卿《浪迹先生玄真子张子和碑》:"肃宗尝锡奴婢各一,玄真配为夫妻,名夫曰渔僮,妻曰樵青。"后因以指女婢。"庐陵太守",谓邦彦之叔父周邠。"南华",谓庄子,因唐玄宗天宝元年(742),尊庄子为南华真人,号其书为《南华经》,故称。

　　如第　章所考,邦彦之叔周邠曾两次知吉州．．在元祐三年至五年

<hr />

　　① 《无锡县志》,《影印文渊阁四库全书》本,台湾商务印书馆1985年版,第492册,第673、722页。

　　② [宋]周应合:《景定建康志》,《影印文渊阁四库全书》本,第489册,第583页。

(1088—1090),一在绍圣四年至元符二年(1097—1099)。但绍圣四年至元符二年,邦彦还朝为国子监主簿,未曾出京,亦无缘出京,故知此诗只能写于元祐三年(1088)春自太学移教授庐州任时。宋代对官员在职请假极严,而对官员移任时日所限却极宽。若无限时至任之命,官员们在赴任途中,尽可以游山玩水。盖邦彦赴庐州时经茅山,而得此芝术并作此歌以为叔父寿耳,虽无确切资料以资证,亦当无大谬。《全宋诗》有邦彦《宿灵仙观》诗曰:

> 灵宫眈眈虎守谷,羽褐出山邀客宿。稽首中茅司命君,四叶秉符调玉烛。鸣金击石天相闻,游飙倒影声磷磷。戏上云崖撼琼树,脱叶出溪惊世人。①

"灵宫",谓道观。"羽褐",道士服羽冠褐裳,此代指道士。"稽首"句,跪拜时五体投地,谓之稽首。茅山有三茅峰,中茅即其一。《建康志》卷一七:"中茅峰在积金岭侧,有泉色赤而有味。"此处当指中茅君茅衷。"四叶"句,谓道士秉道符调和四时之气。四叶,指茅蒙及三茅君。秉符,秉持符瑞。《史记·武帝纪》:"以风符应合于天地。"《集解》引晋灼曰:"符,瑞也。"玉烛,四季气候调和,言人君德美如玉,可制四时和气之祥。《尔雅·释天》:"四时和气谓之玉烛。"《永乐大典》卷八八四五"游"字韵有邦彦《远游》诗,亦当作于赴庐州途中,诗曰:

> 淮西渡两桨,江左随一鸥。苦嗟波涛窄,所至胶吾舟。借问舟中人,流转何时休。帆高风色利,欲止不自由。传闻弱水外,鼎立三神丘。鼓枻未可到,载行有潜虬。扶桑睹浴日,阳精热东

---

① 《全宋诗》,北京大学出版社1995年版,第20册,第13431页。

流。万族呈秘怪,九土皆飘浮。送者安在哉,吾往不可求。岂比
鸱夷子,并湖名远游。①

"胶吾舟",《庄子·逍遥游》:"覆杯水于坳堂之上,则芥为之舟,置
杯焉则胶,水浅而舟大也。""弱水",神话传说中难渡之水。《海内十洲
记·凤麟洲》:"凤麟洲在西海之中央,地方一千五百里,洲四面有弱水
绕之,鸿毛不浮,不可越也。""三神丘",指海上三神山,即蓬莱、方壶、
瀛洲。"鼓枻"句,谓乘船不可到。"枻",船舷。《史记·秦始皇本纪》:
"方士徐市等入海求神药,数岁不得,费多,恐谴,乃诈曰:'蓬莱药可
得,然常为大鲛鱼所苦,故不得至。'""载行"句,"载行",当为"戴行"
之误。《列子·汤问》:"渤海之东,不知几亿万里,有大壑焉,实惟无底
之谷,其下无底,名曰归墟。八纮九野之水,天汉之流,莫不注之,而无
增无减焉。其中有五山焉:一曰岱舆,二曰员峤,三曰方壶,四曰瀛洲,
五曰蓬莱。其山高下周旋三万里,其顶平处九千里,山之中间相去九万
里,以为邻居焉。……而五山之根无连着,常随波潮上下往还,不得暂
峙焉。仙圣毒之,诉之于帝。帝恐流于西极,失群圣之居,乃命禹强使
巨鳌十五举首而戴之,迭为三番,六万岁一交焉,五山始峙而不动。而
龙伯之国有大人,举足不盈数步,而暨五山之所,一钓而连六鳌,合负而
趣归其国,灼其骨以数焉。于是岱舆、员峤二山,流于北极,沉于大海,
仙圣之播迁者巨亿计。""虬",传说中之无角龙。"潜虬",即指巨鳌。
"扶桑"句,《山海经·海外东经》:"汤谷上有扶桑,十日所浴,在黑齿
北。"郭璞注:"扶桑,木也。""阳精",即太阳。《礼记·月令》"月令第
六"孔颖达疏:"月为阴精,日为阳精。""力族",指种种水族。"九土",
谓九州。"送者"两句,《庄子·山木》:"君其涉于江而浮于海,望之而

---

① 《永乐大典》卷八八四五,明嘉靖隆庆间内府重写本。

不见其崖,愈往而不知其所穷,送者皆自崖而反,君自此远矣。""岂比"
两句,《越绝书》载:越灭吴,范蠡变姓名为鸱夷子皮,携西施泛游五湖。
此诗具体作年不可考,罗先生以为作于赴庐州途中,观其谓"淮西""江
左"等,盖写赴庐州途中所见所感耳,罗先生所断极是,兹从之。周邦
彦有《投子山》诗曰:

> 缅怀鲁将军,兵败携部曲。未投衲子衣,解甲余戎菽。谁令名
> 此山,异代有余辱。

蒋哲伦校编《清真集》谓此诗出自《茅山志》,罗忼烈《周邦彦清真
集笺》附记谓:"亦见《后编》。录自《茅山志》。按其诗当有本事载志
中,未见其书,不详其事。"今查《茅山志》无此诗,所谓《后编》亦未经
见。查宋祝穆《方舆胜览》卷四九"安庆府"载:"投子山,刘兴言诗:
'三雄分汉鼎,郊野战群龙。将军偶败此,投子空山中。'周美成诗:
'缅怀鲁将军,兵败携部曲。来投衲子衣,解甲饭戎菽。谁令名此山,
异代有余辱。'"《明一统志》卷一四《安庆府》:"投子山,在桐城县东
北三里,宋刘兴言诗:'三推(雄)分汉鼎,郊野战群龙。将军偶败此,
投子空山中。'周邦彦:'缅怀鲁将军,兵败携部曲。来投衲子衣,解
甲饭戎菽。谁令名此山,后代有余辱。'"《大清一统志》卷七六《安庆
府》:"投子山,在桐城县北二里,相传孙吴鲁肃与曹兵战败,投其子
于此,故名。宋刘兴言、周邦彦俱有诗咏其事。""未投",《方舆胜览》
与《明一统志》俱作"来投";"余戎菽",《方舆胜览》与《明一统志》俱
作"饭戎菽",知《茅山志》所引者误。"戎菽",亦作"戎叔",山戎所
种之豆科植物,即大豆。《诗经·大雅·生民》:"艺之荏菽",传云:
"荏菽,戎菽也。"笺云:"戎菽,大豆也。"《方舆胜览》早于《茅山志》,
而上引三籍俱谓投子山在桐城县,未闻茅山有投子山之载,而《茅山

志》或《后编》又何以引此诗耶？故疑蒋、罗二书皆有误。投子山既在桐城，此诗则作于游桐城无疑。考邦彦平生至桐城者，唯少年游荆州、长安往返可能经桐城与赴庐州任可能经桐城两次耳。桐城宋属舒州，与庐州南北相望。或邦彦赴庐州任时由江而西，至长风沙镇（在今安徽贵池与安庆之间）出陆北行赴庐州经桐城时所写耳，暂编于此。

第二节　周邦彦丁母忧考

邦彦刚至庐州任即遭母丧，此与邦彦是否"流落十年"至关重大，因为除去邦彦丁母忧的将近三年时间，邦彦在庐州与溧水任尚不足六年，还不够改官的条件，何"流落"之有？更何谈"流落十年"？然而却正是这个极为重大的问题，前哲今贤却无所发现并忽略了，兹考之如次。《宝真斋法书赞》卷二一有邦彦《友议帖》曰：

> 邦彦叩头。罪逆不死，奄及祥除。食贫所驱，未免禄仕，言念及此，益深哀摧。此月末挈家归钱塘，展省坟域，季春远当西迈。浸远友议，岂胜依依？寻即奉书以候动静。邦彦叩头。①

帖中谓"罪逆不死"究竟何解？"奄及祥除"又究竟何指？这是弄清邦彦是否受排挤倾轧的关键。然而正是在这个关键问题上，王国维未尝顾及，罗忼烈先生却理解错了，在《清真集笺注》中，罗先生以为此帖当作于元祐二年（1087）出都前致友人者：

---

① ［宋］岳珂：《宝真斋法书赞》，《影印文渊阁四库全书》本，第813册，第819页。

　　《清真先生遗事·尚论》三云:"此帖岁月虽不可考,味西迈一语,或即在客荆州之际。果尔,则在荆州亦当任教授等职。"按据罪逆二句,其说未可通也。清真历仕三朝,见神宗、哲宗之祥除,不及见徽宗之卒。哲宗卒于元符三年,其时方以前年重进《汴都赋》而除秘书省正字,虽"奄及祥除",而无"罪逆不死"之可言。唯有神宗卒后,旧党当政,清真以右新法见斥,始有罪逆可言。故其《重进〈汴都赋〉表》云:"旋遭时变,不能俯仰取容,自触罢废。"是所谓罪逆也。彼以元祐二年教授庐州,此时已逾神宗之丧二十余月,故云"奄及祥除"也。味帖意,当是二年春间出都,先返钱塘,然后赴任;庐州在杭州之西,故云西迈也。若如《遗事》所言在客荆州之际,则去神宗祥除已四五年,而哲宗方在位,何得谓之奄及耶?此帖似为元祐二年春出都前致友人者。①

　　所谓"元祐二年"云云,是出于王国维的判断。王氏因错断献《汴都赋》在元丰六年,故又将出教授庐州提前为元祐二年。王国维撇开了"罪逆不死,奄及祥除"八字,只从"西迈"二字着眼,乃智者之失。罗先生将"罪逆不死"坐实索解,且以"祥除"为皇帝之丧,于是便自然地得出了邦彦是新党人物的结论。因为若将"罪逆"坐实,如罗先生所说,全帖实难作通解。请问"罪逆"为违逆旧党,"奄及祥除"为神宗"祥除",那么此二句又何以与下文相联系呢?难道说"此月末挈家归钱塘,展省坟域",也是"展省"神宗之"坟域"么?神宗能埋在钱塘吗?当然不是。那么在告诉友人归钱塘"展省"先人或父母"坟域"之前,却孤零零地写上"罪逆不死,奄及祥除",岂非赘语耶?须知写给朋友的信札,总是言之有物,不会白白空语,古今均然。此正是不佞未敢苟同于

---

　　①　[宋]周邦彦著,罗忼烈笺注:《清真集笺注》,第531页。

罗先生者。其实,所谓“祥除”即“服除”,皇帝之丧与父母之丧均可谓之,非独谓皇帝之丧也。而所谓“罪逆不死”者,乃古人居丧时常用之语。因古人视忠孝为一体,司马谈临终时即对其子司马迁曰:“夫孝,始于事父,中于事君,终于立身;扬名于后世,以显父母,此孝之大也。”①故谓父母或祖父母卒为“罪逆不死”,意谓自己罪逆极大,祸及父母,致使父母早卒,并非真有什么“罪逆”之事者。此例不胜枚举,如欧阳修皇祐五年(1053)在颍州居母丧时,与十四弟焕书曰:“某罪逆深重,不自死灭,祸罚上延太君(谓其母),以去年三月十七日有事(母死之讳称),攀号冤叫,五内分崩。不孝深苍天,罪逆深苍天。见在颍州持服。”②又如苏轼在治平四年(1067)归蜀居父丧时,与曾巩书,求其为祖父苏序写墓志铭曰:“轼负罪至大,苟生朝夕。”“岂惟罪逆遗孤之幸,抑先君有知,实宠绥之。”③王氏只审“西迈”而未审“罪逆”,罗氏审及“罪逆”而未确,故罗氏谓王氏之非而未知自己亦非矣。审及于此,可以断言,此帖乃邦彦居丧服满后出官,又复归钱塘祭扫前,致书与友人无疑。

然究竟居父丧耶,抑或居母丧耶?可复考之如次。从第一章考可知,邦彦第一次成婚时尚未出仕。吕《铭》谓周原卒于熙宁九年(1076),葬于元丰八年(1085),“娶张、陈二氏”,当然是张氏卒后再娶陈氏;又未言陈氏先于其父而卒,则其母陈氏卒于其父之后可知。而其父卒时,邦彦亦未出仕。此帖既云“食贫所驱,未免禄仕”,则为出仕之后,亦知其所谓“奄及祥除”乃其母陈氏之丧“祥除”而非其父,亦知其母陈氏卒于元丰八年之后。

然后至何时耶?《宋史》本传谓“自太学诸生一命为正,居五岁不

---

① [汉]班固:《汉书》卷六二《司马迁传》,中华书局1962年版,第2716页。
② 《欧阳修全集·书简卷第十》,中国书店1986年版,第1323页。
③ [宋]苏轼:《与曾子固一首》,孔凡礼点校:《苏轼文集》卷五〇,中华书局1986年版,第1467页。

迁,益致力于词章",若陈氏卒于此五年间,则"居五岁不迁"为正常现象,不应用此语气,故又知其母卒之上限,最早亦当在邦彦到庐州任之后。其母卒之下限,虽无明文足供查证,却复可于邦彦其他文与词中回环考索,知其大概。《永乐大典》卷一四〇五〇"祭"字韵有邦彦《祭王夫人文》曰:

> 婉静柔嘉,由生而知;母仪妇则,宗党所推。气温色庄,门内谐熙,家肥子良,侍养孔时。凡所可,无一或亏,虽究百年,孰云非宜?云何不淑,奄及大期!呜呼哀哉!某托婚自昔,德门是归,衔哀去职,蒙被恩私。空馆见居,饮哺寒衣,日月几何,终天永违。恤隐之仁,莫报毫厘,设餟告诚,又远穗帏,缄辞千里,用写我悲。

"宗党",宗族、乡党。鲍照《拟古》之二:"日宴罢朝归,鞍马塞衢路。宗党生光华,宾仆远倾慕。""孔时",《诗经·小雅·楚茨》:"孔惠孔时,维其尽之。"笺:"惠,顺也。甚顺于礼,甚得其时。""大期",死期之讳称。刘向《列女传·周郊妇人》:"君子谓周郊妇人,恶尹氏之助乱,知天道之不佑,示以大期,终如其言。"《南齐书·武帝纪》:"始终大期,圣贤不免,吾行年六十,亦复何恨?""设餟",《说文》:"餟,祭酹也。"俗亦作"醊"。"穗帏",灵前之帐。陆机《吊魏武帝文》:"于台堂上施八尺床、穗帐。"李善注引郑玄《礼记》注曰:"凡布细而疏者谓之穗。"

　　此文与前帖可以互证,可惜王国维当年只见帖而未见文,罗先生帖、文并见,却没有将它们联系起来加以考察,以致失之毫厘,差之千里。首先可断此祭文为邦彦祭自己夫人之文,非为人代作。因古人若为人代作祭文或代作别文,题首则必冠以"代"字。如《曾巩集》卷三八有《代人祭李白文》,卷三九又有《代太平州知州谒庙文》;《苏轼文集》卷三七有《代张方平谏用兵书》,卷六一有《代夫人与福应真大师》等,即其例。即如题首无"代"字，亦于文内交代清楚祭者与被祭者之关系。如苏轼《祭范夫人文》曰：

> 惟夫人妇德茂于闺门，母仪形于里闬。笃生贤子，绰有令名。将期百年，兼享五福。而天不亮孝子之志，神不佑善人之门。变故之来，旬日相继。尚有余庆，钟于后昆。某忝于外姻，局于官守，聊驰薄奠，远致哀诚。①

而邦彦《祭王夫人文》，题首既无"代"字，文内亦直云"某"，则知其非为人代作。罗先生亦持此说，于此文后"附记"曰："据此，知清真妻氏王，贤淑，卒时清真服官于外。"然罗先生又未及细考，其实此王氏夫人并非原配，乃续弦，且卒于邦彦为选人或为京官时。何以知之耶？因宋制官至朝官以后，其妻均有叙封，而此文"夫人"前无叙封，故知邦彦之妻必卒于邦彦为选人或为京官时也。《宋史·职官十》记"叙封"之制曰：

> 宰相、使相、三师、三公、王、侍中、中书令旧有尚书令，曾祖母、祖母、母封国太夫人；妻国夫人。枢密使副、知院、同知、参知政事、宣徽节度使，曾祖母、祖母、母封郡太夫人；妻郡夫人。签书枢密院事，曾祖母、祖母、母封郡太君；妻郡君。同知枢密院以上至枢密使、参知政事再经恩及再除者，曾祖母、祖母、母加国太夫人。三司使祖母、母封郡太君；妻郡君。东宫三太、文武二品、御史大夫、六尚书、两省侍郎、太常卿、留守、节度使、诸卫上将军、嗣王、郡王、国公、郡公、县公，母郡太夫人；妻郡夫人。常侍、宾客、中丞、左右丞、

---

① 孔凡礼点校：《苏轼文集》卷六三，第 1957 页。

侍郎、翰林学士至龙图阁直学士、给事中、谏议大夫、中书舍人、卿、
监、祭酒、詹事、诸王傅、大将军、都督、中都护、副都护、观察留后、
观察使、防御使、团练使,并母郡太君;妻郡君。庶子、少卿监、司
业、郎中、京府少尹、赤县令、少詹事、谕德、将军、刺史、下都督、下
都护、家令、率更令、仆,母封县太君;妻县君。其余升朝官以上遇
恩,并母封县太君;妻县君。杂五品官至三任与叙封,官当叙封者
不复论阶爵。致仕同现任。亡母及亡祖母当封者并如之。父亡无
嫡、继母,听封所生母。①

据此可知,宋代封曾祖母、祖母、母、妻之制凡四等,曰:国夫人、郡
夫人、郡君、县君。升朝官以上始封,京官及选人则不具备封妻之资格。
此文仅谓"夫人",则知其卒时邦彦官尚小,为京官或选人,不足以封其
妻耳。选人自不必说,从下章考可知,邦彦于元符元年(1098)由选人
改为秘书省正字,元符三年(1100)任校书郎,崇宁元年(1102)即任考
功员外郎矣。正字与校书郎均为京官,而考功员外郎已至朝官之第六
阶。据此,知其王氏夫人之卒必在建中靖国元年(1101)之前。然据后
考,建中靖国元年邦彦在睦州任,而睦州与钱塘为邻郡,祭文不应谓"缄
辞千里,用写我悲",故又知其王氏夫人卒之下限不应超过元符三年。

祭文第一段乃歌颂王氏夫人之妇德,第二段述及与夫人结缡时,则
谓"某托婚自昔,德门是归,衔哀去职,蒙被恩私",由此观之,则当为丁
母忧后与王氏夫人结缡也。所谓"衔哀去职",即帖中所谓"罪逆不
死",依制丁母忧离任;所谓"蒙被恩私",即丁母忧服除后与王氏夫人
结缡也。依制,丧期内不听乐,不婚娶,不应试,不出官,故邦彦与王氏
夫人结缡只能在服除之后。总不能说"衔哀去职"也是因神宗之丧吧?

---

① [元]脱脱:《宋史》,第4084—4085页。

因为皇帝之丧虽号为"国丧",却没有臣僚因国丧而"去职"之制度。此王氏夫人为续弦夫人,在邦彦母卒之后与邦彦结缡,元符三年前即卒。王氏夫人卒于元符三年之前,不惟从其为京官之时间上可以断定,亦可从邦彦两首悼亡词中得到佐证。题曰"寒食"之《应天长》应为悼念王氏夫人之作,其词曰:

> 条风布暖,霏雾弄晴,池塘遍满春色。正是夜台(一作堂)无月,沉沉暗寒食。梁间燕,前社客。似笑我、闭门愁寂。乱花过、隔院芸香,满地狼藉。　　长记那回时,邂逅相逢,郊外驻油壁。又见汉宫传烛,飞烟五侯宅。青青草,迷路陌。强载酒、细寻前迹。市桥远、柳下人家,犹自相识。

此词用"夜台",当为悼亡词无疑。"夜台",坟墓,阴间。阮瑀《七哀诗》:"冥冥九泉室,漫漫长夜台。""芸香",香草名。《初学记》卷一二引鱼豢《典略》:"芸香辟纸鱼蠹,故藏书台称芸台。"秘书省掌图籍,故称芸台。庾信《预麟趾殿校书和刘仪同》诗:"芸香上延阁,碑石向鸿都。"据此,知王氏夫人卒于邦彦在书职时,与前断其卒于邦彦为京官时刚好相符。复观其"又见汉宫传烛,飞烟五侯宅",其王氏夫人当出身名门。词上阕感今,所谓"夜台无月","隔院芸香,满地狼藉。"下阕抚昔,所谓"邂逅相逢,郊外驻油壁",结句又回到现在,所谓"强载酒、细寻前迹。市桥远、柳下人家,犹自相识",词义显豁。

罗先生《清真集笺注》以为此词为重返汴京时作:

> 此亦重返汴京,缅忆昔游之作。汉宫侯宅,所在京师。《东京梦华录》云(节录):"京师以冬至后一百五日为大寒食,寒食第三日即清明节矣。四野如市,往往就芳树之下,或园囿之间,罗列杯

盘,互相劝酬,都城之歌儿舞女,遍满园亭,抵暮而归。"词言"长记那回时,邂逅相逢,郊外驻油壁",即当时少年胜赏也。十载之后,细寻前迹,人已中年,心事都非,勉趁佳节而已,故云"强载酒"也。旧游如梦,唯"柳下人家,犹自相识"耳。宋人称倡家为门户人家,若姜白石《长亭怨慢》所谓"是处人家,绿深门户"之类是,"柳下人家"亦然也。所谓"犹自相识"者,盖旧家秋娘之类。宋时寒食节共三日,兼包清明,上引《梦华录》已言之矣。《岁时广记》引吕原明《岁时杂记》云:"清明节在寒食第三日,故节物乐事,皆为寒食所包。"又云:"清明前二日为寒食节,前后各三日,凡假七日。而民间以一百四日始禁火,谓之私寒食,又谓之大寒食。"此词所写,起调三句为昨日事;"正是夜堂无月"至"满地狼藉"乃昨夜事;"又见"至末为今日事,皆在寒食中。海绡不知当时风俗,以为古之寒食亦犹后世,只有一日,于是"又见"以下明是实写,却谓"全是闭门中设想",强作通解,实则削趾就履耳。洪刍《香谱》引鱼豢《典略》云:"芸香辟纸鱼蠹,故藏书台称芸台。"芸阁、芸窗、芸编、芸卷诸名,义亦本此。①

　　罗先生谓海绡"强作通解",海绡之解见后。惟此词"夜台",周词版本多作"夜堂",于意未洽。宋人陈元龙释调名曰:"乐天诗'天长地久无终毕',词咏调名,则应为悼亡之作。"又,据《钦定词谱》,知"夜堂"为"夜台"之讹,更可确定此词为悼亡之作。"又见"两句,谓出身高贵,未必如罗先生所说"汉宫侯宅,所在京师"也。据此,知此词为悼亡词无疑,且写于书职期间。上阕写寒食无聊,"闭门愁寂";下阕回忆当初初恋情景,谓其妻出身名门,最后又写至当前,细寻前踪而不得。罗先

___

① ［宋］周邦彦著,罗忼烈笺注:《清真集笺注》,第155—156页。

生所谓"昨日事""昨夜事""今日事"云云,亦未必即为通解耳。

现知邦彦自元符元年(1098)至元符三年(1100)在书职,《应天长》词当写于此期间,《祭王夫人文》亦当写于此期间或稍前,其王氏夫人卒年亦当在此前。前人对此词之抒情赞赏备至,如毛先舒《诗辩坻》曰:"前半泛写,后半专叙,盛宋词人多此法。……清真《寒食》词后段只说邂逅,乃更觉意长。"①周济《宋四家词选目录序论·附录》曰:"(上片)生辣。(结尾)反剔所寻不见。"②陈洵《海绡翁说词稿》曰:"前阕如许风景,皆从'闭门'中过。后阕如许情事,偏从'闭门'中记。'青青草'以下,真似一梦,是日间事,逆出。"③俞平伯《论诗词曲杂著·清真词释》曰:"'市桥'三句,真景明白如画,自己惘惘神情,在他人眼中看出,总不肯下一直笔也。……情致缠绵,笔意苍老,故不可及也。"④各家所言,均有独到处;然未尝顾及"夜堂"为"夜台"之误,亦智者之失耳。祭文谓"缄辞千里,用写我悲",则知其将夫人葬于故里钱塘,而邦彦却在汴京故也。或谓此有孤证之嫌,然悼亡词不唯此也。

《过秦楼》亦为悼亡之作,其词曰:

　　水浴清蟾,叶喧凉吹,巷陌马声初断。闲依露井,笑扑流萤,惹破画罗轻扇。人静夜久凭阑,愁不归眠,立残更箭。叹年华一瞬,人今千里,梦沉书远。　　空见说、鬓怯琼梳,容销金镜,渐懒趁时匀染。梅风地溽,虹雨苔滋,一架舞红都变。谁信无聊,为伊才减江淹,情伤荀倩。但明河影下,还看稀星数点。

①　[清]徐釚:《词苑丛谈》,《丛书集成初编》本,中华书局1985年版,第12—13页。
②　唐圭璋编:《词话丛编》,中华书局1986年版,第1641页。
③　同上书,第4873页。
④　《俞平伯全集》第四卷,花山文艺出版社1997年版,第128页。

　　"水浴"句,谓水中之月。"蟾",即蟾蜍。《后汉书·天文志上》"言其时星辰之变"句,南朝梁刘昭注云:"羿请无死之药于西王母,姮娥窃之以奔月,……姮娥遂托身于月,是为蟾蜍。"后用以代指月。"蟾蜍",通作蟾蜍。"露井",无覆盖之井。"更箭",浮在刻漏水上指示时间的箭头。杜甫《湖城东送孟云卿》:"岂知驱车复同轧,可惜刻漏随更箭。""鬓怯琼梳",意谓因头发渐渐稀疏而心惊于年华老去。"梅风"句,柳顾言《奉和晚日杨子江应制》:"梅风吹落蕊,酒雨减轻尘。""虹雨"句,王筠《杂曲二首》之一:"丹霞映白日,细雨带轻虹。"杜甫《雨四首》之四:"楚雨石苔滋,京华消息迟。""为伊"两句,《南史·江淹传》:"淹少以文章显,晚节才思微退,云为宣城太守时罢归,始泊禅灵寺渚,夜梦一人自称张景阳,谓曰:'前以一匹锦相寄,今可见还。'淹探怀中得数尺与之,此人大恚曰:'那得割截都尽。'顾见丘迟曰:'余此数尺既无所用,以遗君。'自尔淹文章踬矣。又尝宿于冶亭,梦一丈夫自称郭璞,谓淹曰:'吾有笔在卿处多年,可以见还。'淹乃探怀中得一以授之。尔后为诗绝无美句,时人谓之才尽。"又,《世说新语·惑溺》:"荀奉倩(荀粲字奉倩)与妇至笃,冬月妇病热,乃出中庭自取冷,还,以身熨之。妇亡,奉倩后少时亦卒,以是获讥于世。奉倩曰:'妇人德不足称,当以色为主。'裴令闻之,曰:'此乃是兴到之事,非盛德言,冀后人未昧此语。'"刘孝标注引《粲别传》曰:"粲常以妇人才智不足论,自宜以色为主。骠骑将军曹洪女有色,粲于是聘焉。容服帷帐甚丽,专房燕婉。历年后,妇病亡,未殡,傅嘏往唁粲,粲不哭而神伤。嘏问曰:'妇人才色并茂为难。子之聘也,遗才存色,非难遇也,何哀之甚?'粲曰:'佳人难再得。顾逝者不能有倾城之异,然未可易遇也。'痛悼不能已已,岁余亦亡。亡时年二十九。粲简贵,不与常人交接,所交者一时俊杰。至葬夕,赴期者裁十余人,悉同年相知名士也,哭之,感恸路人。粲虽褊隘,以燕婉自丧,然有识犹追惜其能言。"

词写秋景,又用江淹老来才尽典,所谓"为伊才减江淹",犹云"思
君令人老";又用荀粲思亡妻而伤神典,显系悼亡之作。所谓"闲依露
井,笑扑流萤,惹破画罗轻扇",为忆昔;所谓"人静夜久凭阑,愁不归
眠,立残更箭。叹年华一瞬,人今千里,梦沉书远","空见说、鬓怯琼
梳,容销金镜,渐懒趁时匀染",则为感今。词义显豁,未知罗先生却何
以不察,在《清真集笺注》中反谓"《抄本海绡说词》'时序纷纭',岂其
然?"海绡翁虽未审及悼亡,谓"时序纷纭"亦未搔到痒处,然较罗先生
之谓"梅风虹雨,江南初夏;露井流萤,庭院清宵;绮情未衰,离思自苦;
此殆亦溧水之作也",似略胜一筹耳。不佞在作《周邦彦两入长安考》
时,亦未曾细按词义,以为此词作于少年游长安时,现在看来亦误矣,应
与以自讼与自正。邦彦有此二首悼亡词及《祭王夫人文》,足以证明其
续弦夫人王氏出身钱塘名门望族,与邦彦结缡后未久即卒。一再悼亡,
足见邦彦与王氏夫人感情之深耳。陈廷焯《云韶集》评此词曰:"婉约
芊绵,凄艳绝世,满纸是泪,而笔墨极尽飞舞之致。"可谓知言。周济
《宋四家词选目录序论·附录》曰:"入此(梅风地溽)三句,意味深
厚。"[1]陈洵《海绡翁说词稿》曰:"通篇只做前结三句。自起句至'更
箭',是去秋情事。'梅风'三句,又历春夏,所谓'年华一瞬'。'见说'
三句,'人今千里'。'谁信'三句,'梦沉书远'也。明河疏星,又到秋
景。前起逆入,后结仍用逆挽。构局精奇,金针度尽。"[2]惜前贤未审及
"情伤荀倩"句之含义,仅从手法着眼,则欲究其深,反得其浅耳。

　　王氏夫人既卒于邦彦任书职期间,亦即元符元年至三年(1098—
1100),则其母陈氏卒之下限起码当在此之前三年,亦即元符元年
(1098)改秘书省正字之前,因与王氏夫人结缡又在其母丧除之后故

---

[1]　唐圭璋编:《词话丛编》,第1649页。
[2]　同上书,第4870页。

耳。据此,知陈氏之卒只能在邦彦教授庐州与知溧水期间。然溧水
与钱塘正好南北相望,《友议帖》不应谓"此月末挈家归钱塘,展省坟
域,季春远当西迈",故又知其母卒于教授庐州时无疑。依宋守丧之
制,名曰三年,实则为二十七个月,前引《宋史·礼二五》与《礼二八》
记之甚详。

设若邦彦刚至庐州教授任不久,亦即元祐三年(1088)六、七月间
其母即卒,邦彦依制守丧,至元祐五年九、十月间服除,服除后与王氏夫
人成婚,成婚后即携王氏夫人复至庐州任,祭文又有"空馆见居,饮哺
寒衣"之句,与教授官职低微之情状亦复相当。元祐六年底又挈夫人
归钱塘"展省坟域",又于七年春只身(观后考可知)"西迈"赴庐州,
则与《友议帖》中语全合。又设若其母卒于元祐四年二、三月,则至
元祐六年五、六月间服除,与王氏夫人成婚后即赴庐州任,又于当年
冬归钱塘"展省坟域",七年春再只身赴庐州,亦与帖中语合。但若
再将其母卒之年月往后推,比如推至元祐四年(1089)六、七月间,则
至元祐六年(1091)九、十月间服除,与王氏夫人成婚后即赴庐州任,
但刚至庐州任暇不暖席,复又东归钱塘"展省坟域",似与理未通,不
合情理;若七年冬归钱塘,则八年春又当赴溧水任,与帖中语"西迈"
相矛盾。如此考察排比,知邦彦母之卒,只能在元祐三年六、七月至
元祐四年二、三月之间,似唯作此解,始合乎情理。虽尚无资料予以
确证,亦当无大谬。

《建康志》卷二七"溧水县厅壁县令题名"明谓"周邦彦元祐八年二
月到任",则知邦彦教授庐州在元祐三年至元祐七年,教授庐州即达五
年之久,即使除去为母守丧之时,邦彦在庐州教授任仍不满三年,何
以又移知溧水耶?这又牵涉到何谓"三年一任"的问题,所谓三年一
任,乃整言之,实际上自元丰改制后,即明确规定一任为三十个月。
《宋会要辑稿·职官六十》之二三载之甚明:

（徽宗崇宁）五年四月二十一日吏部状：昨准崇宁元年七月内手诏，牧守并以三年为任，内川、广路牧守，准当年十月敕，依元丰四年三月指挥，并三十个月为任。今来即未审川、广路牧守理年限，合以元丰四月（年）三日（月）敕，三十个月为任；或未审并合依今来正月二十五日敕，三考任满，伏乞明降指挥，诏依元丰法，三十个月为任。①

据此，若除去邦彦为母守丧之二十七个月，在庐州任已三十个月有余，亦即满一任，与宋制刚好相符。

现知邦彦父周原熙宁九年（1076）卒时五十一或五十二岁，邦彦二十一岁，其母最少亦当在四十岁左右，至元祐三年间卒时五十余岁，亦与其父一样，享年不永。《式古堂书考》卷一二有邦彦《负疴帖》曰：

邦彦顿首启：前日特辱降顾，闲冷之中，倍增感激。负疴屏迹，造谒不逮，第深悚惕。邦彦顿首启。②

上帖作时莫考，然观其"闲冷之中"语，似当作于教授庐州或守母丧时。"闲冷"者，闲散冷落也，唯教授庐州与守母丧时差可相似。暂系于此，以待更考。

第三节　周邦彦服除后再赴庐州任

帖谓"季春远当西迈"，如上所考，实为元祐七年（1092）春。《锁阳

① ［清］徐松辑：《宋会要辑稿》，上海古籍出版社2014年版，第八册，第4677页。
② ［清］卞永誉：《式古堂书考》，《影印文渊阁四库全书》本，第827册，第523页。

台》词当为再赴庐州后之作：

> 白玉楼高，广寒宫阙，暮云如幛褰开。银河一派，流出碧天来。无数星躔玉李，冰轮动、光满楼台。登临处，全胜瀛海，弱水浸蓬莱。
>
> 云鬟，香雾湿，月娥韵压，云冻江梅。况餐花饮露，莫惜徘徊。坐看人间如掌，山河影、倒入琼杯。归来晚，笛声吹彻，九万里尘埃。

"暮云"句，刘绘《同沈右率诸公赋鼓吹曲二首·巫山高》："散雨收夕台，行云卷晨障。""银河一派"，贯休《海觉禅师山院》："六环金锡飞来后，一派银河泻落时。""星躔玉李"，"躔"，指日月星辰在黄道上运行，也指其运行的轨迹。《吕氏春秋·季春纪》："月躔二十八宿，轸与角属，圜道也。精行四时，一上一下各与遇，圜道也。"李充《七月七日》诗："北极躔众星，玉机运六纲。""玉李"，李星的美称。《史记》卷二七《天官书》："左角，李；右角，将。""冰轮"，指月亮。庾肩吾《和望月》诗："渡河光不湿，移轮辙讵开。"王初《银河》诗："历历素榆飘玉叶，涓涓清月湿冰轮。""全胜"二句，《海内十洲记·凤麟洲》："凤麟洲在西海之中央，地方一千五百里，洲四面有弱水绕之，鸿毛不浮，不可越也。""月娥"二句，韦庄《浣溪沙》："暗想玉容何所似，一枝春雪冻梅花，满身香雾簇朝霞。""月娥"，即嫦娥。"餐花饮露"，屈原《离骚》："朝饮木兰之坠露兮，夕餐秋菊之落英。""坐看"三句，李贺《梦天》："遥望齐州九点烟，一泓海水杯中泻。"此词作年莫考，当为再赴庐州后之作，暂系于此。《清真集笺注》以为此词系伪词，入"附录词"。

题曰"怀钱塘"之《锁阳台》应作于庐州，其词曰：

> 山崦笼春，江城吹雨，暮天烟淡云昏。酒旗渔市，冷落杏花村。苏小当年秀骨，萦蔓草、空想罗裙。潮声起，高楼喷笛，五两了无

闻。　　凄凉,怀故国,朝钟暮鼓,十载红尘。但梦魂迢递,长到吴门。闻道花开陌上,歌旧曲、愁杀王孙。何时见、名娃唤酒,同倒瓮头春。

"山崦",山坳,山曲。江淹《郭弘农璞游仙》:"崦山多灵草,海滨饶奇石。""酒旗"二句,杜牧《清明》:"借问酒家何处有,牧童遥指杏花村。""苏小"三句,"苏小",即苏小小,此泛指钱塘名妓。郭茂倩《乐府诗集》卷八五引《乐府广题》曰:"苏小小,钱塘名倡也,盖南齐时人。"李贺《苏小小墓》:"草如茵,松如盖。风为裳,水为佩。"李白《行路难三首》之二:"昭王白骨萦蔓草,谁人更扫黄金台。"牛希济《生查子》:"记得绿罗裙,处处怜芳草。""喷笛",喷,指声音迸发。黄庭坚《念奴娇》:"老子平生,江南江北,最爱临风曲。孙郎微笑,坐来声喷霜竹。"傅干注东坡词《水龙吟·楚山修竹如云》阕曰:"善吹笛者,必俟气肃天清,风微月亮,聊作一二弄,遂臻其妙。""五两"句,"五两",古代测风的器具,用五两鸡毛结于高竿顶上,以测风之方向。《文选》郭璞《江赋》:"觇五两之动静。"注引许慎《淮南子注》曰:"综,候风也,楚人谓之五两也。"鲍照《吴歌三首》之三:"五两了无闻,风声那得达。""故国",此指故乡钱塘。"朝钟暮鼓",李咸用《山中》:"朝钟暮鼓不到耳,明月孤云长挂情。""闻道"三句,《苏轼诗集》卷十《陌上花三首·引》云:"游九仙山,闻里中儿歌《陌上花》。父老云:吴越王妃,每岁春必归临安,王以书遗妃曰:'陌上花开,可缓缓归矣。'吴人用其语为歌,含思宛转,而其词鄙野,为易之云。""瓮头春",瓮头,原指酒坛的瓮口。贾思勰《齐民要术·法酒》:"七月七日作法酒方:一石曲作糗饼,编竹瓮下,罗饼竹上,密泥瓮头。"后瓮头、瓮头春均特指初熟酒,或泛指春天的初熟酒。岑参《喜韩樽相过》:"三月灞陵春已老,故人相逢耐醉倒。瓮头春酒黄花脂,禄米只充沽酒资。"《清真集笺注》亦以此词为伪词,并按云:

"《苏幕遮》有云:'家住吴门,久作长安旅。'此云:'但梦魂迢递,长到吴门。'疑出拟作。"仅以与他词有句相仿者为伪词,不惟证据不足,亦欠谨严耳,不取。陈思《年谱》断此词作于元祐四年己巳(1089):

> 按:自元丰二年游京师,至本年,已十年矣,故《锁阳台》(怀钱塘)云:"凄凉,怀故国,朝钟暮鼓,十载红尘。"《玉楼春》又云:"满头聊作片时狂,顿减十年尘土貌。"此二词皆本年春作。教授庐州之命当在夏间未赴任前,先归杭州,故《蓦山溪》有"十载却归来,倦追寻、酒旗戏鼓"之句。起云"楼前疏柳,柳外无穷路。"柳曰"疏柳",则到杭时,秋意已深。[1]

谓《玉楼春》与《蓦山溪》亦作于此时未必尽然,然谓此词作于元祐年间则颇为有理。观其"山崦笼春,江城吹雨"两句,必作于离京南任之时。邦彦南任,唯庐州、溧水与处州三地耳。但接云"十载红尘",则处州与溧水均可排除,必为京师十年(邦彦自元丰元年底至京师,至元祐三年三月出教授庐州,不足十年,谓十年者整言之耳)之后至庐州作无疑。七年春归庐州。盖此次赴庐州未携夫人前往(观下词可知此断不妄),故始有此"怀钱塘"之作也。果若此,则陈氏断为元祐四年误矣。

据《清真集》词中所写地名,作于庐州任之词还有《宴清都》:

> 地僻无钟鼓。残灯灭、夜长人倦难度。寒吹断梗,风翻暗雪,洒窗填户。宾鸿漫说传书,算过尽、千侪万侣。始信得、庾信愁多,江淹恨极须赋。　　凄凉病损文园,徽弦乍拂,音韵先苦。淮山夜月,金城暮草,梦魂飞去。秋霜半入清镜,叹带眼、都移旧处。更久

---

① 陈思:《清真居士年谱》,《清真集校注》附录,第477页。

长、不见文君,归时认否。

"庾信"两句,南朝诗人庾信,使西魏,阻于兵,留长安。北周代西魏后,官至骠骑大将军、开府仪同三司,位虽通显,却常发乎为乡关之思,写《哀江南赋》与《愁赋》以寄意,故后世遂谓乡关之思为"庾愁"。叶廷珪《海录碎事》卷九《愁乐门》录庾信《愁赋》残文曰:"攻许愁城终不破,荡许愁门终不开。何物煮愁能得熟?何物烧愁能得然?闭户欲驱愁,愁终不肯去。深藏欲避愁,愁已知人处。"江淹曾作《别赋》,首句即曰:"黯然销魂者,唯别而已矣。""凄凉"三句,司马相如能赋,多病,知音乐,曾拜孝文园令,故云。其事见《史记》与《汉书》司马相如传。"徽弦",代琴弦。李肇《国史补》:"蜀中雷氏琴,最佳者玉徽,次琵琶徽,次金徽,次螺蚌徽。""淮山",又名第一山、慈氏山,在今江苏省盱眙县城内。苏轼等人有淮山诗。一说,泛指庐州一带的山岭,庐州宋属淮南西路。"金城",今属江苏南京市。《建康实录》卷九:"(桓温)累迁至琅琊内史,咸康七年,出镇江乘之金城。案:《图经》:金城,吴筑,在今县城东北五十里。中宗初于此立琅琊也。……(桓温)北伐经金城,见少为琅琊时所种柳,皆已十围,慨然叹曰:'树犹如此,人何以堪。'因攀枝涕泣。"一说,即金牛城,在庐州合肥县西北(今属合肥市)。"叹带眼"两句,《南史·沈约传》曰:"初,约久处端揆,有志台司,论者咸谓为宜。而帝终不用,乃求外出。与徐勉素善,遂以书陈情于勉,言己老病,'百日数旬,革带常应移孔,以手握臂,率计月小半分。'欲谢事,求归老之秩。""更久长"三句,文君,卓文君,此代指闺中妻子。《史记·司马相如列传》:"是时卓王孙有女新寡,好音。故相如缪与令相重,而以琴心挑之。相如之临邛,从车骑,雍容闲雅甚都;及饮卓氏,弄琴,文君窃从户窥之,心悦而好之,恐不得当也。既罢,相如乃使人重赐文君侍者通殷勤。文君夜亡奔相如,相如乃与驰归成都。"关于此词作年作地,陈思《年谱》谓作于元祐五年庚午(1090):

　　《宴清都》:"地僻无钟鼓,残灯灭,夜长人倦",又云"淮山夜月,金城暮草",又云"更久长、不见文君,归时认否"。《太平寰宇记·庐州·合肥县界楼》:"故城一名金牛城,在县西北。"《乾隆府厅州县考》:"庐州府,宋曰庐州,属淮南西路。小岘山在县东,大岘山在小岘东。六朝时趋建康,此为要道。故城在今县北,名金斗城。"按:地属淮南西路。故山曰淮山,金城即金斗之省也。离京已久,故云"久长、不见文君",此词当作于本年,或次年冬。若《倒犯》(咏月),则追忆庐州旧时月色。①

罗忼烈《周清真词时地考略》曰:

　　按《续修庐州府志》七:"金城河,即铁索涧,在合肥县西九十里。"词之"金城"指此河,非金牛城之省文。山月、河草,地极荒凉,故梦魂犹欲去之,前人谓此词"凄然欲绝"是也。

　　陈、罗二氏均以为作于庐州,至如"金城",二氏各有所据,然原之词义,莫若罗先生之谓"金城"为河之义胜也,因与上句正好山水相对耳。结尾谓"更久长、不见文君,归时认否",显为忆家之语,亦与前考谓未携家室者同。果若此,则此词亦应写于元祐七年。陈氏谓五年者误矣。词中又有"寒吹断梗,风翻暗雪,洒窗填户"等句,显为深冬或初春之候,则不写于七年春,即写于七年冬,因八年已离庐州移知溧水矣。邦彦刚至庐州,或至庐州未足一年,即怀念家室,足见其于王氏夫人感情之笃耳。未携家室,又至偏僻之地,感情落寞是很自然的。罗先生未详考邦彦履历,不知赴庐州并未携家室,故在《清真集笺注》中以为词

---

　　① 陈思:《清真居士年谱》,《清真集校注》附录,第478页。

中文君"当别有指拟"：

> 《友议帖》云："此月末挈家归钱塘，展省坟域，季春远当西迈。"盖二年春初携家回杭，然后赴任也。妇既相随，则词中所谓文君，当别有指拟，未可知也。

但到写《拥护新法的词人周邦彦》一文时，即提出"寄托"说：

> 《宴清都》大概是初到合肥之作。词人既从政治斗争败下阵来，满怀悲愤，而又从繁华的汴京跑到"巷陌凄凉"的合肥，精神上自然极度苦闷。所以词中表现的感情是寂寞孤零，怀念故人而音尘隔绝，身心憔悴而无可慰解，情景"凄然欲绝"。表面如此，字里行间却多弦外之音。"断梗"用李贺"弃去如断梗"诗句，比方漂泊在外，还有被遗弃的感慨。"寒吹断梗，风翻暗雪，洒窗填户"三句，景象阴森冷酷，有"比兴"作用，是讽刺政治气氛。"庾信愁多，江淹恨极"，本来就不是爱情上的离愁别恨。庾信滞留北朝，心怀故国，故多乡关之思；江淹《恨赋》，写的是志不得伸，"莫不饮恨而吞声"的人。他们都和政治有关系，却与爱情无涉。下阕写司马相如(文园)和卓文君相思相望，也是一种寄托手法。后人不审，认为男女思恋之作，简直谬以千里了。

这种处处讲寄托的评述，表面上看来是在抬高邦彦，实际上却是在贬低。邦彦词既然处处有寄托，无处不寄托，那么邦彦就是在把词作为政治斗争的武器，还算得上是什么词人呢？如此评述词作，无乃堕入专讲寄托之魔障乎？《诗渊》第六册"寿"字韵有周邦彦《寿宋守》诗二首，当作于教授庐州时。其一曰：

康(原缺,据《江西诗征》补)鼎谈经世少双,一时文物动虞庠。江湖虽隔金闺籍,衣袖仍间(《江西诗征》作"闻")玉案香。墨客几年陪画隼,板舆平日到谖堂。时清身健堪行乐,未见荆臻尤(《江西诗征》作"老")凤凰。

《江西诗征》卷一六亦有此诗,作刘季裴作。刘季裴字少度,长溪人,年二十六举绍兴十八年(1148)进士,历官秘书丞,监察御史,累官秘阁修撰。有《颐斋遗稿》。其人其事见《绍兴十八年同年小录》《南宋馆阁录》《宋中兴东宫官僚题名》等书。[1]"康鼎",即匡衡,宋人避宋太祖讳,呼"匡"曰"康"。元梁益《诗传旁通》卷一:"汉康衡,《西汉书》匡衡字稚圭,东海承人也。……宋讳匡字,故曰康。"郑樵《通志》卷七〇"汉丞相康衡"等,即其例。匡衡,字曰"鼎"。"金闺籍",金门所悬名牒,牒上有名者准其进入。后用以指在朝为官。谢朓《始出尚书省》:"既通金闺籍,复酌琼筵醴。"李善注:"金闺,即金门也。《解嘲》曰:'历金门,上玉堂。'应劭《汉书》注曰:'籍者,为二尺竹牒,记其年纪、名字、物色,悬之宫门,案省相应,乃得入也。'"韦应物《答韩库部》:"名列金闺籍,心与素士同。""玉案",玉饰之几案。梁简文帝《七励》:"金苏翠幄,玉案象床。"刘长卿《寻洪尊师不遇》:"道书堆玉案,仙被迭青霞。""墨客"句,意谓曾在皇帝身边作文字之臣,如中书舍人、翰林学士之类的官。"墨客",扬雄《长杨赋序》:"聊因笔墨之成文章,故借翰林以为主人,子墨为客卿以风。""板舆"句,潘岳《闲居赋》:"太夫人乃御板舆,升轻轩,远览王畿,近周家园。"后因以代指官吏在任迎养父母。板舆,古代一种用人抬的代步工具,多为老人乘坐。谖堂,母亲之居室。

---

① 参见昌彼得、王德毅等编《宋人传记资料索引》,台湾鼎文书局 1987 年版,第3964 页。

《诗经·卫风·伯兮》:"焉得谖草,言树之背。"毛传:"谖草令人忘忧;背,北堂也。"陆德明释文:"谖,本又作萱。"谓北堂树萱,可以令人忘忧。古制,北堂为主妇之居室。"凤凰",喻才德高尚的人。《南史·范云传》:"昔与将军俱为黄鹄,今将军化为凤皇。""凤凰",亦作凤皇。

《寿宋守》其二曰:

> 珥笔曾趋殿两间,冰姿清彻照朝班。民讴在处思廉范,谏疏何人忆贾山。竹简翻经秋闲阁,玉棋欢客夜留关。直须剩饮邦人寿,天上如今欲赐环。

"珥笔",古代史官、谏官上朝,常插笔冠侧,以便记录,谓之"珥笔"。曹植《求通亲亲表》:"安宅京师,执鞭珥笔。出从华盖,入侍辇毂。"《文选》李善注:"珥笔,戴笔也。""民讴"句,《后汉书·廉范传》:"建初中,迁蜀郡太守,其俗尚文辩,好相持短长,范每厉以淳厚,不受偷薄之说。成都民物丰盛,邑宇逼侧,旧制禁民夜作,以防火灾,而更相隐蔽,烧者日属。范乃毁削先令,但严使储水而已。百姓为便,乃歌之曰:'廉叔度,来何暮? 不禁火,民安作,平生无襦今五裤。'""谏疏"句,《汉书·贾山传》:"孝文帝时,(贾山)言治乱之道,借秦为喻,名曰《至言》。""其后文帝除铸钱令,山复上书谏,以为变先帝法,非是。又讼淮南王无大罪,宜急令反国。又言柴唐子为不善,足以戒。章下诘责,对以为'钱者,亡用器也,而可以易富贵。富贵者,人主之操柄也,令民为之,是与人主共操柄,不可长也。'其言多激切,善指事意,然终不加罚,所以广谏争之路也。""竹简"句,《后汉书·蔡伦传》:"自古书契多编以竹简,其用缣帛者谓之为纸。"晋荀勖《穆天子传序》:"汲县民不准盗发古冢书也,皆竹简素丝编,以臣勖所考定古尺度,其简长二尺四寸,以墨书,一简四十字。""玉棋"句,《汉书·陈遵传》:"遵耆酒,每大饮,宾客满堂,辄关门,取客车辖投井中,虽有急,终不得去。"颜师古注云:"耆读曰嗜。""剩饮",犹盛饮。"剩"与"盛"通。"天上"句,意谓将遇天子之赦而回朝。《荀子·大略》:"绝人以玦,反绝以环。"杨倞注:"古者臣有罪待放于境,三年不敢去,与之环则还,与之玦则绝,皆所以见意也。"

按:《诗渊》著录于《文渊阁书目》,而《书目》编录完成于明英宗正统六年(1441)。据该书卷首杨士奇等《题本》,《书目》所收,乃"本朝御制及古今经史之书,自永乐十九年南京取回来"者,则知《诗渊》最迟成书于永乐十九年(1421)之前。而《江西诗征》则成书较晚。且两诗相较,其赠主均为因故而被贬官外任者。若第一首为南宋人刘季裴作,岂赠主巧合如此耶? 又,第一首有"时清身健堪行乐"句,而刘季裴所处的时代,正当宋、金交兵时,并非"时清身健堪行乐"时也。故愚以为此二诗均当为周邦彦所作。

宋守为谁? 以其仅有姓而无名,探索无门。原之以情理,一般祝寿当为下对上,即年龄小官职微为年龄大官职高者祝寿。且二诗之赠主,乃一曾任翰林学士或中书舍人与谏官,因失皇帝恩宠而外任太守者,故知其作于非在京时明矣。然邦彦外任之庐州、溧水、河中、隆德、明州、真定、顺昌等地,其上司均无宋姓者,岂其邻州之守耶? 考证原情两无着落。然第一首末句谓"未见荆臻尤凤凰",庐州在宋时为华夷杂居僻野之地,与诗中所谓"荆臻"者合。故暂系于此,以俟方家。

第四节　周邦彦词中知溧水行踪

至如"知溧水县",强焕《题周美成词》曰:"待制周公,元祐癸酉春中为邑长于斯。""元祐癸酉"即元祐八年(1093),这是记邦彦至溧水任的最早资料,况且《建康志》卷二七"溧水县厅壁县令题名"亦明谓"周邦彦元祐八年二月到任",以一任三十个月计之,其离溧水任最迟亦当在绍圣二年(1095)冬(详说见后章考)。

溧水,宋属江南东路江宁府。《宋史·地理四》载:"(江南)东路。府一:江宁。州七:宣,徽,江,池,饶,信,太平。军二:南康,广德。""江宁府,上,开宝八年,平江南,复为升州节度。天禧二年,升为建康军节度。旧领江南东路兵马钤辖。建炎元年,为帅府。三年,复为建康府,统太平、宣、徽、广德。……县五:上元,(次赤。)江宁,(次赤。)句容,次畿。天禧四年,改为常宁。溧水,(次畿。)溧阳。(次畿。)"①

溧水隶江宁府,属江南东路。据《北宋经抚年表》载,元祐八年至绍圣二年(1093—1095),先后知江宁者,元祐八年为曾肇,绍圣元年闰月癸巳至是年十月为吕惠卿,绍圣元年十月至二年为何正臣。《景定建康志》卷一三载:"(元祐八年)四月二十八日,左朝散大夫、宝文阁待制曾肇知府事。绍圣元年二月八日,肇改知瀛洲;二年天章阁待制何正臣知府事,自正臣始,凡知府事皆兼江南东路兵马钤辖;三年,资政殿学士吕惠卿知府事;四年,龙图阁待制陈轩知府事。"②与《年表》小异。四人之中,陈轩知府事在绍圣四年,与邦彦无关。清真词作于此时之可考者,如题作"夏日溧水无想山作"之《满庭芳》词曰:

> 风老莺雏,雨肥梅子,午阴嘉树清圆。地卑山近,衣润费炉烟。人静乌鸢自乐,小桥外、新绿溅溅。凭栏久,黄芦苦竹,疑泛九江船。
> 年年。如社燕,漂流瀚海,来寄修椽。且莫思身外,长近尊前。

---

① [元]脱脱:《宋史》,第2186页。
② [宋]周应合:《景定建康志》,《宋元方志丛刊》本,第二册,第1488页。

憔悴江南倦客，不堪听、急管繁弦。歌筵畔，先安簟枕，容我醉时眠。

"无想山"，《景定建康志》卷二一："韩熙载读书堂在溧水无想寺中，《熙载集》有赠寺僧诗：'无想景悠远，山屏四庙开。凭师领鹤去，待我挂冠来。药为依时采，松宜绕舍栽。林泉自多兴，不是效刘雷。'""风老莺雏"，杜牧《赴京初入汴口晓景即事先寄兵部李郎中》："露蔓虫丝多，风蒲燕雏老。""雨肥梅子"，杜甫《陪郑广文游何将军山林十首》之五："绿垂风折笋，红绽雨肥梅。""地卑"二句，杜甫《遣兴》："地卑荒野大，天远暮江迟。"白居易《代书诗一百韵寄微之》："润销衣上雾，香散室中芝。"此二句意谓靠近山陵，地势卑湿，衣物易受潮，颇耗费炉火烘熏。"黄芦"二句，白居易《琵琶行》："住近湓江地低湿，黄芦苦竹绕宅生。""社燕"，《正字通》："社，时令。有社日，立春后五戊为春社，祭后土也；立秋后逢五戊为秋社。"燕子于春社前北归，于秋社后南飞，故云。欧阳澥《咏燕上主司郑愚》："长向春秋社前后，为谁归去为谁来。"《史记·卫将军骠骑列传》："（霍去病）封狼居胥山，禅于姑衍，登临瀚海。"司马贞《索隐》引崔浩说："群鸟之所解羽，故云瀚海。"并引《广异志》："在沙漠北。"修椽，承屋瓦的长椽。杜甫《回棹》："几杖将衰齿，茅茨寄短椽。"此句意谓自己身如社燕，到处漂泊，寄身之地如社燕之栖屋椽。"且莫"二句，用藏词的方法，从杜甫《绝句漫兴九首》之四"莫思身外无穷事，且尽尊前有限杯"中化出。"醉时眠"，《南史·陶潜传》："（陶）潜若先醉，便语客：'我醉欲眠，卿可去。'其真率如此。"

陈思《年谱》："《满庭芳》（夏日溧水无想山作）：按'人静乌鸢自乐，小桥外、新绿溅溅。''新绿'之名，当即缘此。《江宁府志》：'无想山在溧水县南十五里，其巅有泉，下注成瀑布。'"[1]罗亦主此说，是。郑文焯校谓:"此云无想山,盖亦美成所命,亦神仙家言也。"可参。然陈氏断此词作于绍圣元年(1094),证据似嫌不足,不具论可也。

题作"中山县姑射亭避暑作"之《隔浦莲近拍》词曰:

> 新篁摇动翠葆。曲径通深窈。夏果收新脆,金丸落、惊飞鸟。浓翠迷岸草。蛙声闹。骤雨鸣池沼。　　水亭小。浮萍破处,帘花檐影颠倒。纶巾羽扇,困卧北窗清晓。屏里吴山梦自到。警觉。依然身在江表。

"中山",在溧水县东南。《太平寰宇记·升州·溧水县》:"中山,又名独山,在县东南十里,不与群山连接,古老相传中山有白兔,世称为笔最精。山前有水源,号为独水。""姑射",强《题》曰:"故自到任以来,访其政事,于所治后圃,得其遗政,有亭曰'姑射',有堂曰'萧闲',皆取神仙中事,揭而名之。""新篁",新生之竹。"翠葆",形容草木青翠茂盛。杜牧《华清宫三十韵》:"嫩岚滋翠葆,清渭照红妆。""金丸",葛洪《西京杂记》卷四:"韩嫣好弹,常以金为丸,所失者日有十余。长安为之语曰:'苦饥寒,逐金丸。'京师儿童,每闻嫣出弹,辄随之,望丸之所落,辄拾焉。'"后亦以喻黄色小果实。庾肩吾《谢樱桃启》:"同秦人之逐弹,似得金丸。"李白《少年子》:"金丸落飞鸟,夜入琼楼卧。""帘花檐影",丘迟《答徐侍中为人赠妇诗》:"俱看依井蝶,共取落檐花。"何逊《为人妾怨诗》:"燕戏还檐际,花飞落枕前。"刘孝威《和帝里烛诗》:"开关帘影出,参差风焰斜。"此谓檐前花、珠帘影俱映入水中,故云"颠倒"。"纶巾",冠名,一名诸葛巾,以青丝缯为之。《正字通·服饰部》:"纶巾,巾名。世传孔明军尝服之。"《晋书·谢万传》:"简文帝作相,闻其名,召为抚军从事中郎。万着白纶巾,鹤氅裘,履版而前,既见,与帝共谈移日。""羽扇",以鸟羽所作之扇。《太平御览》卷七〇二引裴启

《语林》:"(诸葛)武侯与宣王(司马懿)在渭滨将战,武侯乘素舆,葛巾,白羽扇,指挥三军,三军皆随其进止。""北窗",陶潜《与子俨等疏》:"少学琴书,偶爱闲静,开卷有得,便欣然忘食。见树木交荫,时鸟变声,亦复欣然有喜。尝言五、六月中北窗下卧,遇凉风暂至,自谓是羲皇上人。"《年谱》谓此词亦作于绍圣元年(1094),则似太板。

题作"溧水长寿乡作"之《鹤冲天》二首,其一曰:

> 梅雨霁,暑风和。高柳乱蝉多。小园台榭远池波。鱼戏动新荷。　　薄纱幮,轻羽扇。枕冷簟凉深院。此时情绪此时天。无事小神仙。

"溧水长寿乡",《景定建康志》卷一六《疆域志》载:"溧水有长寿乡,在县北。"郑文焯《清真词校后录要》曰:"集中《隔浦莲近》题云'中山县圃姑射亭避暑作',《满庭芳》题云'夏日溧水无想山作',《鹤冲天》题云'溧水长寿乡作',此三阕当属元祐癸酉官溧邑时所作,证以强《题》,称其所治后圃,有亭曰姑射,堂曰消闲,皆取神仙中事揭而名之,则所注无想山、长寿乡亦其遗迹,足补强《题》所未及也。"[1]吴则虞《清真集》校勘记亦曰:"此长寿乡亦必美成以神仙中言自名所属者,当与无想山同,堪补强《序》所未及。"殊不知无想山、长寿乡古已有之,郑、吴二氏未考而臆测耳。"梅雨",周处《风土记》:"梅熟时雨,谓之梅雨。"陈善《扪虱新话》:"江湘二浙四、五月间梅欲黄而雨,谓之梅雨。""高柳"句,陆机《拟明月何皎皎》:"凉风绕曲房,高柳鸣寒蝉。""鱼戏"句,谢朓《游东田》:"鱼戏新荷动,鸟散余花落。""薄纱幮",形状像橱的床帐。《广韵·平虞》:"幮,帐也,似厨形也,出陆该《字林》。"尉迟偓《中

---

① [宋]周邦彦著,罗忼烈笺注:《清真集笺注》,第623页。

朝故事》："路岩即贬儋州百姓,至江陵,籍没家产,不知纪极,有蚊幮一
领,轻密如碧烟,人疑其鲛绡也。""无事"句,庾信《燕歌行》："蒲桃一杯千
日醉,无事九转学神仙。"魏野《述怀》："有句闲富贵,无事小神仙。"

其二曰:

> 白角簟,碧纱幮。梅雨乍晴初。谢家池畔正清虚。香散嫩芙
> 蕖。　　日流金,风解愠。一弄素琴歌韵。慢摇纨扇诉花笺。吟
> 待晚凉天。

"白角簟",《资治通鉴·后晋高祖天福七年》："地衣,春夏用角簟,
秋冬用木绵。"胡三省注："角簟,剖竹为细篾,织之,藏节去筘,莹滑可
爱,南蛮或以白藤为之。"曹松《白角簟》："角簟工夫已到头,夏来全占
满床秋。""谢家池畔",因谢灵运《登池上楼》有"池塘生春草,园柳变鸣
禽"一联名句,故称。"芙蕖",荷的别称。《尔雅·释草》："荷,芙蕖。"
"日流金",《文选》宋玉《招魂》："十日代出,流金砾石些。"王逸注曰:
"言东方扶桑之木,十日并在其上,以次更行,其势酷烈,金石坚刚皆为
销释。""风解愠",《孔子家语·辩乐解》："昔者舜弹五弦之琴,造《南
风》之诗,其诗曰:'南风之熏兮,可以解吾民之愠兮。南风之时兮,可
以阜吾民之财兮。'"

又,《红林檎近》二首,其一题曰"咏雪":

> 高柳春才软,冻梅寒更香。暮雪助清峭,玉尘散林塘。那堪飘
> 风递冷,故遣度幕穿窗。似欲料理新妆。呵手弄丝簧。　　冷落
> 辞赋客,萧索水云乡。援毫授简,风流犹忆东梁。望虚檐徐转,回
> 廊未扫,夜长莫惜空酒觞。

"高柳"句,梁简文帝《和湘东王阳云楼檐柳诗》："柳枝无极软,春

风随意来。""东梁",谢惠连《雪赋》:"梁王不悦,游于兔园,召乃置旨酒,命宾友。召邹生,延枚叟。相如末至,居宾之右。俄尔微霰零,密雪下。王乃歌《北风》于《卫诗》,咏《南山》于《周雅》。授简于司马大夫,曰:'抽子秘思,骋子妍辞,侔色揣称,为寡人赋之。'……其为状也,散漫交错,氛氲萧索。"兔园为汉梁孝王置,在今河南商丘市东,而古梁地在西面,故称"东梁"。另据《史记·司马相如列传》载:"(相如)因病免,客游梁,梁孝王令与诸生同舍。相如得与诸生游士居数岁,乃著《子虚》之赋。"此句乃邦彦借喻作《汴都赋》,颇见自得、自豪之意。然却是以"冷落辞赋客"的面貌自得、自豪的,哪里有"新党代表人物"的面貌可寻?须知此正当新党执政之时,何不言"冷落刘司马",以唤醒当政者的同情,召自己回京呢?"回廊未扫",《后汉书》卷四五《袁安传》:"袁安,字邵公,汝南汝阳人也。"注引《汝南先贤传》曰:"时大雪积地丈余,洛阳令身出案行,见人家皆除雪出,有乞食者,至袁安门,无有行路,谓安已死,令人除雪入户,见安僵卧。问何以不出,安曰:'大雪人皆饿,不宜干人。'令以为贤,举为孝廉。"

其二题曰"雪晴",显为一时之作:

> 风雪惊初霁,水乡增暮寒。树杪堕毛羽,檐牙挂琅玕。才喜门堆巷积,可惜迤逦销残。渐看低竹翩翩。清池涨微澜。　　步屐晴正好,宴席晚方欢。梅花耐冷,亭亭来入冰盘。对前山横素,愁云变色,放杯同觅高处看。

"增暮寒",祖咏《终南望余雪》:"林表明霁色,城中增暮寒。""堕毛羽"二句,从韩愈《咏雪赠张籍》诗意中化出:"定非炫鹄鹭,真是屑琼瑰。"陈元龙注曰:"'定非炫鹄鹭',堕毛羽也;'真是屑琼瑰','琅玕'当得此余意。""琅玕",以美玉喻冰凌。《淮南子·地形训》:"西北方之美者,有昆仑之球琳、琅玕焉。"高诱注曰:"球琳、琅玕皆美玉也。""销残",元稹《和乐天早春见寄》:"湖添水色消残雪,江送潮头涌漫波。""清池"句,陆机《招隐诗二首》之一:"芳兰振蕙叶,玉泉涌微澜。""步屐"句,《宋书·谢灵运传》:"(谢灵运)寻山陟岭,必造幽峻,岩嶂千重,莫不备尽。登蹑常着木履,上山则去前齿,下山去其后齿。"杜甫《答郑十七郎一绝》:"雨后过畦润,花残步屐迟。"

《年谱》以为此二词绍圣二年作于溧水,并引资料以证之曰:

> 《太平寰宇记》:"溧水县庐山,在县东二十里,有水源三派,并入秦淮,合大江。赣船山,一名感泉山,在县南十二里。山有青丝洞,泉脉泓澄,四时不绝。丹阳湖在县西南。石臼湖在县东南三十里,西连丹阳湖,岸广一百六十余里,军山、塔子、马头、雀垒四山,并在湖中。"《江宁府志》:"秦淮水有二源,其西源出溧水东庐山,西北流,过溧水城东北乌刹桥,与明胭脂河合。胭脂河首,引高淳、石臼湖水,西入溧水界;又东至洪蓝埠,入山;又东北流,过天生桥,出山,受溧水城西南山溪;又北流,过沙河桥,东出通城壕,西北入秦淮水。澳洞山,在溧水县西南二十五里。"按丹阳、石臼二湖皆在县,秦淮西源及胭脂河水环经县城,故《咏雪》云:"萧索水云乡。"《雪晴》云:"水乡增暮寒""对南山横素"。"南山"即赣船山也。①

陈氏所言极是。复从邦彦行踪考之,亦当非作于溧水莫可。词有"萧索水云乡"句,"水云乡"泛指江南地区。邦彦出任"水云乡"者唯庐州、溧水、明州三地,然明州与"萧索"句不侔。"萧索"者,官、地皆"萧索"

---

① 陈思:《清真居士年谱》,《清真集校注》附录,第480页。

耳。以官、地皆"萧索"原之,仅有溧水一地,故此词写于任溧水县令时,即元祐八年至绍圣三年(1093—1096)。俞平伯《论诗词曲杂著》评此二首曰:"两首写雪景,由初雪而大雪,而晴雪,而再雪,两首可作一篇读,文笔细腻,写景明活,在清真长调中也是突出的作品。"是俞先生亦将此二首视为一时之作矣。陈、罗二氏均以为此二词作于溧水,陈氏且以为作于绍圣二年。陈、罗说是。其实不唯此二首,罗氏《时地考略》曰:

> 以集中咏梅诸作,考诸宦迹久淹之地,当以溧水最合。盖地属江南水乡,江河涧溪湖沼遍布,盛产梅花,词中"玉尘散林塘""清池涨微澜",似在中山县圃对雪赏梅之语,谓新绿、隔浦之池。至"萧索水云乡""水乡增暮寒""前山横素"等语,则指溧水之地也。

他如题作"咏雪"之《满路花》词曰:

> 金花落烬灯,银砾鸣窗雪。庭深微漏断,行人绝。风扉不定,竹圃琅玕折。玉人新间阔。着这情怀,更当恁地时节。　　无言欹枕,帐底流清血。愁如春后絮,来相接。知他那里,争信人心切。除共天公说。不成也还,似伊无个分别。

"金花"句,指灯花。灯油烬时则灯花落。"银砾",喻雪粒。梁简文帝《同刘咨议咏春雪》:"晚霰飞银砾,浮云暗未开。""竹圃"句,杜荀鹤《雪》:"江湖不见飞禽影,岩谷时闻折竹声。""琅玕",此喻绿竹色如翠玉。苏辙《开窗》:"绿竹琅玕色,红葵旌节花。""清血",指眼泪。《韩非子·和氏第十三》:"楚人和氏得玉璞楚山。奉而献之,厉王使玉人相之,玉人曰:'石也。'王以和为诳,而刖其左足。及厉王薨,武王即位,和又奉其璞而献之武王,武王使玉人相之,又曰:'石也。'王又以和为玞,而刖其右足。武王薨,文王即位。和乃抱其璞,而哭于楚山之下,三日三夜泣尽而继之以血。王闻之,使人问其故,曰:'天下之刖者多矣,子奚哭之悲也!'和曰:'吾非悲刖也,悲夫宝玉而题之以石,贞士而名之以玞,此吾所以悲也。'王乃使玉人理其璞,而得宝焉,遂命曰和氏之璧。"贯休《古塞下曲四首》之二:"岂知塞上望乡人,日日双眸滴清血。""愁如"句,杜牧《题安州浮云寺楼寄湖州张郎中》:"楚岸柳何穷,别愁纷若絮。"皎然《拟长安春词》:"春絮愁偏满,春丝闷更繁。"观词义似亦作于溧水者。

又如题作"早梅"之《玉烛新》词曰:

> 溪源新腊后。见数朵江梅,剪裁初就。晕酥砌玉,芳英嫩、故把春心轻漏。前村昨夜,想弄月黄昏时候。孤岸峭、疏影横斜,浓香暗沾襟袖。　樽前赋与多才,问岭外风光,故人知否。寿阳谩斗。终不似,照水一枝清瘦。风娇雨秀。好乱插繁花盈首。须信道、羌笛无情,看看又奏。

"溪源",小溪源头处。"剪裁初就",梁元帝《咏石榴诗》:"叶翠如新剪,花红似故裁。""春心轻漏",梁武帝《子夜四时歌·春歌四首》之一:"春心一如此,情来不可限。"此处以花心喻春心,借指春光。《诗话总龟》前集卷一三引《诗史》载臧谋《梅花诗》:"绿杨解语应相笑,漏泄春光却是谁?""前村"句,齐己《早梅》:"前村深雪里,昨夜一枝开。""问岭外"二句,岭外,犹言大庾岭外。王维《杂诗》:"君自故乡来,应知故乡事。来日绮窗前,寒梅着花未。""寿阳"句,《太平御览》卷九〇七十引《宋书》曰:"武帝女寿阳公主,人日卧于含章(殿)檐下,梅花落公主额上,成五出之花,拂之不去,皇后留之。自后有梅花妆,后人多效之。""斗",比赛。"羌笛"二句,笛曲中有《梅花落》曲,此暗喻梅花落。

《年谱》《时地考略》不及此二词，其实亦当为溧水之作。

《菩萨蛮》词曰：

> 银河宛转三千曲。浴凫飞鹭澄波绿。何处是归舟。夕阳江上楼。　　天憎梅浪发。故下封枝雪。深院卷帘看。应怜江上寒。

"银河"二句，江总《内殿赋新诗》："织女今夕渡银河，当见新秋停玉梭。"杜甫《涪城县香积寺官阁》："小院回廊春寂寂，浴凫飞鹭晚悠悠。"李白《登金陵凤凰台》："三山半落青天外，二水中分白鹭洲。"王安石《桂枝香·金陵怀古》："彩舟云淡，星河鹭起，画图难足。"李白诗、王安石词均指金陵一带的河流，此二句似亦以银河形容长江的河形和水色。"何处"二句，何逊《慈姥矶诗》："客悲不自已，江上望归舟。""深院"二句，与"何处"二句对应，因念归人，故云。《时地考略》曰："起句指环绕县（溧水县）城之秦淮西源及胭脂河，二水穿插河梁城壕间，受城西南山溪水，故云'银河宛转三千曲'也。词中两云'江上'，亦指二水。"罗说可参。词首句所写，即便不是溧水秦淮源头之景，亦是南京秦淮之景，故知作于溧水任上盖无疑义。

《侧犯》词曰：

> 暮霞霁雨，小莲出水红妆靓。风定。看步袜江妃照明镜。飞萤度暗草，秉烛游花径。人静。携艳质、追凉就槐影。　　金环皓腕，雪藕清泉莹。谁念省。满身香、犹是旧荀令。见说胡姬，酒垆寂静。烟锁漠漠，藻池苔井。

"小莲"，《北史·冯淑妃传》："冯淑妃名小怜，……慧黠能弹琵琶，工歌舞。"《太平御览》卷九七五《果部·莲》引《三国典略》曰："周平

齐,齐幼主、胡太后等并归于长安。初,武成殂后有谣云:'千钱买果
园,中有芙蓉树。破券不分明,莲子随他去。'调甚悲苦,至是应焉。"又
曰:"高纬所幸冯淑妃名小莲也。""莲""怜"音相谐,故知"小莲"即"小
怜"也。"看步袜"句,合用江妃及洛神典。《文选》曹植《洛神赋》:"凌
波微步,罗袜生尘。"注:"凌波而罗袜生尘,言神人异也。"《列仙传》:
"江妃二女游于江滨,逢郑交甫,遂解佩与之。交甫受佩而去,数十步,
怀中无佩,女亦不见。"张耒《对莲花戏寄晁应之》:"水宫仙女斗新妆,
轻步凌波踏明镜。""雪藕",喻佳人肤色。"满身香"二句,《太平御览》
卷七〇三引晋习凿齿《襄阳记》:"荀令君至人家,坐处三日香。"案:荀
令君即荀彧,字文若,为侍中,守尚书令,故称荀彧为荀令。传说他曾得
异香,用以薰衣,余香三日不绝。徐陵《乌栖曲二首》之二:"风流荀令
好儿郎,偏能傅粉复熏香。""见说"二句,《左传·哀公六年》:"乃受盟。
使胡姬以安孺子如赖。"注曰:"胡姬,(齐)景公妾也。"《玉台新咏》辛
延年《羽林郎》:"昔有霍家奴,姓冯名子都。依倚将军势,调笑酒家胡。
胡姬年十五,春日独当垆。"罗先生《清真集笺注》云:

> 出水芙蓉,步袜江妃,所写当是隔浦之莲。槐影追凉,花径秉
> 烛,亦《满庭芳》"莫思身外,且近尊前"之意。自起句至过遍第二
> 句,皆夏夜县圃行乐情景。熏香荀令,当垆胡姬,则缅怀汴京少年
> 游也。时在绍圣,旧党既去,新党登坛,未见召命,故有所思耳。

可是正好用罗先生的话反问罗先生:既然"旧党既去,新党登坛",
为什么还不见内召邦彦呢?以新党目邦彦,自是罗先生之成见。其实
此时之邦彦,乃一风流倜傥之才人耳,观其词可知。然罗先生断此词为
溧水之作,极是。

题曰"梅雪"之《三部乐》亦应作于溧水,其词曰:

浮玉飞琼,向邃馆静轩,倍增清绝。夜窗垂练,何用交光明月。近闻道、官阁多梅,趁暗香未远,冻蕊初发。倩谁折取,持赠情人桃叶。　　回文近传锦字,道为君瘦损,是人都说。只如染红着手,胶梳粘发。转思量、镇长堕睫。都只为、情深意切。欲报信息,无一句、堪喻愁结。

　　"浮玉",指雪花飞舞,如飘浮的玉子。任昉《同谢朏花雪诗》:"散葩似浮玉,飞英若总素。"无名氏《白雪歌》:"皇穹何处飞琼屑,散下人间作春雪。""夜窗"二句,杜甫《冬末以事之东都湖城东遇孟云卿复归刘颢宅宿宴饮散因为醉歌》:"照室红炉促曙光,萦窗素月垂文练。"姚合《咏雪》:"与月交光呈瑞色,共花争艳傍寒梅。"此反用之。二句意谓冬雪无月的夜晚,雪色映进窗口,无须与月色激射,也如一束白练垂照。"倩谁"二句,《乐府诗集》卷四五引《古今乐录》曰:"《桃叶歌》者,晋王子敬之所作也。桃叶,子敬妾名,缘于笃爱,所以歌之。……子敬,献之字也。""为君瘦损",王僧孺《为人宠姬有怨诗》:"是妾愁成瘦,非君重细腰。""染红着手",即用凤仙花染红指甲。清代富察敦崇《燕京岁时记·染指甲》中有记载:"凤仙花即透骨草,又名指甲草。五月花开之候,闺阁儿女取而捣之,以染指甲,鲜红透骨,经年乃消。""胶梳粘发",《汉武故事》:"陈皇后废,立卫子夫为皇后。初,上行幸平阳主家,子夫为讴者,善歌,能造曲,每歌挑上,上意动,起更衣,子夫因侍衣得幸,头解,上见其美发悦之,欢乐。主遂内子夫于宫。"卫子夫以美发被宠,因有青春貌美的象征意义,而发落粘梳,则暗示红颜老去。李贺《浩歌》中"漏催水咽玉蟾蜍,卫娘发薄不胜梳"之句即此意。"镇长",二字重言为意。张相《诗词曲语辞汇释》:"镇,犹常也;长也;尽也。""堕睫",《文选》陆机《吊魏武帝文》:"气冲襟以鸣咽,涕垂睫而汍澜。"注引《桓子新论》:"雍门周以琴见孟尝君,孟尝君泪承睫,涕出。""愁结",皮日休《三羞诗三首》之一："而于方寸内,未有是愁结。"冯延巳《鹊踏枝》:"绕砌蛩声芳草歇,愁肠学尽丁香结。"

《满江红》词曰:

> 昼日移阴,揽衣起、春帷睡足。临宝鉴、绿云撩乱,未忺装束。蝶粉蜂黄都褪了,枕痕一线红生玉。背画栏、脉脉尽无言,寻棋局。
>
> 重会面,犹未卜。无限事,萦心曲。想秦筝依旧,尚鸣金屋。芳草连天迷远望,宝香熏被成孤宿。最苦是、蝴蝶满园飞,无心扑。

"蝶粉蜂黄",宫中时妆。李商隐《酬崔八早梅有赠兼示之作》:"何处拂胸资蝶粉,几时涂额借蜂黄。"罗大经《鹤林玉露》卷四云:"《道藏经》云:'蝶交则粉退,蜂交则黄退。'周美成词云'蝶粉蜂黄浑退了',正用此也。而说者以为宫妆,且以'退'为'褪',误矣。"沈际飞《草堂诗余正集》引茗溪云:"'蝶粉蜂黄都过','过'字乃'褪'字。蝶粉蜂黄,宫中时妆。宋子京《蝶恋花》词'泪落胭脂,界破蜂黄浅',则知方睡起时,宫妆褪尽,所见唯一线枕痕。如以蜂蝶时节都过,与下句不属,兼卒章蝶飞相发,此说可据矣。罗鹤林引《道藏经》'粉退''黄退',谓美成词乃'退'字,非'褪'字,其说更确。无言寻棋局,无心扑蝴蝶,思路绝灵。"可并参。"红生玉",肤色白里透红并有光泽。葛洪《西京杂记》卷一:"赵后(飞燕)体轻腰弱,善行步进退,女弟昭仪(合德)不能及也。但昭仪弱骨丰肌,尤工笑语。二人并色如红玉,为当时第一,皆擅宠后宫。""寻棋局",李远《残句》:"青山不厌三杯酒,长日唯消一局棋。"此处还化用晋《子夜歌四十二首》之九:"明灯照空局,悠然未有期。"此词上阕写意中人春闺幽情,下阕写别后无心赏春景之情怀,当作于离京外任时。然究竟作于何时何地,未能详考,暂系于知溧水时。

《庆春宫》词曰:

云接平岗,山围寒野,路回渐转孤城。衰柳啼鸦,惊风驱雁,动人一片秋声。倦途休驾,淡烟里、微茫见星。尘埃憔悴,生怕黄昏,离思牵萦。　　华堂旧日逢迎。花艳参差,香雾飘零。弦管当头,偏怜娇凤,夜深簧暖笙清。眼波传意,恨密约、匆匆未成。许多烦恼,只为当时,一晌留情。

"惊风驱雁",鲍照《代白纻曲二首》之一:"北风驱雁天雨霜,夜长酒多乐未央。""生怕",只怕,最怕。"娇凤",此指玉笙声音清亮如凤鸣。梁武帝《凤笙曲》:"绿耀克碧雕琯笙,朱唇玉指学凤鸣。流速参差飞且停。飞且停,在凤楼,弄娇响,间清讴。"韩维《寄秦川马从事》:"宴洽翠娥连象榻,夜寒娇凤泥银黄。""簧暖笙清",周密《齐东野语》卷一七"笙炭"条载吴郡王及平原郡王两家侈盛之事:"只笙一部,已是二十余人。自十月旦至二月终,日给焙笙炭五十斤,用绵熏笼藉笙于上,复以四和香熏之。盖笙簧必用高丽铜为之,舣以绿蜡,簧暖则字正而声清越,故必用焙而后可。陆天随诗云:'妾思冷如簧,时时望君暖。'乐府亦有'簧暖声清'之语,举此一事,余可想见也。"王国维《人间词话删稿》:"词家多以景寓情。其专作情语而绝妙者,……美成之'许多烦恼,只为当时,一晌留情',此等词,求之古今人词中,曾不多见。"陈洵《海绡翁说词稿》:"前阕离思,满纸秋气。后阕留情,一片春声。而以'许多烦恼'一句作两边绾合,词境极浑化。"俞平伯《论诗词曲杂著·清真词释》:"此乃上写实景,下抒忆想,措词含蓄之格也。"

《年谱》谓此词乃大观二年(1108)"冬间南行途中之作",然大观二年邦彦南行于苏、杭之间,而词中明谓"动人一片秋声",亦非冬季也。若谓自钱塘归京之作,时序虽相合,但却与下阕"华堂旧日逢迎"等句不侔。所谓"旧日"云云,显然有一去不返、旧情难再之意。而元丰八年(1085)自钱塘归京,会面在即,又何出此言乎?故总观词中情境,当作于知溧水时。王明清《挥麈录》记周邦彦遗事曰：

> 周美成为江宁府溧水令，主簿之室有色而慧，美成每款洽于尊席之间，世所传《风流子》词，盖所寓意焉。"新绿小池塘。风帘动，碎影舞斜阳。羡（一作见）金屋去来，旧时巢燕，土花缭绕，前度莓墙。绣阁凤帷深几许，听得理丝簧。欲说又休，虑乖芳信，未歌先噎，愁转清商。　暗想新妆了，开朱户，应自待月西厢。最苦梦魂，今宵不到伊行。问甚时却与，佳音密耗，拟将秦镜，偷换韩香。天便教人，霎时厮见何妨。""新绿""待月"，皆簿厅亭轩之名也。（俞羲仲云。）①

"金屋"，《汉武故事》："胶东王（汉武帝）数岁，长公主嫖抱置膝上，问曰：'儿欲得妇不？'胶东王曰：'欲得妇。'长公主指左右长御百余人，皆云不用。末指其女问曰：'阿娇好不？'于是乃笑对曰：'好。若得阿娇作妇，当作金屋贮之也。'"顾野王《艳歌行三首》之三："轻风飘落蕊，乳燕巢兰室。……窗开翠幔卷，妆罢金屋出。""土花"二句，李贺《金铜仙人辞汉歌》："画栏桂树悬秋香，三十六宫土花碧。"孟棨《本事诗·情感》载：崔护清明日，独游都城南，得居人庄，一亩之宫，而桃花丛萃。叩门求浆，有女子开门，以杯水饮护，四目相视，属意甚殷。来岁清明，护复往，则门墙如故，而已锁扃之。"土花""莓"，均指苔藓。"前度莓墙"，意谓以前会佳人时所见围墙现在已经布满苔藓。"芳信"，《乐府诗集》卷四二刘元济《怨诗》："玉关芳信断，兰闺锦字新。""愁转清商"，《韩非子·十过》："平公问帅旷曰：'此所谓何声也？'师旷曰：'此所谓清商也。'公曰：'清商固最悲乎？'师旷曰：'不如清徵。'"《古

---

① [宋]王明清：《挥麈录·余话》卷二，上海古籍出版社2002年版，第197—198页。

诗十九首·西北有高楼》:"清商随风发,中曲正徘徊。一弹再三叹,慷慨有余哀。""待月西厢",元稹《会真记》:"待月西厢下,迎风户半开。""秦镜",即"秦嘉镜"。后汉秦嘉因妻徐淑寝疾还家,不获面别,赠以明镜、宝钗等。秦嘉《重报妻书》:"间得此镜,既明且好。形观文彩,世所稀有。意甚爱之,故以相与。""韩香",即"韩寿香"。晋贾充女贾午与韩寿私通,并把皇帝赐其父之外域异香赠寿,见《世说新语·惑溺》。此处"秦镜""韩香"均泛指男女定情之物。庾信《燕歌行》:"盘龙明镜饷秦嘉,辟恶生香寄韩寿。"

　　强焕《片玉词》序曰:"溧水为负山之邑,官赋浩穰,民讼纷沓,似不可以弦歌为政。而待制周公,元祐癸酉春中为邑长于斯,其政敬简,……余慕周公之才名,有年于兹,不谓于八十余载之后,踵公旧踪,既喜而且媿。故自到任以来,访其政事,于所治后圃,得其遗政,有亭曰'姑射',有堂曰'萧闲',皆取神仙中事,揭而名之,可以想象其襟抱之不凡。而又睹'新绿'之池,'隔浦'之莲,依然在目。"陈思《年谱》对《挥麈录》与强《序》所记持完全否定态度:

　　　　按:"新绿"之地为县后圃,见于强叙。设果为主簿轩名,或即其旧址,当日作词寄意如此。溧水人士必传为谈助,强氏作叙与"浦莲"并举,虽不为旧令尹讳,独不畏溧人笑乎。[1]

王国维《遗事》在否定中又有游移:

　　　　按:明清记美成事,前后抵悟者甚多,此余疑小好事者力之也。《御选历代诗余·词话》引此条作"主簿之姬",疑所见别有善本也。[2]

_____

[1]　陈思:《清真居士年谱》,《清真集校注》附录,第479页。
[2]　王国维:《清真先生遗事》,《王国维全集》第二卷,浙江教育出版社2009年版,第405页。

罗先生在撰《清真集笺注》时即持否定态度,至作《时地考略》时亦如之:

> 按"新绿"池名,观起句可见。俞羲仲乃误为亭轩之名,王明清亦误记之,宜《遗事》疑为好事者为之也。明清稍前于强焕,不及见强《序》,然亦失考也。清真应歌赠妓之作,每被南宋笔记小说附会,其实不惟主簿之室,即主簿之姬,为长官者亦不当如此。后人误以为清真士行尘杂者,未始不由于此类。

陈、王、罗均为邦彦辨,然观词中写情写景,显然为追忆所欢之词,即便不是主簿之妻之姬,亦另有所指。且王国维谓"《御选历代诗余·词话》引此条作'主簿之姬',疑所见别有善本也",王氏疑"别有善本",显然肯定易"妻"为"姬"为善也,此为知者之言。古代士人视戏友之妻为无行,然戏姬却屡见不鲜,乃至有三国魏曹彰与唐鲍生以"爱妾换马"之风流故事流传①。以"爱妾换马"为题,咏其事者亦不在少数,如梁简文帝萧纲、刘孝威、庾肩吾、隋僧法宣、唐张祜等,其诗均见《乐府诗集》卷七三。以妾为戏乃唐宋时士人之常,不能轻易以"士行尘杂"目之,杜牧不是还有要求李司徒将爱妾紫云赠给他的故事么?这是孟棨《本事诗》明载的。故若欲为邦彦彻底洗刷,似亦大可不必。况词中既谓其"碎影舞斜阳",又谓"听得理丝簧",显然乃一能歌善舞女子。若妻者,即使能歌善舞,亦不当形诸笔墨,非姬而何耶?王明清虽误记"新绿"之池为亭轩,但与强《序》所记相差无几,则其所记未必不真。即非全真,亦事出有因耳。

题曰"金陵怀古"之《西河》词,亦当作于知溧水时:

---

① 曹彰"爱妾换马"事见唐李冗《独异志》中,鲍生"爱妾换马"事见《唐诗纪事》五二。

　　　　佳丽地。南朝盛世谁记。山围故国绕清江,髻鬟对起。怒涛
　　寂寞打孤城,风樯遥度天际。断崖树,犹倒倚。莫愁艇子曾系。空
　　余旧迹郁苍苍,雾沉半垒。夜深月过女墙来,赏心东望淮水。
　　酒旗戏鼓甚处市。想依稀、王谢邻里。燕子不知何世。向寻常、巷
　　陌人家,相对如说兴亡、斜阳里。

　　"佳丽"二句,南朝,又称六朝,指偏安南方的吴、东晋、宋、齐、梁、
陈,均以现在的南京为都城。佳丽地,美女如云的地方,此特指金陵,今
南京市。"山围"二句,刘禹锡《石头城》:"山围故国周遭在,潮打空城
寂寞回。""髻鬟",《山海经·中山经》:"又东南一百二十里,曰洞庭之
山(即君山),……帝之二女居之,是常游于江渊。"任渊注曰:"按君山
状如十二螺髻。"此喻金陵江边青山。"风樯"句,张正见《赋得雪映夜
舟诗》:"樯风吹影落,缆锦杂花浮。"刘禹锡《鱼复江中》:"风樯好住贪
程去,斜日青帘背酒家。""风樯",指帆船。"莫愁"句,莫愁是古乐府中
传说的女子。一为洛阳人,一为石城人。此句言石城莫愁。因南京水
西门外有莫愁湖,诗人常咏金陵而及莫愁者,均误以石城为石头城。此
处亦误用。宋人赵彦卫《云麓漫钞》、洪迈《容斋三笔》及曾三异《因话
录》中均有考辨。"垒",营垒。金陵有白石垒和药垒。《建康实录》卷
七:"(晋显宗成皇帝咸和三年)夏五月乙未,(苏)峻逼帝迁于石头
城。……贼盛,未即决战,议于查浦筑垒,监军李根固争之:'查浦地
下,又在水南,唯白石,峻固修之,灭贼之术也。'(陶)侃等许之曰:'若
垒不立,卿当腰斩。'根引兵夜修,晓讫,贼众见垒大惊。……李阳临
阵斩峻于白石彼岸,至今呼此陂为苏峻湖,今在县西北十二里,石头
城北,白石垒即在彼东岸。"《建康实录》卷一二:"(宋元嘉二十一年)
七月,甘露降乐游苑。(原案:《舆地志》:县东北八里,晋时为药圃,
卢循之筑药园垒,即此处也。)""淮水",此指秦淮河,横贯南京城中。

南朝时都城之士女游宴之所。刘禹锡《石头城》:"淮水东边旧时月,夜深还过女墙来。""王谢"六句,胡仔《苕溪渔隐丛话》后集卷一二:"《艺苑雌黄》言梦得诗:'朱雀桥边野草花,乌衣巷口夕阳斜。旧时王谢堂前燕,飞入寻常百姓家。'朱雀桥、乌衣巷皆金陵故事。《舆地志》云:'晋时王导自立乌衣巷,宋时诸谢曰乌衣之聚,皆此巷也。'王氏、谢氏乃江左衣冠之盛者,故杜诗云:'王谢风流远',又云:'从来王谢郎。'比观刘斧《摭遗》载《乌衣传》,乃以王谢为一人姓名,其言既怪诞,遂托名钱希白,终篇又取梦得诗实其事,希白不应如此,是直刘斧之妄言耳。大抵小说所载事,多不足信,而《青琐》《摭遗》诞妄尤多。"

《景定建康志》卷四三录邦彦《过羊角哀左伯桃墓》诗曰:

> 古交久沦丧,末世尤反复。《谷风》歌焚轮,《黄鸟》譬伐木。永怀羊与左,重义逾血属。客行干楚王,冬雪无斗粟。倾粮活一士,誓不俱死辱。风云为惨变,鸟兽同踯躅。角哀哭前途,伯桃槁空谷。终乘大夫车,千骑下棺椟。子长何所疑,旧史刊不录。独行贵苟难,义侠轻杀戮。虽云匪中制,要可兴薄俗。荒坟邻万鬼,溘死皆碌碌。何事荆将军,操戈相窘逐。①

《景定建康志》曰:"左伯桃、羊角哀墓并在(溧水)县南四十五里仪凤乡孔镇南大驿路西。"《后汉书》卷二九《申屠刚传》引《烈士传》曰:"羊角哀、左伯桃二人为死友,欲仕于楚,道阻,遇雨雪不得行,饥寒,自度不俱生。伯桃谓角哀曰:'俱死之后,骸骨莫收,内子扪心,知不如子。生恐无益而弃子之能,我乐在树中。'角哀听之,伯桃入树中而死。

① [宋]周应合:《景定建康志》,《宋元方志丛刊》本,第二册,第2022页。

楚平王爱角哀之贤，以上卿礼葬伯桃。角哀梦伯桃曰：'蒙子之恩而获厚葬，正苦荆将军冢相近。今月十五日，当大战以决胜负。'角哀至其日，陈兵马谒其冢，作三桐人，自杀，下而从之。"李贤引此传后评曰："此殁身不负然诺之信也。""《谷风》"句，毛传《诗经·小雅·谷风》曰："《谷风》，刺幽王也。天下俗薄，朋友道绝焉。"毛传"维风及颓"句曰："颓，风之焚轮者也。风薄相扶而上，喻朋友相须而成。颓，徒雷反，上时掌反。""焚轮"，即旋风，龙卷风。以风之旋上而扶，喻朋友之相须而成，故曰"歌焚轮"。《黄鸟》"句，《诗经·小雅·黄鸟》："黄鸟黄鸟，无集于谷，无啄我粟。"孔疏曰："无集于我之谷木，无啄于我之粟，然黄鸟宜集木、啄粟，而今禁之，是失其性。"故曰"譬伐木"。"重义"句，谓羊、左之重义，胜于有血缘关系之亲属。"干"，干谒。"终乘"两句，指羊角哀乘大夫之车，陈兵马于伯桃之墓，死之，与伯桃共战荆将军。"子长"句，谓司马迁何以有疑，而不刊录羊、左之事入《史记》。"子长"，司马迁字。"旧史"，指《史记》。"独行"，谓节操高尚，不随俗浮沉。《礼记·儒行》："世治不轻，世乱不沮，……其特立独行有如此者。""溘死"，忽然而死。《离骚》："宁溘死以流亡兮。""荆将军"，指荆轲。《六朝事迹编类》"荆将军庙"条曰："旧《经》：荆轲庙也。《烈士传》曰：昔左伯桃、羊角哀往楚，并粮于梁山，左伯桃死而角哀达，乃厚葬伯桃于梁山下。一夕，角哀梦伯桃告曰：'幸感所葬，奈何与荆将军墓相邻，每地下与吾战，为之困迫。今年九月十五日将大战，至时，望子借兵马于冢，上叫噪相助。'角哀觉而悲之，如期而往，曰：'今在冢上，安知我友地下之胜负？'乃命开棺，自到而死，报并粮之意也。庙在溧水县南四十五里。"

《溧水县志》录邦彦《楚平王庙》诗曰：

> 奸臣乱国纪，伍奢思结缨。杀贤恐遗种，巢卵同时倾。健雏脱

身去，口血流吴廷。达士见几微，楚郊忧苦辛。十年军入郢，势如波卷萍。贤亡国婴难，王死尸受刑。将臲七世庙，先坏百里城。子胥虽捐江，素车驾长鲸。惊涛寄怒余，遗庙罗千楹。王祠何其微，破屋风泠泠。蛰虫陷香案，饥鼠悬灯檠。淫俗敬魑魅，何人顾威灵。臣冤不雠主，况乃锄丘茔。报应苦不直，吾将问冥冥。（此诗最早由唐圭璋先生《周清真佚诗补辑》一文从乾隆时修《溧水县志》卷十八《艺文志》录出。实元至大修《金陵新志》已录，且其当据《乾道建康志》，故当可信。）

《元丰九域志》：溧水有"楚平王庙"。《六朝事迹编类》"楚平王庙"条曰："《吴越春秋》云：楚平王都于固城，庙今在溧水县南九十里。昔周成王封熊绎子男之田于蛮荆之地，至庄王时，赐姓为芈氏。至灵王立，与敌日为干戈，边鄙不宁。时吴军失利，乃陷濑渚。至平王，用佞臣之言，杀太傅伍奢并其子尚，子胥奔吴，吴用之，破楚而入郢。此庙即平王之旧址也，唐广明元年重修。""奸臣"四句，楚平王无道，听奸臣费无忌之言，攫子妇为己妻。恐忠臣伍奢父子阻拦，又囚伍奢，令奢召其子伍尚与伍员（字子胥）。伍尚从父死，而伍员奔吴。伍奢知子伍员必归楚报仇，故卒前叹曰："楚国君臣必苦兵矣。"与子伍尚乃从容而死。事见《史记·楚世家》与《伍子胥传》。结缨，从容而死。《左传·哀公十五年》："子路曰：'君子死，冠不免。'结缨而死。'""结缨"，系好带子。后用以表示从容而死。"健雏"两句，伍员奔吴，为吴建立大功。然其后吴王夫差又听奸臣伯嚭谗言而诛伍员，"口血流吴廷"者，即谓此。"达士"四句，伍奢卒时，曾预见伍员奔吴后必来伐楚，其后伍员果率兵伐楚，并一度占领楚国国都郢。"贤亡"两句，伍员帅楚兵占领郢都后，楚平王已卒，平王子昭王出奔，伍员求昭王不得，乃掘楚平王墓，鞭其尸三日然后已。事见《史记·伍子胥传》。"贤"，指伍奢。"将臲"句，意谓弃忠臣战将而不用,就必将毁坏祖宗基业。"七世庙",指祖宗。《礼记·王制》:"天子七庙,三昭三穆,与太祖之庙而七。"此指四亲庙(父、祖、曾祖、高祖)。"百里城",犹言长城,指可以卫国之战将。"子胥"四句,伍子胥传载:"(子胥)乃告舍人曰:'必树吾墓上以梓,令可以为器;而抉吾眼县(悬)吴东门之上,以观越寇之入灭吴也。'乃自刭死。吴王闻之大怒,乃取子胥尸盛以鸱夷革,浮之江中。吴人怜之,为立祠于江上,因命曰胥山。""王祠"四句,写楚平王庙之荒凉。"臣冤"两句,意谓臣子即使含冤,亦不能以君主为仇敌,何况还掘坟鞭尸。楚平王昏佞无道,但邦彦却在诗中责伍子胥不该鞭楚平王之尸,足见出仕后之邦彦,已渐渐向统治者靠拢,已非此前之率性而为矣。

《永乐大典》卷二二七四"湖"字韵有周邦彦《次韵周朝宗六月十日泛湖》五首:

> 霖潦合支流,洲浦迷片段。两桨入菰蒲,凫鸥欻惊散。疏林直炊烟,落日斜酒幔。王事得淹留,公私各相半。

> 风舟挽犹迟,兀若乘款段。深行蛟龙国,㲿荡光炯散。州凉扇荷蓑,山晚垂云幔。眷言江海期,百年行欲半。

> 沟塍绕湖干,琐细分顷段。潮洄晚渔集,山静村樵散。冲风偃萑荻,猎猎如卷幔。何当饮清光,乘月行夜半。

> 维舟瞰层波,未忍分练段。人间好风味,鱼鸟同聚散。儒生长窘束,书灯守幽幔。逐乐嗟已迟,蚤还犹及半。

> 君才切玉刀,一举成两段。我如搏沙砾,放手辄星散。传闻紫贝阙,薜荔充帷幔。楚吟尚多亡,君诗补其半。①

"欻",同欻,忽然。"款段",马行迟缓貌。《后汉书·马援传》:

---

① [宋]周邦彦著,罗忼烈笺注:《清真集笺注》,第392页。

"士生一世,但取衣食裁足,乘下泽车,御款段马,为郡掾史,守坟墓,乡里称善人,斯可矣。"后以款段马指劣马。"箑",即扇子。《方言》五:"扇自关而东谓之箑。""萑葵",草丛。"萑",草多貌。"葵",小草,即初生之荻。"切玉刀",割玉之刀,此处形容才思敏捷。《十洲记》:"周穆王时,西胡献昆吾割玉刀及夜光常满杯,刀长一尺,杯受三升,刀切玉如切泥。""传闻"两句,刘向《九叹·逢纷》:"芙蓉盖而淩华车兮,紫贝阙而玉堂。""紫贝",蚌蛤类软体动物。"阙",宫殿。"薛荔",皆香草。"楚吟"谓屈原所作楚辞如《离骚》等。

周朝宗名沨,苏州人,元祐二年进士,官溧水丞,《宋诗纪事》卷三四有《题无想寺韩熙载读书台》诗句曰:"萤火不知人已去,夜深犹傍竹窗明。"注谓出《景定建康志》,余无考。盖周邦彦为溧水令时,周朝宗为溧水丞,二人为同僚,游湖作此数诗耳。《清真集笺注》云:

　　所泛之湖,似亦为鉴湖,所谓"霖潦合支流",指南山三十六源之水;而"沟塍绕湖干,琐细分顷段"云云,当是围垦所致。吕祖谦《入越记》云:"买舟泛鉴湖,湖多堙为田,所存仅如溪港。然秋水平岸,菰蒲青苍,会稽、秦望、云门诸山,互相映发,城堞楼观,跨空入云,耳目应接不暇。"祖谦后清真八十一年,所见尚如是,则清真时湖当更有可观者。

　　据《遗事》,清真四十八九岁时犹官校书郎,与诗中所言"百年行欲半""书灯守幽幔"合。盖自建中靖国元年任此官,至是三四载矣,故有"儒生长窘束"之叹。由是而兴丘壑之思,故云"倦言江湖期",与《蓦山溪》词之"独爱莼羹美"同趣。越州毗连杭州,清真或在崇宁二、三年间曾乞假南归,遂有兹游也。①

---

① ［宋］周邦彦著,罗忼烈笺注:《清真集笺注》,第394页。

罗先生未考周朝宗仕履,故作此臆测。不佞谓作于溧水亦无确切依据,然似较之臆测为略胜耳。两说并存,赖方家按断。

《景定建康志》卷一七有邦彦《仙杏山》诗曰:

> 仙人药光明夜烛,种杏碧山如种玉。春风裂石凤收花,赤颊离离照山谷。卿云承日作阴润,猛虎守山防采劚。高薁筐筐入时贡,拜望通明荐新熟。珠旒颔首一破颜,气压蟠桃羞若木。自从移植近星榆,山水无光灵鬼哭。长松枯倒流液尽,摧颖牵藤多朴樕。我思百年访灵异,羽褐虽存言语俗。本非民土宰官身,欲断人间烟火谷。行寻幽洞觅丹砂,倘见朣仙骑白鹿。便应执帚洗仙坛,不用纤纤扫尘竹。①

《景定建康志》卷一七《山川志》曰:"仙杏山,在溧水县东南四十三里,高三十丈,周回一十三里,旧《经》云:'绝顶有杏林及仙人足迹,因以名之。又有仙坛三所及丹井,一名仙坛山,下有清泉流入丹阳湖。'""种杏"句,《搜神记》卷一一:"杨公伯雍,洛阳县人也。本以侩买为业。性笃孝,父母亡,葬无终山,遂家焉。山高八十里,上无水,公汲水,作义浆于阪头,行者皆饮之。三年,有一人就饮,以一斗石子与之,使至高平好地有石处种之,云:'玉当生其中。'杨公未娶,又语曰:'汝后当得好妇。'语毕不见。乃种其石。数岁,时时往视,见玉子生石上,人莫知也。""赤颊",谓花色红艳。李商隐《石榴》:"可羡瑶池碧桃树,碧桃红颊一千年。""卿云",祥云,亦曰庆云。《竹书纪年》卷上:"十四年,卿云见,命禹代虞事。"《史记·天官书》:"若烟非烟,若云非云,郁郁纷纷,萧索轮囷,是为卿云。卿云见,喜气也。""劚",锄头,此处谓砍。"高

---

① ［宋］周应合:《景定建康志》,《宋元方志丛刊》本,第二册,第1577页。

奠"句,高奠,放得满满的。"奠",放置。"入时",及时。"贡",贡献,此指贡给玉帝。"通明",玉帝所居。《道藏》本王钦若《翊圣保德传》:"玉帝通明殿。""荐",荐献。"珠旒"句,谓玉帝点头微笑。"旒",流苏。"珠旒",玉帝冠前用珠子制成的流苏。"气压"句,"蟠桃",传说中之仙桃。《论衡·订鬼》引《山海经》:"沧海之中,有度朔之山,上有大桃木,其屈蟠三千里。"《汉武内传》:七月七日,西王母降,以仙桃四颗与帝。王母曰:"此桃三千年一生实。""若木",长在日入处的一种树木。《山海经·大荒北经》:"大荒之中,有衡石山、九阴山、洞野之山,上有赤树,青叶赤华,名曰若木。""星榆",榆荚形似钱,色百成串,因以星榆形容繁星,此处谓榆树。《玉台新咏·古乐府·陇西行》:"天上何所有,历历种白榆。""颖",本谓带刺之谷穗,此指果实。"朴樕",小木。《诗经·召南·野有死麕》:"林有朴樕。"传:"朴樕,小木也。""臞仙",形容消瘦的人,此处谓修道者。《史记·司马相如列传》:"相如以为列仙之传居山泽间,形容甚臞。"

《江宁志》载周邦彦《竹城》诗曰:

竹城何檀栾,层层分雉堞。王封尽四堑,同有固穷节。[1]

"竹城",《景定建康志》卷二〇《城阙志》一曰:"竹城,在溧水县东南七十里,环地二里,高五尺。有庙,未详。""檀栾",秀美,多用以形容竹。《古文苑》三枚乘《梁王菟园赋》:"修竹檀栾,夹池水,旋菟园,并驰道。""雉堞",城上女墙,即城上凸凹叠起之墙。"王封"句,"王封",谓土城。"堑",护城河。"邠",疑为"筃"字之误。"筃",竹名。

《永乐大典》卷一一三一三"馆"字韵有邦彦《晚憩杜桥馆》诗曰:

---

[1]　[宋]周邦彦著,罗忼烈笺注:《清真集笺注》,第380页。

寒茅愔愔鸡啄场,儿啼索衣天阴霜。密林渐放山色入,枫枯振槁声琅琅。清浆白羽弃已久,黄菊紫萸看欲香。岁行及此去愈疾,若决积水难堤防。嗟予齿发非故物,念此内热如涫汤。愿见唐朝吕墨客,膝行问道求神方。斋心千日百事毕,消我领雪还韶光。岂饶蒿目忧世事,黄金缩腰埋土囊。①

《景定建康志》卷一六《疆域志》曰:"杜桥市在江宁县万善乡,去城四十里。"江宁与溧水为邻县,同属江宁府。作为县令,因公往来于溧水与江宁府之间必为常事,而江宁又为由溧水赴江宁府必经之地,当作于溧水任时无疑。"寒茅",谓寒舍人家场院传来鸡啄食声。"愔愔",和悦,安闲。"清浆"两句,意谓夏去秋来。"清浆",谓清茶。白居易《六年春赠分司东都诸公》:"法酒淡清浆,含桃裹红实。""白羽",谓白羽扇。杜甫《棕拂子》:"不堪代白羽,有足除苍蝇。""嗟予"句,谓时光飞逝,齿发已非旧时。"涫汤",如水沸腾。《史记·龟策列传》:"寡人念其如此,肠如涫汤。"《索隐》曰:"涫,沸也。""愿见"句,"吕墨客",指吕洞宾,八仙之一。相传为唐京兆人,一说关西人,名岩,号纯阳子。咸通中及第,两调县令。后移家终南山修道,不知所终。一说,屡举进士不第,游江湖间,遇钟离权,授以丹诀,遂成仙。"墨客",对文人之通称,因吕洞宾曾举进士,故云。"膝行",跪着行走,表示敬畏。《庄子·在宥》:"广成子南首而卧,黄帝顺下风膝行而进。""斋心",心神凝寂,祛除杂念。《列子·黄帝》:"退而闲居大庭之馆,斋心服形。"王禹偁《李太白真赞并序》:"有时沐肌濯发,斋心整衣,屏妻孥,清枕簟,馨炉以祝。""斋心",即心斋。《庄子·人间世》:"若一志,无听之以耳而听之以心;无听之以心而听之以气。听止于耳,心止于符,气也者,虚而

---

① ［宋］周邦彦著,罗忼烈笺注:《清真集笺注》,第430页。

待物者也。唯道集虚,虚者心斋也。""消我"句,"领雪",即领上雪,谓白髭。"韶光",美好的时光,谓少年。"蒿目",极目远望,犹言蒿目时艰。《庄子·骈拇》:"今世之仁人,蒿目而忧世之患。""黄金缚腰",谓大官。古时大官系黄腰带,宋时又系金腰带,故云。此句谓即使官做得再大亦未免一死,为自解之语。诗写晚憩杜桥馆所见,充满了对穷苦民众之同情。

《景定建康志》卷二二《城阙志》二有邦彦《凤凰台》诗曰:

> 危台飘尽碧梧花,胜地凄凉属梵家。凤入紫云招不得,木鱼堂殿下饥鸦。①

"凤凰台",《景定建康志》曰:"凤凰台,在保宁寺后,宝祐元年倪总领峕重建。"考证曰:"宋元嘉十六年,秣陵王颛见三异鸟数集于山,壮如孔雀,文彩五色,音声谐和,众鸟附翼而群集,时谓之凤,乃置凤凰里,起台于山,因以为名。又,按《宫苑记》:凤凰楼在凤凰山上,宋元嘉中筑,有凤凰集,以为名。"一说,晋升平中,有鸟集于此,文彩如孔雀,时人传为凤凰。因起台于其地,名为凤凰台。"危台"句,危台,高台。"碧梧花",即梧桐花。凤凰为传说中之神鸟,非梧不栖,故云。"梵家",即佛家。

陈世隆《宋诗拾遗》卷一五有邦彦《越台曲》诗曰:

> 玉颜如花越王女,自小娇痴不歌舞。嫁作江南国主妃,日日思归泪如雨。江南江北梅子黄,潮头夜涨秦淮江。江边雨多地卑湿,旋筑高台匀晓妆。千艘命载越中土,喜见越人仍越语。人生脚踏乡土难,无复归心越中去。高台何易倾,曲池亦复平。越姬一去向

---

① ［宋］周邦彦著,罗忼烈笺注:《清真集笺注》,第387页。

千载,不见此台空有名。①

《景定建康志》卷五"辨越台"条曰:"越城者,建康作古之城,勾践、范蠡之所营也;越台者,越城之故址也;考之史传,无异词矣。(详见越城)越而楚,楚而秦,秦而汉,汉而吴、晋、宋、齐、梁、陈,攻守于此者。西则石头,南则越城,皆智者之所必据。刘濬于此避条侯,温峤于此破王含,刘裕于此据卢循,萧懿于此据慧景,萧衍于此屯王茂,皆越城、越台也。《郡国志》云:'越城,在县南六里。'《实录》云:'越城,在淮水南一里半。'《祥符图经》云:'越城,在秣陵县长干里。'《宫苑记》云:'范蠡筑城在瓦官寺南。'《金陵事迹》云:'南门外有越台,与天禧寺相对。'今府城之南,江陵尉廨之后,军寨之间,台犹存也,访古者每兴感焉。近世诗人有作《越台曲》者,乃为之说曰:越女嫁江南国主为妃,以其地卑湿,运越土筑此台以居焉。见此诗者并为一谈,牢不可破(此处录周邦彦《越台曲》全诗,从略),使其考古,必知误矣。借曰:越女运土筑台,事果有之,南唐宫室,初不在秦淮之南,其妃筑台以居,必不在宫室之外,不待智者而知其非矣。设南唐不史见之,骇说以泯勾践、范蠡作古之道基,岂容无所辨哉?"驳之甚详且有力,无须赘语,即知周邦彦之误无疑。原其所以致误者,盖周邦彦将吴越王妃事混为越王女矣。《苏轼诗集》卷一〇《陌上花三首并引》曰:"游九仙山,闻里中儿歌《陌上花》。父老云:吴越王妃,每岁春必归临安。王以书遗妃曰:'陌上花开,可缓缓归矣。'吴人用其语为歌,含思宛转,听之凄然。而其词鄙野,为易之云。"果若此,则"吴越王妃"与"越王女"二字之差,差之千年矣。然所谓"江南国主",一般乃指南唐后主李煜,未尝见指吴越王者,诗又明谓"嫁作江南国主妃",殊可怪异。且周邦彦即钱塘(临安)人,何能不知父老相传之吴越王妃事耶?录以存疑。

---

① [宋]周邦彦著,罗忼烈笺注:《清真集笺注》,第388页。

《永乐大典》卷八九九"诗"字韵有邦彦《无题》诗曰：

> 石濑光泂泂，沙步平促促。枫林名一社，春汲共寒影。藩篱曲
> 相通，窈窕花竹静。兹焉自足乐，未觉丘园迥。令尹虽无恩，黠吏
> 幸先屏。唯当谨时候，田庐日三省。骄儿休马足，高廪付牛领。无
> 人横催租，烹鲜会同井。①

"濑"，石上流水。"泂"，回旋之水。"促促"，长貌。"枫林"两句，
谓同村人和睦相处，共同占有一片枫林，共同饮用一口井之水。"名"，
占有。"一社"，一村。"藩篱"两句，谓邻居互相往来，关系融洽。"藩
篱"，谓院落之间的篱笆。"窈窕"，漂亮。"丘园"，家园，故里。"令
尹"两句，谓地方官虽无恩，但却屏除了狡吏。"令尹"，春秋时楚人谓
宰相，后泛称地方行政长官。令尹句为谦语，当为邦彦自谓。"唯当"
两句，谓谨重农时，经常劝农。"省"，看望。"骄儿"两句，谓盛世民丰。
"休马"，放马，取"归马休牛"之意，将军用牛马归农。《尚书·武成》：
"乃偃武修文，归马于华山之阳，放牛于桃林之野，示天下弗服。""廪"，
粮仓。"牛领"，牛脖子。"同井"，同饮一井之水，谓同村。此诗作年难
以确考，然观其官贤民丰，歌颂盛世太平之诗意，当为邦彦知溧水时所
作。不然，则"令尹虽无恩"句无以索解。因若以为"令尹"谓别人，当
不能如此下笔。《清真集笺注》亦以为作于知溧水时：

> 据诗自称令尹，当为知溧水时作，盖其为邑长只此一任也。《建
> 康志》四十二《风俗志》云："溧水县有山林川泽之饶，民勤稼穑，鱼稻
> 果茹，随给粗足。虽无千金之家，亦罕冻馁之民，信巫鬼，重淫祀，畏

---

① ［宋］周邦彦著，罗忼烈笺注：《清真集笺注》，第381页。

法奉公,各守其分,安业重迁,尤好文学,承平时儒风蔼然,为五邑
冠。"足为此篇注脚。其时清真年在三十八至四十之间,子未长大,
故曰骄儿。黠吏先屏,无人催租,则其为政之道也。①

《溧水县志》尚有邦彦佚文《插竹亭记》与《萧闲堂记》,今文虽不
可见,但即从其题亦可见邦彦此时之心境与心态。观邦彦少年及知溧
水前诗、文、词,均为抒发性灵之作,且时而发乎为同情劳苦大众、对统
治者不满之慨叹,与后期作品形成鲜明之对比,此乃不争之事实耳。

《诗渊》六册"寿"字韵有邦彦《寿陈运干》诗,似当作于知溧水时,
其诗曰:

> 节过中和日有三,台星一点下江南。因仍睿算疏恩宠,多少春
> 风在笑谈。颂祝椒花随以柏,恩袍欺草绿于蓝。儿孙更祝无穷寿,
> 齐指庄椿愿与参。

"运干",官名,转运司干办公事之简称。熙宁初,诏诸路漕司始置
属官,勾当二员或一员。建炎初,避高宗讳,改管勾为主管,勾当为干
办。《宋史·职官七·转运司》:"其属有主管文字、干办官各一员,文
臣准备差使、武臣准备差使,员多寡不一。"《清真集》由其曾孙铸编辑,
故避高宗讳,改"运勾"为"运干"。"节过"句,指二月四日。《新唐
书·李泌传》:"帝以'前世上巳、九日皆大宴集,而寒食多与上巳同时,
欲以二月名节,自我为古,若何而可?'泌谓:'废正月晦,以二月朔为中
和节,因赐大臣戚里尺,谓之裁度。民间以青囊盛百谷瓜果种相问遗,
号为献生子。里闾酿宜春酒以祭勾芒神,祈丰年。百官进农书,以示务

---

① [宋]周邦彦著,罗忼烈笺注:《清真集笺注》,第381—382页。

本。'帝悦,乃著令,与上巳、九日为三令节,中外皆赐缗钱宴会。""台星"句,意谓本是天上的三台星,下凡生降人世,必为王佐之材。"台星",即三台星。《晋书》卷一一《天文上》:"三台六星,两两而居,起文昌,列抵太微。一曰天柱,三台之位也。在人曰三公,在天曰三台,主开德宣符也。"后因以喻宰辅。李白《上崔相百忧章》:"台星再朗,天网重恢。""睿算",圣明的决断,一般指皇帝。白居易《贺平淄青表》:"皇灵有载,睿算无遗。妖氛廓清,遐迩庆幸。"元稹《谢御札状》:"伏以睿算若神,圣慈犹父。"又,谓皇帝的年龄为睿算。欧阳修《圣节五方老人祝寿文·西方老人》:"唯愿庆源流远,齐河海以无穷;睿算绵长,等乾坤而不老。"此应为后一义。"颂祝"句,"椒花",晋刘臻妻陈氏曾于正月初一献《椒花颂》,后常用为春节之典。庾信《正旦蒙赵王赉酒》:"柏叶随铭至,椒花逐颂来。""柏",指柏叶酒。古代风俗,以柏叶浸酒,元旦共饮,以祝寿和辟邪。应劭《汉官仪》卷下:"正旦饮柏叶酒上寿。"庾肩吾《岁尽应令》:"聊开柏叶酒,试奠五辛盘。"杜甫《人日》诗之二:"樽前柏叶休随酒,胜里金花巧耐寒。"仇兆鳌注:"崔寔《四民月令》:元旦进椒、柏酒。椒是玉树星精,服之令人却老。柏是仙药,能驻年却病。""恩袍"句,意谓官职低微。《宋史》卷一五三《舆服五》:"宋因唐制,三品以上服紫,五品以上服朱,七品以上服绿,九品以上服青。""绿于蓝",取"青出于蓝而胜于蓝"之意,指服色为青。"庄椿",祝人长寿之词。《庄子·逍遥游》:"上古有大椿者,以八千岁为春,八千岁为秋。"罗隐《钱尚父生日》:"锦衣玉食将何报,更俟庄椿一举头。"

此诗之赠主,为一因"疏恩宠"而久沉下僚者,且年龄不小,儿孙已满堂矣。其人为谁? 因其有姓而无名,无术可考。然溧水属江宁府,其时江南东路帅府与转运司治所均在江宁(今南京市)。盖其时邦彦因公事常往江宁,故始有机会作此诗赠之。此系猜测分析,亦未敢自专。《溧水县志》谓邦彦在溧水尚有《插竹亭记》,今佚。邦彦知溧水行踪可考者如上而已。

第六章 京师十五年事迹考

邦彦于绍圣二年（1095）十一月还朝为国子主簿，至政和元年（1111）十一月又出知河中。其间除建中靖国元年（1101）有睦州之行外，其余十五年均在京为官。这十五年，是邦彦向蔡京集团渐渐靠拢的时期，也是邦彦飞黄腾达的时期，屡屡超擢即是明证。楼《序》谓邦彦"虽归班于朝，坐视捷径，不一趋焉"，《遗事》亦谓"晚年稍显达，亦循资格得之"，均与事实南辕北辙。

第一节 周邦彦自溧水回朝行踪及改官考

周邦彦何年何月离溧水任，各家持论不一，兹不赘。但《景定建康志》卷二七"溧水县厅壁县令题名"即明谓："周邦彦元祐八年二月到任，何愈绍圣三年三月到任。"何愈乃接邦彦之职，何既于绍圣三年三月到任，邦彦又岂能于四年始离任之理？此可视为邦彦于绍圣二年十一月离溧水内调之明文。《花犯》词可视为邦彦于绍圣二年十一月离溧水之佐证，其词曰：

> 粉墙低，梅花照眼，依然旧风味。露痕轻缀。疑净洗铅华，无限佳丽。去年胜赏曾孤倚，冰盘共燕喜。更可惜，雪中高树，香篝熏素被。　　今年对花最匆匆，相逢似有恨，依依愁悴。吟望久，青苔上，旋看飞坠。相将见、脆丸荐酒，人正在、空江烟浪里。但梦想、一枝潇洒，黄昏斜照水。

《时地考略》评曰：

> 观起调，所赏亦县圃之梅。黄升曰："此只咏梅花，而纤余反复，道尽三年间事。昔人谓好诗圆美流转如弹丸，余与此词亦云。"所谓"三年间事"，盖以"依然旧风味"为前年事，"去年胜赏"为昨年事，"今年对花"为此年事，共三载也。以前咏梅之作，未见离思，当是前年或去年之什。"今年"云云，疑是还京命下，将别去矣。"相将见"数句，则又结想于未来者。……此词疑作于绍圣三年冬，盖将循水道去溧水而之汴，故结拍云云。

所言极是，以邦彦仕履原之，"前年"当为元祐八年（1093），因邦彦此年二月到任。"去年"则为绍圣元年，"今年"为绍圣二年，在溧水任三年皆及之。二年九、十月闻还朝为国子主簿之命，十一月离溧水，其时梅尚未开或开而未久，正所谓"今年对花最匆匆""脆丸荐酒"是也，亦诚如黄蓼园所谓"梅子将圆，而人在空江中，时梦想梅影而已"。似唯作此解，更合乎情理。反之，若谓何愈于绍圣三年三月到任，邦彦于此年四月离任，则梅开季节早过，何能谓"今年对花最匆匆"耶？须知宋代官制，为避免新旧官政事纠葛，新官一到任，新旧官互相交代之后，旧官是必须立即离任的，周邦彦又怎么能耽延至此年十一月才离溧水呢？况且如在绍圣三年或四年还朝，又与元符元年（1098）改官相矛盾，观后考即知。

《瑞龙吟》当为绍圣三年初春初还朝后所作，其词曰：

> 章台路。还见褪粉梅梢，试花桃树。愔愔芳陌人家，定巢燕子，归来旧处。　暗凝伫。因念个人痴小，乍窥门户。侵晨浅约宫黄，障风映袖，盈盈笑语。　前度刘郎重到，访邻寻里，同时歌

舞。唯有旧家秋娘,声价如故。吟笺赋笔,犹记燕台句。知谁伴、名园露饮,东城闲步。事与孤鸿去。探春尽是,伤离意绪。官柳低金缕。归骑晚、纤纤池塘飞雨。断肠院落,一帘风絮。

《永乐大典》卷二四〇五"酥"字韵,有邦彦《天启惠酥》诗四首:

> 金城良牸不当车,特为人间作好酥。余涺尚供肥犊子,小奁先入太官厨。邺中鹿尾空名目,吴地莼羹谩僻迂。欲比君家好兄弟,不知谁可作醍醐。

> 浅黄拂拂小鹅雏,色好从来说雍酥。花草偏宜女儿手,缄封枉入野人厨。细涂麦饼珍无敌,杂炼猪肪术最迂。衙肉便知全鼎味,它时不用识醍醐。

> 南朝珍馔一时无,尚见休文谢北酥。陶瓮解汤香出屋,铜铛掠面乳供厨。中都价重无钱买,京兆书迟怪路迂。闻道加餐最肥泽,异时烦与致醍醐。

> 高阳太守有遗书,亲教齐民炼玉酥。欲出浮膏先卧酪,为防逡鼠更熏厨。绝知意重分余弃,渐见诗多入怪迂。尤恐伧人笑风土,预从贝叶检醍醐。

天启,即蔡肇之字。《天启惠酥》四首,其三既云"中都价重无钱买,京兆书迟怪路迂",当一在汴京,一在长安者。考邦彦自绍圣二年(1095)十一月还为国子主簿,至政和元年(1111)十月出知河中府前,除建中靖国元年(1101)出任睦州外,其余时间均在汴京。而蔡肇既在"徽宗初,入为户部、吏部员外郎,兼编修国史",则"为卫尉寺丞,提举永兴军路常平",当约在绍圣四年(1097)至元符二年(1099),因元符三年正月哲宗即崩,徽宗即位。据此则知此四诗约写于绍圣四年至元符二年蔡肇"提举永兴军路常平"时,而邦彦在国子主簿任或秘书省正字任。《时地考略》谓"'太官'当是清真自谓","疑清真召还时先任太官令,后迁国子主簿,史不具载耳"。然据《宋史·职官八》"官品"载:太官令为正九品,国子主簿为从八品。按宋制,官员如无赃犯过失者,一般只会升而不会降,太官令为正九品,邦彦回朝不当为此低官也,罗氏之言未必可信。其实此句意谓雍酥十分宝贵,最早制出的酥是先贡给皇帝的,而蔡肇能惠酥给自己足见友情之重,与邦彦是否为此官毫无关系。

第二节　周邦彦在考功员外郎等职及议礼局检讨时之超擢

《东都事略·周邦彦传》云:"徽宗即位,为校书郎(从八品),迁考功员外郎(正七品)、卫尉、宗正少卿(卫尉寺少卿正六品,宗正寺少卿从五品),又迁卫尉卿(从五品)。"①《宋史》本传云:"历校书郎、考功员外郎、卫尉、宗正少卿,兼仪礼局检讨,以直龙图阁知河中府,徽宗欲使毕礼书,复留之。"②邦彦任考功员外郎、卫尉少卿时日无考,然任宗正少卿并兼礼议局检讨,却约略可考之如下。

《续资治通鉴长编拾补》(以下简称《拾补》)卷三〇载:政和元年(1111)四月"戊午(四月二十六日),仓部员外郎议礼局检讨张邦光奏……"③"五员检讨",其中四员已知其名,故知议礼局于大观元年

① [宋]王偁:《东都事略》卷一一六,《中国野史集成》,巴蜀书社1993年版,第二册,第451页。
② [元]脱脱:《宋史》,中华书局1985年版,第13126页。
③ [清]黄以周等辑注:《续资治通鉴长编拾补》,中华书局2004年版,第1003页。

(1107)置局,详定官为郑居中,详议官为薛昂,检讨官五员有刘焕、胡伸、俞㮚、张邦光,另一名漏载其姓名者必然为邦彦无疑。

为说明周邦彦入仪礼局检讨后遷升情况,考察一下周邦彦的阶官亦即寄禄官升迁情况是很有必要的。前已述及,不管差遣是否任满,其寄禄官则自改官之日算起,每四周年一迁转。周邦彦从元符元年(1098)六月改官至大观元年(1107)四月以宗正少卿并兼礼议局检讨,在这不足九年的时间里,则只有两次转官机会,那么他能转至何阶呢?据《宋史·职官八》与《宋史·职官九》,并参照邓小南《宋代文官选任制度诸层面》(河北教育出版社,1993年)与龚延明《宋代官制辞典》(中华书局,1997年),兹将北宋京朝官叙迁之制及尚书六部二十四司叙迁之制列表如下,选人七阶与朝官宣奉大夫以上与周邦彦无关,故略去。

表 1　京朝官叙迁表

	北宋前期官称	品级	元丰寄禄阶	元祐四年寄禄阶	大观二年寄禄阶	品级
京官	校书郎、正字、将作监主簿	从八品	承务郎	分左右	承务郎	从九品
	太常寺太祝、奉礼郎	从八品	承奉郎	分左右	承奉郎	正九品
	大理评事	正八品	承事郎	分左右	承事郎	正九品
	光禄卫尉寺、将作监丞	正八品	宣义郎	分左右	宣义郎	从八品
	著作佐郎、大理寺丞	从七品	宣教郎	分左右	宣教郎	从八品
朝官	太子中允、赞善大夫、洗马	从七品	通直郎	分左右	通直郎	正八品
	太常、秘书、殿中丞、著作郎	从七品	奉议郎	分左右	奉议郎	正八品
	太常、国子博士、左右正言	正八品	承议郎	分左右	承议郎	从七品

（续表）

后行员外郎、左右司谏	从七品	朝奉郎	分左右	朝奉郎	正七品
中行员外郎、起居舍人	从七品	朝散郎	分左右	朝散郎	正七品
前行员外郎、侍御史	从七品	朝请郎	分左右	朝请郎	正七品
后行郎中	从六品	朝奉大夫	分左右	朝奉大夫	从六品
中行郎中	从六品	朝散大夫	分左右	朝散大夫	从六品
前行郎中	从六品	朝请大夫	分左右	朝请大夫	从六品
太常、宗正少卿、秘书少监	从五品	朝议大夫		朝议大夫 奉直大夫	正六品
光禄卿、卫尉卿、少府监	从四品	中散大夫	分左右	中散大夫 中奉大夫	从五品
秘书监	正四品	中大夫夫	中大夫	中大夫	正五品
左右谏议大夫		太中大夫	太中大夫	太中大夫	从四品
中书舍人、给事中	正四品	通议大夫	通议大夫	通议大夫	正四品
六曹侍郎	从三品	正议大夫	分左右	通奉大夫 正议大夫	从三品
左右丞	正三品	光禄大夫	分左右	正奉大夫 宣奉大夫	正三品

（朝官——为"光禄卿、卫尉卿、少府监"至"左右丞"区段的行头）

表2　尚书六部二十四司叙迁表

	左名曹	左曹			右名曹	右曹		
后行	礼部	祠部	主客	膳部	工部	屯田	虞部	水部
中行	户部	度支	金部	仓部	刑部	都官	比部	司门
前行	吏部	司封	司勋	考功	兵部	职方	驾部	库部

因上二表关乎邦彦一生寄禄官与职事官之升擢，故将有关问题做以总的说明：（一）在京朝官叙迁表中，按宋代官制，自奉议郎以下，有出身者（指进士出身）超资转，即一次转两官，无出身者（指非进士出身与杂出身）则逐资转，馆职同有出身；奉议郎以上，则不问有

无出身,均逐资转。(二)元祐年间凡分左右者,则有出身转左,无出身转右。大观二年后虽不再分左右,但又有与左右相对应之官,如奉直大夫为新增,无出身者转奉直大夫,有出身则转朝议大夫;余如无出身转通奉大夫,有出身则转正议大夫。如此等等。(三)"北宋前期官称"栏中所列之官,在元丰五年改制之前为寄禄官,改制后则为职事官,亦即差遣。(四)元丰改制后阶官分为二十四阶,崇宁后则调整为三十七阶,官品为正从九品共十八品,故同品者并不同阶。在新旧官对照表中,新、旧官的品级基本上是相应的,个别有所升降,是改制后调整所使然,其中如秘书省校书郎、正字、将作监主簿,改制前为从九品,改制后则升为从八品。邦彦主要活动在崇宁后,故以崇宁官阶为准。在尚书六部二十四司范围内,常调磨勘者一律在右曹转,有出身则在右曹沿屯田—都官—职方上转,无出身则沿虞部—比部—驾部上转,曾犯赃罪过失者则沿水部—司门—库部上转。(五)左曹及左右名曹则具有优待性质,据《宋史·职官九》载:凡任发运、转运使副,三司、开封府判官、推官、府界提点,侍读、侍讲,崇政殿说书,三司子司主判官,大理少卿,提点刑狱,提点铸盐铁,诸王府翊善、侍讲,记室,中书提点五房公事堂后官皆自左曹转。宋代士人所以轻外任重在朝者,亦与此有关。

邦彦元符元年(1098)六月改为承务郎(从九品),元符三年正月徽宗即位,"群臣皆以次序迁",即寄禄官依次升转一阶,并不隔断磨勘,据上表,邦彦可从承务郎(从九品)转为承奉郎(正九品)。按宋制寄禄官(阶官)从改官之年月起每四周年一迁转及奖官不隔断磨勘(即不影响四年迁转之规定),从元符元年六月至崇宁五年(1106)六月整八年,邦彦可从承奉郎(正九品)两转至宣义郎(从八品)。据此,知邦彦大观元年(1107)四月是以宣义郎(从八品)任宗正少卿(从五品)并兼议礼局检讨的,他的职事官竟比寄禄官(阶官)高出了十一阶,足见他的寄禄官又有超擢,何时超擢,超擢至何官,无以确知。当然按宋制,职事官一般都高出寄禄官一二阶,但像邦彦这样一下子高出十多阶的尚属罕见。再往后,我们还可以发现更加惊人的超擢。但楼《序》却谓"考其岁月仕宦,殊为流落",《遗事》亦谓"晚年稍显达,亦循资格得之",岂不是无根游谈乎?然而有些学者却死守住楼钥与王国维的结论不放,甚至还认为邦彦对蔡京采取了不合作的态度,因而受到了蔡京的排挤打击,未知面对着这些事实,该作何解释呢?

第三节 周邦彦在议礼局检讨任之上官同僚考

邦彦在议礼局的上官有郑居中、薛昂。郑居中字达夫,开封人,曾两度入相。《宋史》卷三五一论曰:"徽宗知京不可颛任,乃以张商英、郑居中辈敢与京为异者参而用之。殊不知二人者,向背离合,视利所在,亦何有于公议哉?"①薛昂,杭州人,登元丰八年(1085)进士。崇宁初,历太学博士、校书郎、著作郎,为殿中侍御史,试起居郎,改中书舍人兼侍讲,升给事中兼大司成。大观三年(1109),拜尚书左丞,政和三年(1113),迁门下侍郎。《宋史》本传谓:"昂与余深、林摅始终附会蔡京,至举家为京讳。或误及之,辄加笞责,昂尝误及,即自批其口。"②可谓无耻之尤。

同官有刘焕、胡伸、俞㮚、张邦光,此四人者,除刘焕、俞㮚因依附蔡京而遽登要路外,胡伸、张邦光尚属忠正清廉之士。

其余因大观四年《政和五礼新仪》成而奖两官者不少,因与大局无关,不赘。

---

① [元]脱脱:《宋史》,第 11114 页。
② 同上书,第 11122—11123 页。

第七章　晚岁十年事迹考

　　自政和元年(1111)邦彦出知河中,至宣和三年(1121)邦彦卒,这十年是邦彦仕途升沉无定的时期。恰恰是这晚岁十年,被史籍模糊了的事实最多。从其仕履方面来说,邦彦是否知河中、真定与处州? 诸籍所载不一,后代学者亦言人人殊。王国维以为河中、真定、处州均未之任,以附会楼《序》所谓"三绾州麾"之说。陈思亦以为河中未之任;至于知处州,陈思则以为"命下或病不能兴或已逝世"。实际上王、陈二人所断皆误。实际上邦彦于政和元年十月知河中,旅死于知处州途中。至于此一时期之政治事件,可谓大故迭起,而后代学者,或考焉未详,或置之不理。如邦彦是否因为刘昺之祖母与父母作埋铭而牵连外任? 是否因王寀、刘昺"谋逆"而第二次出朝外任? 陈思置之不理,王国维考而未详,并以"文人脱略"目之,当代学者亦未曾再考,却又盲从王国维,至于罗忼烈、刘扬忠又认为处处被蔡京排挤倾轧,均似是而实非,兹考之如次。

第一节　周邦彦出知河中府考

　　邦彦是否曾出知河中,这是常见史籍给我们留下的一个疑难问题。《宋史》本传曰:"以直龙图阁知河中府,徽宗欲使毕礼书,复留之。逾年乃知隆德府。"《东都事略·文艺传》与《咸淳临安志·人物传》均曰:"迁卫尉卿,出知隆德府,徙明州。"故王国维与陈思均据之断为河中府未之任。但究竟是之任还是未之任呢？还是让我们从史籍记载入手来寻绎吧。《政和五礼新仪》于四月成书，六月罢局，四月廿九日郑居中呈进礼书札子并礼书，但文溯阁《四库》本《政和五礼新仪》卷首除列郑居中札子外，署名却无周邦彦。于是史籍记载发生了歧异。而歧异的关键，即在于邦彦是否因"徽宗欲使毕礼书，复留之"，即未曾外任，仍在局修礼书，亦未之河中府任。《宋会要辑稿·职官五》之二二载《大观四年十二月十八日诏》云：

> 议礼局编修礼书了毕，详议官白时中、姚祐、汪澥、蔡薿、宇文粹中，承受贾详，检讨官周邦彦、胡伸、张邦光、孙元宾、李邦彦、王俣、张淙（文溯阁《四库》本《政和五礼新仪》署名作"淙"）、丁彬、郭昭，杂务官段处信，兼管杂务赵彦通，各展两官。内选人及三考依条改合入官，仍展一官，不及三考，比拟循资，并与堂除差遣一次，仍依旧在局。经修书官详议官刘正夫、薛昂、张阁、强渊明、俞桌、慕容彦逢、刘焕、沈锡、何昌言、林摅，检阅文字张子谅、李师明各转一官。余转官资，减磨勘，支给有差。内有碍止法改展不行者，并依制回授有官资、有服亲属。①

这段话说得很清楚，在获奖的官员中，除选人奖官后仍在朝修礼书外，并不包括其他官员。盖《政和五礼新仪》已经基本修成，再无须高官与知礼者留局，唯留选人即可。而邦彦早已不在选人之列，据此，则知《宋史》《东都事略·文艺传》与《咸淳临安志·人物传》必误无疑。但是否还会有偶然情况，即在获奖的官员中，仍有人留局续修礼书？为

---

① ［清］徐松辑：《宋会要辑稿》，上海古籍出版社 2014 年版，第五册，第 3131—3132 页。

说明问题,兹将大观元年(1107)、大观四年(1110)、政和三年(1113)议礼局检讨官之有无增减列表以明之,余如详议官等不关邦彦事,不入列。为便于对照,次序有所变动。

表3　议礼局检讨官变动情况一览表

大观元年议礼局置局初授者		大观四年《政和五礼新仪》修成转两官者		政和三年《政和五礼新仪》署衔者	
姓名	备注	姓名	备注	姓名	备注
刘焕	因附蔡京被擢	刘焕	以不葬祖母及父母降官知蔡州,然四年奖诏又列入详议官,殊可怪异	刘焕	政和二年由贬籍复故官,以吏部侍郎充议礼局详议官
胡伸	以国子司业兼	胡伸	转二官后约迁,知无为军		
俞橾	以辟雍博士兼	俞橾	以附蔡京迁官		
张邦光	以仓部员外郎兼	张邦光	无考		
周邦彦	以宗正少卿兼	周邦彦	转二官后为奉直大夫		
		孙元宾	无考		
		张溁	无考	张溁	以礼部侍郎充议礼局详议官
		郭昭	无考		
		李邦彦	大观二年上舍生及第以试符宝郎兼为选人	李邦彦	以尚书吏部员外郎充
		王俣	大观二年进士或上舍生及第充为选人	王俣	以校书郎充

（续表）

		丁彬	无考	丁彬	以枢密院编修官充
				郭熙	御书院艺学以宣教郎充
				苏恒	以试秘书少监充
				莫俦	政和二年进士第，一以承事郎秘书省校书郎充
				叶著	以守符宝郎充

　　将署名者与上表对观则知，大观元年议礼局置局时之五位检讨官，至大观四年《政和五礼新仪》修成时，刘焕因不葬祖母及父母被臣僚所劾，降官知蔡州，详见后考。俞栗因系蔡京死党已骤升改任，唯胡伸、张邦光、周邦彦三人仍在议礼局因修礼书而转两官，但均非选人。至政和三年进呈《政和五礼新仪》时均未署名，知均迁官别有差遣。

　　大观四年因《政和五礼新仪》修成而转两官之李邦彦、王俣（孙元宾、郭昭、丁彬无考，张澪升详议官不计在内）均系选人，故"仍依旧在局编修《礼书》"，至政和三年《政和五礼新仪》进呈时亦署名。准此，则知《宋史·周邦彦传》谓"徽宗欲使毕礼书，复留之。逾年乃知隆德府"误，《遗事》与《年谱》未察其中细故而盲从《宋史》亦误，实则邦彦因大观四年修礼书成后转两官，即于政和元年（1111）而别有差遣外任矣，政和三年焉能署名耶？

　　外任何州？《东都事略》与《咸淳临安志》无徽宗"复留之"，亦无"以直龙图阁知河中府"，仅谓"迁卫尉卿，出知隆德府，徙明州"。然《宋会要辑稿·选举三三》之二六却明载：政和元年十月二十七日"奉直大夫宗正少卿周邦彦直龙图阁知河中府"，则"徽宗欲使毕礼书，复留之"①，其误可知。既仍署宗正少卿衔，则"迁卫尉卿"云云，其误亦可

────────────

① ［清］徐松辑：《宋会要辑稿》，第十册，第5897页。

知;《遗事》与《年谱》谓河中府未之任,必误无疑。宋制,在馆阁久或出外任之者,加馆职以示荣宠,且直阁为待制之准备,上引《宋会要辑稿·选举三三》,即标目曰"特恩除职",则知邦彦在此次政治冲击中,虽外任却并未失宠,期间究竟为蔡京集团所覆翼,或徽宗所呵护,则难确考,然受荫庇则明矣。

河中府,《宋史·地理三》曰:"河中府,次府,河东郡,护国军节度。旧兼提举解州、庆成军兵马巡检事。大中祥符中,以荣河为庆成军。""县七:河东,临晋,猗氏,虞乡,万泉,龙门,荣河。"①府治在河东(其地已不存,当今山西永济正西黄河岸边),河中又为郊祀必至之地,交通甚便。《诉衷情》词应为离京赴河中府之作,其词曰:

> 堤前亭午未融霜。风紧雁无行。重寻旧日歧路,茸帽北游装。
> 期信杳,别离长。远情伤。风翻酒幔,寒凝茶烟,又是何乡。

河中府宋属永兴军路,属为陕西三路之一,邦彦于熙宁八年(1075)尝游长安,故云"重寻旧日歧路",然河中府邦彦此前又未尝一至,故结句云"又是何乡"。准此,则此词当写于赴河中府途中,或谓赴河中当云"西游",不当云"北游",然"北游"者,乃指北方之游,非北向之游也。邦彦行役于河中府途中可考者,仅此词而已。邦彦何时至河中府任,词中已无迹可寻,以其行程原之,盖当在政和元年底或翌年初。

第二节 永兴军路平籴与铸钱之争

邦彦出任之河中府,在宋属永兴军路。据《北宋经抚年表》与李之

---

① [元]脱脱:《宋史》,中华书局 1985 年版,第 2144 页。

亮《宋川陕大郡守臣易替考》,政和元年上半年永兴军路府帅为徐处仁,下半年至二年六七月间为李谌。邦彦知河中,正当李谌为永兴军路府帅时。邦彦知河中期间,朝廷因政治斗争而波及铸钱之争与平籴之争,而邦彦所官之地永兴军路成为斗争之焦点。《宋史·李南公传》附其子《李谌传》载:

> 谌字智甫,第进士。……为陕西转运使。京兆麦价踊贵,谌与府县议从民和市,民弗肯损价。谌移府勒上户闭籴,府帅徐处仁不听,且责之。谌怒,上章言处仁沮格诏令,陵毁使者。诏黜处仁,而擢谌显谟阁待制,代其任。鄜延帅钱昂(似为钱即之误,见下考)奏:"处仁本以官籴麦损价,与谌争,乃为民久长之论,不当黜。"诏以昂违道干誉,谪永州。谌又代任鄜延,复徙永兴。伪为蟾芝以献,徽宗疑曰:"蟾,动物也,安得生芝?"命渍盆水,一夕而解。坐罔上,贬散官安置,三年复之。①

据《传》载,李谌之奸佞阿贵可知。徐处仁则相反,行事以忠国爱民为本,《宋史·徐处仁传》载:

> 徐处仁字择之,应天府谷熟县人。……以资政殿学士知青州,徙知永兴军。童贯使陕西,欲平物价,处仁议不合,曰:"此令一传,则商贾弗行,而积藏者弗出,名为平价,适以增之。"转运使(即李谌)阿贯意,劾其格德音,倡异论,侵辱使者。诏处仁赴阙,寻改知河阳,落职知蕲州。②

---

① ［元］脱脱:《宋史》,第11191—11192页。
② 同上书,第11518页。

所谓"落职",指罢其加官(即资政殿学士),并非职事官(亦即差遣)。
关于和籴与夹锡钱之争,《宋史·食货下二》则综合载之:

> 初,蔡京主行夹锡钱,诏铸于陕西,亦命转运副使许天启推行。
> 其法:以夹锡钱一折铜钱二,每缗用铜八斤,黑锡半之,白锡又半之。
> 既而河东转运使洪中孚请通行于天下,京欲用其言,会罢政。大观
> 元年,京复相,遂降钱式及锡母于铸钱之路,铸钱院专用鼓铸,若产
> 铜地始听兼铸小平钱。复命转运司及提刑司参领其事。衡州熙宁、
> 鄂州宝泉、舒州同安监暨广南皆铸焉。二年,江南东西、福建、两浙
> 许铸使铁钱。三年,京复罢政,诏以两浙铸夹锡钱扰民,凡东南所铸
> 皆罢。明年,并河北、河东、京东等路罢之,所在监院皆废。唯河东
> 三路听存旧监,以铸铜、铁钱;产铜郡县听存,用改铸小平钱。①

对蔡京之夹锡钱如何评价,这是经济学家研究的问题,此不具论。
即使在当时,也不能纯粹以对夹锡钱的态度如何,来作为衡量对蔡京政
治态度的标准。因为有人是从政治上考虑的,也有人是从经济上考虑
的。如洪中孚,就积极支持将夹锡钱用于河东路,但洪却是有名的忠耿
之士(说详后),说明他对夹锡钱的赞成,完全是从经济角度考虑的。
但在统治阶级上层,此次铸钱之争,却无疑是蔡京与郑居中、何执中等
人政治角逐之反映。政和元年至二年,钱制又与陕西之平籴纠缠在一
起,强行平籴与推行夹锡钱,造成的结果是挫伤了"民商贸易","钱轻
物重,细民艰食",随后又"亦罢行夹锡钱,且禁裁物价,民商贸易,各从
其便"②,说明徐处仁、钱昂与张深、论九龄、王宷等人的意见是对的,也是

---

① 〔元〕脱脱:《宋史》,第4392页。
② 同上书,第4392—4393页。

符合经济规律的。然而童贯与蔡京,可谓"同船之贼",《宋史·童贯传》谓:"京进,贯力也。"京既相,力荐贯,"时人称蔡京为公相,因称贯为媪相。"李谠又阿附蔡京与童贯,复于政和二年强制推行平籴与夹锡钱,实质上已演变成忠奸之争。作为此次斗争的牺牲品,则是徐处仁、钱昂、张深、论九龄、王寀之被黜降与罢免。邦彦政和二年春长安之行,却显然与此次和籴与铸钱之争有关。《李谠传》所谓"谠与府县议从民和市",可谓邦彦此次长安之行的脚注。邦彦在此次斗争中,究竟是左袒抑或右袒,无资料予以确证。但他却绝不是持反对态度的,否则他将与徐处仁、钱昂、张深、论九龄、王寀等人一样会受到罢免。他也不会是李谠与童贯的坚决支持者,虽无资料确证,却能从此次长安行所写的词中窥其消息。

第三节　周邦彦第二次长安之行

据上考可知,邦彦知河中府时第二次长安之行,显然乃府帅李谠召集的州县长官合议平籴与铸钱之会。《永乐大典》卷八九九"诗"字韵又有邦彦《谩成》诗曰:

> 河声连底卷黄沙,回首方惊去国赊。唯有客情无尽处,暗随流水涨桃花。[1]

观其"河声连底卷黄沙"之句,知其当写于知河中府时,其惆怅之情怀可知。词中所写为二月景色,当写于初出发去长安时。同时还写有《还京乐》词曰:

> 禁烟近,触处、浮香秀色相料理。正泥花时候,奈何客里,光阴

---

① 周邦彦著,罗忼烈笺注:《清真集笺注》,第411页。

虚费。望箭波无际。迎风漾日黄云委。任去远,中有万点,相思清
泪。　到长淮底。过当时楼下,殷勤为说,春来羁旅况味。堪嗟
误约乖期,向天涯、自看桃李。想如今、应恨墨盈笺,愁妆照水。怎
得青鸾翼,飞归教见憔悴。

既言"禁烟",又言"箭波",复言"黄云",查张培瑜编《三千五百年历日
天象》,知此年三月十一日清明,知此词必写于二月中旬至三月初入陕
之时明矣。与《谩成》诗作于同时。词中所谓"中有万点,相思清泪。
到长淮底。过当时楼下,殷勤为说,春来羁旅况味。堪嗟误约乖期,向
天涯、自看桃李。想如今、应恨墨盈笺,愁妆照水。怎得青鸾翼,飞归教
见憔悴",均君臣遇合之感慨,非一般儿女柔情也。《扫地花》词亦当写
于此时:

　　晓阴翳日,正雾霭烟横,远迷平楚。暗黄万缕。听鸣禽按曲,
小腰欲舞。细绕回堤,驻马河桥避雨。信流去。想一叶怨题,今到
何处。　春事能几许。任占地持杯,扫花寻路。泪珠溅俎。叹
将愁度日,病伤幽素。恨入金徽,见说文君更苦。黯凝伫。掩重
关、遍城钟鼓。

自河中府至河桥为陆行,过桥后复陆行,经沙苑养马监至新市(今渭南新
市镇),始由水路至长安。新市宋时为大渡口。皇帝祭汾阴即至此下船
陆行渡黄河。《渡江云》词即写由水路至长安之情境,其词曰:

　　晴岚低楚甸,暖回雁翼,阵势起平沙。骤惊春在眼,借问何时,
委曲到山家。涂香晕色,盛粉饰、争作妍华。千万缕、陌头杨柳,渐
渐可藏鸦。　堪嗟。清江东注,画舸西流,指长安日下。愁宴

阑、风翻旗尾,潮溅乌纱。今宵正对初弦月,傍水驿,深舣蒹葭。沉
恨处,时时自剔灯花。

又,《琐窗寒》词曰:

> 暗柳啼鸦,单衣伫立,小帘朱户。桐花半亩,静锁一庭愁雨。
> 洒空阶、夜阑未休,故人剪烛西窗语。似楚江暝宿,风灯零乱,少年
> 羁旅。　　迟暮。嬉游处。正店舍无烟,禁城百五。旗亭唤酒,付
> 与高阳俦侣。想东园、桃李自春,小唇秀靥今在否。到归时、定有
> 残英,待客携樽俎。

词有"正店舍无烟,禁城百五"句,又题曰"寒食",写作时日已明确点
出。此次长安之行所作尚多,为省篇幅,不赘。

第四节　周邦彦知隆德府前后事迹

隆德府,属河东路。《宋史·地理二》载:"河东路,府三:太原,隆
德,平阳。""隆德府,大都督府,上党郡,昭义军节度。太平兴国初,改
昭德。旧领河东路兵马钤辖,兼提举泽、晋、绛州、威胜军屯驻泊本城
兵马巡检事。本潞州。建中靖国元年,改为军。崇宁三年,升为府,
仍还昭德旧节。"①府治在上党(今山西长治市)。据《北宋经抚年
表》载:政和二年至六年,先后帅太原者为梁子美、洪中孚、张近、钱
即、薛嗣昌。明张丑《清河书画舫》尾字号第八载周邦彦《李伯时归
去来图跋》云:

---

① 〔元〕脱脱:《宋史》,第2131—2132页。

　　韩退之云：昔疏广、受二子辞位而去，公卿祖道都门外，车数百两，道路观者多叹息泣下。汉史既传其事，后世工画者又图其迹，至今昭人耳目，赫赫如前日事。龙眠居士尝以陶靖节《归去来辞》形之图画，家宝户传，人人想见其风采。二疏以知足去位，元亮以违己去官，皆不为声利所汩，世外人也。龙眠用意至到，依辞造设，若亲见其事云。政和二年九月望武林周邦彦跋。真迹。①

　　甫至隆德，即跋《归去来图》，谓其"二疏以知足去位，元亮以违己去官，皆不为声利所汩，世外人也"，仰之欤，叹之欤，戒之欤，抑或兼而有之欤？颇耐人思耳。据此跋，则知邦彦至隆德府任在政和二年（1112）九月。题作"蔷薇谢后作"之《六丑》词，当写于至隆德之翌年春末，其词曰：

　　正单衣试酒，恨客里、光阴虚掷。愿春暂留，春归如过翼。一去无迹。为问花何在，夜来风雨，葬楚宫倾国。钗钿堕处遗香泽。乱点桃蹊，轻翻柳陌。多情最谁追惜。但蜂媒蝶使，时叩窗隔。　　东园岑寂。渐蒙笼暗碧。静绕珍丛底，成叹息。长条故惹行客。似牵衣待话，别情无极。残英小、强簪巾帻。终不似一朵，钗头颤袅，向人敧侧。漂流处、莫趁潮汐。恐断红、尚有相思字，何由见得。

　　现据1957年在山西忻县出土之《田子茂墓志铭》，谓墓主卒于政和四年，"择以政和六年五月初三，葬于窦罗之平"，知政和六年（1116）

———————————

　　①　［明］张丑：《清河书画舫》，《中国书画全书》，上海书画出版社1992年版，第四册，第295页。

邦彦尚在隆德府任,仍署奉直大夫衔,却多出"赐紫金鱼袋"五字。宋制,六品官服绯佩银鱼,四品以上始服紫佩金鱼,"赐紫金鱼袋"则为皇帝特赐,足见邦彦仍恩宠有加。

第五节　周邦彦写诗为蔡京祝寿并斥范纯粹为"奸臣"考

观此时之邦彦,亦非当年之纯性情中人,如"白沙在涅,与之俱黑",官场恶习之耳濡目染,已知政治投机之速效。邦彦错过政和二年(1112)入朝代刘昺为户部尚书之机,不唯不远离京党,且愈加靠拢。如《挥麈录·余话》所云:

> 周美成邦彦,元丰初以太学生进《汴都赋》,神宗命之以官,除太学录。其后流落不偶,浮沉州县三十余年。蔡元长用事,美成献《生日》诗,略云:"化行《禹贡》山川内,人在周公礼乐中。"元长大喜,即以秘书少监召,又复荐之,上殿契合,诏再取其本来进。[1]

王国维《遗事》驳云:

> 按:此条所记抵牾最甚,"太学录"当依《宋史》《东都事略》书作太学正,"浮沉州县三十余年",亦无此事,其重进《汴都赋》,参考诸书,当在哲宗元符之初,而不在蔡元长用事之后,征之表文,事甚明白。[2]

静安驳之有理。然宋人笔记,宛如沙中含金,需淘之汰之,方能于沙

---

①　[宋]周邦彦著,罗忼烈笺注:《清真集笺注》,上海古籍出版社 2008 年版,第 581 页。
②　王国维:《清真先生遗事》,《王国维全集》第二卷,浙江教育出版社 2009 年版,第398 页。

中见金;否则因沙弃金,亦非妙算。《余话》所记,虽事之与时相抵牾,然又不能以时之误而否定事之真。如邦彦祝蔡京《生日》诗,自王国维以来,从无人否定非邦彦所作,唯以"文人脱略"为之辩而已矣。现在需要考察的则是,《生日》诗作于何时,是否能以"文人脱略"四字了之。

《铁围山丛谈》卷三云:"先鲁公(即蔡京,京曾被封为鲁公)生庆历之丁亥,月当壬寅,日当壬辰,时为辛亥。"[①]"庆历丁亥"即庆历七年(1047),"月当壬寅"即正月,"日当壬辰"即正月十七日。邦彦献蔡京《生日》诗必在政和六年(1116)正月蔡京七十岁生日时无疑。或谓何以见得此祝寿诗非作于七十岁生日时?五十、六十亦未必不可。然蔡京五十岁生日在绍圣三年(1096)正月,其时邦彦在溧水未归,且其时是否认识蔡京尚在未知之数;六十岁生日在崇宁五年(1106)正月,其时作乐成却尚未制礼。因蔡京将制礼作乐全面委托刘昺负责,崇宁元年(1102)开始作乐,崇宁四年(1105)新乐成(详见第八章考)。大观元年(1107),始置议礼局,大观四年(1110)《政和五礼新仪》成。故知崇宁五年正月,新乐成却尚未制礼,又岂能言"人在周公礼乐中"耶?据此,知此诗当只能作于蔡京七十岁生日时。

《生日》全诗无考,单就此联而观之,即以颂天子之辞来颂蔡京,邦彦可谓大胆之极,无怪乎"元长大喜"矣。至如亲赴京献诗抑或寄献,则无考。无独有偶,政和六年(1116)五月,又在《田子茂墓志铭》中呼范纯粹为"奸臣"。此二事合观,当为邦彦投向蔡京集团之政治信风,恐亦非如王国维氏之所谓"文人脱略"四字可为其开脱也。其《田子茂墓志铭》(简称《田志》)全文如下:

　　　　宋故武功大夫河东第六将管辖训练泽州隆德府武胜军辽州兵

---

① [宋]蔡绦:《铁围山丛谈》,《唐宋史料笔记丛刊》本,中华书局1983年版,第42页。

马隆德府驻札田公墓志铭

奉直大夫直龙图阁权知隆德军府管勾学事赐紫金鱼袋周邦彦撰

嘉祐己亥季夏终旬之六,忽白气起于忻州之向阳,是日也公诞焉。继有星明于室,父母族人皆知公他日必贵。虽幼已颖异于群儿,稍长则便能武事。

元丰中,朝廷体成周乡兵之法,建置保甲,公以门役出。未几,以弓马被荐。天子临轩试之,中第一,特赐袍带,加之问劳,时六年七月二十七日也。逾月五日,补三班差使,命为本路提举保甲司随行,教阅本都保内人兼部辖。再升代州繁畤县巡检、教保甲官、下指使,又历光州指使。会仙居阙尉,宪司以公往,又兼主簿,俄而宰罢,亦摄之。有妇人狠戾,不分与夫之弟财者,称非舅之子。争经数政,里外计购,凡十余年不决,至公,推之即得其实。诸以事系禁者百余人,不日断去,狱告空,吏民惊喜,一境称治。久之,愈得人誉,合土士众诣郡请留。以公武弁,毋例,遂寝。拜泾原路第四将队将。时延帅吕公惠卿方为边事,搜究豪杰。然帅虽素未面公,久知其名,遂奏辟焉。及见,睹公举止闲雅,语论明白,遗声而叹曰:"此天下之奇男子也,可用焉。"欣而内之,置于左右,待极优异,差充弟六将准备使唤。

绍圣三年七月,随路分张,公诚讨成平,当迎夏人,接战,大破之,兼荡其寨。九月,戎主亲将众百万围延安等城,破金明。公从本将逼逐,至十月初二日,两军大战于铁冶,公先谓军曰:"此乃报国之处也,可尽节矣!"遂荷戈首入,冲动阵势。以贼兵众,群聚来敌,自朝徂昏,相持不解。始兵稍胜,久复遭围,马毙箭绝,肢休被伤,公犹气不少挫,乃与残卒数人再战,夺路致捷而出。哲宗闻而壮之,赐银合香药茶绢,乃进官一阶、减二年磨勘。帅司又以公权弟六将部将,成威戎城。四年秋,改经略司准备差使,破宥、夏二州并汝、密、啰一带。五年正月出大吴堆，公又破贼，兼亲获级，筑平羌、临夏二寨，征大沙堆及青岭板井。元符元年，以前后战功积官至供备库副使，又筑暖泉，加如京副使，勋武骑尉，权龙安、永平二寨主，升庄宅副使。

今上即位，转右骐骥副使，以磨勘为西京作坊使。陆公师闵□延，举公为绥德军临夏寨主，又辟准备将领，公转荐同僚而让之，人已德公者多。三年，奸臣范纯粹来延，以与吕公有隙，又尝于元祐中与兄纯仁曾有弃地迹状，目鄜延有功，辄生沮意。欲饰前非，乃奏于朝廷，称本路自军兴以来，诈冒功赏，又置狱吓胁战士，出榜谕人，意要虚首。一路震恐，晨夕不遑，致使立功之人但且脱祸，不敢顾禄，悉皆曲从。唯公与皇城使范宏及黄彦等数人不伏，公独尤甚，遂陷之于狱，抑勒要认。公曰："首可舍，冒赏则无，不必某，一路皆然。若本路无功，斩虏数万，辟地千里，不知自何而得也？"更颇有及帅之语。纯粹既知其不能屈，即释之，乃辟绥德军暖泉寨主。公曰："帅以此收余，情非公也。"遂不就。故天下之人闻公之风者，识与不识，皆推为大丈夫矣。当是时，公犹欲诣阙以雪众冤，遇臣僚上言废纯粹，是非既明，公遂已。吕公由是知之，语人曰："余曩日厚待此人，诚不误矣。"自尔公愈光，徙同管勾黑水堡公事。陶节夫守延，性酷贪饕，始不知公，恐其不奉以威，戎蕃官逃背，不问本土，反以公邻寨，为不觉察冲替，又褫一官。公拟行，方悟公正人，悔而复留修威德军，并御谋翔武等城。

继闻父丧，五日不食，号泣而归，行路之人，见皆感涕。自是居忧，前任之事更不复辩也。将葬之期，河冰初坼，浅深未定，人皆病涉，隔其坟垄。公祈之，是夕风大作，冰复坚，车舆既过，随迹如故。乡里共知公之至孝之所致也。人欲闻于官，公迎使人止之。鄜延筑银州，又自服中辟，及回太原，帅王公端继钟公傅之太原，皆欲奏公起复为麟州银城寨都监，公固辞。服除，尚庐墓，了无仕宦意。亲戚乡人遂强起之，复旧官，进勋飞骑尉。鄜延又筑龙泉、土门、镇边三寨，亦差公焉。

　　大观初，朝廷以河朔据大虏，遴择人材，非有能声者不使其任，公首以应议，除真定府路准备将领，寻迁六宅使，升勋骁骑尉，又差同管辖训练河北第十二将军马，磁州驻扎。李进、李免作乱，杀官吏，赵鍪等用河东、定州、真定三路兵捕之，诸将唯以搜求山谷为事。公曰："众兵既举，贼势日弱，更焉能与王师为敌？今里逼既急，必逃于外。"遂将兵数百上承天阁，以断入北诸路。初，人以为迂回，后贼果欲适，闻公已截其道，乃失计匍匐而返。异日诏下：不管透漏，若贼入北，帅已下并以军法处置。人又服公有先见之明。始，寇才发，帅王公博闻方论，乞举诸镇兵以助捉杀，请诸将议之。尝献言曰："此一鼠寇，乌足能为吾国之患？若众兵既举，远迩震动，以为贼能如何也，愈长声势。又诸道兵至纷纭错杂，递不相认，宁知其贼别无奸诈？不若只拣择精锐千人，付有心力将以将之，日夕追捕，非久必困，自可俯拾也。"帅意务速，不用谋焉。果诸藩兵至，混而不辨，贼亦易衣，亦如天兵伪为捉杀，往来称路分，竟不能获。国家念河朔久为贼扰，以恩招之，贼遂归，遇公于途，问人曰："此非田公乎？"对者然，犹不敢正视。久之，谓其同者云："当时若用此公谋，今日岂有我曹也？"尚有惧色。上授八宝进内藏库使，改同管辖训练河北第十三将军马，治州驻扎，又移赵州。

　　四年，北贼卢六斤、苏蛾儿聚党数百人于两界之间，凡出入作过，官吏不敢追捕，幅员千里，民不安堵。既又劫北寨，朝廷闻而患之，下本路令选有谋略将官以为统领捉杀。时帅梁公子美曰："非田仲坚则不可。"遂见委，自尔贼更无南犯。拜皇城使。北朝贺正使回，值赵州缺守，安抚司以公权领郡事，兼接待人使，人皆以为差得其当。迁河东路第六副将。天子更正官号，改武功大夫。会钱公即帅太原，雅知公才美，遂举充正将。因按兵辽泽，不幸致疾，归隆德而不起，实政和四年正月二十一日也。享年五十有六。闻者叹吁。逾月扶柩以归，□□遮路哭祭，皆恸。择以政和六年五月初三日，葬于窦罗之平。

公为人敦厚有常，寡言笑，虽任右列，未□□□□，暇日亦看书，酷好教子弟。尝曰："汝辈复以武进，吾亦不喜，如有衣青衣而入门，则我心□矣。"既而次子试挽，曲加奖顾，盖务以激发其众也。昔人所谓贤父者，公于是可以当之矣。公待士尤有礼，见寒者，不必言而济之。凡亲戚之窘，分俸以养，不能婚嫁葬祭者又皆以助。然世又称公独能有以大过人者，儿孙未官，恩泽先及。他房凡所为事，大率如此。且公所以不永乎寿者，以公生平历官，退食视事，日夕不怠，故致劳役其心神，戕贼其天年也。公得疾至殁不昏，容颜言语皆如平昔，家人对泣，亦无甚怜之色，曰："死生亦常事也。"凡留语数句，皆不及私，唯称所恨者，有君恩未报。呜呼！公之临尽尚出此言，可谓忠矣，可谓忠矣。

公初讳茂，后讳子茂，字仲坚。曾祖□皆不仕。父曰颜，以公贵。累赠左骁骑卫将军。妣任氏，亦累赠太室人。三娶：彭氏赠仙居县君，张氏赠仁和县君，李氏封室人。男四人：泰宁、承节郎，泰靖、登仕郎，泰中、泰孝未仕，皆业儒道。一女，已嫁。公实唐雁门郡王承嗣之苗裔□，其五代祖知本者，五季广运间来任襄县主簿，因家秀容焉。

铭曰：颜回至善兮，不永乎寿。李广无双兮，不封乎侯。公之无异兮，中道而止。我今悲之兮，以铭其幽。①

———————————

① 详见冯文海《山西忻县北宋墓清理简报》，《文物参考资料》1958年第5期。

　　墓主田子茂无考,铁冶之战及其所及吕惠卿与范纯粹事,可考之如次。吕曾两次帅延,第一次在熙宁十年(1077)正月至元丰三年(1080)四月,第二次在绍圣二年(1095)十月至元符三年(1100)初。《田志》中所提事实,发生在吕惠卿第二次帅延安时。

　　金明寨原为金明县,距延州仅三四十里。《宋史·地理三》载:延安府本延州,辖县七:肤施县,"熙宁五年省丰林县为镇,金明县为寨补入焉。"雍正《陕西通志》卷一六载:"金明寨,在县城东南一百一十步,倚金龙山有石刻'金明寨'三字。熙宁五年省金明县为寨。康定初,夏人破金明诸寨,周美请于范仲淹曰:'金明当边冲,今不亟城,将遂失之。'仲淹因属美复城如故。"据此可知,金明为延安之屏障与门户,绍圣三年九、十月间宋夏之战,吕惠卿虽保住了延安,却失去金明,且损失惨重。

　　《田志》中提及墓主战功时,谓绍圣三年,"至十月初二日,两军大战于铁冶,公先谓军曰:'此乃报国之处也,可尽节矣!'遂荷戈首入,冲动阵势。以贼兵众,群聚来敌,自朝徂昏,相持不解。始兵稍胜,久复遭围,马毙箭绝,肢体被伤,公犹气不少挫,乃与残卒数人再战,夺路致捷而出。哲宗闻而壮之,赐银合香药茶绢,乃进官一阶、减二年磨勘。帅司又以公权弟六将部将,成威戎城。"此处所提及"铁冶"之战于史无考,"铁冶"亦不见于方舆典籍之载。然前引《宋史·外国二》既谓夏人"十月,忽自长城一日驰至金明,列营环城",《田志》又谓"公从本将逼逐,至十月初二日,两军大战于铁冶"。"逼逐"即驱逐,意谓命令,故知田子茂为死难之"将官皇城使张俞"之部属无疑,亦知所谓"铁冶之战",乃金明大战之组成部分无疑,铁冶在金明附近亦无疑。雍正《陕西通志》卷一六载"金明咽喉"有"铁门"。

　　《田志》所颂墓主之战功,亦乃败军突围之战功,而非讨敌复地之战功。事实十分清楚,田子茂"荷戈首入,冲动阵势","自朝徂昏,相持不解"，"马毙箭绝，肢体被伤"，"夺路致捷而出"，虽奋勇感人之至，却不能掩盖绍圣三年九、十月间吕惠卿帅延时延州大战之失败，这大约是不争的事实。至如《田志》所谓"公曰：'首可舍，冒赏则无，不必某，一路皆然。若本路无功，斩虏数万，辟地千里，不知自何而得也？'"云云，考之事实，却纯系子虚乌有。因为综观宋夏之战，宋人以防守为宗，守而不攻；夏人以抢掠为策，略之则去。且宋人守境千里，兵力分散；而夏人则往往举国出动，动辄数十万人。遍翻《宋史》神、哲、徽三朝纪及专记西夏始末的《外国二》与《宋会要辑稿》兵志，从无"斩虏数万，辟地千里"之记载。即使专记"军赏"的《宋会要辑稿》兵十八至二十，斩首数十级乃至数千级者均记录在案，何以"斩虏数万，辟地千里"之赫赫战功，却无一字记载？岂非咄咄怪事？不惟如此，吕惠卿本人在向朝廷报告此次战役之前，也就是《田志》中所说的"绍圣三年七月，随路分张，公诚讨成平，当迎夏人，接战，大破之，兼荡其寨"的战功时却是这样说的："哲宗绍圣三年八月五日，鄜延路经略使吕惠卿言：自六月以后，五十日间，第一至第七将前后十四次浮斩甚众，并获副军、大小首领、副钤辖及得夏国起兵木契、铜记、旗鼓，诏赐吕惠卿对衣、金带、银币、革勒马。"须知吕惠卿这个报告出自专记"兵捷"的。《宋会要辑稿·兵一四》之二十，何以仅言"浮斩甚众"，而未言"斩虏数万"呢？至于是否"辟地千里"，恐怕在宋与西夏之战中，从来也未有"辟地千里"的记载，因为宋之北边，面临西夏与北辽的双重威胁，始终以守边为旨。扩边正是蔡京的主张，后来竟导致了北宋的灭亡。那么是否有例外呢？吕惠卿在绍圣三年十月此次战役失败之后上朝廷的奏折上也分明写着"本路场圃未毕，西自园林（今陕西志丹县东），东自青涧（今陕西清涧县），皆遭焚躁"（详参下引），真可谓"敌掠千里"，何以到了周邦彦笔下，"敌掠千里"却变成了"辟地千里"，黑白颠倒之如此耶？这样看来，若不是田子茂子侄辈为谎言以欺周邦彦，则必为周邦彦为谎言以欺世。然周邦彦乃朝士而非草民,如此欺妄之言何以能瞒过周邦彦? 看来结论只能是周邦彦为墓主欺世以盗名,并通过谀墓主而谀吕惠卿,在为吕惠卿欺世以盗名耳。平心而论,此次战役之失败,亦不能全由吕惠卿负责。《宋会要辑稿·兵二八》之三八至三九即载:

> (绍圣三年)八月十二日,鄜延路经略使吕惠卿言:探报夏国点集人马,将以八月同国母倾国入寇。本路直、绥、银、夏、宥横山之境,乃夏国根本之地。元丰四年七月,本路所管东兵各一百四指挥,内军马二千五百余匹,今存只有五十二指挥,一千三百五十四匹,人马比旧才及一半,沿边军城堡寨共二十四处,各用守御人四万七千八百七十六人,尚缺三万三千二百五十五人。虽有籍,定堡聚,人数既多寡不定,又率未经教习,今且勾一半,约计七千五十二人,尚欠少二万六千二百人。乞差拨人马充填本路如元丰旧数。枢密院言:守城已有,不出战。汉蕃及厢军马递铺剩员及军营子弟与人保丁壮又不足,即差我勇保甲,今本路未曾计此人数,而边事与元丰四年大举不同,欲特差一将兵马与之。诏札下经略司照会。①

以数万之众御五十万之敌,其败可必。然败则败,胜则胜,即使败者亦有勇师、勇士如田子茂者在,又何必以败为胜耶?《田志》所谓"奸臣范纯粹来延,以与吕公有隙,又尝于元祐中与兄纯仁曾有弃地迹状,目鄜延有功,辄生沮意。欲饰前非,乃奏于朝廷,称本路自军兴以来,诈冒功赏,又置狱卟胁战士,出榜谕人,意要虚首。一路震恐,晨夕不遑,致使立功之人但且脱祸,不敢顾禄,悉皆曲从",事实允竟如何,为防片面之嫌,兹将公私诸籍所记采录于后,以便案断。

---

① [清]徐松辑:《宋会要辑稿》,第十五册,第9230—9231页。

《宋史·吕惠卿传》载：

> 绍圣中，(吕惠卿)复资政殿学士、知大名府，加观文殿学士、知延州。夏人复入寇。将以全师围延安，惠卿修米脂诸寨以备。寇至，欲攻则城不可近，欲略则野无所得，欲战则诸将按兵不动，欲南则惧腹背受敌，留二日即拔栅去，遂陷金明。惠卿求诣阙，不许。以筑威戎、威羌城，加银青光禄大夫，拜保宁、武胜两节度使。徽宗立，移节镇南。因曾布有宿憾，徙为杭州，而用范纯粹帅延，治其上功妄冒事，夺节度。①

《宋会要辑稿·兵一八》之一七载：

> (绍圣三年)五月二日诏：陕西、河东路经略司探事人，所报有实，优与支赏。如止于近边探听，撰造事宜，规图恩赏，严行惩戒。八月四日诏：西贼寇顺宁寨，诸将获(首)级其合该赏人，内尤异者，当于新格外更与优恩。八日枢密院言：元丰朝旨不得以老少妇人充级，已录送陕西、河东经略司照会。日近诸路累有斩获首级，窃虑犹有夹带致误，朝廷推赏，无以激劝实效之人。诏逐路经略安抚司子细识验保奏，违者依法施行。②

为冒诈伪，朝廷反复申令。且查"诈冒功赏"者不惟鄜延，亦有环庆，足见此次查伪，当为朝廷诏令，而非如邵伯温所说"德孺至，取其事自治"③者。据《宋会要辑稿》所记，则谓"至有小使臣转皇城使、效用

---

① ［元］脱脱：《宋史》，第 13708—13709 页。
② ［清］徐松辑：《宋会要辑稿》，第十五册，第 8984—8985 页。
③ ［宋］邵伯温：《邵氏闻见录》，《唐宋史料笔记丛刊》本，中华书局 1983 年版，第162 页。

转诸司使副者不少。"两籍合观,正好互相补充,即稽查之前,"其间有冒二资至一十资以上,至有小使臣转皇城使、效用转诸司使副者不少。"所谓"资",即官资。二资即二阶,一十资以上即十一阶以上。因军功升级自然毫无问题,但其赏格如何呢? 如依格而赏,当然算不上"诈冒功赏"。幸好《宋会要辑稿·兵一八》之一八对赏格亦有明确记载:

> (绍圣四年)三月八日,吕惠卿言:敕榜内招到钤辖、都头、正副寨主之类与左侍近,事体未便。今欲于钤辖、都头下随所管或将带人户多少,于右侍禁以下至副兵马使相度等第安排,仍依元丰年例,降空头宣札赴本司。候有投降,一面书填给付。诏:今后应有似此之人,仰经略司酌合得名目等第安排,并其余招纳到合该推恩首领,除东头供奉官以下至都头兵马使,共赐空名宣札二百道,委帅臣一面书填,给付讫以闻。河东、陕西诸路亦依此。①

这里说得十分明白,即战事万变,为及时奖励有功之战将,免得临时申报而致路途耽延时日,吕惠卿要求朝廷事先发给空头奖诏,然后经略司根据战功大小,依元丰赏格填写奖诏,奖励有功战将。那么元丰赏格又如何呢?《宋会要辑稿·兵一八》之五、之六载:

> (熙宁七年)七月三日诏:破荡踏白城一带,作过蕃部押队使臣,各计所部人数,并获到首级,以十分为率。九分以上为优等,五分以上为第一等,二分以上为第二等,一分至不及分若无获者并为第三等。优等迁六官,余推恩有差。

---

① [清]徐松辑:《宋会要辑稿》,第十五册,第8985页。

元丰二年八月二十二日,审官西院言:磨勘供备库副使刘希奭历任,两以边功迁官,在格当异常调,诏希奭与转七资。仍诏:自今身经战斗,酬奖迁官,方理为战功,著为令。①

也就是说,熙宁六年就有战功赏格,元丰二年,又将战功赏格之优等由"迁六官"提高为"迁七官",即连升七阶。然而实际上却是"其间有冒二资至一十资以上,至有小使臣转皇城使",即有连升十一级以上者,这不是"诈冒功赏"是什么? 故知周邦彦之所谓范纯粹"目鄜延有功,辄生沮意"为说谎,而吕惠卿"诈冒功赏"是事实。即使退一步讲,范纯粹与吕惠卿有隙,亦诚如邵伯温所言"以德孺之贤,于是乎有愧于忠宣矣"②,显然是从以德报怨与以直报怨两个角度来衡量范氏父子的,乃备责贤者之意,非如周邦彦之直呼范纯粹为"奸臣"者可比。众所周知,范纯粹乃北宋名臣范仲淹之第四子,与其父仲淹及其兄纯佑、纯仁、纯礼,皆青史垂名,《宋史》卷三一四有传。

至如《田志》所谓范纯粹"又尝于元祐中与兄纯仁曾有弃地迹状,目鄜延有功,辄生沮意。欲饰前非,乃奏于朝廷,称本路自军兴以来,诈冒功赏"云云,亦与史实南辕北辙。范传载:"复代兄纯仁知庆州。时与夏议分疆界,纯粹请弃所取夏地,曰:'争地未弃,则边隙无时可除。如河东之葭芦、吴堡,鄜延之米脂、义合、浮图,环庆之安疆,深在夏境,于汉界地利形势,略无所益。而兰、会之地,耗蠹尤深,不可不弃。'所言皆略施行。"③事实十分清楚,范纯粹在朝廷"与夏议分疆界"时,曾议弃地之由,并被朝廷采纳,即所谓"所言皆略施行"者,却并非如《田志》中所谓"又尝于元祐中与兄纯仁曾有弃地迹状"。众所周知,"议

---

① [清]徐松辑:《宋会要辑稿》,第十五册,第8977—8978页。
② [宋]邵伯温:《邵氏闻见录》,第162页。
③ [元]脱脱:《宋史》,第10280页。

论"与"行迹",是绝然不同的两个概念。况且在北宋,因国势不振,主
弃地安边者亦不在少数,何以范纯粹因此便成了奸臣呢? 固然,是非难
明于当世是事实,但事实真相却最易明于当世也是事实。然而如周邦
彦者,却将当时人最不易混淆的事实,有意加以混淆,然后再颠倒是非,
从而尊当时人即目之为"奸"、史书亦入《奸臣传》的吕惠卿为"吕公",
而呼当时人即赞其贤、后世人亦以为贤的范纯粹为"奸臣"。邦彦此
举,即使退而言之,恐亦只能视为政治投机,视为向蔡京或蔡京集团靠
拢的政治信风。王国维当然未及见1957年始出土之《田子茂墓志
铭》,以"文人脱略"为邦彦辩,于事实未明之前或可;于事实既明之后
则不可。

　　如果再联系当时的政治斗争形势,则邦彦颠倒忠奸之举,更无以遁
其形。据《宋史》及《续资治通鉴拾补》《宋史纪事本末》等籍所载,元
符三年(1100),春正月,哲宗崩,徽宗即位。三月辛卯,以四月朔日
当食,纳中书舍人曾肇建言,下诏令百官言事。建中靖国元年
(1101),召蔡京为翰林学士承旨,即阳奉绍述而阴行其奸。邓洵武
附翼蔡京,上《爱莫助之图》以献,别群臣为左右,左曰元丰,右曰元
祐,并请相蔡京。崇宁元年(1102)秋七月,即以蔡京为尚书右仆射
兼中书侍郎。蔡京秉政伊始,即迫不及待以售其奸,于崇宁元年九月
乙未(十三日),诏中书省开具元符末臣僚上章疏者姓名分正、邪,以
钟世美等四十一人为正,邪又分邪上尤甚、邪上、邪中、邪下四等,为
邦彦之父周原撰墓志铭的吕陶入邪中,邦彦之叔周邠入邪下。九月
乙亥(十七日)又御批中书省所上元祐党姓名,籍宰执司马光、文彦
博、吕公著、吕大防、范纯仁等及待制以上加苏轼、王钦臣等凡百二十
人为元祐党,中有范纯粹、黄庭坚等。此二事均为蔡京、蔡攸父子及
其死党强浚明、强渊明所亲手操弧,叶梦得亦与其间。后又将邪党与
元祐党合为"奸党",刻石立于端礼门外,为"党人碑",计三百九十余

人，又颁示天下，令监司长吏厅立石刻记。此次党祸，连同直接受牵连者计五百余人。

从元祐党至"邪党"再至"奸党"，这种政治上的步步升级，却将蔡京等人的狼子野心暴露无遗。如前所述，熙宁、元丰、元祐年间的新旧党争，所争的是治国方略，并无私人偏见，更无所谓忠奸之争，双方任何一方，均未将对方指为"奸臣"。蔡京的政治升级，其真正目的就是要将新旧两党的中坚人物一网打尽，给自己铺平大权独揽的政治道路。例如无疑是新党代表人物的李清臣、陆佃（王安石门人，陆游之祖）、谢文瓘等，都无一例外地被列入元祐党人名单。其中李清臣，在哲宗亲政后首述绍圣，见《宋史》本传。陆佃当徽宗初政时，曾欲弥合新旧之争，戮力共同辅政，亦见《宋史》本传。至如谢文瓘，诚如前引《宋史》本传所云："所论率是王安石，谓神宗能察众多之谤，任之而不贰，于是朋党消而威柄立，他皆放此。"就连王安石的女婿叶涛这样的新党代表人物，也未能幸免于"奸党"名单，诚如前引《宋史》本传所云："涛，王氏婿也，即往从安石于金陵，学为文词。哲宗立，上章自理，得太学正，迁博士。绍圣初，为秘书省正字，编修《神宗史》，进校书郎。曾布荐为起居舍人，擢中书舍人。司马光、吕公著、王岩叟追贬，吕大防、刘挚、苏辙、梁焘、范纯仁责官，皆涛为制词，文极丑诋。安焘降学士，涛封还命书，云：'焘在元祐时，尝诋文彦博弃熙河，全先帝万世之功，不宜加罪。'蔡京劾为党，罢知光州。又以诉理有过，为范镗所论，连三黜。曾布引为给事中，居数月而病，以龙图阁待制提举崇禧观，卒。"《叶涛传》所载，极具讽刺意味，"极丑诋"司马光、吕公著、王岩叟、吕大防、刘挚、苏辙、梁焘、范纯仁的叶涛，亦与他所"极丑诋"的人同为一党了，这大约是叶涛万万没有想到的。总观所谓"奸党"名单，他们的确有新党与旧党之分，但若从"忠奸"的角度去考察，却可谓全系忠臣，所谓的"奸臣"，是一个也找不到的；而当时人就视为"奸"，后来又入奸臣传的吕惠卿，反而未入"奸党"名单。

蔡京的狠毒,却恰巧暴露了蔡京的愚蠢。因为中国人即使在观察政治斗争时,也没有忘记政治的道德。所谓"邪党"与"奸党"的禁令,在士大夫中间的确造成了不小的政治压力,然而却并未完全钳制住士大夫之口,更未能钳制住老百姓之口。据《续资治通鉴长编拾补》卷二二载:

> (崇宁)二年八月,诏以御书元祐奸党姓名颁天下,监司长吏厅立石刻记,时有长安石工安山民当镌字,辞曰:"民愚人,固不知立碑之意。但如司马相公者,海内称其正直。今谓之奸民,不忍刻也。"官府怒,欲加罪,泣曰:"被役不敢辞,乞免'安山民'三字于石末,恐得罪于后世。"闻者愧之。①

无独有偶,据王明清《挥麈三录》卷二载:

> 九江有碑工李仲宁,刻字甚工,黄太史题其居曰"琢玉坊"。崇宁初,诏郡国刊元祐党籍姓名,太守呼仲宁,使劂之。仲宁曰:"小人家旧贫窭,止因开(刻)苏内翰、黄学士词翰,遂至饱暖。今日以'奸人'为名,诚不忍下手。"守义之,曰:"贤哉! 士大夫之所不及也。"馈以酒而从其请。②

这两位石工,正好一南一北,代表了老百姓对"忠奸"的朴素认识,也代表了老百姓对党禁的不满与反抗。或谓此等记载,出于眷念旧党

---

① 　[清]黄以周等辑注:《续资治通鉴长编拾补》,中华书局2004年版,第716页。
② 　[宋]王明清:《挥麈录》,上海古籍出版社2012年版,第157页。

者亦未可知。然王明清虽为南宋时人,却因姻亲关系而崇拜新党。《四库全书总目提要》在评介《挥麈录》时即曰:"明清为王铚之子,曾纡之外孙,纡为曾布第十子,故是《录》于布多为溢美。其记王安石没,有神人幢盖来迎。而于米芾极其丑诋,尤不免轩轾之词。……然明清为中原旧族,多识旧闻,要其所载,较委巷流传之小说终有依据也。"①不唯说明此记之真实可靠,亦足以证明崇尚新党如王明清者流,对蔡京之以司马光等人为"奸党"亦极其反感,足见当时士心民心之向背。然而周邦彦却反乎是,呼范纯粹为"奸臣",无怪乎九江守赞扬李仲宁曰:"贤哉!士大夫所不及也。"

尤可注意者,即在于至崇宁五年(1106)春正月戊戌,因彗出西方,其长竟天,中书侍郎刘逵趁此请毁"党人碑",宽上书邪籍之禁,徽宗从之;丁未,太白昼见,赦除党人一切之禁。此后,虽忠奸之争终徽宗朝一直未绝,然未若崇宁之严且酷耳。邦彦为田子茂所写之墓志铭,若在党禁方炽之时,或出于政治压力,尚情有可原;但却写于政和六年(1116)五、六月间,即弛党禁十年之后,恐欲为邦彦辩之者亦无可辩矣。

若将蔡京与范家之私怨加以考察,或可窥视其间之蛛丝马迹。范纯粹之道德人品,史有公评。其后入元祐党籍无疑,然纯仁、纯粹兄弟入元祐党籍,未尝不出蔡京之私。《宋史・范仲淹传》附仲淹之孙、纯仁之子《范正平传》曰:

> 绍圣中,(正平)为开封府尉,有向氏于其坟造慈云寺。户部尚书蔡京以向氏后戚,规欲自结,奏拓四邻田庐。民有诉者,正平按视,以为所拓皆民业,不可夺;民又挝鼓上诉,京坐罚金二十斤,

---

① ［清］永瑢等:《四库全书总目》,中华书局1995年版,第1197—1198页。

用是蓄恨正平。

及当国,乃言正平矫撰父遗表。又谓李之仪所述《纯仁行状》,妄载中使蔡克明传二圣虚伫之意,遂以正平逮之仪、克明同诣御史府。正平将行,其弟正思曰:"议《行状》时,兄方营窆穸之事,参预笔削者,正思也,兄何为哉?"正平曰:"时相意属我,且我居长,我不往,兄弟俱将不免,不若身任之。"遂就狱,捶楚甚苦,皆欲诬服。独克明曰:"旧制,凡传圣语,受本于御前,请宝印出,注籍于内东门。"使从其家得永州传宣圣语本有御宝,又验内东门籍皆同。其遗表八事,诸子以朝廷大事,防后患,不敢上之,缴申颍昌府印寄军资库。至颍昌取至,亦实。狱遂解。正平羁管象州,之仪羁管太平州。正平家属死者十余人。①

然若将范氏兄弟入"奸党"仅视为蔡京之私,恐亦低估了蔡京。因为除了私怨之外,尚有深层的政治原因在。崇宁年间,曾布与陆佃一样,欲弥合新旧之争。然曾布在朝,却为蔡京心腹之患。在对西边问题上,曾布与范氏兄弟一样,持保境安民态度,不欲首开边衅。蔡京欲排挤曾布,即反其道而行,倡争地斥贼之说,与童贯共创开边之论。《续资治通鉴》卷八八即载:"(崇宁二年正月)以知岢岚军王厚(西河名将王韶之子)权发遣河州兼洮西沿边安抚司公事。厚少从父韶兵间,畅习羌事。元祐弃河湟,厚疏陈不可,且诣政事堂言之。蔡京既治元祐弃地之罪,仍欲开边,故有是命。"②周邦彦所以在《田子茂墓志铭》中谓"奸臣范纯粹来延,以与吕公有隙,又尝于元祐中与兄纯仁曾有弃地迹状,目鄜延有功,辄生沮意",岂不是从蔡京的政治动因中找到了注脚?看

———————

①　[元]脱脱:《宋史》,第10293—10294页。
②　[清]毕沅:《续资治通鉴》,中华书局1957年版,第2249页。

来周邦彦与蔡京一唱一和,决非偶然。但早在《田子茂墓志铭》写作之前,范氏兄弟的政治际遇,已发生了根本性变化。上引《范正平传》接云:

> 会赦,得归颍昌。唐君益为守,表其所居为"忠直坊",取所赐"世济忠直"碑额也。正平告之曰:"此朝廷所赐,施于金石,揭于墓隧,假宠于范氏子孙则可;若于通途广陌中为往来之观,以耸动庸俗,不可也。"君益曰:"此有司之事,君家何预焉?"正平曰:"先祖先君功名,人所知也。十室之邑,必有忠信,异时不独吾家诒笑,君亦受其责矣。"竟撤去之。①

张邦基《墨庄漫录》卷七亦载此事曰:

> 范忠宣公薨,朝廷赐墓碑之额,曰"世济忠直"。时唐彦猷君益知颍昌,为表其居曰"忠直坊"。范公之子正平、正思,直谓君益曰:"荷公之意,但上之所赐,刻于螭首,揭于墓隧,假宠于范氏。若施于康庄,以为往来之观,非朝廷之意也。"君益曰:"此州郡之事,与君家无与也。"二公曰:"先祖、先人功名闻于远迩,何待此而显。且十邑之室,必有忠信,流俗所尚,识者所耻。异时不独吾家为人嗤诮,公亦宁逃于指议,故不得不请也。"
>
> 时李端叔官于许下,乃见唐公,且言曰:"顷胡文恭公宿知苏州时,蒋堂希鲁将致政归。文恭昔为诸生,尝受学于蒋公,乃即其里第,表之为'难老坊'。蒋公见之,不乐曰:'此俚俗歆焰,内不足而假之人以为夸者,非所望于故人也,愿即撤去。'文恭谢之,欲如

---

① [元]脱脱:《宋史》,第 10294 页。

其请,则营缮已毕,乃资其尝获芝草之瑞,更为"灵芝"。文恭退而语人曰:"识必因德而后达,蒋公之德盖所畏,而其识如此,非吾所及也。"君益闻端叔之言,遂撤去之。

范公二氏闻之,乃谢端叔曰:"非公之语,莫遂吾心也。"因复笑曰:"凡以伎能物货自营,图售于人,则多曰元本某家,至于假供御供使州土为名,殆与此一类。颜子居陋巷,一箪食,一瓢饮,人不堪其忧,而不改其乐,故与禹、稷同道,当时未闻表其巷为何坊也。"端叔亦笑之。后复陈此语于君益,君益亦大笑之。①

《宋史·范正平传》当据《墨庄漫录》修。唐君益字彦猷,《宋史》无传,其人亦无考。据《北宋经抚年表》载:唐君益于崇宁五年(1106)至大观二年(1108)正月知颍昌,则范正平"会赦,得归颍昌"亦当在其时。据此,则知至崇宁五年弛党禁之后,范纯仁之德亦如日中天,朝野共赞美之,至有表其居为"忠直坊"之举。范纯粹名、位虽均不如乃兄,然范氏一家忠烈,人所共知。而周邦彦却异众人之行,值此弛党禁之后,仍呼范纯粹为"奸臣",岂邦彦与范纯粹有私怨耶?抑或邦彦私蔡京之私怨以报蔡京耶?无论作何解释,均无以为邦彦讳耳。

若再将时人对范纯粹之态度及评价与邦彦加以对比,问题看得更为清楚。叶梦得与邦彦生当同时而稍晚,为一朝之臣,且为蔡京门客,曾参与拟订党人名单,终生对元祐党人亦持偏见。《四库全书总目提要·避暑录话》即谓:"惟本为蔡京之门客,不免以门户之故,多阴抑元祐而曲解绍圣。"②然叶梦得在其《石林燕语》中却多次对范纯粹之功业与人品加以褒扬。如卷七曰:"范侍郎纯粹,元丰末为陕西转运判

---

① ［宋］张邦基:《墨庄漫录》,《唐宋史料笔记丛刊》本,中华书局 2002 年版,第 207 页。
② ［清］永瑢等:《四库全书总目》,第 1041 页。

官。当五路大举后,财用匮乏,屡请于朝。吴枢密居厚时为京东都转运使,方以冶铁鼓铸有宠,即上羡余三百万缗,以佐关辅。神宗遂以赐范。范得报,愀然谓其属曰:'吾部虽窭,岂忍取此膏血之余耶!'力辞迄弗纳。"①吴居厚《宋史》入奸臣传,在京东盘剥邀宠,故范纯粹在陕西虽"财用匮乏",却不忍"取此膏血"。《宋史》范传亦载此事。卷十又曰:"范文正公(范仲淹谥号)四子,长曰纯佑,有奇才。公方始为西帅时,已能佐公治军,早死。其次则忠宣(纯仁谥号)、夷叟(纯礼字)、德孺(纯粹字)也。尝为人言:'纯仁得吾之忠,纯礼得吾之静,纯粹得吾之才。'忠宣以身任国,世固知之;夷叟简默寡言笑,虽家居,独坐一室,或终日不出;德孺继公帅西方,为名将。卒如其言云。"②此段记载,正为元人修《宋史·范仲淹传》时所引录。《石林燕语》作于宣和五年(1123)至建炎二年(1128),比邦彦作《田子茂墓志铭》仅晚七年至十二年。据此可知,连当初曾参与拟订所谓"元祐党"及"奸党"名单的叶梦得,时过境迁之后,仍然对范氏父子兄弟功业人品评价极高,崇敬有加,而周邦彦却呼范纯粹为"奸臣",其投靠蔡京之举,恐亦无以遁其形矣。王国维当年因未见亦不可能见《田子茂墓志铭》,对邦彦与刘昺关系之深亦未曾细考,故始以"文人脱略"目之。否则,王氏决不会将颂盗跖为颜渊又毁颜渊为盗跖的周邦彦视为清流,更不会以"文人脱略"去为之开脱的。然而如今能见到《田子茂墓志铭》的一些学者,却仍然守着王国维当年的结论不放,岂不怪哉?

　　周邦彦既写诗为蔡京寿,又骂范纯粹为奸臣,无论从何角度考虑,恐亦不能排除邦彦政治投机之嫌。徽宗可谓昏聩之极,然冰冻三尺,非一日之寒,其实若究其大略,哲宗朝已种下孽根。因宣仁高后垂帘听政

---

　　① ［宋］叶梦得撰,［宋］宇文绍奕考异:《石林燕语》,《唐宋史料笔记丛刊》本,中华书局1984年版,第102页。
　　② 同上书,第151页。

时专横恣肆,故哲宗亲政后,对宣仁高后垂帘与旧党执政,怀着一腔政治报复心理。正是这种政治报复心理,使哲宗失去了辨别新与旧的政治识别能力,渐渐使新旧党争变为忠奸正邪之争,进而更演变为权力之争,于是就给投机分子以可乘之隙。邦彦在元丰至元祐乃至绍圣年间,均致力于辞章,为情性中人。但至徽宗朝,蔡京炙手可热,满朝文武,不附蔡京者几乎被排除净尽。邦彦依附蔡京,则为正直的知识分子希图在官场寻求出路的可悲,是长期郁积的苦闷在新形势下的裂变,是道德向权力的投降。此虽系猜测,视事理为然,勿谓厚诬邦彦也。

第六节 周邦彦知明州年月及事迹考

周邦彦究竟何时知明州,正史皆模糊言之,《东都事略·文艺传》谓:"出知隆德府,徙明州,召为秘书监,擢徽猷阁待制,提举大晟府。"①《咸淳临安志》与《宋史》本传略同。《乾道四明图经》卷一二《太守题名记》:"周邦彦,直龙图阁,政和五年。毛友,显谟阁待制,政和六年。楼异,徽猷阁待制,政和七年至宣和四年。"②《宝庆四明志》与《延祐四明志》同。王国维《遗事》与陈思《年谱》即据之,以为知明州在政和五年(1115),召为秘书监在政和六年(1116),此后学者皆从之。

然《田子茂墓志铭》的出土,却向旧说提出了挑战,因其明谓田子茂卒于"政和四年正月二十一日","择以政和六年五月初三日,葬于窦罗之平",足证政和六年五月邦彦仍在知隆德任,怎能"召为秘书监"呢?显然《乾道四明图经》错了。

自从拙著初版后,有学界同仁为了弥合《田子茂墓志铭》与《乾道

① [宋]王偁:《东都事略》,《中国野史集成》,巴蜀书社1993年版,第二册,第451页。
② 张津:《乾道四明图经》,《宋元方志丛刊》本,中华书局1990年版,第五册,第4980页。

四明图经》之间的矛盾,提出了"预书"葬期说,即认为田子茂卒于政和四年,卒后未久,其子嗣即请邦彦写此墓志铭,至政和五年邦彦已到明州任,而所谓"择以政和六年五月初三日,葬于窦罗之平",乃其子嗣预定葬日而先于写定的。预书葬期在《田志》中固然是普遍存在的现象,但却只能写"明年"或"后年",绝不会写皇帝年号的。如欧阳修《翰林侍读学士给事中梅公墓志铭》谓墓主"康定二年六月卒于官","明年八月某日葬公宜州之某县某乡某原",如葬期未定,就写"某年某月某日葬于某地",再以欧阳修《尚书主客郎中刘君墓志铭》为例,亦谓墓主"庆历八年五月迁主客郎中益州路转运使,其年十一月七日卒于官","某年某月某日葬于某县某乡某原",为什么不能写皇帝的具体年号呢? 因为在宋代以前,不是每个皇帝在位期只用一个年号,而是随着灾异星变或吉利祥瑞的出现随时改变年号的,今年是这个年号,明年说不定就变了,甚至这个月是这个年号,下个月说不定就变了。因此,邦彦可以"预书"葬期为"后年",但却绝不会也不敢"预卜",他怎么知道两年后还会以"政和"为年号呢? 如果没有确切数据,证明邦彦离隆德的时间恰恰就在政和六年正月,则《田志》根本无须预书,那么其书写时间当在四、五月间。

《乾道四明图经》卷一二既标目曰《太守题名记》,当然是太守自题,《田子茂墓志铭》更不用说了。然则究竟孰是孰非,则使学者们陷入两难境地。会不会书衔错了呢? 罗先生当初就提出过这个怀疑,即谓:"墓志作者所署官衔,通例当以现职;政和六年,清真已任秘书监、进徽猷阁待制,而此志犹署知隆德军府,是可疑也。"①但罗先生以学者的谨严,只是怀疑而已。笔者以为要确定孰是孰非,唯一的方法就是再找佐证,而佐证又无需他求,恰恰就在三《志》的异同之中。当年无论

---

① ［宋］周邦彦著,罗忼烈笺注:《清真集笺注》,第573页。

是王国维、陈思还是罗忼烈,都只是检阅了《乾道四明图经》《宝庆四明志》与《延祐四明志》,均谓邦彦知明州在政和五年,也就是检验了它们的同,却未尝再去检验一下它们是否有异。况且王、陈二氏无缘一睹《田子茂墓志铭》,当然也无需再去检验异同。兹再予检验,始发现《宝庆四明志》卷一与《延祐四明志》卷二均照抄《乾道四明图经》,谓周邦彦知明州在政和五年,但《宝庆四明志》卷三却分明又载:"鄞山堂,在镇海楼之北,政和丙申,守周邦彦因旧基建。建炎兵烬,岿然独存。"①《延祐四明志》卷八亦载:"鄞山堂,在镇海楼之北,宋政和丙申,守周邦彦建。建炎兵毁,岿然独存。"②唯文字小异而已。而"政和丙申",恰恰就是政和六年(1116),《田志》与《宝庆志》以及《延祐志》正好可互相佐证,足以说明错的不是《田志》,而是《乾道四明图经》。不惟如此,《图经》之误,还可从其体例不一上找出其错误的原因。在前引周邦彦等人知四明之前,《图经》还有如下记载:"蔡肇,显谟阁待制,政和年。李图南,显谟阁待制,政和年。吕滉,曾任军器少监,政和年。周秩,集贤殿修撰,政和年。"③既然是本人亲自题名,难道蔡肇等四人,竟忘记了自己知四明的时间,只模糊写"政和年"吗? 显然不会。此则说明修《图经》的作者,不是根据石刻的《太守题名记》来修的,而是根据前人的记载撮录的。这就是《图经》致误的原因。方志的修书体例,一般都是新志根据多年来积累的新资料补充旧志,至于旧志是否有错,一般是不再加以考察的。孝宗乾道(1165—1173)距理宗宝庆(1225—1227)已经过去了52年,关于周邦彦建鄞山堂的记载,就是新的补充,所以距理宗宝庆已经过去了89年的元仁宗延祐(1314—1316)新《志》,既照

　　① [宋]胡榘修,[宋]罗濬撰:《宝庆四明志》,《宋元方志丛刊》本,中华书局1990年版,第5024页。

　　② [元]马泽修,[元]袁桷撰:《延祐四明志》,《宋元方志丛刊》本,第6267页。

　　③ [宋]张津:《乾道四明图经》,《宋元方志丛刊》本,第4980页。

抄了《乾道志》的错误,又照抄了《宝庆志》的正确,至于《延祐志》是否会有补充,已经不是我们要讨论的问题了。行文至此,结论是明确的:邦彦知明州在政和六年(1116),说政和五年邦彦知明州,这个错误说法的肇始者是也曾知四明的《乾道四明图经》的纂辑者张津,以误传误的是王国维、陈思与罗忼烈等。再说句题外话,这是出土文物纠正典籍记载错误的又一个范例。

盖政和六年四五月,邦彦为田子茂写《墓志铭》之后,约在当年六、七月间,即移知明州。明州,宋属两浙路。《宋史·地理四》载:"两浙路。熙宁七年,分为两路,寻合为一;九年,复分;十年,复合。府二:平江,镇江。州十二:杭,越,湖,婺,明,常,温,台,处,衢,严,秀。""庆元府,本明州,奉化郡,建隆元年,升奉国军节度。本上州,大观元年,升为望。绍兴初,置沿海制置使。""县六:鄞,奉化,慈溪,定海,象山,昌国。"①《北宋经抚年表》载:"两浙东路安抚使、马步军都总管、知越州镇东军节度管内观察使、越州刺史事,领越、婺、明、温、台、衢、处七州。"②政和四年至七年越州府帅为王仲嶷(一作巍)。王仲嶷政和四年至七年知越州,擢待制。曾与楼钥之祖楼异共在明州、越州围湖造田,应奉徽宗,造成明、越之间数十年水旱之灾,详见第一章。建炎初,知袁州,金人入江西,坐失守,削籍。秦桧为其兄仲山婿,当国时,启恳开陈,仲嶷再复原官。《宋史》无传,其事略见于《南宋书》《宋诗纪事》。邦彦在明州正当王仲嶷在明、越围湖造田期间,究竟是为虎作伥还是抗章请命,均无以考索,不得而知。至如其他政绩如何,除了建鄮山楼之外,《宝庆四明志》卷一一又载周邦彦捐资建清莲阁事曰:

　　　　白衣广仁寺院,子城西,旧号净居报仁院。唐长兴元年七月

---

① 　[元]脱脱:《宋史》,第2173、2175页。
② 　吴廷燮撰,张忱石点校:《北宋经抚年表》,中华书局1984年版,第269页。

建,清泰二年十月为净居院,续因祈祷灵应,复加报仁二字,皇朝治平元年十一月十二日赐今额。初,节度使钱亿廨宇之梁见白光,纹脉有观音相,乃代以它木,而以梁木刻观音置于寺,故俗号白衣观音院。有青莲阁,守周邦彦捐金,命主持僧子元建也。建炎四年毁于兵火,寺今重建而阁亡,周守记刻亦不存矣。①

《延祐四明志》卷六〇亦载之,文字小异,不重录。据此,知周邦彦不惟捐资,且有记刻石,今佚,不可复见矣。邦彦在做地方官时的德政,唯见于明州此两则记载。邦彦有《解语花》词曰:

风消焰蜡,露浥烘炉,花市光相射。桂花流瓦,纤云散,耿耿素娥欲下。衣裳淡雅,看楚女、纤腰一把。箫鼓喧、人影参差,满路飘香麝。　因念都城放夜,望千门如昼,嬉笑游冶。钿车罗帕,相逢处,自有暗尘随马。年光是也,唯只见、旧情衰谢。清漏移、飞盖归来,从舞休歌罢。

因词中有"楚女"字样,故此词作年作地有两说,一谓作于荆州,一谓作于明州。周济《宋四家词选》云:"此美成在荆南作,当与《齐天乐》同时,到处歌舞太平,京师尤为绝盛。"《年谱》则云:"《武林旧事》:'元夕至五夜,则京尹乘小提轿,诸舞出队,次第簇拥,前后连亘十余里,锦绣填委,箫鼓振作,耳目不暇及。'词曰:'箫鼓喧、人影参差。'又曰:'清漏移、飞盖归来,从舞休歌罢。'足证《旧事》所记,五夜京尹乘小提轿,舞队簇拥,仍沿浙东西之旧俗也。"②陈说近之,罗先生亦同意陈说。若

① [宋]胡榘修,[宋]罗濬撰:《宝庆四明志》,第5131页。
② 陈思:《清真居士年谱》,《清真集校注》附录,第487页。

在荆州,其时周邦彦尚未尝一至京都,何能在词中忆及京都放夜之盛况耶?邦彦在明州只经政和七年一春,故知此词为政和七年正月写于明州。《减字木兰花》词似亦当作于此时,其词曰:

> 风鬟雾鬓。便觉蓬莱三岛近。水秀山明。缥缈仙姿画不成。
> 广寒丹桂。岂是天桃尘俗世。只恐乘风。飞上琼楼玉宇中。

"风鬟雾鬓",苏轼《洞庭春色赋》:"携佳人而往游,勒雾鬓与风鬟。""广寒丹桂",王铚《龙城录·明皇梦游广寒宫》:"开元六年,上皇与申天师、道士鸿都客,八月望日夜,因天师作术,三人同在云上,游月中。过一大门,在玉光中飞浮,宫殿往来无定,寒气逼人,露濡衣袖皆湿,倾见一大宫府,榜曰:'广寒清虚之府。'……少焉,步向前,觉翠色冷光,相射目眩,极寒不可进。下见有素娥十余人,皆皓衣,乘白鸾,往来舞笑于广寒大桂树之下。"李中《送姚端秀才游毗陵》:"此去高吟须早返,广寒丹桂莫迁延。""琼楼玉宇",段成式《酉阳杂俎》前集卷二:"(翟天师)曾于江岸与弟子数十玩月,或曰:'此中竟何有?'翟笑曰:'可随吾指观之。'弟子中两人见月规半天,琼楼金阙满焉。数息间不复见。"苏轼《水调歌头》:"我欲乘风归去,又恐琼楼玉宇,高处不胜寒。"邦彦在明州是否还写有他词,无考。

第七节　周邦彦入拜秘书监之时间与事迹

据前考可知,所谓邦彦入拜秘书监在政和六年,而《乾道四明图经》等三《志》谓毛友知明州亦在政和六年,其误自明,甚至毛友是否知明州,也难断定,因为楼异知明州在政和七年至宣和三年,是有典籍可查的。邦彦入拜秘书监当在政和七年(1117)上半年。政和六年,蔡京为右相,居何执中之下。政和六年四月,左相何执中致仕,蔡京从此大权独揽,至七年,京又由右相升左相,而邦彦恰于此时入拜秘书监(差遣正四品),擢徽猷阁待制(加官从四品),恐非偶然,《挥麈余话》所云当为实情而非偶合。其时,徽宗对蔡京言听计从,且常命其为"御笔",邦彦二次入朝自当决于蔡京,举主当仍为刘昺,详后考。《永乐大典》卷二二七四"湖"字韵有邦彦《二月十四日至越州,置酒泛湖,欲往诸刹,风作不能前》诗,当视为邦彦离明州回朝经越州时所作,诗曰:

> 青山定厌俗人游,萝帐云屏到即收。更欲凌波访幽刹,疾风已(一作"似")戒早回舟。①

"泛湖",此当为镜湖,又名鉴湖、长湖、庆湖。《会稽志》:"镜湖在县东二里,故南湖也,一名长湖,又名大湖。《通典》云:'东汉永和五年,太守马臻始筑塘立湖,周三百十里,溉田九千余顷,人获其利。'王逸少又云:'山阴路上行,如在镜中游。'镜湖之得名于此。《舆地志》:'山阴南湖,萦带郊郭,白水翠岩,互相映发,若镜若图。'任昉《述异记》云:'轩辕氏铸镜湖边,因得名,或又云黄帝获宝镜于此也。'郦道元注《水经》云:'浙江东北得长湖口水,北写大江',又:'大湖,石帆山下,水深不可测,与海通。'然则长湖、大湖之名,又出镜湖之先矣。湖兼属山阴县,其源实出会稽之五云乡也。"诗见唐圭璋《周清真佚诗补辑》一文,唐先生按云:"以上六首(指此首与《次韵周朝宗六月十日泛湖》五首),见《永乐大典》卷二千二百七十四湖字韵。按一九三三袁同礼撰《永乐大典存卷目表》,其中并无二千二百七十四湖字韵,此六首皆赵万里所辑,不知当年赵氏辑自何处。"②罗忼烈《清真集笺注》按云:"民国初

①　唐圭璋:《周清真佚诗补辑》,《大公报·艺林》1981 年新 131 期。
②　唐圭璋:《周清真佚诗补辑》。

年,日本曾以部分庚子赔款设东方文化委员会,其中有续修《四库全书提要》之举,惟未见成书行世。十年前,台湾商务印书馆出版(不著年月)《续修四库全书提要》一部,题王云五主修,盖即当年未成书之资料记录,本与王云五无涉者也。其中史部有王国维《清真先生遗事提要》一篇,略谓王氏所见佚诗佚文,缺漏尚多,为补诗八首,此六首即在其中,云见《永乐大典》卷二千二百七十四湖字韵。足证民初此卷尚存,赵万里先生得而辑之;其后失去,故袁同礼《存目》无之。"①

　　诗写得清新娴雅,正与此时邦彦飞黄腾达之心境相契合。由此诗断之,邦彦当为由明州归京途中经越州所写耳。果若此,则邦彦入拜秘书监当在政和七年二、三月间。《宋史·职官四》载:

　　　秘书省:监、少监、丞各一人,监掌古今经籍图书、国史实录、天文历数之事,少监为之贰,而丞参领之。其属有五:著作郎一人,著作佐郎二人,掌修纂日历;秘书郎二人,掌集贤院、史馆、昭文馆、秘阁图籍,以甲、乙、丙、丁为部,各分其类;校书郎四人,正字二人,掌校雠典籍,判正讹谬,各以其职隶于长贰。惟日历非编修官不预。岁于仲夏曝书,则给酒食费,尚书、学士、侍郎、待制、两省谏官、御史并赴。遇庚伏,则前期迁中使谕旨,听以早归。大典礼,则长贰预集议。所以待遇儒臣,非他司比。宴设锡予,率循故事。②

据《宋史》所述,邦彦任职之邅要可知。陈元靓《岁时广记》卷八云:

　　　《东京梦华录》:立春日,自郎官、御史、寺、监长贰以上,皆赐

　　① [宋]周邦彦著,罗忼烈笺注:《清真集笺注》,第391页。
　　② [元]脱脱:《宋史》,第3873—3874页。

春幡胜，以罗为之。宰执、亲王、近臣，皆赐金银幡胜，入贺讫，戴归私第。周美成《内制春帖子》云："鸾辂青旗殿阁宽，祠官奠璧下春坛。晓开鱼钥朝衣集，彩胜飘扬百辟冠。"

又云：

《唐书》：景龙四年正月八日立春，上令侍臣自芳林门经苑东，度八仗，至望春宫迎春。内出彩花树，人赐一枝令学士赋诗。宋之问《立春咏剪彩花应制》诗云："今年春色好，应为剪刀催。"又，周美成《内制帖》云："明朝春仗当行乐，刻燕催花掷万金。"

又云：

《荆楚岁时记》：立春日，宜贴春字于门。王沂公（王曾）皇帝阁立春帖子云："北陆凝阴尽，千门淑气新。年年金殿里，宝字贴宜春。"周美成《内制春帖》云："夹辇司花百士人，绣楣琼壁写宜春。"①

《遗事》云："陈元靓《岁时广记》有先生《内制春帖子》三断句（按：为一诗二断句，非尽断句也）。案宋制《春帖子》均翰林学士为之，先生未任此官，殆为人代作耶。"②静安先生虽言之成理，然《东京梦华录》又明言"自郎官、御史、寺、监长贰以上"云云，当非无据，则是"寺监长贰"亦为之也。邦彦入拜秘书监在政和七年二、三月间，则不及见此年立春，重和元年四月又出知真定，则邦彦在京经立春仅重和元年一次

---

①　上引见［宋］陈元靓《岁时广记》，《丛书集成初编》本，商务印书馆 1939 年版，第 80、81、82 页。

②　王国维：《清真先生遗事》，《王国维全集》第二卷，第 423 页。

耳,故知写于此年立春时明矣。刘克庄《后村诗话》谓:"周美成亦有才思者。集中有代内制作《春帖子》三十首,皆平平无警策。"又谓:"美成颇偷古句。"此类评价,不论可也。为皇家写一些春帖子词之类,乃臣僚分内之责,亦无可非议。

第八节　周邦彦因受刘昺、王宷"谋逆"
事件牵连而出知真定考

《东都事略》曰:"召为秘书监,擢徽猷阁待制,提举大晟府。未几,知真定,改顺昌府。"《宋史》本传同。邦彦何以二次入朝立足未稳又外任,盖与王宷、刘昺获罪有关。庄绰《鸡肋编》云:

> 周邦彦待制尝为刘昺之祖作埋铭,以白金数十金为润笔,不受。刘无以报之,因除户部尚书,荐以自代。后刘缘坐王宷妖言事得罪,美成亦落职,罢知顺昌府宫祠。周笑谓人曰:"世有门生累举主者多矣,独邦彦为举主所累,亦异事也。"①

所谓"周笑谓人曰"云云,若果谓邦彦所说,则邦彦也承认刘昺与自己为座主与门生之关系,况宋代的"保任"之制,历来都是座主与门生互相连坐,邦彦岂非为自己遮饰乎!王国维《遗事》在引录庄绰所记后按曰:

> 《挥麈后录》(三)云:"王、刘既诛窜,适郑达夫与蔡元长交恶,郑知蔡之尝荐二人也,忽降旨应刘昺所荐,并令吏部具姓名以闻。当议降黜,左丞薛昂进曰:'刘昺臣尝荐之矣,今昺所荐尚当坐,而

---

① ［宋］庄绰:《鸡肋编》,《唐宋史料笔记丛刊》本,中华书局1983年版,第70页。

臣荐昺,何以逃罪?'京即进曰:(中略)上笑而止,由是不直达夫,即再降旨:刘昺所荐并不问。"则先生此时但外转,并未落职,亦未奉祠,季裕(庄绰字)所记但一时之言,故王铚记先生晚年事犹云"以待制提举南京鸿庆宫"也。①

《遗事》又在"尚论三"中曰:

> 先生出知顺昌府,据《鸡肋编》在王寀、刘昺获罪之后,而《挥麈后录》载开封尹盛章命其子并释昺和寀诗有"来年庚子"之语,则必在宣和己亥(元年)以前。又案昺传,"昺免死,长流琼州",乃刑部尚书范致虚为请。考致虚于重和元年九月自刑部尚书为尚书右丞,则寀、昺获罪必在重和元年九月前,先生出外,亦在是岁矣。②

此后学者们即以王氏之言为本,非但不相信邦彦与王寀、刘昺事件有牵连,反以为邦彦出知真定,是蔡京集团对邦彦的打击排挤。此种观点,以刘扬忠最具代表性:

> 政和末,当徽宗命其作词颂祥瑞时,他(指周邦彦)竟以年老为辞回避了。于是重和元年(1118)春天,六十三岁高龄的老词人周邦彦第二次因为"不能俯仰取容"而"自触罢废"——被调出大晟府,远放到荒寒偏僻的河朔之地真定府(今河北正定县)。这位饱尝了人生苦味的垂暮之士怀抱萧瑟,精神痛苦不堪。

但事情的真相究竟如何呢? 还是让我们看看宋人的记载吧。《挥

---

① 王国维:《清真先生遗事》,《王国维全集》第二卷,第421页。
② 同上书,第464页。

麈后录》卷三载此事始末十分详细，未知何以王国维只引上边引的那几句。为防止执片言以立据，今不嫌辞费，将《挥麈后录》卷三所载录后，以便观览检验：

> 王寀辅道，枢密韶之子。少豪迈，有父风。早中甲科，善议论，工词翰。曾文肃、蔡元长荐入馆为郎，后以直秘阁知汝州，考满，守陕，年未三十。轻财喜士，宾客多归之，坐不觉察盗铸免官。自负其材，受辱不羞。是时，羽流林灵素以善役鬼神得幸，而辅道之客冀其复用，乘时所好，昌言辅道有术可致天神，出灵素上，扼不得施。盖其客亦能请紫姑作诗词而已，非林之比。辅道固所不解，然实不知客有此语也。辅道尝对别客谓灵素太诞妄，安得为上言之，其言适与前客语偶合。
>
> 工部尚书刘昺子蒙者，辅道母夫人之侄孙也，及其弟焕子宣俱长从班，歆艳一时。时开封尹盛章新用事，忌昺兄弟，进思有以害其宠，未得也。初，昺视辅道虽中表，然昺性谨厚，每以辅道择交不慎疏之。会昺姑适王氏，于辅道为嫂。一日，辅道语其嫂曰："某久欲谒子蒙兄弟奉从容，然不得其门而入，奈何？"嫂曰："俟我至其家，可往候之。"辅道于是如其教，候昺于宾舍，久之始得通，昺逡巡犹不欲见。迫于其姑，勉强接之。既就坐，谈论风生，亹亹不倦，昺大叹服。入告其姑曰："久不与王叔言，其进乃尔！自恨不及也。"因遣持马人归，止宿其家，自是始相亲洽。
>
> 殆至兴狱，未及岁也，前客语既达灵素。灵素愤怒，泣诉于上，且增加以白之曰："臣以羁旅，荷陛下宠灵，而奸人造言，累及君父，乞放还山以避之。不然，愿置对，与之理。"上令逮捕辅道与所言客姚坦之、王大年，以其事下开封。使者至，辅道自谓无它，亦不以介意，语家人曰："辩数乃置，无意为念也。"至狱中，刻木皆出纸

求书,且谓辅道曰:"昔苏学士坐系乌台,时狱吏实某等之父祖,苏学士既出后,每恨不从其乞翰墨也。"辅道喜,作歌行以赠之,处之甚怡然。而盛章以昺之故,得以甘心矣。因上言,词语有连及昺者,乞并治之。上曰:"昺,从臣也,有罪,未宜草草。"昺既闻上语,不疑其他。一日,上幸宝箓,驻跸斋宫,从官皆在焉。昺越班面奏帘外曰:"臣猥以无状,待罪迩列,适有中伤者,非陛下保全,已齑粉矣。"再拜而退,昺既谢已,举首始见章在侧,注目瞪视,惶骇失措,深以为悔。翌日,章以急速请对,因言"寀与昺腹心诽谤,事验明白,今对众越次上,以欺罔陛下,下以营惑众臣,祸将有不胜言者,幸陛下裁之。"上始怒,是日有旨,内侍省不得收接刘昺文字。昺犹未知之,以谓事平矣,故不复闲防。

章既归,遣开封府司录孟彦弼携捕吏窦鉴等数人,即讯昺于家。昺囚服出见,分宾主而坐,词气慷慨,无服辞。彦弼既见其不屈,欲归,而窦鉴者语彦弼曰:"尚书几间,得寀一纸字足以成案矣。"遂乱抽架上书,适有昺著撰稿草,翻之至底,见昺和辅道诗,尚未成,首云"白水之年大道盛,扫除荆棘奉高真",诗意谓辅道尝有嫉恶之意,时尚道,目上为"高真"尔。鉴得之,以为奇货,归以授章。章命其子并释以进,云"'白水'谓来年庚子,寀举事之时,昺指寀为'高真',不知以何人为荆棘? 将置陛下于何地? 岂非所谓大逆不道乎?"但以此坐辅道与客皆极刑;昺以官高,得弗诛,削籍窜海外;焕责授团练副使,黄州安置;凡王、刘亲属等,第斥谪之。

并擢为秘书省正字,数日而死,出现其父,已为蛇矣。华阳张德远文老,子蒙之婿也。又并娶德远之妹,目睹其事,且当时亦以有连坐,送吏部与监当,故知之为详。尝谓明清曰:"德远死,无人言之者矣。子其因笔,无惜识之。"文老尝为四川茶马,东坡先生赋《张熙明万卷堂诗》,即其父也。文老博极群书,犹长史学,发言可孚,故尽列其语。又益知世所传辅道遇宿冤之事为不然云。①

《挥麈后录》卷三又一条接记其事云:

> 王、刘既诛窜,适郑达夫与蔡元长交恶,郑知蔡之尝荐二人
> 也,忽降旨应刘昺所荐,并令吏部具姓名以闻。当议降黜,宰执
> 既对,左丞薛昂进曰:"刘昺臣尝荐之矣,今昺所荐尚当坐,而臣
> 荐昺,何以逃罪?"京即进曰:"刘昺、王寀,臣俱曾荐之。今大臣
> 造为此谋,实欲倾臣。臣当时所荐者,材也,固不保其往。今在
> 庭之臣如郑居中等,皆臣所引,以至于此,今悉叛臣矣,臣亦不保
> 其往,愿陛下深察。"上笑而止,由是不直达夫,即再降旨:"刘昺
> 所荐并不问。"亦文老云。②

邦彦晚年事迹,以此为要。王国维引录了此条却又"中略"了一部
分。王氏考此事未详,对其参与此事之是非,亦未加可否。今之论者,
或从王氏而模糊言之,或根本避而不谈,或如刘扬忠所言,干脆认为周
邦彦出知真定,就是不与蔡京合作,被打击排挤的结果。愚以为此事之
有无,邦彦参与此事之深浅,对如何评价邦彦关系重大,必须弄清以明
是非,故详考之如次。《鸡肋编》所言事实为是而时间则有误,所谓因
"为刘昺之祖作埋铭"而外任在政和元年,刘昺"因除户部尚书,荐以自
代"在政和二年,前已考之甚明,无须赘笔。至如因王、刘事牵连则更
为复杂,参以他籍,则知庄绰、王明清所记几近实录而非妄言造作。
《宋史·王寀传》曰:

---

①　[宋]王明清:《挥麈录·后录》,上海古籍出版社 2012 年版,第 72—74 页。
②　[宋]王明清:《挥麈录·后录》,第 76 页。

寀字辅道,好学,工词章。登第,至校书郎。忽若有所睹,遂感心疾,唯好延道流谈丹砂、神仙事。得郑州书生,托左道自言天神可祈而下,下则声容与人接。因习行其术,才能什七八,须两人共为乃验。外间欢传,浸淫彻禁庭。

徽宗方崇道教,侍晨林灵素自度技不如,愿与之游,拒弗许。户部尚书刘昺,寀外兄也,久以争进绝还往。神降寀家,使因昺以达,寀言其故,神曰:"第往与之言,汝某年月日在蔡京后堂谈某事,有之否?"昺惊骇汗洽,不能对,盖所言皆阴中伤人者。乃言之帝,即召。寀风仪既高,又善谈论,应对合上指。帝大喜,约某日即内殿致天神。灵素求与共事,又弗许。或谓灵素,但勿令郑书生偕,寀当立败。即白帝曰:"寀父兄昔在西边,密与夏人谋反国。迟至尊候神,且图不轨。"帝疑焉。及是日,寀与书生至东华门,灵素戒阍卒独听寀入。帝斋洁敬待,越三夕无所闻,乃下寀大理,狱成,弃市,昺窜琼州。①

然《全宋词》作者小传却谓:"王寀字辅道,一字道辅,江州(今九江)人。诏子。熙宁元年(1068)生。登第,官校书郎、翰林学士、兵部侍郎。宣和元年(1119),以左道为林灵素所陷,弃市。"②错得一塌糊涂,未知何据。《宋史·刘昺传》曰:

刘昺字子蒙,开封东明人,初名炳,赐今名。元符末,进士甲科,起家太学博士,迁秘书省正字、校书郎。

兄炜,通音律。炜死,蔡京擢昺大司乐,付以乐正。遂引蜀人

① [元]脱脱:《宋史》,第 10584 页。
② 唐圭璋编纂:《全宋词》,中华书局 1999 年版,第 902—903 页。

魏汉津铸九鼎,作《大晟乐》。昺撰《鼎书》《新乐书》,皆汉津妄出己意,而昺为缘饰,语在《乐志》。累迁给事中。京置局议礼,昺又领之。为翰林学士,改工部尚书。提举《纪元历》,有所损益,为吴执中所论,以显谟阁直学士知陈州。

昺与弟焕皆侍从,而亲丧不葬,坐夺职罢郡,复以事免官。京再辅政,召为户部尚书。昺尝为京划策,排郑居中,故京力援昺,由废黜中还故班。御史中丞俞桌发其奸利事,京徙桌他官。

徽宗所储三代彝器,诏昺讨定,凡尊爵、俎豆、盘匜之属,悉改以从古,而载所制器于祀仪,令太学诸生习肆雅乐。阅试日,昺与大司成刘嗣明奏,有鹤翔宫架之上。再为翰林学士,东宫建,为太子宾客,又还户部。

大理议户绝法,若祖有子未娶而亡,不得养孙为嗣。昺曰:"计一岁诸路户绝,不过得钱万缗。使岁失万缗而天下无绝户,岂不可乎?"诏从其议,加宣和殿学士,知河南府,积官金紫光禄大夫。与王寀交通,事败,开封尹盛章议以死,刑部尚书范致虚为请,乃长流琼州。死,年五十七。①

《宋史·范致虚传》曰:

范致虚字谦叔,建州建阳人。举进士,为太学博士。……蔡京请建置讲义司,引致虚为详定官,议不合,改兵部侍郎。自是入处华要,出典大郡者十五年。以附张商英,贬通州。政和七年,复官,入为侍读、修国史,寻除刑部尚书,提举南京鸿庆宫。

初,致虚在讲义司,延康殿学士刘昺尝乘蔡京怒挤之。后王寀

---

① [元]脱脱:《宋史》,第11207页。

坐妖言系狱,事连畏论死,致虚争之,畏得减窜,士论贤之。迁尚书
右丞。①

《宋会要辑稿·职官六十·自代》之十八载:

> (政和)八年八月七日(此年十一月改元,故别史又书重和元
> 年)诏:举官法责甚谨,举非其人,则坐之以罪,理所当然。若举者
> 有罪而坐被举之人,审而思之,事属倒置,非法之意,前降[诏]举
> 自代责降,指挥可更不施行,已离任者别与一般差遣。②

接着解释此诏之因云:

> 先,因刘畏任户部尚书及翰林学士日,数举自代之人。其后畏
> 坐罪恶逆,而所举官尽皆及责,至是,乃降此诏。③

《宋会要辑稿·刑法六》之二三曰:

> (政和)八年(实即重和元年)六月二十八日诏曰:"朕惟先王,
> 以仁为恩,以义为理。仁之施者唯恐其不博,而义之尽者有所不
> 为。朕奉承祖宗令绪德泽之美,垂休无穷。稽唐虞忠厚之政,解汉
> 唐严苛之法,所以惠天下者甚厚。比年以来,内自畿甸,外薄四海,
> 民重犯法,图圄屡空。而逆乱之谋、谤议之言与夫妖妄娇(矫)诬、
> 擅造非语,不在于乡间之小民贱吏,而出于勋臣之世、禁从之间。

---

① ［元］脱脱:《宋史》,第11327页。
② ［清］徐松辑:《宋会要辑稿》,第八册,第4674页。
③ 同上。

庠序崇养之士,叠相附会,以伪为真。朕照知邪谋,俾加验治,至于旬浃,踪迹既露,乃命有司佐以近密,严穷究迹,情犯斯得。尚虑狱词或出诬伏,诏遣审录至于再三,阅实无爽,一听以法,无加损焉。姚立之、王大年一介贱士,不足比数。刘昺出入禁闼腹心之臣,王寀儒馆通籍勋伐之后,而议论交通,踪迹往复,诗歌酬唱,辞所连逮者三十人。悖逆不道,谤讪妖讹,载籍所未尝有,人臣所不忍闻。立之、大年、寀诛止其身,家属悉原。昺特贷死,长流海外,又听其子随逐;非故屈法宥奸,盖所以体天道之贵生,视斯民之亲德。故兹诏示,可出榜朝堂,布告在位,咸使闻之。"①

　　盛章字季文,襄阳人。先为朱勔党徒,后为蔡京党徒,郑、蔡相争又附郑,为人鹰犬,专噬善类。政和元年以直龙图阁为京畿转运副使,改充集贤修撰知苏州,以治状有功,就除显谟阁待制。二年四月除知真定,寻仍还知苏州,诏赴阙,除显谟阁直学士,知平江府,不数月迁枢密直学士。宣和元年臣僚言其守平江不法事,物议喧腾,章遂以女妻之,以弭外议。《宋史》《宋史翼》均无传。其人其事略见于《楚记》,翟汝文《忠惠集》卷二有《显谟阁待制知苏州盛章知真定制》。观如上诸籍所载,足以证明《鸡肋编》与《挥麈后录》所记基本属实。王寀乃熙河名将王韶之子。据史载,在韶十子中,以厚、寀最显。然所谓寀好神仙事,寀传谓其"遂感心疾,唯好延道流谈丹砂、神仙事。得郑州书生,托左道自言天神可祈而下,下则声容与人接",《后录》则谓:"辅道之客冀其复用,乘时所好,昌言辅道有术可致天神,出灵素上,抵不得施。"所谓"逆乱之谋",寀传谓道士林灵素构陷成狱,《后录》则谓盛章深文周纳寀诗中语而构陷成狱。两相比较,显然《后录》可信。盛章在寀、昺事中,

---

①　[清]徐松辑:《宋会要辑稿》,第十四册,第 8543 页。

《后录》与刘昺传所记符契如一,宣和二年(1120),岁在"庚子",故所谓"来年庚子"即指宣和二年,则昺诗必写于宣和元年(1119),亦即寀、昺事在宣和元年之前。昺所举官多人,邦彦必在其中。薛昂传不载荐昺事与昺获罪后救昺与邦彦事,然《后录》所记当属实。因昂亦系蔡京死党,救刘昺、救邦彦自当能博京欢。范致虚于政和七年除刑部尚书,重和元年九月迁尚书右丞,重和元年八月七日又专为刘昺事下不坐被举人诏。准此,则寀、昺事最早当不逾政和七年(1117)下半年,最迟亦当在重和元年(1118)三、四月间,至六月二十八日有诏姚立之(《后录》作姚坦之,唯一字之差)、王大年、王寀弃市,昺长流琼州。寀即诏中所谓"勋臣之世";昺即诏中所谓"禁从之间";姚、王即诏中所谓"庠序崇养之士,叠相附会,以伪为真"者,亦即寀传中之所谓"郑州书生","须两人共为乃验"之"两人"者。然"忽降旨应刘昺所荐,并令吏部具姓名以闻"之诏,亦即"前降(诏)举自代责降,指挥更不施行"之诏降于何时,以"王、刘既诛窜"原之,则当在重和元年七月,以"左丞薛昂进曰"原之,又当在政和七年十二月之前。因据《宋史·徽宗纪》及《宰辅表》,薛昂于政和六年八月由尚书右丞进左丞,七年十二月由左丞加特进、门下侍郎。且门生与坐主之间相互连坐自宋初即然,昂视救昺无望,又不顾以身试法,为蔡京分罪,为邦彦辩,足见邦彦即非京党,亦京亲近之属。不然京党何以呵护如此耶?准此,则知刘昺获罪在政和七年下半年,狱成流窜琼州当在重和元年上半年,邦彦出守真定亦当在其时而稍早。

寀传谓寀"忽若有所睹,遂感心疾,唯好延道流谈丹砂、神仙事",而《后录》却谓"辅道(即王寀)尝对别客谓灵素太诞妄",正相抵牾。寀传未知何据,而《后录》谓得白张德远字文老者,而张德远为子蒙(即刘昺)之婿,又为盛章之子盛并之妻兄。盛并因助父为虐,陷王、刘而擢为秘书省正字,至于所谓"数日而死,出现其父,已为蛇矣",则显设词为报应之说张目耳。至如《后录》谓寀轻财仗义,好结交天下士,则无以细考。《桯史》卷一记王寀幼时事曰：

> 神宗朝，王襄敏韶在京师，会元夕张灯，金吾弛夜，家人皆步出将幄观焉。幼子寀第十三，方能言，朱帽豫服，冯肩以从。至宣德门，上方御楼，芗云彩鳌，箫吹雷动，士女仰视，喧拥阗咽，转盼已失所在，驺驭皆恇忧不知所为。家人不复至幄次，狼狈归，未敢白请捕。襄敏讶其返之亟，问知其为南陔也，曰："他子当遂访，若吾十三，必能自归。"怡然不复求。咸叵测。居旬日，内出犊车至第，有中大人下宣旨，抱南陔以出诸车，家人惊喜，迎拜天语。既定，问南陔以所之。乃知是夕也，奸人利其服装，自襄敏第中已窃迹其后。既负而趋，南陔觉负己者之异也，亟纳朱帽于怀。适内家车数乘将入东华，南陔过之，攀幰呼焉。中大人阅其韶秀，抱置至膝。翌早，拥至上阁，以为宜男之祥。上问以谁氏，竦然对曰："儿乃韶之幼子也。"具道所以，上顾以占对不凡，且叹其早惠，曰："是有子矣。"令暂留，钦圣鞫视；密诏开封捕贼以闻，既获，尽戮之。乃命载以归，且以具狱示襄敏，赐压惊金犀钱果，直巨万。其机警见于幼年者，已如此。南陔，寀自号，政和间有文声，敢为不讳，充其幼者也。余在南徐，与其孙遇游，传其事。

《宋会要辑稿・职官六八》之一三载：

> （崇宁五年十二月）十五日，金部员外郎范域、秘书省著作左（佐）郎王寀并与在外合入差遣。以言者论域、寀出入刘逵之门，内为心腹，外作羽翼，故黜之。①

---

① ［清］徐松辑：《宋会要辑稿》，第八册，第4879页。

又,之二七载:

> (政和)三年正月二十一日,王寀先次勒停。昨政和二年十二月九日,陕西转运副使侯临奏:"臣僚言夹锡钱并当二文铜钱行用,阌乡知县论九龄却将夹锡钱估价,七八文当一文,申转运副使张深,乞依此价。其张深并不检会前后夹锡钱敕条,便依所申行下,以及牒知陕州王寀,依阌乡县所估贯伯施行。其王寀并不检会申明,便依深牒内事理行下六县,将夹锡钱七八文当一文,收买轻赍。"至是,臣僚言:"朝廷比复行夹锡钱于诸路,用之既已通流无遏,陕西张深、王寀、论九龄乃敢恣坏成法,擅增物价。深暨九龄已除名勒停,寀独依冲替人例而已。况深暨九龄擅增物价,才阌乡一县,寀害钱法,实行下平陆、湖城、灵宝、芮城、夏、陕六邑,伏望重行贬责。"故有是命。①

又,之三五载:

> (政和五年八月)十八日,王寀除名勒停,免编管,勒令侍养。初,寀除知襄州,奉御笔:"王寀,张怀素案内有此姓名,与都下宫观。"既而寀奏以自辩云:"张怀素等所犯凶逆,罪至诛夷,臣与张怀素并不识面,亦不系亲戚婚姻,不曾保任举荐逐人,亦不曾与书简往还。"故特有是责。②

据此,知《后录》引张德远所述,谓王寀"少豪迈,有父风","善议论,工词翰","曾文肃、蔡元长荐入馆为郎,后以直秘阁知汝州,考满,

---

① ［清］徐松辑:《宋会要辑稿》,第八册,第4888页。
② 同上书,第4892页。

守陕,年未三十","轻财喜士,宾客多归之,坐不觉察盗铸免官","择交不慎"等,为不欺之语,且知后又尝知襄州,以张怀素事牵连而勒停,事在政和五年(1115),距所谓王、刘"谋逆"事仅两三年耳。政和二年(1112)因坏钱法而勒停,其守陕州当在大观四年(1110)左右,时"年未三十",则政和七年(1117)因"谋逆"伏诛时,亦仅三十余岁耳。

王、刘事件,完全是政治斗争之产物,是反对派对蔡京集团之闪击,所谓"谋逆",只是个由头而已。邦彦并未卷入所谓"谋逆"事件,然因亲刘昺与王寀,卷入蔡京集团却是事实,所谓"前降(诏)举自代责降",邦彦必在其中,"可更不施行",即"不再责降","已离任者别与一般差遣",这就是邦彦入拜秘书监,未暇暖席又外出知真定,亦因此耳。刘扬忠所谓邦彦"第二次因为'不能俯仰取容'而'自触罢废'"未知何据,而与史实之如圆枘之不相容若此?

真定府为河北西路安抚使司所在地,知真定府者必为河北西路府帅,又据《咸淳临安志》,谓邦彦知真定在重和元年(1118)至宣和元年(1119),接赵霁任。至宣和二年(1120),盛章又来接邦彦任。江钿《圣宋文海》卷五录邦彦《续秋兴赋并序》云:

　　某既游河朔,三月而见秋。居僻近郊,虽无崇山峻岭之崔嵬,飞泉流水之潺湲,而蔬园禾畹,棋布云列,围木蓊郁而竦寻,野鸟鸣侣而呼俦,纴麻桑柘,充茂荫翳。间或步屧于高原,前阻危垒,下俯长濠,寓目幽蔚,心放形适,似有可乐。今既秋也,草衰而微径见,露凐而月叶陨,薄日黯淡而映野,游飙萧瑟而鸣条。其既夜也,宇宙澄寂,纤云不飞,庭木萧疏,素月流光,穿予窗而照余席,弄婵娟而助凄凉。阒兮不闻人声,唯腐墙败壁之隈,有唧唧然鸣者,若吟若啸,若叹若泣,其作而忽辍,若倦而自止,其断而复续,若怨未已而再诉。予方开轩以迎风,钩帘以延月,隐几而坐,愀然变容,亦将有感者。既而悟曰：彼物为阴阳所役，有口者不得嘿，有身者不得息，故为此唧唧也。今予又将为唧唧者役乎？因思古人之悲秋，岂非情之为累，不唯见役于阴阳，而更为物役者耶？将有终身之忧，托意于秋而发其狂言耶？将有幽愤，满心戚醮，遇景而增剧耶？不然，则所以悲秋者果焉在耶？古人已死，不可得而问，请断之以理。因抽毫进牍，作赋以自广。潘岳尝有《秋兴赋》，故此赋谓之续赋焉。其辞曰：

嗟时不可留兮，儵如飞筈之离弦。忽此素秋之来兮，气憭栗而凄然。夺青为黄兮而变盛为蔫，万实离离兮，大者如柸而小者如拳。万叶飘摇兮，上者游空而下者沦渊。蚊蝇收声而离席，雕鹗得势而盘天，微雨供凉而萧飒，鲜云结阴而连绵。

余方纵步乎高明而游目于虚旷，见其为气也，非烟非雾，非氛非块，森然骨清而肌栗，憗然意适而神爽，嗟钳口而结舌，不能托物以形象。嘉哉，秋之为气也。不媚不嫭，不烦不缛，虚旷而澄鲜，简劲而严肃，几似乎壮士之凝思，烈女之守独。其静听也，如埙如箎，如笙如竽，清清泠泠，不类乎人声，而在乎刊斩之比竹，与穿穴之枯株。其下视也，水生漪涟，弥漫织文，细如鱼鳞，滉漾乎萍面而萦环乎芦根。寻余衣而沐余发，溇之不得，但欲轻举而飞腾。

曰：岂非所谓秋风者耶？造化密移，不可察知，变四时为寒暑，记北风而嘘吹。徒见春花之绮靡，秋叶之离披。文禽嘤嘤于佳木，寒螿切切于空帏。妄追逐于外物，淫思虑而欢悲。岂知夫哀乐荣盛，相寻反衍，伊四时之去来，犹人事之展转，来兮不可推，去兮不可挽，知已殒者不完，故甄陶而不悗。胡用逃江湖而长逝，啜糟粕而沉沔？乃欲销日而忘忧，可嗟除患而术浅。天下之患，金木为轻，阴阳之患，无甚人情，其热焦火，其寒凝冰，不息其火兮而与火增明，不释其冰兮而与冰凝。或屙屙然而笑，或觑觑然而惊。凡一得一失,则一死一生。居处狭隘,则勃蹊而不宁,方寸不虚,则宜乎为哀乐之所婴。故睹节物之晼晚,则素然而涕零。彼物之枯者复茂,而黄者复青,唯汝丰肌改而憔悴,美须变而星星。知凋年急景之易尽,何以衔哀怀恤、撑肠柱腹而填膺?吾将倘佯乎冯闳,盱衡乎太清,开襟延伫,冒秋气而尝秋风,观秋色而听秋声,岂知有哀乐得丧之不平。①

罗忼烈《时地考略》曰:

真定在河北,游宦所至,故云"某既游河朔"也。否则古昔北地荒寒,无名山大川胜迹足为游赏之所,若无所从事,必不至此。意者清真以重和元年季春出都,故《兰陵王》词有"梨花榆火催寒食""斜阳冉冉春无极"之语,孟夏抵真定,故越"三月而见秋"。赋写秋色秋怀,衰年远宦,托于齐物以自宽者也。

罗言极是,尚须复考者如次:《序》首即谓"某既游河朔,三月而见秋",则是邦彦于重和元年三月出京,四月至真定之明文。"河朔",固泛指黄河以北地区,但邦彦出守"河朔"者,唯河中、隆德、与真定三地耳。从上考可知,邦彦出守河中在政和元年(1111)十月,出守隆德在政和二年(1112)六七月间,皆与"三月而见秋"之时序不侔,故知其为重和元年(1118)四月出守真定之明文耳。《遗事》谓:"(章盛)子并释昺和寀,诗有'来年庚子'之语,则必在宣和己亥(元年)以前。又按昺传,'昺免死,长流琼州',乃刑部尚书范致虚为请。考致虚于重和元年九月自刑部尚书为尚书右丞,则寀、昺获罪必在重和元年九月前,先生

_____

① 〔宋〕周邦彦著,罗忼烈笺注:《清真集笺注》,第547—550页。

出外亦在是岁矣。"罗断亦不谬。

《留客住》纯乎以议论之笔为词,这在邦彦词中也许仅此一见,其词曰:

> 嗟乌兔。正茫茫、相催无定,只恁东生西没,平均寒暑。乍见花红柳绿,处处林茂。又睹霜前篱畔,菊散余香,看看又还秋暮。
>
> 忍思虑。念古往贤愚,终归何处。争似高堂,日夜笙歌齐举。选甚连宵彻昼,再三留住。待拟沉醉扶上马,怎生向、主人未肯教去。

陈思《年谱》谓此词作于重和元年(1118),并评曰:

> 《留客住》,伤朋党思乞归也。……词云:"乍见花红柳绿,处处林茂,又睹霜前篱畔,菊散余香。"谓贬蔡京为太子少保,张商英为尚书右仆射兼中书侍郎。张商英罢,蔡京复为太子太师,进鲁国公。何执中致仕,郑居中为少保太宰兼门下侍郎。今王黼入政府,郑居中又罢,以党败人,相催无定。结云:"待拟沉醉扶上马,怎生向、主人未肯教去。"谓无党无偏,惟以文章受三朝恩遇,纵情歌酒,何忍独醒。九月禁朋党,故曰:"看看又还秋暮。"①

谓此词作于重和元年,当无大谬。然如陈思所说,是"伤朋党思乞归也",未免牵强。实则刚履王、刘事件而被外遣,发泄胸中之块垒耳。邦彦自己早已卷入蔡京党中,又何抨击党争之有哉?《清真集笺注》以为伪作:"按此词数用清真字面,且师其《黄鹂绕碧树》(按即"双阙笼嘉

---

① 陈思:《清真居士年谱》,《清真集校注》,第489、490页。

气"阕,见下)下阕之意,原作已非佳构,此又画虎不成者也。"①罗先生以为凡《清真集》不载者,均可疑为伪词,此亦一家之说耳。

第九节　周邦彦赴真定途中及在真定之作

题曰"春情"之双调《黄鹂绕碧树》,当作于因刘昺事牵连而将离京时,其词曰:

> 双阙笼佳气,寒威日晚,岁华将暮。小院闲庭,对寒梅照雪,淡烟凝素。忍当迅景,动无限、伤春情绪。犹赖是、上苑风光渐好,芳容将煦。　草荚兰芽渐吐。且寻芳、更休思虑。这浮世、甚驱驰利禄,奔竞尘土。纵有魏珠照乘,未买得、流年住。争如盛饮流霞,醉偎琼树。

而心境则是感慨浮世,"纵有魏珠照乘,未买得、流年住",显系受王寀、刘昺事件牵连而发。

《兰陵王》当为出都赴真定之作,其词曰:

> 柳阴直。烟里丝丝弄碧。隋堤上、曾见几番,拂水飘绵送行色。登临望故国。谁识京华倦客。长亭路、年去岁来,应折柔条过千尺。　闲寻旧踪迹。又酒趁哀弦,灯照离席。梨花榆火催寒食。愁一箭风快,半篙波暖,回头迢递便数驿。望人在天北。　凄恻。恨堆积。渐别浦萦回,津堠岑寂。斜阳冉冉春无极。念月榭携手,露桥闻笛。沉思前事,似梦里,泪暗滴。

① ［宋］周邦彦著,罗忼烈笺注:《清真集笺注》,第317页。

沈雄《古今词话·词话》上卷引《耆旧续闻》曰：

> 周美成至汴京，主角妓李师师家，为作《洛阳春》，师师欲委身而未能也，与同起止。美成复作《凤来朝》云："逗晓看娇面。小窗深，弄明未辨。爱残妆宿粉云鬟乱，畅好是，帐中见。　说梦双娥微敛。锦衾温，兽香未断。待起难抛舍，任日炙，画楼暖。"一夕，徽宗幸师师家，美成仓卒不能出，匿复壁间，遂制《少年游》以纪其事。徽宗知而谴发之，师师饯送，美成作《兰陵王》云："应折柔条过千尺。"至"斜阳冉冉春无极"，人尽以为咏柳，淡宕有情，不知为别师师而作，便觉离愁在目。徽宗又至，师师归迟，更诵《兰陵王》别曲，含泪以告，乃留为大晟府待制。①

柳虽为送别常用者，然李师师住金线巷（详后），金线之与柳同，则未必无寓意焉。张端义《贵耳集》卷下又记此词本事曰：

> 道君幸李师师家。偶周邦彦先在焉。知道君至，遂匿于床下。道君自携新橙一颗，云："江南初进来。"遂与师师谑语。邦彦悉闻之，隐括成《少年游》（词略）。李师师因歌此词，道君问谁作，李师师奏云："周邦彦词。"道君大怒，坐朝宣谕蔡京云："开封府有监税周邦彦者，闻课额不登，如何京尹不按发来？"蔡京罔知所以，奏云："容臣退朝，呼京尹叩问，续得复奏。"京尹至，蔡以御前圣旨谕之。京尹云："唯周邦彦课额增羡。"蔡云："上意如此，只得迁就将上。"得旨："周邦彦职事废弛，可日下押出国门。"隔一二日，道君复幸李师师家，不见李师帅，问其家，知送周监税。道君方以邦彦出国门为喜，既至不遇，坐久，至更初，李始归，愁眉泪睫，憔悴可

---

① ［宋］周邦彦著，罗忼烈笺注：《清真集笺注》附录，第585—586页。

掬。道君大怒,云:"尔往那里去?"李奏:"臣妾万死,知周邦彦得罪,押出国门,略致一杯相别,不知官家来。"道君问:"曾有词否?"李奏云:"有《兰陵王》词。"今"柳阴直"者是也。道君云:"唱一遍看。"李奏云:"容臣妾奉一杯,歌此词,为官家寿。"曲终,道君大喜,复召为大晟乐正,后官至大晟乐府待制。①

毛开《樵隐笔录》曰:

> 绍兴初,都下盛行周清真咏柳《兰陵王慢》,西楼南瓦皆歌之,谓《渭城三叠》。以周词凡三换头,至末段声尤激越。唯教坊老笛师,能倚之以节歌者,其谱传自赵忠简家。忠简于建炎丁未九日南渡,泊舟仪真江口,遇宣和大晟乐府协律郎某,叩获九重旧谱,因令家伎习之,遂流传于外。②

周密《浩然斋雅谈》亦记此事,前已引,兹从略。《锁阳台》词亦应为离京赴真定途中所作,其词曰:

> 花扑鞭鞘,风吹衫袖,马蹄初趁轻装。都城渐远,芳树隐斜阳。未惯羁游况味,征鞍上、满目凄凉。今宵里,三更皓月,愁断九回肠。　　佳人,何处去,别时无计,同引离觞。但唯有相思,两处难忘。去即十分去也,如何向、千种思量。凝眸处,黄昏画角,天远路歧长。

"羁游",羁旅无定。卢纶《寄郑七纲》:"羁游不定同云聚,薄宦相萦

---

① ［宋］周邦彦著,罗忼烈笺注:《清真集笺注》附录,第586—587页。
② ［宋］周邦彦著,罗忼烈笺注:《清真集笺注》,第197—198页。

若网牵。""九回肠",司马迁《报任安书》:"是以肠一日而九回,居则忽忽若有所亡,出则不知其所往。""但唯"二句,鲍照《代春日行》:"两相思,两不知。"此反用之。白居易《偶作寄朗之》:"老来多健忘,唯不忘相思。""天远"句,杜荀鹤《与友人对酒吟》:"客路如天远,侯门似海深。"

　　观"都城渐远"句,显为离京行役之作。而春季离京行役者,唯元丰八年(1085)归钱塘葬父,元祐三年(1088)出教授庐州,重和元年(1118)出知真定三次。然"花扑鞭鞘"之"花",乃杨花亦即柳絮,非花草之花也,因花草之花不能扑鞭鞘。据此词则明写三月之候。而元丰八年出京归钱塘与元祐三年出教授庐州,均在正月或二月,唯出知真定在三月,故知此词作于重和元年出知真定时无疑。题曰"梨花"之《水龙吟》亦应作于知真定时,其词曰:

　　　　素肌应怯余寒,艳阳占立青芜地。樊川照日,灵关遮路,残红敛避。传火楼台,妒花风雨,长门深闭。亚帘栊半湿,一枝在手,偏勾引、黄昏泪。　　别有风前月底,布繁英、满园歌吹。朱铅退尽,潘妃却酒,昭君乍起。雪浪翻空,粉裳缟夜,不成春意。恨玉容不见,琼英谩好,与何人比。

　　"樊川",《艺文类聚》卷八八引《三秦记》曰:"汉武帝园,一名樊川,一名御宿,有大梨如五升瓶,落地则破。其主取者,以布囊承之,名含消梨。""灵关",山名。在今四川宝兴县南。谢朓《谢隋王赐紫梨启》:"味出灵关之阴,旨珤玉津之滋。""传火",古时寒食节禁烟后重行举火。古代宫中取火以赐近臣。"长门深闭",司马相如《长门赋序》:"孝武皇帝陈皇后,时得幸,颇妒,别在长门宫,愁闷悲思。闻蜀郡成都司马相如,天下工为文,奉黄金百斤,为相如文君取酒,因于解悲愁之辞,而相如为文以悟主上,陈皇后复得亲幸。"刘长卿《长门怨》:"何事长门闭,珠帘只自垂。月移深殿早,春向后宫迟。蕙草生闲地,梨花发旧枝。芳菲自恩幸,看却被风吹。"刘方平《春怨》:"寂寞黄昏春欲晚,梨花满院不开门。""偏勾引",薛昭蕴《离别难》:"红蜡烛,青丝曲,偏能钩引泪阑干。""潘妃却酒",《南史·齐本纪》记齐废帝东昏侯昏庸无度,尝在宫内立店肆,以潘妃为市令,百姓歌云:"阅武堂,种杨柳。至尊屠肉,潘妃沽酒。"又《南史·王茂传》:"时东昏妃潘玉儿有国色,武帝将留之,以问茂,茂曰:'亡齐者此物,留之恐贻外议。'帝乃出之。军主田安启求为妇,玉儿泣曰:'昔者见遇时主,今岂下匹非类。死而后已,义不受辱。'及见缢,洁美如生。""却",推辞。此谓梨花如潘妃之美,以梨花色白,故云"却酒"。"昭君乍起",《文选》江淹《恨赋》:"若夫明妃去时,仰天太息。"注:"会匈奴遣使,请一女子,帝谓后宫:'欲至单于者起。'昭君喟然而叹,越席而起。乃赐单于。"《后汉书·南匈奴传》:"昭君丰容靓饰,光明汉宫,顾影裴回,竦动左右。"此以"昭君乍起""竦动左右"喻乍见梨花之美的惊喜之情。"粉裳缟夜",谢灵运《郡东山望溟海诗》:"白花缟阳林,紫虈晔春流。"王安石《寄蔡氏女子二首》:"积李兮缟夜,崇桃兮炫昼。"此句形容梨花盛开如着粉白衣裳映照夜空,无比美艳也。"恨玉容不见",白居易《长恨歌》:"玉容寂寞泪阑干,梨花一枝春带雨。"

　　词连用典故,将梨花之白写到十分。《文选》左思《魏都赋》"真定之梨"句刘逵注曰:"真定出御梨。"故疑此词写于出知真定时。《清真集笺注》亦持此说:"清真集中咏物词,每因当地草木而发,故咏梅则在溧水,咏柳多以汴堤。真定以梨著,《艺文类聚》八十六引魏文帝诏曰:'真定郡梨,甘若蜜,脆若凌,可以解烦饴。'又引何晏《九州论》云:'安平好枣,中山好栗,魏都好杏,河内好稻,真定好梨。'而谢朓谢启亦有'岂徒真定归美'之语。则此词之作,或在知真定时乎?"①果若此,则此

_____
① ［宋］周邦彦著,罗忼烈笺注:《清真集笺注》,第 258 页。

词当作于宣和元年（1119），因邦彦于重和元年（1118）四月至真定任，唯宣和元年一见梨花开故。此系臆测，未敢自专。词于咏物中含寄托，观其用长门典可知。

第十节　周邦彦离真定赴顺昌

邦彦离真定当在宣和二年（1120）春，此亦可从清真词中找到依据。其题"春雨"之《大酺》词曰：

> 对宿烟收，春禽静，飞雨时鸣高屋。墙头青玉旆，洗铅霜都尽，嫩梢相触。润逼琴丝，寒侵枕障，虫网吹黏帘竹。邮亭无人处，听檐声不断，困眠初熟。奈愁极顿惊，梦轻难记，自怜幽独。　　行人归意速。最先念、流潦妨车毂。怎奈向、兰成憔悴，乐广清羸，等闲时、易伤心目。未怪平阳客，双泪落、笛中哀曲。况萧条、青芜国。红糁铺地，门外荆桃如菽。夜游共谁秉烛。

"青玉旆"，古代旗末状如燕尾之垂旒。此指竹叶如青玉做成的垂旒。刘禹锡《庭竹》："露涤铅粉节，风摇青玉枝。""铅霜"，此指竹叶上的箨粉。"润逼琴丝"，王充《论衡·变动篇》："故天且雨，蝼蚁徙，蚯蚓出，琴弦缓，痼疾发：此物为天所动之验也。""枕障"，犹枕屏，床头的围屏。张曙《浣溪沙》："枕障熏炉隔绣帷，二年终日苦相思。""虫网"句，沈约《直学省愁卧》："网虫垂户织，夕鸟傍檐飞。"郎士元《送张南史》："虫丝粘户网，鼠迹印床尘。""邮亭"，《汉书·薛宣传》."（薛）宣子惠亦至二千石。始惠为彭城令，宣从临淮迁至陈留，过其县，桥梁邮亭不修。"师古注："邮，行书之舍，亦如今之驿及行道馆舍也。""青芜国"，杂草丛生的草地。温庭筠《春江花月夜词》："玉树歌阑海云黑，花庭忽作青芜国。""红糁"二句,"糁",碎米粒。《尔雅·释木》:"楔,荆桃。"郭璞注:"荆桃,今樱桃。"韩愈《送无本师归范阳》:"始见洛阳春,桃枝缀红糁。""菽",豆子,此处喻初结的小樱桃。

此词用事典之最关键者则有三,即兰成、乐广与马融事。兰成,北周庾信的小字。庾信《哀江南赋》:"王子洛滨之岁,兰成射策之年。"唐陆龟蒙《小名录》:"(庾信)幼而峻迈,聪明绝伦,有天竺僧呼信为兰成,因以为小字。"《北史·文苑传》载:庾信,字子山,南朝梁人,仕梁,奉命出使西魏,梁为西魏所攻,遂留异乡。后入北周,"信虽位望通显,常作乡关之思,乃作《哀江南赋》以致其意。""憔悴",此指因忧郁而瘦弱萎靡貌。

再看乐广。据《晋书·乐广传》载:乐广字彦辅,南阳淯阳人。官至尚书令,为人清淳神检,有政声,颇得时望,与王衍齐名。初,出补河南尹时,"广善清言而不长于笔,将让尹,请潘岳为表。岳曰:'当得君意。'广乃作二百句语,述己之志。岳因取次比,便成名笔。时人咸云:'若广不假岳之笔,岳不取广之旨,无以成斯美也。'""愍怀太子之废也,诏故臣不得辞送,众官不胜愤叹,皆冒禁拜辞。司隶校尉满奋敕河南中部收缚拜者送狱,广即便解遣。孙琰说贾谧曰:'前以太子罪恶,有斯废黜,其臣不惧严诏,冒罪而送。今若系之,是彰太子之善,不如释去。'谧然其言,广故得不坐。"惟其时"朝章紊乱,清己中立,任诚保素而已",然终因晋惠帝时八王作乱,其婿成都王司马颖参与其间,为"群小谗谤之。(长沙王司马)乂以问广,广神色不变,徐答曰:'广岂以五男易一女。'乂犹以为疑,广竟以忧卒。""清羸",清瘦孱弱。此指因忧郁而清瘦羸弱。客户里女子《赠段何》:"乐广清羸经几年,姹娘相托不论钱。"

"未怪"三句,指东汉马融因闻笛而思京师事。《文选》卷一七马融《长笛赋·序》曰:"融既博览典雅,精核数术,又性好音,能鼓琴吹笛,而为督邮,无留事。独卧郿平阳邬中,有雒客舍逆旅,吹笛,为气出精列相和。融去京师逾年,暂闻,甚悲而乐之。追慕王子渊、枚乘、刘伯康、傅武仲等箫、琴、笙颂,唯笛独无,姑聊复备数,作《长笛赋》。"《文选》注曰:"《汉书》:右扶风有郿县,平阳邬,聚邑之名也。""雒",即洛阳。据《后汉书·马融传》载,马融字季长,扶风茂陵人。从挚恂学,名重关中。邓骘闻融名,召之不起,后遇饥馑,为生计,应召,为东观典校秘书。又因上《广成颂》而忤邓氏,十年不得调,自劾归,太后怒,遂令禁锢之。安帝时,复在讲部,因上《东巡颂》而召拜郎中。及北乡侯即位,融移病去,为郡功曹。岑起举融,征谒公车,对策,拜议郎,转武都太守。桓帝时,为南郡太守,因忤梁冀免官,徙朔方。赦还,复拜议郎,重在东观著述,以病去官。马融居平阳邬,为督邮,当在其为郡功曹时。原马融一生,三起三落。其学问为世之通儒,当时名儒如郑玄等人均出其门下。然嗜官成癖,观其《长笛赋·序》即可见其一斑。至如为梁冀草奏李固,又作大将军《西第颂》,为正直所羞,时人嗤之。

　　观此词中用庾信、乐广与马融之事典,显然作于因刘昺事受牵连而被贬外任时,且用乐广事为自己曲意洗刷耳。词写春景,邦彦在真定只经宣和元年与二年两春,当写于宣和二年春无疑;词又及邮亭,当写于离真定任赴顺昌途中耳。众所周知,凡大家之作,其用事用典,必不轻易下笔,下笔则必与本事妙合无垠。庾信使北不归,"虽位望通显,常作乡关之思,乃作《哀江南赋》以致其意。"正与邦彦之出知真定不归而憔悴相仿佛;马融离京年余而思回京,正如邦彦之离京年余而思回京相仿佛;马融之三起三落,亦与邦彦之三起三落相仿佛;乐广借潘岳之笔,亦与刘昺借邦彦之笔相仿佛;乐广因女婿参加八王之乱而受牵连,亦与邦彦因刘昺参与王寀事件而受牵连相仿佛;如此等等。然而令邦彦绝对没有想到的则是:马融之热衷仕途,亦与邦彦之热衷仕途相仿佛;马融之为高官厚禄而替梁冀草奏李固,亦与邦彦之为高官厚禄而骂范纯粹为奸臣相仿佛;马融之为梁冀写《西第颂》,亦与邦彦之为蔡京写诗祝寿相仿佛耳。邦彦用典之本意乃是为自己洗刷,不期典外之意正好成为对用典者之讽刺,刃伤其主,其谁则之?《后汉书·马融传论》曰:"马融辞命邓氏,逡巡陇汉之间,将有意于居贞乎?既而羞曲士之节,惜不赀之躯,终以奢乐恣性,党附成讥,固知识能匡欲者鲜矣。"此论既可概马融一生,亦可概邦彦一生矣。然《清真集笺注》曰:

> 王灼谓清真词中有《离骚》,并举此词及《兰陵王》为例,极堪玩味。马季长自负博学知音,而出京逾年,自伤仕途坎坷,故闻笛兴悲。清真亦自负如季长,而暮年数绾州麾,屡别京华,所遇复与季长之作督邮略同,故对雨伤怀也。此词当是离京赴任,途中遇雨作。考其仕履,或在政和二年,以直龙图阁知隆德府时;或在政和七年,自徽猷阁待制出知真定府时,未可知也。①

所谓王灼之言,见《碧鸡漫志》卷二"《乐章集》浅近卑俗"条:"前辈云:'《离骚》寂寞千年后,《戚氏》凄凉一曲终。'《戚氏》,柳所作也,柳何敢知世间有《离骚》?唯贺方回、周美成时时得之。贺《六州歌头》《望湘人》《吴音子》诸曲,周《大酺》《兰陵王》诸曲最奇崛。或谓深劲乏韵,此遭柳氏野狐涎吐不出者也。"然由王灼之言即可看出,在南宋之初,对邦彦词即有不同看法,今又何独不然。《清真集笺注》又校曰:"《白雪》、毛本作'乐广'。按乐广无清羸事,非。《乐府指迷》亦引作卫玠,见评。"②的如罗先生所言,景宋本、吴抄本、宛抄本、毛扆校本注、葛选本、丁刻本、王刻本、朱刻本作均"卫玠",唯郑校本、《白雪》、毛本作"乐

---

① [宋]周邦彦著,罗忼烈笺注:《清真集笺注》,第248页。
② 同上书,第244页。

广"。然古籍整理应从善而不应从众,此乃通则。卫玠事见《世说新语·容止》:"卫玠从豫章至下都,人久闻其名,观者如堵墙。玠先有羸疾,体不堪劳,遂成病而死,时人谓看杀卫玠。"《晋书·卫玠传》亦载:"玠字叔宝,年五岁,风神秀异。""玠妻父乐广,有海内重名,议者以为'妇公冰清,女婿玉润。'""玠以天下大乱,欲移家南行。母曰:'我不能舍仲宝去也。'玠启谕深至,为门户大计,母涕泣从之。""以王敦豪爽不群,而好居物上,恐非国之忠臣,求向建邺。京师人士闻其姿容,观者如堵。玠劳疾遂甚,永嘉六年卒,时年二十七,时人谓玠被看杀。"卫玠虽有清羸之事,然南渡建邺而被看杀,且卒时年二十七岁。邦彦前用"兰成憔悴"典,后用"平阳泪落"典,均有政治寄托,独中间用"卫玠清羸"典,殊为不侔,是以知乐广之为正而卫玠误也。至如罗先生谓"乐广无清羸事",亦非,注已引客户里女子《赠段何》诗可证。

邦彦自真定移知顺昌,究竟是常调抑或别有原因,不得而知。然自政和三年童贯使辽之后,即兴伐辽之议。至重和、宣和间此议更炽,屡遣辽降人赵良嗣出使金,约联金抗辽,欲收燕云之地。《续资治通鉴》卷九三载:宣和元年正月"丁巳,金使李庆善等入国门。"戊午,……"是时朝廷已纳赵良嗣之计,将会金以图燕。会牒(谍)云辽主有亡国之相,俄闻画学正陈尧臣善丹青,精人伦,因荐尧臣使辽。尧臣即挟画学生二人与俱,绘辽主像以归,言于帝曰:'辽主望之不似人君,臣谨画其容以进,若以相法言之,亡在旦夕,幸速进兵。兼弱攻昧,此其时也。'并图其山川险易以上。帝大喜,取燕云之计遂定。"国家安危,系于降人与画师兼术士之一言,岂不悲夫!是年六月壬午,又有"西边武臣为经略使者,改用文臣"之诏,岂徽宗以为西边已安,换武臣至北边乎?若此,工文却不工武之邦彦,移任他地亦在必然。然邦彦移任顺昌,未必即其幸也,观下文即知。集中《浪淘沙慢》似可视为离京赴顺昌之作,其词曰:

晓阴重，霜凋岸草，雾隐城堞。南陌脂车待发。东门帐饮乍
阕。正拂面垂杨堪揽结。掩红泪、玉手亲折。念汉浦离鸿去何许，
经时信音绝。　　情切。望中地远天阔。向露冷风清，无人处、耿
耿寒漏咽。嗟万事难忘，唯是轻别。翠尊未竭。凭断云留取，西楼
残月。罗带光销纹衾叠。连环解、旧香顿歇。怨歌永、琼壶敲尽
缺。恨春去、不与人期，弄夜色，空余满地梨花雪。

"雾隐"句，杜甫《暮寒》："雾隐平郊树，风含广岸波。""城堞"，泛指城
墙。《春秋公羊传·定公十二年》："雉者何？五板而堵，五堵而雉，百
雉而城。""脂车"，古代车子轮轴涂上油脂，以得远行。《左传·襄公三
十一年》："宾从有代，巾车脂辖。""东门帐饮"，《汉书·疏广传》载疏
广为太子太傅，兄子疏受为少傅，五年后叔侄称病辞归："广遂称笃，上
疏乞骸骨。上以其年笃老，皆许之。加赐黄金二十斤，皇太子赐以五十
斤。公卿大夫故人邑子设祖道，供帐东都门外，送者车数百辆，辞决而
去。""帐饮"，古时送人远行，在野外路旁设帷以饯别，谓之帐饮。《汉
书·高帝纪》作"张饮"："沛中空县皆之邑西献，上留之，张饮三日。"注
引张晏曰："张，帷帐也。"叶廷珪《海录碎事·酒门》："野次无宫室，故
曰帐饮。""阕"，一曲终了谓阕，此指别宴终了。"正拂面"句，温庭筠
《题柳》："杨柳千条拂面丝，绿烟金穗不胜吹。""揽结"，采摘系结。
《古诗·青青陵中草》："阳春布惠泽，枝叶可揽结。"与"汉浦离鸿"句化
用陆琼《长相思》诗意："鸿已去，柳堪结。""红泪"，王嘉《拾遗记》："文
帝所爱美人，姓薛名灵芸，常山人也。…… 灵芸闻别父母，歔欷累日，
泪下沾衣。至升车就路之时，以玉唾壶承泪，壶则红色。既发常山，及
至京师，壶中泪凝如血。"后因以"红泪"称美人泪。"玉手"句，曹植《妾
薄命行》："携玉手，喜同车。"韩偓《咏柳》："玉纤折得遥相赠，便似观音
手里时。""汉浦离鸿"，"汉浦"，长江最大的支流汉江之滨。此以江妃

和洛神喻彼美。"经时",经历了很长一段时间。南朝诗人范云《别诗》:"洛阳城东西,长作经时别。昔去雪如花,今来花似雪。""向露冷"三句,化用柳永《二郎神》词:"乍露冷风清庭户,爽天如水,玉钩遥挂。……极目处,乱云暗度,耿耿银河高泻。""翠尊",《文选》曹植《七启》:"盛以翠樽,酌以雕觞。"注:"翠樽,以翠饰尊也。""尊",同樽,酒杯。"西楼残月",夏宝松残句:"孤猿叫落中岩月,野客吟残半夜灯。雁飞南浦砧初断,月满西楼酒半醒。""怨歌"二句,梁简文帝《筝赋》:"情长响怨,意满声多。奏相思而不见,吟夜月而怨歌。"《晋书·王敦传》:"(王敦)每酒后辄咏魏武帝乐府歌曰:'老骥伏枥,志在千里,烈士暮年,壮心不已!'以如意打唾壶为节,壶边尽缺。""梨花雪",毛熙震《菩萨蛮》:"梨花满院飘香雪,高楼一夜风筝咽。"

陈思《年谱》据《宋史》《东都事略》定此词写于政和四年(1114)徙明州时。今知邦彦政和四年在隆德府任,六年下半年赴明州任,七年即入拜秘书监,故《年谱》误。词中景物以梨花杨柳对举,写作时间非季秋孟冬,而为春天无疑。所谓"空余满地梨花雪",乃以"梨花雪"喻夜色之空明,陈氏未加细审,以为"正值孟冬",则谬以千里矣。词中"东门帐饮"为用二疏典故,并非实指,亦非如陈氏之所谓"东门即新宋门"也。然味其词显系离京南去之作,今考知邦彦宣和二年(1120)知顺昌府,或当作于此时。前《大酺·对宿烟收》为离真定时作,此词则离京赴顺昌,时序均在春天,亦相衔接耳。

此词前人评价颇高。陈廷焯《白雨斋词话》评曰:"美成词操纵处有出人意表者,如《浪淘沙慢》一阕,上两迭写别离之苦,如'掩红泪、玉手亲折'等句,故作琐碎之笔。至末段云:(词略)蓄势在后,骤雨飘风,不可遏抑。歌至曲终,觉万汇哀鸣,天地变色,老杜所谓'意惬关飞动,篇终接浑茫'也。"陈廷焯《词则》评曰:"第三段飘风骤雨,急管繁弦。……'恨春去'七字甚深。"谭献《谭评词辨》评曰:"'正拂面'二句,难忘在此。'翠尊'以下三句,所谓以无厚入有间,'断'字、'残'字皆不轻下。末三句,本是人去不与春期,翻说是无聊之思。"王国维《人间词话删稿》评曰:"长调自以周、柳、苏、辛为最工。美成《浪淘沙慢》二词,精壮顿挫,已开北曲之先声。"陈洵《海绡说词》评曰:"'经时信音绝',是全篇点睛。自起句至'亲折',皆是追叙别时。下二段全写忆别。上下神理结成一片,是何等力量。"俞平伯《论诗词曲杂著·清真词释》引夏孙桐《手评本〈清真集〉》曰:"结句束得住,音节之脆,笔力之劲,无人能及。"《乔大壮手批周邦彦〈片玉集〉》评曰:"'罗带'句以色彩作提笔。此下内转,俨然急管繁弦。"

顺昌府,宋属京西北路。《宋史·地理一》载:"京西路。旧分南北两路,后并为一路。熙宁五年,复分南北两路。""北路。府四:河南,颍昌,淮宁,顺昌。州五:郑,滑,孟,蔡,汝。军一,信阳。县六十三。""顺昌府(今安徽阜阳),上,汝阴郡,旧防御,后为团练。开宝六年,复为防御。元丰二年,升为顺昌军节度。旧颍州,政和六年,改为府。……县四:汝阴,望,开宝六年,移治于州城东南十里。泰和,望。颍上,紧。沈丘,紧。"①

《北宋经抚年表》据《四朝名臣言行录》谓"叶梦得重和初知颍昌,宣和二年提举鸿庆宫",并据《建炎以来系年要录》谓宣和三年至四年知颍昌者为蔡庄。据《宋史·叶梦得传》载:叶字少蕴,苏州吴县人。嗜学早成,绍圣四年进士,用蔡京荐,特迁祠部郎官。后又论朋党之弊,逆蔡京意。"(政和)三年,以龙图阁直学士知汝州,寻落职,提举洞霄宫。政和五年,起知蔡州,复龙图阁直学士。移知颍昌府,发常平粟振(赈)民,常平使者刘寄恶之。宦官杨戬用事,寄括部内,得常平钱五十万缗,请籴粳米输后苑以媚戬。戬委其属持御笔来,责以米样如苏州。

---

① [元]脱脱:《宋史》,第2112—2113页。

梦得上疏极论颍昌地力与东南异,愿随品色,不报。时旁郡纠民输镪就粜京师,怨声载道,独颍昌赖梦得得免。李彦括公田以黠吏告讦,籍郏城、舞阳隐田数千顷,民谒府诉者八百户。梦得上其事,捕吏按治之,郡人大悦。戬、彦交怒,寻提举南京鸿庆宫,自是寻废寻起。"①蔡庄,无考,然《建炎以来系年要录》谓庄比守颍昌,奴事李彦,无所不至。《宋史·宦者三·杨戬传》附《李彦传》载:"宣和三年,戬死,赠太师,吴国公,而李彦继其事。彦天资狠愎,密与王黼表里,置局汝州,临事愈剧。凡民间美田,使他人投牒告陈,皆指为天荒,虽执印券皆不省。鲁山阖县尽括为公田,焚民故券,使田主输租佃本业,诉者辄加威刑,致死者千万。公田既无二税,转运使亦不为奏除,悉均诸别州。京西提举官及京东州县吏刘寄、任辉彦、李士渔、王浒、毛孝立、王随、江惇、吕坯、钱械、宋宪皆助彦为虐,如奴事主,民不胜忿痛。前执政冠带操笏,迎谒马首献媚,花朝夕造请,宾客径趋谒舍,不敢对之上马,而彦处之自如。""颍昌兵马钤辖范寥不为取竹,诬刊苏轼诗文于石为十恶,朝廷察其捃摭,亦令勒停。当时谓朱勔结怨于东南,李彦结怨于西北。"②蔡庄其人虽无考,但其奴事李彦,无所不至,其劣迹可知。知颍昌(今河南许昌)者则为京西北路府帅,顺昌即其下属州。其时蔡京已致仕,杨戬与李彦气焰之煊赫,与当年之蔡京等。叶梦得抵制杨戬与李彦,在宣和二年离任,由蔡庄接其任。邦彦恰于此时移知顺昌,其幸欤?其不幸欤?以叶梦得之官高,仍因抵制杨戬、李彦而立被罢职,遂提举鸿庆宫。邦彦将如何举措?附翼耶?抵制耶?附翼则声名狼藉,抵制则恐难立足。究竟在顺昌有政绩还是有劣迹,无以确证,《清真集》有题曰"咏柳"之《蝶恋花》五首,当为晚年之作:

① [元]脱脱:《宋史》,第13133—13134页。
② 同上书,第13664—13665页。

　　爱日轻明新雪后。柳眼星星,渐欲穿窗牖。不待长亭倾别酒。一枝已入离人手。　　浅浅柔黄轻蜡透。过尽冰霜,便与春争秀。强对青铜簪白首。老来风味难依旧。

　　桃萼新香梅落后。叶暗藏鸦,冉冉垂亭牖。舞困低迷如着酒。乱丝偏近游人手。　　雨过朦胧斜日透。客舍青青,特地添明秀。莫话扬鞭回别首。渭城荒远无交旧。

　　小阁阴阴人寂后。翠幕褰风,烛影摇疏牖。夜半霜寒初索酒。金刀正在柔荑手。　　粉薄丝轻光欲透。小叶尖新,未放双眉秀。记得长条垂鹄首。别离情味还依旧。

　　蠢蠢黄金初脱后。暖日飞绵,取次黏窗牖。不见长条低拂酒。赠行应已输先手。　　莺掷金梭飞不透。小榭危楼,处处添奇秀。何日隋堤萦马首。路长人倦空思旧。

　　晚步芳塘新霁后。春意潜来,迤逦通窗牖。午睡渐多浓似酒。韶华已入东君手。　　嫩绿轻黄成染透。烛下工夫,泄漏章台秀。拟插芳条须满首。管教风味还胜旧。

此五词以"老来风味难依旧","渭城荒远无交旧","别离情味还依旧","路长人倦空思旧","管教风味还胜旧"作结,且写初春至暮春景象,充塞着一股落寞情绪,与晚年之心境合。罗先生在撰《清真集笺注》时,即以为"此五首与《黄鹂绕碧树》皆非佳作,而有所指拟则同"。"按集中所谓'冶叶倡条',意指蔡京一党,亦以柳取譬,此五首则刺蔡京也。""其交际蔡氏,亦冀所谓明哲保身而已。在朝既置之闲散,中间复屡徙州郡,未始非不符蔡氏之故。国事日非,蔡氏实为祸首,此《蝶恋花》五首之微旨也。""疑是政和七年,真定之命既下,将出都前作。"[1]虽反复为邦

---

[1]　[宋]周邦彦著,罗忼烈笺注:《清真集笺注》,第193—194页。

彦回护,却尚不回避邦彦曾依附蔡京之事迹。至撰《时地考略》时,则纯乎为邦彦张目,根本不提邦彦曾依附蔡京事,将所谓政治寄托说更加具体化了:

> 此亦非妙裁,而一样五首,反复再三,不惮辞费,各章结拍致暮年远别之情以外,其余皆以柳为喻,有所指刺。清真他作,每以李商隐诗"冶叶倡条"之语①,譬党人之无节,若《尉迟杯》云:"冶叶倡条俱相识,仍惯见珠歌翠舞";《一寸金》云:"回头谢冶叶倡条,便入渔钓乐"是也。五词中,"窗牗""亭牗""疏牗"盖指朝廷;"骚人手""游人手""纤手""柔荑手""东君手"者,则蔡京"怀奸植党,威福在其手"也②。……词假杨柳之自微之显,垂亭穿牗,落落盘据,无地不生,卒至"与春争秀",喻京之怀奸植党,权势日滋,"金刀"在手,威福无所勿届。坐令致之者,则人君荒淫愚暗,"舞困低迷如着酒","午睡渐多浓似酒",故"一枝已入骚人手","金刀正在柔荑手"也。

然今已证明邦彦与蔡京集团有瓜葛,所谓"政治寄托",又该作何解释呢?况且谓"'骚(离)人手''游人手''纤(先)手''柔荑手''东君手'者,则蔡京'怀奸植党,威福在其手'也",这可真是匪夷所思,闻所未闻矣。

《永乐大典》卷二九五一"神"字韵谓"宋《周美成集·祷神文并序》云:

> 胥山子既弱冠,得健忘疾,坐则忘起,起则忘所适。与人语则

---

① 罗先生自注:《燕台》诗:"蜜房羽客类芳心,冶叶倡条遍相识。"曰"冶"曰"倡",盖谓柳之轻薄随风。

② 罗先生自注:语见《宋史纪事本末》四十九《蔡京擅国》。

忘所以对,行于途懵懵然趋之,蹶赹坎,抵植木,僮仆在后叱叱然呼之,然后知返。比年尤剧,自以为苦,莫知所以治者。有老子之徒教之,曰:"人身各有神,神各有司,而心为之主。神之不灵,众事错焉。澡雪其心,则君明令严,百官仰流,纤事不遗。然孰不涉事,而无此疾者,其君不挠也。子非挠其君乎?时血并其上,气并于下,而为此疾乎?心明识还,血苏气蒸,殆可以已此乎?然人之所知者止此耳。吾得法于海上,以时祭其神,酒一,茗一,割鹿为脯,藉以白茅,香秬肥臷,于阗室以意力遣神出。既食既享,于是有道家法,并以咒语,其轮祭五神各有日,又于某日合祭之,其法有差焉,至某时而后验。"胥山子难之曰:"神岂道饮食而后灵耶?"彼曰:"男女饮食所好者神也。神无形也,以意力遣神出,则神亦为人出。即其所好,乃见吾神,因施吾法焉。非若祭欺魄,徒媚以饮食也,子勿深诘,吾弗敢告子矣。"吾固以为妄而苦此疾也久矣,聊一试之,因一日行其法,作文以祷神。其辞曰:

緊人之生,秉灵怀奇,戴高趾厚,参相二仪。上推晷躔,下泄化机。众巘嵯峨,巧笕游蜇,食虎则驯,骖龙而肥。擷英已疾,播策穷微。布灰阙晕,秉茢逃魑,创物制形,任意莫违,俨灵府之旷深,包百怪之参差,一拂则鸣,一染则缁。事关古今,书传孔姬,《金縢》《豹韬》,鸟迹龙图,联编比简,句栉章离,漫烂五车,参罗是非,匪诵匪习,一念则随。至于识简知陵,探环悟儿,部曲万人,一目谓谁,口存亡书,手覆坏棋。意者魂收其亡,尸录其遗,纳之黄庭,阖以灵扉,以时闭开,以应时用,分曹隶属,各有攸司。胡为乎血气则均,独分顽鄙,四体不勤,又不强记,今则捐昔,夜则昧昼,嗒然都忘,废若委衣?唯汝心君,不纪不纲,训下不齐,余官回冗,并弃尔典,嗟尔职藏。不吝不啬,盗发告竭,弗究弗追,日厌甘芳,自怿自嬉。使吾缪妄昏塞,既得复失,逮壮已然,垂白奈何。今者不决汝雠,更惠以德,既来既享,曷以报我?

静听久之,忽若婴儿之声,既噎复吐,欲扬而抑,闻其言曰:"呜呼!子之愚也甚矣!乃不自尤而尤我哉?子之幼时,髫髦垂带,父仁母慈,弗鞭弗笞,常人所庸,乃独舍之,究思诡奇,乐而忘疲,乳虎玄驹,已志嗒驰。既冠既顾,弗悔所为,譬如萌蘖怒生,得雨益滋,钳制其形,束之礼仪,解构万事,了无出期。星移岁迁,物必异姿,大化则然,谁使汝悲,朝烟暮霭,台高树危,景物自然,谁使汝思?贪饕多欲,久淫不还,事左愿乖,动触忧患,身轻如毛,责重如山,愁居慑处,精爽不完,造化一模,天不汝悭。今者脉络甚顺,腠理缜密,却刺无功,焉用砭石?五毒弗主,百品奚益,熊经鸟伸,自疲胁脊,非肿非疡,不赢不瘠,日用不废,何苦区区务去之也?子不闻乎,方寸八达,磊如明珠,又复如鉴,物去则无,一尘为伤,况复涂涂,损实攻坚,日夜求虚。缘念速起,亦贵速灭,岂容旅宾而夺主居?九流百家,大道裔余,多积缣蕴,只益自困,万事不留,欣戚亦除。人呼而应,经目则视,脱此罥罝。腾跃自如,修者弗臻,子何若诸?昔人以圣智为疾,以妄寇真,既寤而愠,操戈逐儒,于子观之,乃知非诬。然子自知其忘,其忘未甚也,并此不知,乃其至欤!"胥山子惧然起谢曰:"神姑宁止,吾弗求其他矣。"于是亟弃其法。[①]

按此文虽名曰《祷神文》,实际上以祭"神"为名而崇道非儒。所谓"健忘"者,乃指忘掉了道家之清静无为,而被儒家之入世进取戕其"神"亦即心志耳。观其"坐则忘起,起则忘所迡,与人语则忘所以对,行于途憻憻然趋之,踬越坎,抵植木",则未必不是对迷途宦海

---

① 〔宋〕周邦彦著,罗忼烈笺注:《清真集笺注》,第552—558页。

之形象写照,至于"踬趏坎,抵植木",即已近乎对依附蔡京集团之自
责与自赎了。

胥山子祭神之辞,其要义盖在于对儒家经典之指摘。所谓"事关
古今,书传孔姬,《金縢》《豹韬》,鸟迹龙图",这些被儒家尊为"三坟"
"五典"的东西,是胥山子忘掉而要恢复的东西,然而却正是"老子之
徒"以为需要忘掉而尚未全忘的东西。胥山子以为"三坟""五典"没有
错,错的是"联编比简,句柝章离,漫烂五车,参罗是非,匪诵匪习,一念
则随",亦即儒家之教义被错简闹混了,所以才误人。而"老子之徒"却
说:"子不闻乎,方寸八达,磊如明珠,又复如鉴,物去则无,一尘为伤,
况复涂涂,损实攻坚,日夜求虚。缘念速起,亦贵速灭,岂容旅宾而夺主
居?九流百家,大道裔余,多积缣蕴,只益自困,万事不留,欣戚亦除。
人呼而应,经目则视,脱此帠羁。腾跃自如,修者弗臻,子何若诸?昔人
以圣智为疾,以妄寇真,既瘝而愠,操戈逐儒,于子观之,乃知非诬。然
子自知其忘,其忘未甚也,并此不知,乃其至欤!"胥山子终于被"老子
之徒"的言论所折服,"惧然起谢曰:'神姑宁止,吾弗求其他矣。'于是
亟弃其法。"

文中明谓"胥山子既弱冠,得健忘疾","比年尤剧","逮壮已然,垂
白奈何",胥山子显然是邦彦自谓,则"既弱冠"至"逮壮",正好是邦彦
穷儒家经典以至奔波精进之时。具体作年莫考,然原文章之意,自当作
于晚年,姑系于知顺昌时,虽未敢自专,殆亦非以疑决疑也。《永乐大
典》卷七九六二"兴"字韵有邦彦《夙兴》诗曰:

　　瞳瞳海底日,赤辉射东方。先驱敛群翳,微露不成霜。早瘝厌
床笫,起步东西厢。引手视掌纹,黯黮未可详。念此阅人传,三年
得跧藏。弛担曾几时,兹焉忽腾装。问今何所之,意行本无乡。晨
钟神惨悲,夜鼓思飞扬。与俗同一科,何异犬与羊。平明催放钥,

利害纷相攘。颠倒走群愚,岂但渠可伤。①

"瞳瞳",日初出渐明貌。"先驱",指风。《楚辞·九歌·大司命》:"令
飘风兮先驱,使冻雨兮洒尘。""第",竹制之床板,亦代指床。"念此"
句,看相之人以为需三年蜷曲不出始安。"阅人",谓给人看相之人。
《汉书·王吉贡禹等传序》:"(严)君平卜筮于成都市……裁日阅数人,
得百钱足自养,则闭肆下帘而授《老子》。""跧藏",蜷伏躲藏。按《永乐
大典》仅在"夙兴"条下录此诗而诗本无题,所谓《夙兴》者,乃以条题为
诗题耳。观诗意,仅以"夙兴"起兴,而全诗尽谈利害无常,似应为晚年
所作耳。姑系知顺昌时。

第十一节　周邦彦安家明州与旅死知处州途中

楼钥《清真先生文集序》云:"公尝守四明,而诸孙又寓居于此。"
《咸淳临安志·古今人表》载:"周邠,钱塘。周邦彦,邠之侄,因守四
明,其后家焉。"据此,《遗事》与《年谱》均未提及此事。但《遗事》在后
附《年表》中于"宣和二年庚子"条下记云:"徙知处州,旋罢官……是岁
居睦州,适方腊反,还杭州,又绝江居扬州。"陈思《年谱》于"宣和二年
庚子"条下记云:"归钱塘,方腊盗起,仓皇出奔,趋西湖之坟庵。"其实
邦彦于宣和二年(1120)春移知顺昌之后,即作退身之计,故有是年夏
秋间,即以祭扫祖墓之名请假归钱塘并移家明州,先赴明州办完移家之
事,归途经由故里钱塘,曾小作停留,有诗为证:《永乐大典》卷一九六
二七"日"字韵"目昏"条,录周邦彦《游定夫见过晡饭既去烛下目昏不
能阅书感而赋之》诗曰:

---

① 〔宋〕周邦彦著,罗忼烈笺注:《清真集笺注》,第419页。

烟草里门秋,暮气幽人宅。遥知金轮升,户牖粲虚白。风驱云
将来,市声落几格。连曹属解鞍,一饭已扫迹。余膻未洁鼎,傲鼠
已出额。铜英洗病眼,乌焉畏断册。已为儿辈翁,兹事岂不迫。昔
见羡门生,童子身三尺。捐家问道要,颦声不好剧。颇观鸟迹书,
保气如保璧。贪饵投祸罗,煎丝废前续。上惭玄元教,溘死有余
责。浊镜在两眸,看朱忽成碧。当时方瞳叟,变灭云雾隔。肝劳忧
久痼,瞑坐救昏幕。尚须文字间,侵尽百年客。非图瞩秋毫,所要
分菽麦。(孙真人云:诸以阅细字、刺绣雕镂而得目昏者,名为肝
劳,非瞑目三年不可治。)①

罗先生在撰《清真集笺注》时,以为此诗作于建中靖国元年(1101)至崇
宁元年(1102)之间:

按酢长清真三岁,后卒二载。两人在京师交游,前者当为元祐
二年之前,盖是岁清真已赴庐州,而酢已出知河清县矣;且方在盛
年,与诗所谓"已为儿辈翁"不合。后者当在元符三年冬至崇宁元
年出知和州之前,盖此时二人皆官于京师,酢属御史台,清真属秘书
监,是所谓"连曹"也。又诗有"烟草里门秋"之语,而酢始还朝在元
符三年十一月,已过秋期,当非此年;则"游定夫见过"必在建中靖国
元年或崇宁元年秋间。是时清真四十六七岁,可为儿辈翁矣。②

罗先生谓元符三年至崇宁元年邦彦与游酢同在京,"又诗有'烟草
里门秋'之语,而酢始还朝在元符三年十一月,已过秋期,当非此年;则

_____

① 　[宋]周邦彦著,罗忼烈笺注:《清真集笺注》,第401页。
② 　同上书,第405页。

'游定夫见过'必在建中靖国元年或崇宁元年秋间"，"里门"，谓闾里之门。古代同里之人聚居在一处，设有里门。《史记·万石张叔列传》："庆及诸弟子入里门，趋至家。"知里门并非"京门"，未知罗先生何以作此判断？

罗先生在撰《时地考略》作了小小的修改，笼统以为此诗作于邦彦任校书郎时：

> 《游定夫见过晡饭既去烛下目昏不能阅书感而赋之》一首当作于崇宁间任校书郎时。定夫，游酢字也。杨时《御史游公墓志铭》云："公于元丰六年登进士第，调越州萧山尉；用侍臣荐，诏为太学录。"是则二人早已相交于太学矣。又云："上皇（宋徽宗）即位，覃恩改承议郎，赐绯衣银鱼袋，召还为御史。"诗云："连曹属解鞯，一饭已扫迹。"当在此数年间。校书郎"掌校雠典籍，判正讹谬"（《宋史·职官志》）；故诗又有"铜英洗病眼，乌乌畏断册""尚须文字间，侵尽百年客"之语。

现已考知，崇宁元年，邦彦已迁考功员外郎，不在校书郎任。罗氏此断之误亦可知。如前所述，此诗首句即言"烟草里门秋"，知其必作于钱塘无疑。与两人在汴京之仕履毫无关系，当做他求。游酢《游廌山集》卷四末附游酢《年谱》兹将有关仕履胪列如次：元丰五年三十岁，登黄裳榜进士；六年三十一岁官萧山，用侍臣荐召为太学录；元祐二年官太学录改宣德郎除博士；元祐二年二十六岁官河清县；元祐五年二十八岁范纯仁辟为颍昌府教授；元祐七年归朝为国子博士；绍圣二年自太学博士出为齐州判官；绍圣三年十月丁父忧解官居制；元符二年正月服除调泉州签判；元符三年十一月还朝为监察御史；崇宁元年出知和州；崇宁三年管勾南京鸿庆宫居太平州；政和元年在任知汉阳军；政和四年再乞宫祠提举成都长生观;政和五年七月丁母忧解官居制;政和七年十月服除知舒州;宣和元年自舒州移知濠州;宣和二年会从官谪守冲罢归历阳,因家焉;宣和五年五月以疾卒。游酢晚年好佛,《永乐大典》卷八八四三"游酢"条,录吕居仁《杂志》曰:"游定夫后更为禅学。大观间,本中尝以书问之云:'儒者之道,以为父子、君臣、夫妇、朋友、兄弟,顺此五者,则可以至于圣人;佛者之道,去此,然后可以至于圣人。吾丈既从二程先生学,后又从诸禅老游,则二者之论,必无滞阂。敢问所以不同,何也?'游丈答书云:'佛书所说,世儒亦未深考。往年曾见伊川先生云:"吾之所攻者迹也,然迹安所从出哉?要之此事,须亲至此地,方能辨其同异;不然,难以口舌争也。"'游定夫言前辈先生,往往不曾看佛书,故诋之如此之甚,其所以破佛者,自不以为然也。"也正好与诗中谈佛说道相符。

以两人仕履合观,在游酢致仕之前,两人根本不可能在钱塘相会。况且诗中谈佛说道,亦与两人青壮年时之境况不侔。尤其诗中"贪饵投祸罗,煎丝废前续。上惭玄元教,溘死有余责"四句,颇启人思。《说文》:"丝,微也,"于义无取,或是"煎丝"之伪,句谓前功尽弃也。"溘死",即忽然死去,语出《离骚》:"宁溘死以流亡兮,余不忍为此态也。""玄元教",唐高宗乾封元年,封老子为太上玄元皇帝,因称道教为"玄元教"。此四句与前对举,显然是写自己,悔恨自己不该卷入政治集团斗争。据此,知必作于宣和二年至顺昌不久南归时。

而游酢正好也于此年致仕归历阳(今安徽和州),而专程来钱塘会邦彦耶?或以事至钱塘而巧遇邦彦耶?此虽系猜测,无资料予以确证,但却与诗中所写大体不差。诗首两句为写实:"烟草里门秋,暮气幽人宅。"谓暮秋时节,两位老友在故里钱塘相逢。"幽人",幽居之人,谓隐士。《周易·履》:"履道坦坦,幽人贞吉。"孔疏:"幽人贞吉者,既无险难,故在幽隐之人守正得吉。"此时游酢已致仕家居,邦彦亦有归隐之意,若谓写于崇宁年间,两人均不当此句。"遥知金轮升,户牖粲虚白。风驱云将来,市声落九格。"此四句写暂居钱塘景况,"虚白",《庄子·人间世》:"虚室生白,吉祥止止。"司马彪注云:"室比喻心,心能空虚则纯白独生也。""连曹属解鞯,一饭已扫迹。"此两句为回忆昔日同在京师时事,"曹",分职治事官署之称。"连曹",即同僚。如前所述,元符三年十一月至建中靖国元年初,游酢在御史台,邦彦在秘书省,两人为"连曹"之同僚。值得注意的是,邦彦与游酢自元丰末即同在太学供职,然诗中却特别忆及在书职时事,其因盖有二:宋人以书职为荣,此其一。在太学时,两人当为一般相识,至元符末始相知耳,此其二。然时日飞逝,壮年时事,不觉之间已成为陈迹,是所谓"一饭已扫迹"也。"扫迹",南朝齐孔稚珪《北山移文》:"或飞柯以折轮,乍低枝而扫迹。"后指谢绝宾客,此处谓陈迹。"余膻未洁鼎,傲鼠已出额"两句,又回到诗题"晡饭"上,谓刚刚饭罢尚未及洗杯盘,黠鼠已来窥视了。"铜英洗病眼,乌焉畏断册"两句,又忆及书职时事,因秘书省正字与校书郎职责是校对书籍,故作此语。"昔见"六句,写游酢好佛老而身强体壮;"贪饵"四句,则悔恨自己不该卷入政治集团的斗争。"浊镜"以下,则叹老境目衰。"方瞳叟",《拾遗记》:"老聃在周之末,居反景日室之山,与世人绝迹,唯有黄发老叟五人,或乘鸿鹤,或衣羽毛,耳出于顶,瞳子皆方,面色玉洁,手握青云之杖,与聃共谈天地之数。""非图瞩秋毫,所要分菽麦",则结在自慰。

邦彦移家四明,可从《挥麈余话》与《玉照新志》对邦彦同一轶事之两则不同记载中找到答案。《挥麈余话》曰:

> 周美成晚归钱塘乡里,梦中得《瑞鹤仙》一阕:"悄郊原带郭。行路永,客去车尘漠漠。斜阳映山落。敛余红犹恋,孤城栏角。凌波步弱。过短亭,何用素约。有流莺劝我,重解绣鞍,缓引春酌。

不记归时早暮。上马谁扶,醒眠朱阁。惊飙动幕。扶残醉,绕红药。叹西园已是,花深无地,东风何事又恶。任流光过却,犹喜洞天自乐。"未几,方腊盗起,自桐庐拥兵入杭。时美成方会客,闻之,仓皇出奔,移西湖之坟庵,次郊外。适际残腊,落日在山,忽见故人之妾徒步,亦为逃避计,约下马小饮于道旁,闻莺声于木杪。分背,少焉抵庵中,尚有余醺,因卧小阁之上,恍如词中。逾月贼平,入城,则故居皆遭蹂践,旋营缉而处。继而得请提举杭州洞霄宫,遂老焉,悉符前作。美成尝自记甚详,今偶失其本,姑追记其略,而书于编。①

然《玉照新志》则曰:

近于故箧中得先人所叙,特为详备,今具载之:美成以待制提举南京鸿庆宫,自杭徙居睦州,梦中作长短句《瑞鹤仙》一阕,既觉,犹能全记,了不详其所谓也。未几,青溪贼方腊起,逮其鸱张,方还杭州旧居,而道路兵戈已满,仅得脱死。始得入钱塘门,但见杭人仓皇奔避,如蜂屯蚁沸。视落日半在鼓角楼檐间,即词中所云"斜阳映山落。敛余晖犹恋,孤城栏角"者应矣。当是时,天下承平日久,吴越享安闲之乐,而狂寇啸聚,径自睦州直捣苏杭,声言遂踞二浙。浙人传闻,内外回应,求死不暇。美成旧居既不可住,是日无处得食,饥甚。忽于稠人中有呼"待制何往",视之,乡人之侍儿素所识者也,且曰:"日昃未必食,能舍车过酒家乎?"美成从之。惊遽间,连饮数杯散去,腹枵顿解,乃词中所谓"凌波步弱。过短亭、何用素约。有流莺劝我,重解绣鞍,缓引春酌"之句验矣。饮

---

①　[宋]王明清:《挥麈录·余话》,第197页。

罢,觉微醉,便耳目惶惑,不敢少留,径出城北。江涨桥,诸寺士女已盈满,不能驻足,独一小寺经阁偶无人,遂宿其上,即词中所谓"上马谁扶,醉眠朱阁"又应矣。既见两浙处处奔避,遂绝江居扬州。未及息肩,而传闻方贼已尽据二浙,将涉江之淮泗。因自计方领南京鸿庆宫,有斋厅可居,乃挈家往焉。则词中所谓"念西园已是,花深无路,东风又恶"之语应矣。至鸿庆,未几,以疾卒,则"任流光过了,归来洞天自乐"又应于身后矣。美成平生好作乐府,将死之际,梦中得句而字字俱应,卒章又应身后,岂偶然哉?美成之守颍上,与仆相知,其至南京,又以此词见寄,尚不知此词之言待其死乃竟验如此。①

两籍所记,对后世影响极为深远,然又甲乙其说,或信此疑彼,或信彼疑此。王国维《遗事》曰:"此二条当以《玉照新志》明清父铨所手记者为正。"陈思写《年谱》时未曾见王氏,然却所见略同,在引《挥麈录》后则按曰:

> 按《咸淳临安志》:周都尉邠墓、周待制邦彦墓并在南荡山,子孙今居定山之北乡。《湖山便览》:定山在县治西南四十里,一名狮子山。《太平寰于(宇)记》云:定山突出浙江数百丈,徐村岭与礠马岭、牛牻岭俱在定山北乡,岭下有徐村酒库。《志》曰:周氏子孙今居定山北乡,其上有先代丘垄。可知当日避贼趋西湖坟庵,必即定山徐村无疑。岭下有酒库,所以与故人之幸小饮。②

在引《玉照新志》后又按曰:

---

① ［宋］周邦彦著,罗忼烈笺注:《清真集笺注》附录,第584—585页。
② 陈思:《清真居士年谱》,《清真集校注》附录,第493页。

按:提举洞霄宫,见《东都事略》,《志》(指《玉照新志》)曰提
举鸿庆宫,误。奉祠系宣和五年(误,宣和三年邦彦即卒)正月,
《志》曰"方领",尤误。晚居四明,见《临安志》及《杭州府志》,
《志》曰"徙居睦州",误。十二月戊辰,方腊陷睦州,继陷杭州,烟
尘遍野,安能挈眷自睦州回杭?《志》曰"脱兔",又曰"自计方领南
京鸿庆宫,有斋厅可居,乃挈家往。"更误。推寻致误之源,盖词为
本年所作,又遭方腊之乱;次年(作)《西平乐》一词,好事者随以晚
年之仕履行踪穿凿附会,资为谈助。然以《挥麈录》所载一条对
证,彼云既得提举洞霄宫,与《东都事略》合;趣避于西湖坟庵,与
《临安志》亦合;固属信而足征。而此条所记,如以待制归杭,及自
杭徙居,以《一寸金》《尉池杯》二词互相印证,所传亦必有所据,非
同挈家往南京,望文生义,求圆其说。又按《挥麈录》《玉照新志》
皆南宋庆元中王明清所撰,一事分载二书,传信传疑,亦自有体例。
《四库提要》谓《挥麈录杂记》《玉照新志》多谈神怪及琐事,所论
尤允。①

罗忼烈先生未详考两籍所记之孰真孰伪,但从王氏之说,其《清真集笺
注》只引《玉照新志》而不引《挥麈余话》,并详按云:

按王明清父铚字性之,两宋间汝阴人,所著《雪溪集》《四六
话》《默记》《续清夜录》《补侍儿小名录》今尚存。清真于重和元
年(实则为宣和二年)自真定徙知顺昌府(治今安徽阜阳),地在颍
河旁,故称颍上。是时清真已六十三岁,王铚盖以晚辈相知也。陆
游《老学庵笔记》云:"王性之记问该洽,尤长于国朝故事,莫不能

---

①　陈思:《清真居士年谱》,《清真集校注》附录,第494—495页。

记,对客指画诵说,动数百千言,退而质之,无一语谬。余自少至老,唯见一人。"其所推崇者如此。铚所记谓《瑞鹤仙》词作于睦州,复自南京以此词见寄,必当不误。则作词在宣和二年,寄词在次年卒前不久也。所谓梦中作及附会于词谶之谈,古人多有之,固属无稽,然不得因此而并疑其他也。

此词当是暮年避地睦州时纪事之作,一如《唐宋词简释》所说。按方腊以宣和二年十一月起事于睦州青溪,词作于是岁春间,祸乱未生,故有"犹喜洞天之乐"之语。然其时花石纲扰民愈甚,已启祸乱,其后方腊终以是而聚众起义。词云:"叹西园已是,花深无地,东风何事又恶。"弦外之音,或刺民穷财尽而犹横征暴敛也。

又作者似极喜睦州,前《一寸金》"新定作"云:"回头谢冶叶倡条,便入渔钓乐。"此云:"任流光过却,尤喜洞天之(自)乐。"前词之作于建中靖国元年,四十六岁,时方在仕宦中,故思谢绝冶叶倡条而退隐;此词之作时已六十五岁,已致仕奉祠,故有流光过却之叹,不必谢冶叶倡条,但洞天自乐可耳。余前以《一寸金》词亦属晚年客睦州作,非是。①

刘扬忠虽未引《玉照新志》,却将《新志》所记,用白话写了出来,实际上是完全相信《新志》:

邦彦在顺昌任上也只待了不到两年的时间,大约在宣和元年底或宣和二年(1119—1120)他又被移知处州(今浙江丽水市)。未及到任,又很快被罢官。于是暂回杭州居住。宣和二年中,邦彦从杭州迁居睦州(今浙江建德市)。

---

① [宋]周邦彦著,罗忼烈笺注:《清真集笺注》,第206页。

　　可是周邦彦在睦州隐居终老的愿望很快地落空了。就在这一年十月,浙江农民不堪地主阶级的残酷压榨和朝廷"花石纲"之侵扰,推方腊为领袖,在睦州清溪举行了武装起义。……因此,他在睦州呆不下去了。大约在方腊军围攻睦州府治时,他仓促离去,奔回杭州。沿路兵戈已满,在他的前面,是闻义军之声威而狼奔豕突的溃败官军;在他的身后,是风驰电掣直蹈杭州的方腊之众。邦彦躲躲藏藏,挨到杭州城外,仅得以免死。他刚入钱塘门,正逢郡守赵霖被农民军的声威吓破了胆,奔城逃走,杭州的士绅、富豪及许多市民倾城而出"避难",人群如蜂屯蚁沸,道路为之阻塞。邦彦不敢回旧居,只得随大流往外逃走。当天他辗转野外,无处觅食,饿得发昏,幸遇一个同乡绅士的侍妾相助,找到了饮食之处。这时方腊义军已据杭州,两浙之地全在义军势力笼罩之下,没有士大夫们的奔避之所了。于是周邦彦只得携家北上。

　　原之事实,诸家之说,以陈氏所言近是,却不为世所重,兹考辨如次:梦中作诗词,文士多有此事,今人亦然,或可凭信。然梦验之说,本为谶纬张目,只可姑妄听之而已。两说抵牾甚多,考诸史实,则亦有信疑之别。据《续资治通鉴长编拾补》载:方腊于宣和二年十一月戊戌(初一)举义,丙寅(二十九)取青溪县,十二月戊辰(初二)夺睦州,乙未(二十九日)克杭州,三年正月乙卯(十一)陷崇德进逼秀州受挫,又南取婺州、衢州,二月癸未(十八日)宋将步兵都虞候王禀复杭州,此后方节节败退,终于四月庚寅(十四日)于青溪就擒,前后约半年。《挥麈余话》谓"时美成方会客,闻之,仓皇出奔,移西湖之坟庵","适际残腊",与《拾补》记方腊入杭事合,"西湖之坟庵",或即《年谱》所谓邦彦祖茔之所在。且味其文意,乃邦彦于仓皇中一人独奔,正与《咸淳临安志》"因守四明,其后家焉",《杭州府志》"晚居明州"之记载合。而《玉照新志》所记,则谓自睦州挈家带眷而之杭、之扬、之南京鸿庆宫。方腊举义之始,其势如破竹,且不论邦彦挈家带眷如何于"道路兵戈已满"中"仅得脱死"而千里奔逃,又如何与《西平乐》词及序合? 其序曰:"后四十余年,辛丑(即宣和三年)正月二十六日,避贼(谓方腊举义)复游故地(即天长)",其词结句曰"翻令倦客思家",既合家而逃,何言"思家"耶? 即使挈家而逃,战乱中人,何处不可寄居? 如词中所写"故人,亲驰郑驿,时倒融尊,劝此淹留",对邦彦不菲,且已远离战乱之地,何必自天长而千里迢迢趋赴南京(即今河南商丘)耶? 况宋代奉祠之官专为寄禄而设,不必之任,《东都事略》《挥麈余话》《咸淳临安志》均谓提举杭州洞霄宫,独《玉照新志》谓南京鸿庆宫,岂非为附会梦兆而设辞耶? 若果挈家而往,往即卒于南京鸿庆宫之斋厅,其家人后又因何故迁往明州耶?

　　两相对比,《挥麈余话》简约而近实,《玉照新志》繁复却矛盾百出,颇近小说家言。两书虽同出王明清一人之手,若原其写作宗旨,似可洞明其何以异之故。诚如《四库全书总目》所云:《挥麈余话》所记,"多国史中未见事","以补册府之遗","及庆元二年,实录院移取《挥麈录》","要其所载,较委巷流传之小说终有依据也";而《玉照新志》却"多谈神怪及琐事","随笔记录,皆有裨见闻也"①。故《玉照新志》所谓美成事"近于故箧中得先人所叙,特为详备","美成之守颍上,与仆(即王铚)相知,其至南京,又以此词见寄"云云,乃明清设辞以实其说耳。不然,王铚之《默记》,专记北宋掌故,何以不录此条,却置于"故箧中"留给其子王明清耶?《西平乐》为自钱塘归顺昌经天长之作,其词序曰:"元丰初,予以布衣西上,过天长道中。后四十余年,辛丑正月二十六日,避贼复游故地。感叹岁月,偶成此词。""辛丑"即宣和三年(1121),其词曰:

　　　　稚柳苏晴,故溪歇雨,川迥未觉春赊。驼褐寒侵,正怜初日,轻

_____

① 　[清]永瑢等:《四库全书总目》,第1197—1198页。

阴抵死须遮。叹事逐孤鸿去尽,身与塘蒲共晚,争知向此征途,伫立尘沙。追念朱颜翠发,曾到处、故地使人嗟。　　道连三楚,天低四野,乔木依前,临路敧斜。重慕想、东陵晦迹,彭泽归来,左右琴书自乐,松菊相依,何况风流鬓未华。多谢故人,亲驰郑驿,时倒融尊,劝此淹留,共过芳时,翻令倦客思家。

“天长”,地名,宋属淮南东路,辖境在今安徽省天长市一带。宋时是杭州北上京师的必经之途。词人时年六十六岁。“避贼”句,已如前述,指方腊起义。词人于宣和二年回到杭州,又于翌年正月从杭州北上,渡江经天长县,赴顺昌任。“东陵晦迹”,“东陵”,东陵侯召平。“晦迹”,谓隐居匿迹。《史记·萧相国世家》:“召平者,故秦东陵侯。秦破,为布衣,贫,种瓜于长安城东。瓜美,故世俗谓之‘东陵瓜’,从召平为名也。”“彭泽”三句,指陶渊明辞去彭泽令归去以琴书自娱。何以“东陵晦迹,彭泽归来”? 盖一因王、刘窜诛事件受到打击太深,二因宣和二年六月蔡京复被罢相,邦彦感到已失去政治靠山,三因此时朝廷之派系斗争与日俱增,深感仕途危浅,故作退隐之计耳。

词中这位“亲驰郑驿,时倒融尊,劝此淹留,共过芳时”之“故人”究竟是谁,复可考之如次。《北宋经抚年表》载,洪中孚于宣和三年知扬州。洪中孚字思诚,休宁人,《北宋经抚年表》引《新安文献志·洪少师碑》曰:“复待制,知扬。岁大旱,飞蝗蔽空。公来之夕,雨。道士林灵素横盛,自东南以巨舟重载过维扬水,时辄启闸,吏不敢谁何。公廉得之,致之法。俄以直学士提举南京鸿庆宫。”《宋史》无传,其传见《宋史翼》卷五。故知词中这位“故人”,为洪中孚无疑。然而邦彦或惊魂未定,或假期已至,急于归顺昌,未能淹留,却“翻令倦客思家”,即此可知,此次杭州、明州之行,当为安家明州故耳。自扬州至顺昌,若由水路,则北行;此西北行,知其由陆路也。且宋代士人之任,急则由陆路,缓则由水路。据此,知邦彦急欲归顺昌耳。

或谓何以知"翻令倦客思家"之"家",不在顺昌抑或南京(即今河南商丘)而在明州耶?谓家在南京决不可能,因邦彦未曾提举宫观(详后考)。楼《序》谓"公尝守四明,而诸孙又寓居于此",《咸淳临安志》又谓"因守四明,其后家焉",《杭州府志》亦有"晚居明州"之载。是以知官明州之后,始有居明州之举。其移家明州,则不在知真定时,即在知顺昌时也。而知真定时,无移家明州之踪迹可寻;知顺昌后,即有杭州之行,非移家明州而何?何以移家明州,复可与楼钥之祖楼异之仕履相联系考察。楼钥《清真先生文集序》谓:"钥先世与公家有事契,且尝受廛焉。""廛",古代一家在城市中所占的房地,后泛指市宅。前已述及,楼异知明州在政和七年至宣和四年,二年自当在任,邦彦又恰于此时移家明州,岂帮邦彦为之办理房产事欤?资料短乏,难以遽断,然对邦彦关照则是无疑的。

《遗事》对《玉照新志》之妄信而不疑且据以断邦彦卒年乃智者之失,然邦彦确卒于宣和三年乃史有明文,前已述及,此不赘。这里需要再加论述的则是,据史籍所记,邦彦赠官亦越常制,且根本无提举南京鸿庆宫或杭州洞霄宫之仕履。《宋史·职官十·赠官》载:"两省及待制……若子见任或父曾任此官,并赠至三公止。父子官俱不至者,文臣赠至诸行尚书(从二品)止","凡赠至正郎,许以所赠官换朝散大夫阶",凡文臣赠官,"太子太师……龙头、天章、宝文、显谟、徽猷、敷文阁直学士,每赠三官,至奉直大夫二官,至通议大夫一官。"[①]此则说明赠官之制亦有碍止法,邦彦属"父子官俱不至者",依常进,官至通议大夫可赠一官至通奉大夫(从三品)止,依特进,可直赠至诸行尚书(从二品)止。邦彦生前官至通议大夫(止四品),然却超越了迪奉大夫(从二品)、正议大夫(从三品)、正奉大夫(正三品)三阶而赠至宣奉大夫(正

---

① 〔元〕脱脱:《宋史》,第4083—4084,4086—4087页。

三品）。故在《宋会要·仪制一一》中列入"丞郎以下特进"之目。从三品且宣奉大夫为进士出身者迁转之阶，而邦彦并非进士出身，却亦躐入了进士所奉赠之列，于此可见邦彦卒后亦荣宠有加矣。

　　邦彦官至通议大夫当无可置疑，然何时转通议大夫却难以确考。前已述及之奉直大夫，也未知究竟是大观四年（1110）转的，还是政和元年（1111）出知河中时转。前引《宋史·选举四》载："承务郎（从九品）以上四年迁一官，至朝请大夫（从六品）止。朝议大夫（正六品）以七十员为额，有阙，以次补之。"①但《宋史·职官九》又载："至朝议大夫有止法，仍七年一转。内奉直、中散二大大夫有出身人不转。"②前谓"有阙则补之"后谓"仍七年一转"，未知孰是？即据后者，若邦彦大观四年（1110）即转为奉直大夫（正六品），则至政和七年（1117）可转为朝议大夫（正六品），而朝议大夫距通议大夫（正四品）尚有五阶，按正常迁转次序，至宣和三年（1121）邦彦卒时也只能转至中奉大夫（从五品），更遑论通议大夫耶！据此可知，期间必然还有超转，至如何时超转，已不可考矣。

　　依《宋会要辑稿·仪制一一》记赠官之体例，被赠者生前之寄禄官、贴职、致仕、奉祠、卒后赠官与赠官年月均记，贬官后又昭雪赠官者，亦记其贬、赠之因，惟不记卒前之差遣。如紧接邦彦之后即有记曰："太中大夫、徽猷阁待制致仕范坦（宣和三年）六月赠通奉大夫。"邦彦之前，列"尚书丞郎追赠"之目亦有记曰："资政殿学士、提举杭州洞霄宫许景衡，建炎三年五月赠正奉大夫。"而于邦彦却不记提举杭州洞霄宫或南京鸿庆宫，足证邦彦卒前并未奉祠，而是卒于差遣，所谓"提举杭州洞霄宫"云云，实不可信，《宋史》本传不及奉祠正，而《东都事略》

　　① ［元］脱脱：《宋史》，第3708页。
　　② 同上书，第4066页。

《咸淳临安志》《挥麈余话》谓"提举洞霄宫"，《玉照新志》谓"以待制提举南京鸿庆宫"，等等，均误。又据《续资治通鉴长编》卷五二载："咸平五年（1002）五月丙申朔，诏文武官年七十以上求退者许致仕，因疾及历任有赃犯者听从便时。"①而所谓"听从便时"，意思是说曾犯赃罪过失者，即使未至致仕之龄，自请致仕者亦可。邦彦卒时未及致仕之龄，且查《宋会要辑稿·职官七七·致仕》，邦彦并无因疾自请致仕与因赃犯强令致仕之载，故知邦彦卒于差遣明矣。然自《玉照新志》编出了那类似小说家言之后，王国维信了，罗忼烈信了，刘扬忠也信了，而以刘扬忠说得最为坐实："周邦彦终于带着家眷到达南京鸿庆宫安顿下来，可不久他一病不起，当年就在鸿庆宫斋庭溘然长逝，享年六十六岁。"可是前已述及，邦彦根本就未曾提举宫观，即便是视无若有，而这种判断也违背了宋代官制之有关规定与事实。宋代宫观之官，本为崇尚道教而设，大中祥符五年（1012）玉清昭应宫建成，始置宫观使、提举官等等。本为养老尊贤而设，后亦为罪官起复后之闲散安排。但无论属哪种情况，均无实际职守，亦不到所任宫观之地。即使到了南宋，也有人提举南京鸿庆宫与提举西京嵩山崇福宫的，而此时南京与西京早被金人侵占，请问他们怎么到任去居住呢？况且徽宗为了崇奉道教，维护道家之尊，是曾明下诏文，道观是不允许官员入主的。不知何以专家们对王明清编出的故事却坚信不疑？

然究竟卒于何差遣耶？《东都事略》与《咸淳临安志》不及处州，唯《宋史》本传谓"知顺昌府，徙处州。卒"，尚需考辨者，唯处州是否之任耳。查清处州府知府元和、潘绍诒重修《处州府志》卷一三《职官志》载，宋宣和间先后知处州者四人："黄烈，浦城人。宣和间守郡，时清（《宋史·地理四》与《拾补》卷四二作'青'）溪盗发，丽、青、松、遂皆没

---

① ［宋］李焘：《续资治通鉴长编》，第1130页。

于贼,而龙独完。烈奉诏即龙治事,奋勇区划,贼将洪载以城降,与通守石端申谋筑城,民赖以固。有《重修郡城记》。黄葆光,字元晖,徽州人。宣和中知本州,当方腊残乱后,民力凋敝,招集流散,抚摩不倦,更创学校,市民爱戴,家画其像而祝之。卒之日,阖城哀恸,六邑之人敛钱五十万赙之其子,却不受。邦人立祠于学。周邦彦,字美成,钱塘人。张嶲,字柔直,福州人,多善政。"①《浙江通志》黄烈之前尚有杨嘉言,之后尚有李孟传,邦彦列于黄葆光之前。杨嘉言无考。李孟传乃名臣李光之子,字文授,光南渡时孟传方六岁,列于黄烈之后邦彦之前显误。黄烈,除《处州府志》所记外,余无考。黄葆光,《宋史》卷三八四有传。据传载,政和三年诏除太学博士,累擢监察御史、左司谏。蔡京怒其异己,徙为符宝郎。复拜侍御史,政和末,岁旱,葆光上疏再劾京,疏入不报,且欲再上疏,京惧,中以他事,贬知昭州立山县。"京致仕,召为职方员外郎,改知处州。州当方腊残乱之后,尽心牧养,民列上其状。加直龙图阁,再任,卒,年五十八,州人祠之。"蔡京致仕在宣和二年六月,"方腊残乱之后"在宣和三年四月以后,葆光知处即其时。邦彦卒赠宣奉大夫在宣和三年五月,故即使知处亦应在黄葆光之前,《处州府志》列于黄葆光之后误。据《西平乐》词序,宣和三年正月二十六日,邦彦尚在天长道中,至顺昌当在二月中下旬间。复以楼钥《清真先生文集序》谓"三绾州麾,终登松班,而旅死矣"原之,盖邦彦归至顺昌,即有徙处州之命,随即离顺昌赴处州,未之任即卒于途。葆光先授职方员外郎,因邦彦未之处即卒,故葆光又"改知处州"。《遗事》未加细考,谓处州未之任。《年谱》详引《处州府志》与《浙江通志》,却不考其知处者数人仕履,仅据《处州府志》列邦彦于黄葆光之后,即谓宣和五年邦彦奉祠南归,提举杭州洞霄宫,居四明,并谓"处州之命,当在处民上状黄葆

---

① 《处州府志》,《中国方志丛书》本,台湾成文出版社有限公司1974年版,第382页。

光再任之时,命下或病不能兴或已逝世,故(邦彦知处州事)《东都事略》阙而不书",正好与史实相反。据《宋诗纪事》卷三二黄葆光《赠孙至丰》诗笺引《蓉塘诗话》曰:"丽水孙薪至丰,元祐中以明经擢第,授荆门军教授,不赴。质性清介,绝意仕进,与黄葆光为太学旧游。宣和六年,黄出守处州,薪不屑诣郡谒见。黄约以劝农日会于洞溪僧舍。至期,薪以扁舟来会,黄赠诗云云。"其时邦彦已卒三年矣。

若不计未之任的处州,则邦彦曾知五州,而楼《序》却谓"三绾州麾"者何耶? 楼钥与邦彦之曾孙铸,虽据邦彦之卒已八十余载,然不至错记,且楼《序》明言"历官详见《志铭》云",则其时《志铭》尚在,又岂能错记耶? 臆其当"五"字行草而误以为"三"耳。王、陈二氏当年无缘以睹《宋会要辑稿》,故《遗事》以真定、河中、处州未之任以附会"三绾州麾",《年谱》则更置"三绾州麾"于不顾,谓真定、河中、顺昌、处州均未之任,欠严谨耳。

综观邦彦一生,由选人改官时还依制而迁,改官之后则每逢转官之机即超转,连死后赠官也超过常制。宋代官制,如果任遽要差遣,寄禄官则照常制迁转;若投闲置散,则有可能将其寄禄官超擢一两阶乃至八九阶以示抚慰。但邦彦却并非如此,差遣与寄禄官均常常超转,不是超一两阶,而是一超就是三四阶乃至十数阶。这难道不奇怪吗? 但如果联系到他与蔡京的关系,写诗为蔡京祝寿,骂范纯粹为"奸臣",这种毁颜渊为盗跖、又誉盗跖为颜渊的行径,受到蔡京青睐,每每超擢就不足为怪了。

现在一些学者在论述到所谓"新党代表人物"周邦彦在元祐年间受到所谓"排挤倾轧"时,总爱与苏轼作比较,说是苏轼入朝为显宦,而邦彦却被排挤到庐州去当教授。前文已经考出,邦彦出教授庐州乃宋制之常,与新旧党争无关。这且不提,兹仅以两人之寄禄官作一比较,苏轼终官朝奉郎(正七品),而邦彦终官通议大夫(正四品),比苏轼整整高出十多阶。须知这十多阶按正常迁转,是需要四十多年甚至五十年才能熬出来的呀!

况且苏轼正好是在元祐时期入朝为显宦后,其寄禄官不惟没有超擢,而且未曾转一官。众所周知,元丰二年(1079)三月,苏轼即以祠部员外郎知湖州,八月赴台狱,十二月出狱后,即责授水部员外郎黄州团练副使。虽祠部员外郎与水部员外郎同属后行员外郎,但前者为左曹,属优奖性质,后者不惟在右曹,且为罪官。元丰八年起复后才复故官祠部员外郎,元祐入朝为显宦后一直到绍圣年间再贬出朝,寄禄官从未升迁。直到元符三年(1100)大赦北归,才又复故官朝奉郎(即元丰改制前之后行员外郎),这是孔凡礼《苏轼年谱》与苏辙《东坡先生墓志铭》说得清清楚楚的,人人都可以翻检。周邦彦却不同,无论是差遣还是寄禄官,均往往超擢,不是一般的超擢,一超擢就是三四阶甚至六七阶,而且不受碍止法的限制。或许有人会说,苏轼是因为曾两次为罪官的缘故。然而邦彦又何曾不是罪官呢? 而且恰恰也是两次。苏轼第一次为罪官是在元丰二年到八年,但这次因神宗百般呵护,只是停止磨勘,由屯田员外郎贬为水部员外郎。须知屯田员外郎与水部员外郎为同阶,只是犯赃罪过失者转水部罢了。邦彦第一次因为给刘昺之祖母与父母作埋铭而外任,即便是比苏轼第一次为罪官时之罪为轻,却也系惩罚性质,但寄禄官何以却超擢四阶呢? 苏轼第二次为罪官,其罪名仅止是"讥斥先朝(神宗)",而邦彦第二次被贬外任,其罪名是受王、刘"谋逆"事件牵连。虽然所谓"谋逆"是个冤案,但这不是一般的不受重用,毕竟是犯罪,而且比起苏轼的罪名来要大得多,又怎么能升官呢? 不是蔡京及其集团其他成员极力救护,恐怕周邦彦连脑袋也掉了,还能升官么? 然楼攻媿却谓其"虽归班于朝,坐视捷径,不一趋焉",王国维谓"其赋汴都也颇颂新法,然绍圣中不因是以求进","其于蔡氏亦非绝无交际,盖文人脱略,于权势无所趋避","晚年稍显达,亦循资格得之",

竟与事实相左如圆枘之决不相容如此,而那些对楼、王之说信而不疑,甚至认为周邦彦因反对蔡京奸党,而受到蔡京打击的学者,是不是也应该尊重一下事实呢?

第十二节　周邦彦卒葬何处?

邦彦卒葬何处?《遗事》云:"先生冢墓在杭南荡山(《咸淳志》《梦粱录》均同),故后裔自明州复徙于此。《咸淳志》云'子孙今居定山之北乡'是也。"①但邦彦之父葬于黄山,而邦彦与其叔父周邠却都葬于南荡山,何以有此之别?刘永翔《周邦彦家世发覆》一文复有详考,兹录于斯:

> 南荡山是否即黄山呢?恐怕不是。据上述二书(指《咸淳临安志》与《梦粱录》)记载,北宋参知政事元绛之墓也在南荡山,而王安礼的《元公墓志铭》却说元绛"葬于杭州百丈凤凰山之原"(《王魏公集》卷七),时在元丰六年,而周氏祖坟所在自吴越以来至周原元丰八年葬时皆名黄山(《墓志》)。元、周二人之葬仅隔两年,若所葬为同一地点,不应名异如此。故窃谓南荡山很可能是百丈凤凰山在南宋时的改称,以避其时宫室所在的凤凰山(《乾道临安志》卷一)之名。南荡山与周原所葬的黄山并非一地。邦彦及其叔父看来是另觅佳城了,其故则不得而知。②

在结束此章时,尚需重复指出的是,宋代官制特别复杂,稍不留意就容易弄错,故在前文中所引数据有必要在此加以重复,《宋史·职官

① 王国维:《清真先生遗事》,《王国维全集》第二卷,第418页。
② 刘永翔:《周邦彦家世发覆》,《华东师范大学学报》(哲学社会科学版)1996年第3期。

一》载:"其官人受授之别,则有官、有职、有差遣。官以寓禄秩,叙位著,职以待文学之选,而别为差遣以治内外之事。其次有阶、有勋、有爵。士人以登台阁、升禁从为显宦,而不以官之迟速为荣滞;以差遣要剧为贵途,而不以阶、勋、爵邑有无为轻重。""阶官未行之前(即元丰三年改官制之前),州县守令,多带中朝职事官外补;阶官既行之后,或带或否,视是为优劣。"司马光《百官表总序》亦曰:"其所谓官者,乃古之爵也;所谓差遣者,古之官也;所谓职者,乃古之加官也。"故宋人重职与差遣而轻官,终宋之世,莫不如此。盖言之:官用以寄禄,亦称寄禄官;职用以待文学之选,亦称加官、帖职;差遣才是通常意义上所说的官,亦称职事官。即如周邦彦,所任之正字、校书郎、考功员外郎、卫尉少卿、宗正少卿、议礼局检讨、卫尉卿、秘书监(以上为在朝官)、知河中、知隆德、知明州、知真定、知顺昌、知处州(以上为地方官,即所谓"亲民官")全系差遣,亦即职事官;如奉议郎、奉直大夫、中大夫、宣奉大夫等,才是官,亦即寄禄官;他如直龙图阁、徽猷阁待制等,乃是职,亦即加官、帖职。加官、帖职虽系虚衔,但却为士人所极重,非无关紧要也。因为不仅如《宋史·职官一》所述,"职以待文学之选",而且职之有无,与差遣之要剧抑或闲散关系极大。比如资政殿大学士,只有加上此衔才能入相,或入相后加上此衔。然而许多研究周邦彦的学者,对宋代官制或知之不多,或不太深究,故往往出错。如卫尉少卿,虽其职守在管理武库等,但却是文官之差遣,不是武官之差遣,有些学者甚至是名气不小的学者,却将其视为武官之差遣了。说什么朝廷用人不当,周邦彦对此官也不感兴趣。再如秘书监,本来是宋代官制中必须经过的官阶,且职守不凡,但却有学者说是个闲散官儿,说明宋徽宗不重用周邦彦。再如员外郎与郎中之区别,如果是前行员外郎与后行郎中,那就仅差一阶;如果是后行员外郎与前行郎中,那一下子就差了六阶;按常转之例,自后行员外郎转至前行郎中,需要二十四年才能转到。可是有的学者却说什么"反正郎中比员外郎也大不到哪儿去"。即如一代泰斗之大学者王国维,亦在其《遗事》中将诸如校书郎、考功员外郎等视为官而非差遣。足见研究宋代文学的学者,是要懂一点宋代官制常识的。否则,一不小心就会出错,甚至一开口就错了。这决不是危言耸听,确实是如此。

第八章　提举大晟府及大晟府
八十四调与周邦彦无关考

周邦彦是否提举大晟府、审定古音、创为大晟府八十四调，这又是被宋人歪曲了的问题，须详加辩证的。

南宋初人王灼在《碧鸡漫志》卷二"大晟乐府得人"条曰：

> 崇宁间建大晟乐府，周美成作提举官，而制撰官又有七。万俟咏雅言，元祐诗赋科老手也，三舍法行，不复进取，放意歌酒，自称大梁词隐。每出一章，信宿喧传都下。政和初召试补官，置大晟府制撰之职。新广八十四调，患谱弗传，雅言请以盛德大业及祥瑞事迹制词实谱，有旨以月用律，月进一曲，自此新谱稍传。时田为不伐亦供职大乐，众谓乐府得人云。①

又在同卷"周贺词语意精新"条曰：

> 江南某氏者解音律，时时度曲。周美成与有瓜葛，每得一解，即为制词，故周集中多新声。②

是王灼但谓其提举大晟府，而未言其审定古音、创为大晟府八十四调；

---

① ［宋］王灼著，岳珍校正：《碧鸡漫志校正》，巴蜀书社 2000 年版，第 41 页。
② 同上书，第 39 页。

并谓周集中所以多新声,乃因与知音之江南某氏有瓜葛也。但至南宋大词人张炎,则在其《词源》中曰:

> 古之乐章、乐府、乐歌、乐曲,皆出于雅正。……迄于崇宁,立大晟府,命周美成诸人讨论古音,审定古调,沦落之后,少得存者。由此八十四调之声稍传。而美成诸人,又复增演慢曲、引、近,或移宫换羽,为三犯、四犯之曲,按月律为之,其曲遂繁。①

张炎之言与王灼之言相较,则南辕北辙,各不相关。元、明、清词坛诸大家亦不考诸事实,反以张炎之言为圭臬,转相传述,于是邦彦提举大晟府并创为大晟府八十四调遂成定论。王国维《清真先生遗事》云:"徽宗时,士人以言大乐、颂符瑞进者甚多,楼《序》、潜《志》均谓先生妙解音律,其提举大晟府以此。""(政和六年)入为秘书监,进徽猷阁待制,提举大晟府。"其后各家论著多从王说,除本书《引论》中所引数家外,余如李文郁《大晟府考略》云:

> 窃疑美成提举在蔡攸前,故或在是年(政和六年)以前。考《乐志》及《文献通考》,均言攸政和末方提举大晟府;《乐志》并载宣和元年,攸奉诏制造大少音事。可见政和之末,宣和之前,正攸主乐之日。②

中国社会科学院文学研究所编著之《中国文学史》亦云:

① ［宋］张炎著,夏承焘校注:《词源注》,人民文学出版社 1981 年版,第 9 页。
② 李文郁:《大晟府考略》,《词学季刊》第二卷第二号,开明书店 1935 年版,第 29—30 页。

　　周邦彦在词学上也做了一件有贡献的工作,由于他精通音律,能自度曲,并因为他掌管大晟府的职位关系,他不仅整理了一些在当时流传但没有定型的古调,也创制了许多慢曲、引、近、犯等新调。①

中华书局编辑部在《清真集·出版说明》中亦云:

　　因为他(指周邦彦)"妙解音律","能自度曲",又善于作词,就被任命为大晟乐府的提举官。……周邦彦活动在北宋末年的词坛上,他奉徽宗之命,和大晟乐府的一些文士们负责搜求、整理、审定一些已经流传但尚未定型的古调,同时还"依月用律,月进一曲",不断创制新声。这些精心创制的慢曲、引、近、三犯、四犯等新调,在词的音律上有一定的贡献。②

罗忼烈在《拥护新法的北宋词人周邦彦》中亦云:

　　大晟府历任提举是什么人,现在可知的只有周邦彦和蔡攸(蔡京长子)。……

　　他提举大晟府的时间不长,但对音乐特别是词乐的贡献很大。当时僚属有晁端礼、晁冲之、田为、徐伸、江汉、万俟咏等,他们"按月令为之",写了不少留恋光景的颂词或应制词。然而,作为首长的周邦彦,除了曾承赵佶之命,修改王诜的《忆故人》词外,"不闻有所建树,集中又无一颂圣贡谀之作"(《遗事》)。他本是极精于音律的乐曲家,为什么不像蔡攸、裴宗尧等献替可否来讨好主子?

---

① 中国社会科学院文学研究所编:《中国文学史》(下),人民文学出版社 1962 年版。
② [宋]周邦彦著,吴则虞点校:《清真集》,中华书局 1981 年版,第 1 页。

他又是大词家,为什么不作"颂圣贡谀"之词?无他,不外是对赵佶作消极的抵制罢了。因为在专制的时代,他不可能有更富于反抗的行为的。

刘扬忠曰:

> 周邦彦任职大晟大约有两年左右的时间,即他六十一岁到六十二岁时,适当徽宗政和六年到七年之间。这段经历并不可耻,因为我们上文已经说过,他并没有在此期间去趋炎附势,做什么颂祥瑞之类的无聊事。倒是必须强调,他虽然任此职时间不长,以后就因为当局不高兴而被迫停止了工作,但他借着职掌国家最高音乐机关的机会,为我国词乐与词律的整理和发展做了大量有益的工作。

于是论者亦多据此以美邦彦,然却与史料南辕北辙。其实周邦彦根本就未曾提举大晟府,大晟府雅、燕乐八十四调亦与周邦彦根本无关。

第一节　大晟府八十四调与周邦彦无关考

八十四调之义,《宋史·乐四》杂沓为言且未切其要,无如蔡绦《铁围山丛谈》卷二之言简意赅而确凿有据:

> 乐曲凡有谓之均,谓之韵。均也者,宫、徵、商、羽、角、合、亦徵为之,此七均也。变徵,或云殆始于周。如战国时,燕太子丹遣庆轲(即荆轲,荆、京同音,绦避其父蔡京讳而云庆轲)于易水之上,作变徵之音,是周已有之矣。韵也者,凡调各有韵,犹诗律有平仄

之属,此韵也。律吕、阴阳,旋相为宫,则凡八十有四,是为八十四调。然自魏晋后至隋唐,已失徵、角二调之均韵矣。孟轲氏亦言"为我作君臣相说之乐",盖徵招、角招是也。疑春秋时徵、角已亡,使不亡,何特言创作之哉?唐开元时,有《若望瀛法曲》者传于今,实黄钟之宫。夫黄钟之宫调,是为黄钟宫之均韵。可尔奏之,乃么用中吕,视黄钟则为徵。既无徵调之正,乃独于黄钟宫调间用中吕管,方得见徵音之意而已。及政和间作燕乐,求徵、角调二均韵亦不可得,有独以黄钟宫调均韵中为曲,而但以林钟律卒之。是黄钟视林钟为徵,虽号徵调,然自是黄钟宫之均韵,非犹有黄钟以林钟为徵之均韵也。此犹多方以求之,稍近于理。自余凡谓之徵、角调,是又在二者外,甚谬悠矣。然二调之均韵,几千载竟不能得,徵、角其终云。古之乐,备八音。八音谓金、石、土、革、丝、木、匏、竹。土则陶也。后世率不能全其克谐,至政和诏加讨论焉,乃作徵招、角招而补八音所缺者,曰石、曰陶、曰匏三焉。匏则加匏而为笙,陶乃埙也。遂埙篪皆入用,而石则以玉或石为响,配故铁方响。普奏之亦甚韶美,谓之燕乐部八音,盖自政和始。①

　　要言之,所谓八十四调,即七均乘以十二律,其中阳六曰律,六律即黄钟、太簇、姑洗、蕤宾、夷则、无射;阴六曰吕,六吕即大吕、夹钟、中吕、林钟、南吕、应钟。而"政和"云云,实谓颁行天下之时,其议乐、制乐实自崇宁元年始。"讨论古音,审定古调","八十四调"之义既明,然是否如张炎所云"命周美成诸人讨论"耶?《宋会要辑稿·乐三》之二四载:

---

　　① [宋]蔡绦:《铁围山丛谈》,《唐宋史料笔记丛刊》本,中华书局 1983 年版,第 23—24 页。

"崇宁元年八月十六日,翰林学士张商英言:'信州司理参军吴良辅善鼓琴,知古乐,臣为太常少卿日,尝荐为协按音律官,使改造琴瑟,教习登歌,以冗官罢,今讫还良辅旧职。'从之。"①《续资治通鉴长编拾补》卷二三载:崇宁三年正月"甲辰(即正月二十九日),用方士魏汉津之说铸九鼎。"小字注云:"《通鉴续编》:蔡京擢其客刘昺为大司乐,付以乐政。昺引蜀方士魏汉津见帝,献乐仪,从之。汉津本剩员兵士,自言师事唐仙人李良,授鼎乐之法。……蔡京神其说,托以李良授云。"②卷二五:崇宁四年"八月,新乐成,列于崇政殿,有旨先奏旧乐三阕,曲未终,帝曰:'旧乐如泣声。'挥止之。既奏新乐,天颜和豫,召赐名大晟,专置大晟府大司乐一员,典乐二员,并为长贰。大乐令一员,协律郎四员,以其乐施之郊庙朝会,弃旧乐不用。又诏春秋释奠赐宴、辟雍贡士、鹿鸣、闻喜宴,悉用大晟乐,屏去倡优淫哇之声,仍令选国子生散习舞乐。"

"崇宁四年七月,制造大乐局铸九鼎成,宣德郎(从八品)大司乐刘炳转一官,赐五品服;冲显处士大乐府师授大乐局制造官魏汉津为冲显宝应先生。"崇宁四年九月十一日,"大司乐兼同详定大乐书刘昺转三官。"《宋会要辑稿·乐三》之二七载:"(政和三年)六月二十八日,中书言大晟府新燕乐进讫,诏提举官刘昺特转两官。"同上书《乐四》之一载:"(大观六年)闰正月九日,臣僚言:'大晟雅乐,顷岁已命儒臣著《乐书》,独燕乐未有纪述,乞考古声器所起,断以方今制作之原,各附以图,为《燕乐新书》。'诏大晟府编集燕乐八十四调并图谱,令刘昺撰文。"③大观无六年,此误记,应为政和六年,《宋史·乐四》正谓政和六年诏:"大晟雅乐,顷岁已命儒臣著《乐书》,独宴乐未有记述。其令大晟府编集八十四调并图谱,令刘昺撰以为《宴乐新书》。"《宋史·乐十

---

①　[清]徐松辑:《宋会要辑稿》,上海古籍出版社 2014 年版,第一册,第 387 页。
②　[清]黄以周等辑注:《续资治通鉴长编拾补》,中华书局 2004 年版,第 787 页。
③　[清]徐松辑:《宋会要辑稿》,第一册,第 388、391 页。

七》亦载:"宋初置教坊,得江南乐,已汰其坐部不用。自后因旧曲创新声,转加流丽。政和间,诏以大晟雅乐施于宴飨,御殿按视,补徵、角二调,播之教坊,颁之天下。然当时乐府奏言:乐之诸宫调多不正,皆俚俗所传。及命刘昺辑《燕乐新书》,亦唯以八十四调为宗,非复雅音,而曲燕昵狎,至有援'君臣相说之乐'以藉口实者。末俗渐靡之蔽,愈不容言矣。"①《宋会要辑稿·乐四》之一:政和八年"九月二十日,宣和殿大学士、上清宝箓宫使、兼神霄玉清万寿宫副使兼侍读编修蔡攸言:'昨奉诏教坊均容衙前及天下州县燕乐旧行一十七调,大小曲谱声韵各有不同,令编修燕乐书,所审按校定,依月律次序添入新补撰诸调曲谱,令有司颁降。今揆以均度,正其过差,合于正声,悉皆谐协,将燕乐一十七调看详到大小曲三百二十三首,各依月律次序,谨以进呈。如得允当,欲望大晟府镂板颁行。'从之。"②《宋史·方伎下·魏汉津传》亦载:"魏汉津,本蜀黥卒也。自言师事唐仙人李良号'李八百'者,授以鼎乐之法。尝过三山龙门,闻水声,谓人曰:'其下必有玉。'即脱衣没水,抱石而出,果玉也。皇祐中,与房庶俱以善乐荐,时阮逸方黍律,不获用。崇宁初犹在,朝廷方协考钟律,得召见,献乐议,言得黄帝、夏禹声为律、身为度之说。谓人主禀赋与众异,请以帝指三节三寸为度,定黄钟之律;而中指之径围,则度量权衡所自出也。又云:'声有太有少。太者,清声,阳也,天道也。少者,浊声,阴也,地道也。中声在其间,人道也。合三才之道,备阴阳奇偶,然后四序可得而调,万物可得而理。'当时以为迂怪,蔡京独神之。或言汉津本范镇之役,稍窥见其制作,而京托之于李良云。于是请先铸九鼎,次铸帝坐大钟及二十四气钟。四年三月鼎成,赐号冲显处士。八月,《大晟乐》成,徽宗御大庆殿受群臣朝贺,

---

①　[元]脱脱:《宋史》,第3345页。
②　[清]徐松辑:《宋会要辑稿》,第一册,第392页。

加汉津虚和冲显宝应先生,颁其乐书天下。而京之客刘昺主乐事,论太少之说为非,将议改作。既而以乐成久,易之恐动观听,遂止。汉津密为京言:'《大晟》独得古意什三四耳,他多非古说,异日当以访任宗尧。'宗尧学于汉津者也。"①据此,知在议乐、制乐过程中亦有斗争,但这个斗争是蔡京与蔡攸父子之间的斗争,斗争的实质是争权、争宠而已。

综上所引资料,崇宁、大观、政和间,议乐、制乐均蔡京父子主其事,令其客刘昺提举大晟府,昺又引方士魏汉津之说铸九鼎,旋又审古音,定八十四调,先施之雅乐,继施之燕乐,依月律次序为之。十余年间,邦彦未预其事。

或谓邦彦名虽不列乐官,未必不预制作。然当崇宁、大观、政和间,制礼作乐,沸腾域内,徽宗用以文其治,蔡京用以售其奸,乃至知照州县凡知乐者进上以闻,故朝野知音之士,无不为之羁縻。《宋会要辑稿》载:河南有"野人"马贲者知乐,于是征为大晟府大司乐,翟汝文《忠惠集》卷三尚有《马贲大司乐制》。《铁围山丛谈》卷二载:"政和初,有江汉朝宗者,亦有声,献鲁公(按:即蔡京)词曰……鲁公喜,为将上进呈,命之以官,为大晟府制撰使","又有晁次膺者,先在韩师朴丞相中秋坐上作《听琵琶词》,……遂入大晟,亦为制撰。"②《宋会要辑稿·乐三》之二七载:大观二年"六月二十八日,中书省言大晟府新燕乐进讫,诏提举官刘昺特转两官,内一官转行,一官回授有服亲属。杨戬,落通仕大夫除正任观察留后,黄冕阶官上转一官,马贲等五人各转行两官,王昭等三人各转一官,减一年磨勘,张苑转一官。七月十三日,开封府尹王诏奏:伏蒙颁降到新乐二副,臣今教习到本府,衙前乐埙、篪、笙、石磬之类,于大晟府按试,并已精熟,臣等谨奉表称贺以闻。诏:王诏转一

①　[元]脱脱:《宋史》,第13526页。
②　[宋]蔡绦:《铁围山丛谈》,第27—28页。

官,余各减二年磨勘并改赐章服。""二十八日,诏:平江府进士曹棐撰
到徵调《尧韶》新曲,文理可采,特补将仕郎充大晟制撰。"①收罗如此
之广,奖官如此之滥,邦彦既预制作何以不见名列奖诏耶? 故谓邦彦
知音则可,谓邦彦"讨论古音,审定古调",领衔制作大晟府八十四调
则未可。审古音,制作大晟府雅、燕乐八十四调者为刘昺而非邦彦。
即如《碧鸡漫志》所记,亦唯云"新广八十四调,患谱弗传,雅言请以
盛德大业及祥瑞事迹制词实谱,有旨以月用律,月进一曲,自此新谱
稍传",根本未提邦彦。

　　王国维以大学者之睿智,似亦发现其中之可疑者,故在《遗事》中
曰:"当崇宁、大观制作之际,先生绝不言乐。""楼忠简谓先生妙解音
律,唯王晦叔《碧鸡漫志》谓'江南某氏者解音律,时时度曲,周美成与
有瓜葛,每得一解,即为制词,故周集中多新声。'则集中新曲,非尽自
度。然'顾曲'名堂,不能自已,固非不知音者。故先生之词,文字之
外,须兼味其音律。唯词中所注宫调,不出'教坊十八调'之外,则其音
非大晟府之新声,而为隋、唐朝以来之燕乐,固可知也。"王国维之言,
复可从唐宋之教坊曲调得到印证。宋承唐音,欲知宋调,先审唐声。唐
崔令钦《教坊记》载唐教坊三百二十五曲名曰(著"△"者为宋词中仍常
用或与宋词词牌相近者):

献天花	和风柳	美唐风	透碧空△
巫山女	度春江	众仙乐	大定乐
龙飞乐	庆云乐	绕殿乐	泛舟乐
抛球乐△	清平乐△	放鹰乐	夜半乐△
破阵乐△	还京乐△	天下乐△	同心乐

---

① 〔清〕徐松辑:《宋会要辑稿》,第一册,第389页。

贺圣朝△	奉圣乐	千秋乐△	泛龙舟
泛玉池	春光好△	迎春花	凤楼春
负阳春	章台春	绕池春	满园春
长命女	武媚娘	杜韦娘	柳青娘
杨柳枝△	柳含烟	簪杨柳	倒垂柳
浣溪沙△	浪淘沙△	撒金沙	纱窗恨
金蕤岭	隔帘听△	恨无媒	望梅花
望江南△	好郎君	想夫怜	别赵十
忆赵十	金家山	好罗袜△	乌夜啼△
墙头花	摘得新	北门西	煮羊头
河渎神	二郎神△	醉乡游	醉花间
灯下见	太边邮	太白星	剪春罗
会佳宾	当庭月	思帝乡△	醉思乡
归国遥	感皇恩△	恋皇恩	皇帝感
恋情深	忆汉月△	忆先皇	圣无忧
定风波△	木兰花△	更漏长△	菩萨蛮△
破南蛮	八拍蛮	芳草洞	守陵官
临江仙△	虞美人△	映山红	献忠心
卧沙堆	怨黄沙	遐方怨	怨胡天
送征衣△	送行人	望梅愁	阮郎迷
牧羊怨	扫市舞	凤归云△	罗裙带
同心结△	一捻盐	阿也黄	劫家鸡
绿头鸭△	下水船	留客住△	离别难△
喜长新	羌心怨	女王国	缭踏歌
天外闻	贺皇化	五云仙	满堂花
南天竺	定西番△	荷叶杯△	感庭秋

月遮楼	感恩多	长相思△	西江月△
拜新月△	上行杯	团乱旋	喜春莺△
大献寿	鹊踏枝△	万年欢	曲玉管△
倾杯乐△	谒金门△	巫山一段云△	望月婆罗门△
玉树后庭花△	西河狮子△	西河剑气△	怨陵三台△
儒士谒金门△	武士朝金阙	掺工不下	麦秀两歧△
金雀儿	浐水吟	玉搔头	鹦鹉杯
路逢花	初漏归	相见欢△	苏幕遮△
游春苑	黄钟乐	诉衷情△	折红莲
征步郎	洞仙歌△	太平乐△	长庆乐
喜回鸾	渔父引△	喜秋天	大郎神
胡渭州	梦江南△	濮阳女	静戎烟
三　台△	上　韵	中　韵	下　韵
普恩光	恋情欢	杨下采桑	大酺乐△
合罗缝	苏合香	山鹧鸪△	七星管
醉公子	朝天乐△	木　笪	看月宫
宫人怨	叹疆场	拂霓裳	驻征游
泛涛溪	胡相问	广陵散△	帝归京
喜还京△	游春梦	柘枝引△	留诸错
如意娘	黄羊儿	兰陵王△	小秦王△
花王发	大明乐	望远行△	思友人
唐四姐	放鹧乐	镇西乐	金殿乐
南歌子△	八拍子△	鱼歌子△	七夕子△
十拍子△	措大子	风流子△	吴吟子
生查子△	醉胡子	山花子△	水仙子△
绿钿子△	金钱子△	竹枝子△	天仙子△

赤枣子	千秋子△	心事子	胡蝶子
沙碛子	酒泉子△	迷神子△	得蓬子
剉碓子	麻婆子	红娘子	甘州子
刺历子	镇西子	北庭子	采莲子△
破阵子△	剑器子	师　子	女冠子△
仙鹤子	穆护子	赞普子	蕃将子
回戈子	带竿子	摸鱼子△	南乡子△
大吕子	南浦子	拨棹子△	河满子△
曹大子	引角子	队踏子	水沽子
化生子	金蛾子	拾麦子	多利子
毗砂子	上元子	西溪子	剑阁子
嵇琴子	莫壁子	胡攒子	唧唧子
玩花子	西国朝天	大曲名	踏金莲
绿　腰△	凉　州△	薄　媚	贺圣乐
伊　州△	甘　州△	采　桑△	千秋乐
霓　裳△	后庭花△	伴　侣	雨霖铃△
柘　枝△	胡僧破	平　翻	相驼逼
吕太后	突厥三台△	大　宝	一斗盐
羊头神	大　姊	舞一姊	急月记
断弓弦	碧宵吟	穿心蛮	罗步底
回波乐	千春乐	龟兹乐	醉浑脱
映山鸡	昊　破	四会子	安公子△
舞春风	迎春风	看江波	寒雁子
又中春	玩中秋	迎仙客①	

---

① 崔令钦:《教坊记》,陶宗仪:《说郛三种》,上海古籍出版社 1988 年版,第 241—242 页。

其中《泛龙舟》与《同心结》重,删去,实则为三百二十三调。《宋史·乐十七》"教坊"条载教坊十八调及曲名曰:

教坊　　自唐武德以来,置署在禁门内。开元后,其人浸多,凡祭祀、大朝会则用太常雅乐,岁时宴享则用教坊诸部乐。前代有宴乐、清乐、散乐,本隶太常,后稍归教坊,有立、坐二部。宋初循旧制,置教坊,凡四部。……

所奏凡十八调、四十大曲:一曰正宫调,其曲三,曰《梁州》《瀛府》《齐天乐》;二曰中吕宫,其曲二,曰《万年欢》《剑器》;三曰道调宫,其曲三,曰《梁州》《薄媚》《大圣乐》;四曰南吕宫,其曲二,曰《瀛府》《薄媚》;五曰仙吕宫,其曲三,曰《梁州》《保金枝》《延寿乐》;六曰黄钟宫,其曲三,曰《梁州》《中和乐》《剑器》;七曰越调,其曲二,曰《伊州》《石州》;八曰大石调,其曲二,曰《清平乐》《大明乐》;九曰双调,其曲三,曰《降圣乐》《新水调》《采莲》;十曰小石调,其曲二,曰《胡渭州》《嘉庆乐》;十一曰歇指调,其曲三,曰《伊州》《君臣相遇乐》《庆云乐》;十二曰林钟商,其曲三,曰《贺皇恩》《泛清波》《胡渭州》;十三曰中吕调,其曲二,曰《绿腰》《道人欢》;十四曰南吕调,其曲二,曰《绿腰》《罢金钲》;十五曰仙吕调,其曲二,曰《绿腰》《彩云归》;十六曰黄钟羽,其曲一,曰《千春乐》;十七曰般涉调,其曲二,曰《长寿仙》《满宫春》;十八曰正平调,无大曲,小曲无定数。不用者有十调,一曰高宫,二曰高大石,三曰高般涉,四曰越角,五曰大石角,六曰高大石角,七曰双角,八曰小石角,九曰歇指角,十曰林钟角。乐用琵琶、筝篌、五弦琴、筝、笙、觱栗、笛、方响、羯鼓、杖鼓、拍板。

法曲部,其曲二,一曰道调宫《望瀛》,二曰小石调《献仙音》。乐用琵琶、筝篌、五弦、筝、笙、觱栗、方响、拍板。龟兹部,其曲二,皆双调，一曰《宇宙清》，二曰《感皇恩》。乐用觱栗、笛、羯鼓、腰鼓、揩鼓、鸡楼鼓、鑿鼓、拍板。鼓笛部，乐用三色笛、杖鼓、拍板。

　　……

　　曲破二十九：正宫《宴钧台》，南吕宫《七盘乐》，仙吕宫《王母桃》，高宫《静三边》，黄钟宫《采莲回》，中吕宫《杏园春》《献玉杯》，道调宫《折枝花》，林钟商《宴朝簪》，歇指调《九穗禾》，高大石调《啭春莺》，小石调《舞霓裳》，越调《九霞觞》，双调《朝八蛮》，大石调《清夜游》，林钟角《庆云见》，越角《露如珠》，小石角《龙池柳》，高角《阳台云》，歇指角《金步摇》，大石角《念边功》，双角《宴新春》，南吕调《凤城春》，仙吕调《梦钧天》，中吕调《采明珠》，平调《万年枝》，黄钟羽《贺回鸾》，般涉调《郁金香》，高般涉调《会天仙》。

　　琵琶独弹曲破十五：凤鸾商《庆成功》，应钟调《九曲清》，金石角《凤来仪》，芙蓉调《蕊宫春》，蕤宾调《连理枝》，正仙吕调《朝天乐》，兰陵角《奉宸欢》，孤雁调《贺昌时》，大石调《寰海清》，玉仙商《玉芙蓉》，林钟角《泛仙槎》，无射宫调《帝台春》，龙仙羽《宴蓬莱》，圣德商《美时清》，仙吕调《寿星见》。

　　……

　　因旧曲造新声者五十八：正宫、南吕宫、道调宫、越调、南吕调，并《倾杯乐》《三台》；仙吕宫、高宫、小石调、大石调、高大石调、小石角、双角、高角、大石角、歇指角、林钟角、越角、高般涉调、黄钟羽、平调，并《倾杯乐》；中吕宫《倾杯乐》《剑器》《感皇化》《三台》；黄钟宫《倾杯乐》《朝中措》《三台》；双调《倾杯乐》《摘破抛球乐》《醉花间》《小重山》《三台》；林钟商《倾杯乐》《洞中仙》《望行宫》《三台》；歇指调《倾杯乐》《洞仙歌》《三台》；仙吕调《倾杯乐》《月宫仙》《戴仙花》《三台》；中吕调《倾杯乐》《菩萨蛮》《瑞鹧鸪》《三台》；

般涉调《倾杯乐》《望征人》《嘉宴乐》《引驾回》《拜新月》《三台》。

……

云韶部者,黄门乐也。开宝中平岭表,择广州内臣之聪警者,得八十人,令于教坊习乐艺,赐名萧韶部。雍熙初,改名云韶,每上元观灯,上巳、端午观水嬉,皆命作乐于宫中。遇南至、元正、清明、春秋分社之节,亲王内中宴射,则亦用之。奏大曲十三:一曰中吕宫《万年欢》;二曰黄钟宫《中和乐》;三曰南吕宫《普天献寿》;四曰正宫《梁州》;五曰林钟商《泛清波》;六曰双调《大定乐》;七曰小石调《喜新春》;八曰越调《胡渭州》;九曰大石调《清平乐》;十曰般涉调《长寿仙》;十一曰高平调《罘金钲》;十二曰中吕调《绿腰》;十三曰仙吕调《彩云归》。乐用琵琶、筝、笙、觱栗、笛、方响、杖鼓、羯鼓、拍板。杂剧用傀儡,后不复补。①

如上诸调与曲名,《宋史·乐志》均谓制自宋太宗时,徽宗朝大晟府乐曲,盖有刘昺之《燕乐新书》,故未录耳。此外《宋史·乐志》尚录有小曲二百七十,其中少数如《风入松》《蓼花红》《踏青回》《抛绣球》等入宋词词牌者外,大多数与词牌异,故不录。当然名同而声异者肯定不少,但约略可作参考耳。将唐宋之教坊十八调及曲名与宋词相较,知其绝大部分仍被宋词沿用,少部分已被扬弃,此亦为文学与音乐发展之常规耳。为明邦彦词中是否有新声,有哪些新声,兹将邦彦词所用之调与词牌录下,为省篇幅,不再用"宫""调"字,个别者例外(无宫调者单列并注明),亦不用书名号,其中在唐宋教坊十八调之内者,著"△"以明之,重复者则不再著;在教坊曲之内者著"☆"以明之。

---

① [元]脱脱:《宋史》,第3347—3360页。

大石瑞龙吟△	大石风流子☆	大石蓦山溪
大石侧犯	大石隔浦莲近拍	大石霜叶飞
大石法曲献仙音☆	大石玉楼春	大石丑奴儿
大石感皇恩☆	大石红罗袄☆	大石玲珑四犯
大石还京乐☆	大石过秦楼	大石绕佛阁
大石西河	大石尉迟杯	大石塞翁吟
大石醉桃园(即阮郎归)	大石念奴娇	商调定风波△☆
商调蝶恋花	商调少年游☆	商调解连环
商调应天长	商调解蹀躞	商调氏氏第一
商调垂丝钓	商调三部乐	商调南乡子☆
商调诉衷情☆	商调浪淘沙慢	商调品令
商调丁香结	双调秋蕊香△	双调玉团儿
双调扫花游	双调一落索(即洛阳春)	双调红林檎近
双调玉烛新	双调花心动	双调迎春乐
双调双头莲	双调黄鹂绕碧	越调水龙吟△
越调大酺☆	越调丹凤吟	越调忆旧游
越调兰陵王☆	越调锁窗寒	越调凤来朝
越调看花回	越调月下笛	越调庆春宫
仙吕满路花△	仙吕满江红	仙吕点绛唇
仙吕惠兰芳近	仙吕倒犯	仙吕红窗迥
仙吕六么令	仙吕归去(难即满路花)	中吕宴清都△
中吕南浦	中吕绮寮怨	中吕宴桃园
中吕意难忘	中吕满庭芳	中吕六丑
小石大有△	小石四园竹	小石花犯
小石渡江云	小石一寸金	小石西平乐△
高平木兰花令	高平拜星月慢	高平解语花

高平燕归梁	高平瑞鹤仙	般涉渔家傲△
般涉夜游宫	般涉苏幕遮☆	正宫齐天乐△☆
正宫夜飞鹊	正宫虞美人	歇指荔枝香近△
歇拍鹊桥仙令	高调长相思慢	正平菩萨蛮△
黄钟华胥引△	林钟伤情怨(即清商怨)△	

以下为无宫调者：

月中行	减字木兰花	木兰花令
蓦山溪	青玉案	关河令(即清商怨)
南柯子	一剪梅	万里春
留客住	长相思☆	浣溪沙慢
锁阳台(即满庭芳)	粉蝶儿慢	醉落魄
无闷	琴调相思引	烛影摇红

以上计大石二十五*,商调十四,双调十,越调十,仙吕八,中吕七,小石六,高平五,般涉三,正宫三,歇指二,高调、正平、黄钟、林钟各一,共九十七,无宫调者十八。详加检审,则知邦彦词中所用之十五调,全部出于教坊十八调及法曲、曲破与旧曲造新声者之内,无一例外。故王国维谓:"唯词中所注宫调,不出'教坊十八调'之外,则其音非大晟府之新声,而为隋、唐朝以来之燕乐,固可知也。"此则充分说明,王国维已否定了周邦彦与大晟府雅燕乐八十四调之间的关系,可惜后之学者不予重视,甚而以为王氏亦肯定邦彦创为八十四调矣。

周邦彦是否如张炎所说:"古之乐章、乐府、乐歌、乐曲,皆出于雅

---

* 原文如此,疑误。——编者注

正。……迄于崇宁，立大晟府，命周美成诸人讨论古音，审定古调，沦落之后，少得存者。由此八十四调之声稍传。”复可从另一角度予以审视。《宋史·艺文一》录乐类书一百一十部，一千七卷，其中有蔡攸《燕乐》一部三十四册，刘昺《大晟乐书》二十卷，又《乐论》八卷，《运谱四议》二十卷，《政和颁降乐曲乐章节次》一卷，《政和大晟乐府雅乐图》一卷，然却何以未见邦彦其名其书？《大晟乐书》未知是否就是《燕乐新书》，无考，上录诸书今均佚，故亦无以考察大晟府雅燕乐八十四调及如何依月为律。但据《铁围山丛谈》与《宋史·乐志》所记，大晟乐区别于前此之乐者，关键在于徵、角二调之有无，因此二调为崇宁、政和间所增补。但遍查邦彦词中所有之调，徵、角二调均无。此则既证明王国维言之确凿，又证明邦彦根本未曾参与大晟府议乐、作乐，更证明大晟府雅、燕乐八十四调与邦彦无任何关系，这是不争的事实。

第二节　周邦彦词中多新声

然而邦彦与大晟府八十四调无关，并不等于说邦彦词中没有新声。所谓“新声”，是一个十分复杂的问题。有如前引《宋史·乐志》之所谓“因旧曲造新声者”，这已是需要音乐专家去作专门研究的问题了。不佞对音乐是外行，不敢置喙其间。我们通常意义上所说的“新声”，是指前人未曾用过的词牌。据罗忼烈先生在《清真集笺注》中的考证，其调始于邦彦者有：《瑞龙吟》《隔浦莲近拍》《扫花游》《兰陵王》《绮寮怨》《渡江云》《六丑》《拜星月慢》《夜飞鹊》《解语花》《蕙兰芳近》《庆春宫》《锁窗寒》《大酺》《丁香结》《解蹀躞》《红罗袄》《绕佛阁》《氐州第一》《红林檎近》《侧犯》《宴清都》《意难忘》《四园竹》《华胥引》《花犯》《垂丝钓》《解连环》《西河》《玲珑四犯》《侧犯》《烛影摇红》，共三十二曲。据以上不完全统计，邦彦词共一百一十五曲。需要将这些词全部检索一遍,方能知哪些词曲由邦彦首创,期间所花的工夫,当然是不言自明的。然而若检智者之失,似尚有可参酌处。如《兰陵王》见于唐教坊曲,《拜星月慢》见于宋"因旧曲造新声",然《宋史》注名为般涉调,周词注明为高平调。又唐教坊曲中有《大酺乐》及《好罗袄》,与周词之《大酺》与《红罗袄》,亦未知是何关系,留待方家考察。《烛影摇红》,是否即邦彦作,尚有疑义,详见后考。但无论如何,邦彦词中有"新声"是完全可以肯定的,只不过不是如张炎所说是大晟府八十四调的"新声"罢了。但周词中的"新声",到底是如王灼所说:"江南某氏者解音律,时时度曲,周美成与有瓜葛,每得一解,即为制词,故周集中多新声。"还是邦彦自制? 或既有依声,又有自制者,则未能再考。诚如王国维所云:"则集中新曲,非尽自度。然'顾曲'名堂,不能自已,固非不知音者。故先生之词,文字之外,须兼味其音律。"此或为不易之论。然清真集中之"新声",比起柳永来,又是小巫见大巫了。

然若究之于乐史,则七均中之二均旋存旋亡,乃势之必然。《铁围山丛谈》谓"疑春秋时徵、角已亡","自魏晋后至隋唐,已失徵、角二调之均韵矣。"《旧五代史·乐志下》,记载兵部尚书张昭议乐之言,则更为系统地说明七均之变:

> 昔帝鸿氏之制乐也,将以范围天地,协和人神,候八节之风声,测四时之正气。气之清浊不可以笔授,声之善否不可以口传,故兎氏铸金,伶伦截竹,为律吕相生之算,宫商正和之音。乃播之于管弦,宣之于钟石,然后覆载之情欣合,阴阳之气合同,八风从律而不奸,五声成文而不乱。空桑、孤竹之韵,足以礼神;《云门》《大夏》之容,无亏观德,然月律有还宫之法,备于太师之职。经秦灭学,雅道凌夷。汉初制氏所调,唯存鼓舞,旋宫十二均更用之法,世莫得闻。汉元帝时,京房善《易》、别音,探求古议,以《周官》均法,每月

更用五音,乃立准调,旋相为宫,成六十调。又以日法析为三百六
十,传于乐府,而编悬复旧,律吕无差。遭汉中微,雅音沦缺,京房
准法,屡有言者,事终不成。钱乐空记其名,沈重但条其说,六十律
法,寂寥不传。梁武帝素精音律,自造四通十二笛,以鼓八音。又
引古五正、二变之音,旋相为宫,得八十四调,与律准所调,音同数
异。侯景之乱,其音又绝。隋朝初定雅乐,群党沮议,历载不成。
而沛公郑译,因龟兹琵琶七音,以应月律,五正、二变,七调克谐,旋
相为宫,复为八十四调。工人万宝常又减其丝数,稍令古淡。隋高
祖不重雅乐,令儒官集议。博士何妥驳奏,其郑、万所奏八十四调
并废……唐太宗爰命旧工祖孝孙、张文收整比郑译、万宝常所均七
音八十四调,方得丝管并施,钟石俱奏,七始之音复振,四厢之韵皆
调。自安史乱离,咸秦荡覆。崇牙树羽之器,扫地无余;戛击搏拊
之工,穷年不嗣。郊庙所奏,何异南箕,波荡不还,知音殆绝。[①]

张昭提到的郑译议乐,在隋开皇二年(582),《隋书·音乐中》载:

又诏求知音之士,集尚书,参定音乐。(沛公郑)译云:"考寻
乐府钟石律吕,皆有宫、商、角、徵、羽、变宫、变徵之名。七声之内,
三声乖应,每恒求访,终莫能通。"先是周武帝时,有龟兹人曰苏祇
婆,从突厥皇后入国,善胡琵琶,听其所奏,一均之中,间有七声。
因而问之,答云:"父在西域,称为知音。代相传习,调有七种。"以
其七调,勘校七声,冥若合符。一曰"莎陁力",华言平声,即宫声
也。二曰"鸡识",华言长声,即商声也。二曰"沙识",华言质直
声,即角声也。四曰"沙侯加滥",华言应声,即变徵声也。五曰

---

①　[宋]薛居正:《旧五代史》,中华书局1976年版,第1939—1941页。

"沙腊",华言应和声,即徵声也。六曰"般赡",华言五声,即羽声也。七曰"俟利箑",华言斛牛声,即变宫声也。译因习而弹之,始得七声之正。然其就此七调,又有五旦之名,旦作七调。以华言译之,旦者则谓"均"也。其声亦应黄钟、太簇、林钟、南吕、姑洗五均,已外七律,更无声调。译遂因其所捻琵琶,弦柱相饮为均,推演其声,更立七均。合成十二,以应十二律。律有七音,音立一调,故成七调十二律,合八十四调,旋转相交,尽皆和合。①

七均之中含五正二变,何以五正始终存在,独二变旋存旋亡? 夏敬观《词调溯源》云:

> 总上列各词牌名所属的律调,皆不出于苏祇婆琵琶法的二十八调以外。自隋至宋,凡在记载中可寻考的,无一不是这样。郑译虽然演为八十四调,除二十八调外,却都没人用过。"中管调"宋人词内只得姜夔、吴文英的《喜迁莺》一调,是用太簇宫,俗呼中管高宫,可见中管调并未适用。七正角、七变徵、七正徵又皆不用。宋人词中所谓徵调者,亦只得晁端礼的《寿星明》《黄河清》及姜夔的《徵招》三调,即丁现仙讥为落韵的。②

刘尧民《词与音乐》亦云:

> 郑译自然是音乐界的功臣,但他最遗憾的,是把龟兹的音律,附会上中国古代音律的名义。因为苏祇婆的七调另是一回事,和

---

① [唐]魏征:《隋书》,中华书局1973年版,第35—36页。
② 夏敬观:《词调溯源》,商务印书馆1931年版。

中国的"五音二变"完全不同,根本他的音律的度数和五音二变相差太远。

　　这里要知道郑译的八十四调是由理论上推演而得的音调,他以五音二变乘十二律而得八十四调,便是一次旋相为宫的调数。而在实际应用上,只是二十八调就够了,其余的五十六调都是虚旋着的,衬数而已。①

　　明乎此理,方明何以上引《宋史·乐志》中所列"不用者有十调"中,除三高调外余皆角调了。夏敬观、刘尧民所谓二十八调,是指燕乐二十八调。教坊乐还有所谓十六调、十七调、十八调之说。他们在此谈到一个关键问题,就是"除二十八调外,却都没人用过","在实际应用上,只是二十八调就够了,其余的五十六调都是虚旋着的,衬数而已。"这就说清了在中国音乐史上,何以七均中的五正始终不变,而二变却总是旋存旋亡的原因。实际上大晟府所制的雅、燕乐八十四调,与郑译的八十四调同,是为了增加徵、角二音,以充七均之数。夏敬观所谓:"宋人词中所谓徵调者,亦只得晁端礼的《寿星明》《黄河清》及姜夔的《徵招》三调,即丁现仙(神宗时教坊使)讥为落韵的。"换言之,亦即在宋人看来,若以"二变"为调,人们反以为落韵矣。此则完全说明,大晟府八十四调,至南宋即不为词家与音乐家所承认,少数留存下来的,南宋人反以为怪了。

　　况且在当时,就有大晟府八十四调是否雅正抑或淫哇之争,它的寿命之短,恐怕就不仅是靖康之变、典籍亡逸所造成的。张炎说"沦落之后,少得存者",也还是隔靴搔痒;"而美成诸人,又复增演慢曲、引、近,或移宫换羽,为二犯、四犯之曲,按月律为之,其曲遂繁",也是想当然而已。实际上邦彦的慢曲、近、引,三犯、四犯之曲,并非是按大晟府八

---

　　①　刘尧民:《词与音乐》,云南人民出版社 1982 年版,第 249—250 页。

十四调而是按教坊十八调为之的,不然恐怕也难免因为"是虚旋着的",早已不存了。

再回到正题。邦彦词中有新声是事实,但不要和大晟府扭结在一块。如再以宋词中其他词人与邦彦词相较,如大量创作慢曲,自柳永始,并非始自邦彦;柳词中的新声,也要比邦彦多得多。邦彦对慢曲之发展,其功自不可没,但莫若柳永功大,这恐怕也是不争的事实。故平心论邦彦,他对词之最大贡献,当不在"新声",而在于使词之骚雅化与格律化。

第三节　周邦彦并未提举大晟府考

邦彦是否曾提举大晟府亦疑窦丛生。今考凡记邦彦事迹诸书,以王灼《碧鸡漫志》为最早,谓邦彦与"江南某氏解音律者""有瓜葛","故周集中多新声",然又谓"崇宁间建大晟府,周美成作提举官"。王称距邦彦之卒亦未甚远,而又承其家学,熟悉北宋掌故,于其《东都事略》中谓邦彦"召为秘书监,擢徽猷待制,提举大晟府"。楼钥与邦彦曾孙周铸同时,距邦彦之卒已八十余载,却止谓邦彦"性好音律,如古之妙解,'顾曲'名堂,不能自已",只字不言提举大晟府事。陈振孙《直斋书录解题》但谓邦彦"博文多能,尤长于长短句自度曲,其提举大晟府亦由此"。潜说友自宋入元,其《咸淳临安志》系撮录前人著述而成,人物传述邦彦事即自相抵牾。《宋史》则谓邦彦"提举大晟府","好音乐,能自度曲。"各籍所载不一,且晚出之籍与早出之籍直相矛盾如圆凿之不合于方枘。

况大晟府提举官非他官可比,《宋会要辑稿·职官二二》之二五至二七列专题详记大晟府官制曰:"以大司乐、典乐为长、贰,次曰大乐令,秩比丞。其次曰主簿,曰协律郎,又有按协声律、制撰文字、运谱等官,以京朝官、选人或白衣士人通乐律者为之。""又有侍从及内省近侍官提举所典六案。"①邦彦此时虽已进入"侍从"之列,然其时制礼作乐已为蔡京、蔡攸父子二人所专擅,非死党如刘昺、强渊明者不敢亦不能窥其门墙。

即如刘昺,《宋史》本传云:"兄炜,通音律。炜死,蔡京擢昺大司乐,付以乐正。"此时,昺所任之官为宣德郎(从八品),崇宁四年(1105)乐成,七月转两官,九月又转三官,年内连转五官,即至正六品。本传又谓其"累迁给事中(正四品)","为翰林学士(正三品),改工部尚书(正三品)","京再辅政,召为户部尚书(正三品)。""京再辅政"为大观元年(1107),故知此年昺为户部尚书。其提举大晟府,当在任翰林学士至户部尚书时,因此时始进入侍从官之列,故上引《宋会要辑稿》始有大观二年"提举官刘炳转两官"之载。翟汝文《忠惠集》卷四《户部尚书刘炳(昺)磨勘制》即曰:"朕有信臣,能以经术备顾问,以文采参诏令典册。试之晟乐,考协律度,中声以和。用之理财,供亿不烦民,有艺极。朕知其才可用久矣,今有司以岁月会课示朕,不尔私也。夫用能超次而举不以为重,论岁虽积日累劳,必应于法,祗服朕训,盖观尔成。"所谓"不尔私也",其实愈盖弥彰,刘昺之遽登要路可知。

大观二年六月,昺因不葬祖母及父母为臣僚所劾,落工部尚书知陈州,后又勒停,继其提举大晟府者为杨戬。《宋会要辑稿·礼五》之三有政和四年三月十五日"提举龙德宫直睿思殿同提举大晟府杨戬奏……"之载,《宋史·杨戬传》亦载:"立明堂,铸鼎鼐,起大晟府、龙德宫,皆为提举。"《续资治通鉴长编拾补》卷三五亦载:政和六年"九月癸卯(是月辛卯朔,癸卯则为十三日)诏:奉安九鼎,特差太师蔡京为定鼎礼仪使,提举官杨戬就充都大甞勾"。杨戬为宦官,且本传载:"自崇宁后,日有宠,知入内内侍省。"自当为"内省近侍官",完全符合提举大晟

①　[清]徐松辑:《宋会要辑稿》,第六册,第3627页。

府之资格。杨戬之后,提举大晟府者则为蔡攸。《宋史·乐四》引蔡绦言"及政和末,……蔡攸方提举大晟府"即为明文。所谓"政和末",乃指政和七年至重和元年十一月以前,因此年十一月始改重和。此期间,正为邦彦入为秘书监时,但却同时为受王、刘事件牵连时。至如蔡攸其人,徽宗为端王时即蒙青睐,其后自是扶摇直上,《宋史》本传谓:"其后与京权势日相轧,浮薄者复间之,父子各立门户,遂为仇敌。"其提举大晟府,即为从其父蔡京处争来之宠矣。

或谓徽宗对邦彦市宠有加,邦彦又知音乐,与蔡攸同时提举亦未必不可。宋制,有一人同时提举数事者,却无一事同时为数人提举者。此且不论,然邦彦既为提举,必然参与议乐、制乐,何以《宋史·乐志》达十七卷之多,参与议乐、制乐之臣不胜枚举,连刘昺之弟兵部侍郎刘焕亦列其间,邦彦却超然事外,一处也难见其名耶?即以《遗事》断邦彦"入为秘书监进徽猷阁待制提举大晟府"在政和六年,然此年提举大晟府者,却正巧是杨戬而非邦彦。何以此年徽宗仍诏令刘昺撰《宴乐新书》,却将"性好音律,如古之妙解,'顾曲'名堂,不能自已"之邦彦置于不顾?或谓邦彦提举大晟府正好在此之后即政和六年下半年甚或年尾,亦未为不可。然政和六年五月,邦彦仍在知隆德府任,此年下半年即移知明州,何以提举大晟府耶?况刘昺撰《宴乐新书》之后,议乐、制乐并未结束,兹据《宋史·乐四》所载议乐者逐年逐月排比如下:政和七年二月,"典乐裴宗元言",三月,"议礼局言",四月,"礼制局言",十月,"中书省言",十一月,"知永兴军席旦言",八年八月,"宣和殿大学士蔡攸言","宣和元年三月十九日,准康军节度使蔡攸奏。"《宋史·乐四》亦载:宣和元年四月,"攸上书:奉诏制造太、少二音登歌鼓架,用于明堂,渐见就绪,乞报大晟府者凡八条。"二年八月,"罢大晟府制造所并协律官。"《宋会要辑稿·职官二二》之二六载:"宣和二年七月十六日诏:大晟府近岁添置按协声律及制撰,殊为冗滥,白身满岁即补迪功郎,侥幸为甚,可并罢,在任者依省罢法。八月十五日诏:罢大晟府制撰所。"①七年十二月,"金人败盟,分兵两道入,诏革弊事,废诸局,于大晟府及教乐所、教坊额外人并罢。靖康二年,金人取汴,凡大乐轩架、乐舞图、舜文二琴、教坊乐器、乐书、乐章、明堂布政闰月体式、景阳钟并虡、九鼎皆亡矣。"何以刘昺在政和二年入朝复故官之后,虽不再提举大晟府,但却仍然参与议乐,至如蔡攸则议乐不绝直至大晟罢府。尤可注意者,政和六年至宣和二年,正《遗事》所谓邦彦提举大晟府时,何以邦彦亦不置一词于乐耶? 或谓金人南下,礼乐典籍丧亡殆尽,邦彦议乐之言殆在丧亡者列亦未可知。然上引诸臣议乐之言未亡,独亡邦彦之言,不亦殊可怪异乎?

综上所考,知崇宁、大观间,制礼、作乐为蔡京父子所专。邦彦此时仅将其精力用于制礼,并未参与作乐,史籍亦未有邦彦参与作乐之载。至如提举大晟府,此时之邦彦,连提举之资格也无。《东都事略》《宋史》《咸淳临安志》周邦彦传,均谓邦彦提举大晟府,在入拜秘书监进徽猷阁待制时。以资格言之,此时邦彦为待制,已进入侍从之列,完全具备提举大晟府之资格。故《遗事》谓邦彦提举大晟府在政和六年,《大晟府考略》又据之以为在蔡攸之前,亦即政和六年之前。但今已据资料考出:大观年间,提举大晟府者为刘昺;政和四年至六年,提举大晟府者为杨戬;政和七年直至宣和二年罢大晟府,提举大晟府者为蔡攸;邦彦虽具提举之资格,但无奈提举在他人手何? 结论是非常明确的:周邦彦根本未曾提举大晟府。

邦彦既未提举大晟府,大晟府雅、燕乐八十四调亦与邦彦无关,那么何以史书又书之不绝,以至流传至今,学界又人人信奉不疑呢? 究其所以,始作俑者,岂非王灼欤?

_____

① ［清］徐松辑:《宋会要辑稿》,第六册,第 3627 页。

　　宋人记邦彦事迹者,以王灼为最早。据岳珍在《碧鸡漫志校正》后附录《王灼行年考》,知王灼生于宋徽宗崇宁四年(1105),周邦彦于宣和三年(1121)卒时,王灼已十七岁。靖康元年(1126)王灼曾赴汴京应试,此时距邦彦之卒甫六年。然王灼不及见邦彦,关于邦彦之记载,自然得之于传闻。《碧鸡漫志》卷二关于邦彦有两条记载,即相互抵牾。前条曰:"江南某氏者解音律,时时度曲。周美成与有瓜葛,每得一解,即为制词,故周集中多新声。"仅隔两条后又曰:"崇宁间建大晟乐府,周美成作提举官。"周邦彦既提举大晟府,何以却不懂音律,要等江南某氏制律后方能填词?尽管王灼《碧鸡漫志》史料价值极大,然于邦彦所谓"提举大晟府"之记载,岂非有闻必录、录而不辨欤?

　　据王灼《碧鸡漫志·序》,知《碧鸡漫志》成书于绍兴十九年(1149),而《东都事略》约成书于孝宗乾道年间(1165—1173)。王称虽"承其家学,旁搜九朝事迹,采集成编"为《东都事略》,然私家著述,难于遍览公私典籍,岂其采纳王灼之说而未加考辨,始在邦彦传中谓邦彦"召为秘书监,擢徽猷阁待制"两句之后,顺便加"提举大晟府"之句乎?不然,何以晚于《东都事略》三四十年之楼《序》,却仅谓邦彦"性好音乐,如古之妙解,'顾曲'名堂",却只字未提邦彦"提举大晟府"耶?须知楼钥为《清真集》作《序》时,邦彦之《墓志》尚在,楼《序》又岂能疏忽如此耶?即如强焕《题周美成词》,自谓"余慕周公之才名有年于兹,不谓于八十余载之后,踵公旧踪,既喜而且愧,故自到任以来,访其政事",可谓对邦彦崇敬有加,何以亦只字未提其"提举大晟府"耶?其后,陈振孙作《直斋书录解题》,遂亦沿《事略》之误,然亦仅言"尤长于长短句自度曲,其提举大晟府亦由此",尚未将创为大晟府雅、燕乐八十四调之功归于周邦彦。到了南宋末年,张炎在其《词源》中,才又将王灼言万俟咏"新广八十四调,患谱弗传,雅言请以盛德大业及祥瑞事迹制词实谱。有旨依月用律,月进一曲,自此新谱稍传",改头换面,归功于邦彦,谓:"迄于崇宁,立大晟府,命周美成诸人讨论古音,审定古调,沦落之后,少得存者。由此八十四调之声稍传。而美成诸人,又复增演慢曲、近、引,或移宫换羽,为三犯、四犯之曲,按月律为之,其曲遂繁。"元人修《宋史》,其《文艺传》多采自《东都事略》,故《宋史》邦彦传亦沿《事略》之误。潜说友撰《咸淳临安志》,虽撮录群籍而不考,但却注明出处,亦不失史家之真诚。明清人拾宋元人牙慧,于是"假作真时真亦假,无为有处有还无",遂谬种流传,以至于今。

综上所考,可总结如次:大晟府自置局至罢局,先后提举其事者为刘昺、杨戬与蔡攸,与邦彦毫无瓜葛;"讨论古音,审定古调",创为大晟府雅、燕乐八十四调的是刘昺、魏汉津与蔡攸,亦与邦彦毫无瓜葛;"依月用律,月进一曲"的是蔡攸,更与邦彦毫无瓜葛。中国人向来有"言以人传,因人废言"之传统,时至南宋,是非已定,魏汉津为剩员士兵,名不见经传,刘昺、杨戬与蔡攸已臭名昭著,故王灼虽在无意间移其事于周邦彦与万俟咏,但世道人心皆与焉,王灼之言始能不胫而走。张炎又将王灼言邦彦与万俟咏事合二为一,皆归之于邦彦,于是众美尽集之于邦彦矣。

《遗事》谓:"其提举大晟府则僚属有徐伸干臣(典乐)、田为不伐(初为制撰官,后为典乐、大司乐)、姚公立(协律郎)、晁冲之叔用(大晟府丞,然大晟府官制无丞,疑即大乐令官,与太常寺丞同)、江汉朝宗、万俟咏雅言、晁端礼次膺(均制撰官,次膺后为协律郎)。"(按:括号内文字原为王氏小字注)。后之学者,对王氏之言亦信奉不疑。其实,这些人有的就根本与大晟府毫无关系,有的人虽然是大晟府词人,却与邦彦根本毫无关系。

《宋史·乐四》引蔡绦言曰:"及政和末,明堂成,议欲为布政调燮事,乃召武臣前知宪州任宗尧换朝奉大夫为大晟府典乐。……蔡攸方提举大晟府,不喜他人预乐。有士人田为者,善琵琶,无行,攸乃奏为大晟府典乐。"①《宋史·方技下·魏汉津传》亦云:"宗尧学于汉津者也。"②然蔡绦在《铁围山丛谈》卷四又谓:"任宗尧者,字子高。名家子,仕至典乐,后改服武弁,终赠观察使。宗尧形多艺能,洞晓天官、律吕,盖其传授于魏汉津先生。宗尧始仕宦时,即喜功名。大观末,从尚书王宁、中书舍人张邦昌使高丽,为上节人,至四明则放洋而去。不十日,四明忽传副使舶坏,众为痛之。"③依《乐志》,则田为与任宗尧之进退均在政和末,依《丛谈》,则任宗尧于大观末即坠海而逝,同为绦言,却抵牾如此。徐伸字干臣,《全宋词》词人小传谓其"政和初,以知音律,为太常典乐",与《遗事》谓其为"大晟府典乐"异。姚公立除《直斋书录解题》所记外,余无考。晁冲之字叔用,巨野人,补之从弟,绍圣间,党祸起,超然家于具茨之下,屡荐不起,根本未曾入大晟府,《独醒杂志》所记不可信。其事详见下章考。江汉字朝宗,常山人(《全宋词》作西安,即今浙江衢县人)。《铁围山丛谈》卷二谓:"政和初,有江汉朝宗者,亦有声,献鲁公(即蔡京)词曰……时两学盛讴,播诸海内。鲁公喜,为将上进呈,命之以官,为大晟府制撰使,遇祥瑞时时作为歌曲焉。"卷三又谓其"有宋史学,惜乎猥以长短句辱其名也。尝与吾论史家流学,当取古人用意处,便见调度"。④《宋元学案补遗》《宋诗纪事小传补正》谓其"倅密州时,秦桧为郡博士,掌笺表,先生每指摘窜定。后至行在,高宗欲用之,适桧为相,以祠禄遣归"⑤。则以奸臣蔡京进,又以奸臣秦桧退也。万俟咏字雅言,自号词隐,《全宋词》词人小传谓其"游上庠不第。充大晟府制撰。绍兴五年,补下州文学。有《大声集》五卷,不传"。晁端礼字次膺,巨野人。前已述及,其为大晟府制撰

① [元]脱脱:《宋史》,第3026页。
② 同上书,第13526页。
③ [宋]蔡绦:《铁围山丛谈》,第66页。
④ 同上书,第27—28,57页。
⑤ [清]王梓材、冯云濠:《宋元学案补遗》,中华书局2012年版,第749页。

官,命下之日即卒。其侄晁说之在《宋故平恩府君晁公墓表》中曰:"公乃被迅召入大晟府,奉旨作为一时瑞物之辞,乃还公承事郎、大晟府按协声律。咸曰:'彻乎其众望也!'盖公于诗书酬酢之初,失师臣之微矣。是行也,不知公者为公喜矣,知公者为公耻之。呜呼! 前谓公仕于朝而达也,亦能久而待其才之输乎?"①晁说之生也晚,此《表》盖作于南渡之后,故敢言其当时之未敢言者,亦事后诸葛也。其在当时,谁敢谓此行为"耻"乎? 晁说之事详见后章考。《铁围山丛谈》亦曰:"又有晁次膺者,先在韩师朴丞相中秋坐上作《听琵琶》词,为世所重。又有一曲曰:'深院锁春风,悄无人桃李自笑。'亦歌之,遂入大晟,亦为制撰。时燕乐初成,八音告备,因作徵招、角招,有曲名《黄河清》《寿香明》,二者音调韶美。"②是在入大晟府之前,即在韩师朴坐上为词矣。《宋人传记资料索引》记晁端礼事多有舛误,此不具论。总观如上七人,似无一人与邦彦同时,姑考其出身行事,见其与邦彦无涉。况前人所记有误,有些人如晁冲之,就根本未曾入大晟府,论"大晟府词"者,不应将晁冲之计之于内。吴曾《能改斋漫录》卷一七"烛影摇红"条记曰:

> 王都尉有《忆故人》词云:"烛影摇红,向夜阑,乍酒醒,心情懒。尊前谁为唱阳关,离恨天涯远。无奈云沉雨散,凭栏杆,东风泪眼。海棠开后,燕子来时,黄昏庭院。"徽宗喜其词意,犹以不丰容婉转为恨,随令大晟府别撰腔。周美成增损其词,而以首句为名,谓之《烛影摇红》云:"芳脸匀红,黛眉巧画宫妆浅。风流天赋与精神,全在娇波眼。早是萦心可惯,向尊前,频频顾眄。几回相见,见了还休,争如不见。　　烛影摇红,夜阑来饮散春宵短。当

---

①　曾枣庄、刘琳主编:《全宋文》,上海辞书出版社、安徽教育出版社 2006 年版,第130 册,第 310 页。

②　[宋]蔡绦:《铁围山丛谈》,第 28 页。

时谁会唱阳关,离恨天涯远。争奈雨收云散,凭栏干,东风泪满。海棠开后,燕子来时,黄昏深院。"①

又,《历代诗余》引《古今词话》云:"王都尉有《忆故人》词云:(词略)徽宗喜其词,而以首句为名,谓之《烛影摇红》。"②《乐府雅词》《词林纪事》以为美成作,《花庵词选》《草堂诗余》《草堂诗余粹编》以为王铣作,题曰"春恨"。考《古今词话》作者为杨湜,南宋初年人,比《能改斋漫录》作者吴曾为早,意其后者盖抄于前者。而杨湜功力不殆,又好随意牵合,早为《苕溪渔隐丛话》作者胡仔所非,实不可信。况今已考定周邦彦根本未曾提举大晟府,徽宗"随令大晟府别撰腔",又与邦彦何干耶?

　　① 吴曾:《能改斋漫录》,《影印文渊阁四库全书》本,台北商务印书馆 1985 年版,第 850 册,第 830 页。
　　② 《御选历代诗余》,《影印文渊阁四库全书》本,第 1493 册,第 352 页。

第九章　宋徽宗君臣与李师师事考

关于李师师,宋人诗词、小说、笔记、正史、野史,提及其人、其事者颇多,然亦颇杂乱,甚至相互抵牾。李师师作为北宋名妓,其存在是毋庸置疑的,需要讨论的则是:北宋究竟有一个李师师,还是两个李师师,甚至多个其姓不同的师师? 周邦彦究竟与李师师有没有关系? 宋徽宗与李师师究竟有没有关系? 周邦彦与宋徽宗是否曾因李师师争风吃醋?

其实,妓女之制,由来久矣,可以追溯到汉代。《汉武外史》曰:"汉武帝置营妓,以待军士之无妻者。"各代皆沿用营妓之名,至宋亦然。《骨董琐记》卷四曰:"(宋太宗)设官妓以给事州郡官幕不携眷者。官妓有身价五千,五年期满归原寮。本官携去者,再给二十千,盖亦去之勾栏也。"况且在妓女行,又有官妓与私妓之别:官妓即营妓,尚有迎接官来官往,宴会以艺佐酒之责,私妓即露台妓,却无此之责。大约在徽宗之前,士子们在出仕之后,是禁止与露台妓往来的。这种制度的制定与管理,对始终处在社会最底层的露台妓来说,还有点人性化的待遇。然而到了徽宗朝,连这个制度也破坏得精光,露台妓简直与他的宫娥无异,将祖宗遗留下的那点人性,完全变成了剥夺与榨取。明白了这些之后,再来看徽宗君臣与李师师的游冶。

第 节　北宋是否只有 个李师师, 而无其他以师师为名者?

北宋究竟是只有一个李师师,还是有两个甚至多个师师其名而不

同其姓者,这是历来争论的焦点所在。兹考之如次。最先将师师事写进词中的当推柳永,其《西江月》词曰:

> 师师生得艳冶,香香于我情多。安安那更久比和。四个打成一个。　　幸有苍皇未款,新词写处多磨。几回扯了又重捺。好字中心著我。

在柳永词中,师师不止一见。这个师师姓什么? 罗烨《醉翁谈录》中说姓张,话本小说《柳耆卿诗酒玩江楼》说姓陈,但却没有资料说是姓李,当然与李师师沾不上边,可以不计。比柳永稍后的张先,有两首词和师师有关。其《师师令》词曰:

> 香钿宝珥。拂菱花如水。学妆皆道称时宜,粉色有、天然春意。蜀彩衣长胜未起。纵乱云垂地。都城池苑夸桃李。问东风何似。不须回扇障清歌,唇一点、小于珠子。正是残英和月坠。寄此情千里。

又,《熙州慢》词曰:

> 武林乡,占第一湖山,咏画争巧。鹫石飞来,倚翠楼烟霭,清猿啼晓。况值禁垣师师,惠政流入欢谣。朝暮万景,寒潮弄月,乱峰回照。　　天使寻春不早。并行乐,免有花愁花笑。持酒更听,红儿肉声长调。潇湘故人未归,但目送游云孤鸟。际天杪。离情尽寄芳草。

其《师师令》是否为师师而作,这个师师姓什么,与活动在徽宗年间的李师师是一是二? 宋人提及李师师的史料很多,但没有一个人将张先词中的师师与后来的李师师联系起来。到了明代,杨慎在《词品·拾遗》中始云:"李师师,汴京名妓,张子野为制新词,名《师师令》。"《四库全书总目·词林万选》即驳云:

> 旧本题明杨慎撰,……其中时有评注,备极疏陋。如晏几道《生查子》云:"看遍颍州花,不似师师好。"注曰:"此李师师也。虽与颍州不合,然几道死靖康之难,得见李师师,犹可言也。"又,秦观《一丛花》题下注曰:"师师,子野、小山、淮海词中皆见,岂即李师师乎?"考师师得幸徽宗,虽不能确详其年月,然刘(子)翚《汴京书(纪)事》诗曰:"辇毂繁华事可伤,师师垂老过湖湘。缕衣檀板无颜色,一曲当年动帝王。"则南渡以后,师师流落楚南,尚追随歌席,计其盛时,必在宣政之间。张先登天圣八年进士,为仁宗时人。苏轼为作"莺莺""燕燕"之句,时已八十余矣。秦观则于哲宗绍圣初业已南窜,后即卒于藤州,未尝北返,何由得见师师?慎之博洽,岂并此不知耶?①

清人吴衡照在其《莲子居词话》中亦驳云:

> 按子野……熙宁十年(应作元丰元年)年八十九卒,见《吴兴志》。自子野之卒,距政和、重和、宣和年间,又三十余年(按应作四十余年),是子野已不及见师师,何由而为是言乎?调名《师师令》,非因李师师也。好事者率意附会,并忘子野年几何矣,岂不疏欤?

丁绍仪首倡两师师说,其《听秋声馆词话》卷十七云:"子野系仁宗时

---

① [清]永瑢等:《四库全书总目》,中华书局1995年版,第1832页。

人,少游于哲宗初贬死藤州,均去徽宗时甚远,岂宋有两师师耶?"已故词坛大家夏承焘先生亦持此说,亦以为北宋有两个师师,在其《张子野年谱》中曰:

> 案子野不及下见宣和李师师。秦观《淮海长短句》上有《一丛花》云:"年时今夜见师师,双颊酒红滋。"晏几道《小山词》有《生查子》云:"遍看颍川花,不似师师好。""醉后莫思家,借取师师宿",皆非宣和李师师。唐人孙棨《北里志》记平康妓亦有李师师。师师殆妓通名也。友人任铭善云:《李师师传》,"洛俗,凡生男女,父母爱之,必为舍身佛寺,节为佛弟子者,俗呼为师,故名之曰师师。"据此,词调中之《师师令》殆与《女冠子》同类。①

罗忼烈先生同意杨慎之说而不同意两师师说,认为张先、晏几道与秦观词中提及的师师,就是后来活动在徽宗朝的李师师,在其《谈李师师》一文中曰:

> 张先在《熙州》"送述古(陈襄)"词中又提到师师说:"况值禁垣师师,惠政流入歌谣。"据夏承焘先生《张子野年谱》,这词作于神宗熙宁七年(1074),《师师令》的写作时间相信和《熙州慢》很接近,写的是同一人,断然不是写一般歌妓。夏先生说"词调中《师师令》殆与《女冠子》同类",不免武断了。从师师令的描述看,那时候的师师还是未成长的女孩子:她学大人的装束,戴首饰,对镜涂脂抹粉——"香钿宝珥,拂菱花如水,学妆皆道称时宜";她个子还矮,穿起长衣就扫了地——"蜀彩衣长胜未起,纵乱云垂地";她

---

① 夏承焘:《张子野年谱》,《词学季刊》创刊号,民智书局1933年版。

的嘴巴还小——"唇一点小于珠子";她歌唱时懂得"回扇障清歌",装模作样;她的歌声很富感情,可以"寄此情千里"。张先是个长寿词人,八十五岁还"纳妾",他年纪比晏殊、欧阳修大,但到神宗元丰元年(1078)才去世,《师师令》的写作时间,下限不能超过这一年。一个"老尚风流"的词人,偶然为小歌手捧捧场,并没有什么稀奇。稀奇的是以前的读者不曾仔细玩味词里对师师的形容,似乎认为词中人是个成熟的妇人了。现在为便于推算她后来在各时期的年岁,暂时假定《师师令》也是熙宁七年之作;再据词中的描写,假定那时她恰是"娉娉袅袅十三余,豆蔻梢头二月初"(杜牧《赠别》)的"雏妓"。这假定无疑是缺乏确切证据的,但相信与实际情况相差不远。①

罗先生断定《师师令》中所写的是个十三岁的"雏妓",且不说此种观察与分析是否合于词中之意,单凭词牌《师师令》,即断定此词是写师师,而且就是后来活动在徽宗朝的李师师,恐如《四库全书总目提要》所驳,尚缺乏确切的根据,难于服人。《熙州慢》有题曰"送述古"。述古乃陈襄字,他的确是熙宁七年(1074)离杭的,但不是返京,而是移南都(即今河南商丘),张先有《虞美人》"恩如明月家家到"词,其题即曰"述古移南都"。张先写此词赠他,但此词却谓"况值禁垣师师,惠政流入歌谣",意谓远在京城之师师,已将您在杭州之惠政,谱入歌词,到处传唱了。师师如不是名妓,她的歌词能有如此魅力吗?反之,一个十三岁、刚学唱之"雏妓",还是一个只有肚子没有腰身的女孩子,说她刚刚开始走红还可以,说她已经成为名妓恐怕难以说通。这岂不反证张

---

① 罗忼烈:《谈李师师》,《海洋文艺》1977 年第四卷第九期,后收入《两小山斋论文集》,中华书局 1982 年版,第 124—125 页。

先在熙宁七年所见到的师师,绝不会是只有十三岁的"雏妓"么? 看来要证明张先词中的师师,就是后来活动在徽宗朝的李师师,还是难以服人的。张先之后咏师师者为晏几道,其《生查子》二词曰:

　　　远山黛眉长,细细柳腰袅。妆罢立春风,一笑千金少。　归去凤城时,说与青楼道。遍看颍川花,不似师师好。
　　　落梅庭榭香,芳草池塘绿。春恨最关情,月过阑干曲。　几时花里闲,看得花枝足。醉后莫思家,借取师师宿。

　　晏几道二首《生查子》,也与张先一样,写的是名妓,观其"遍看颍川花,不似师师好"可知。据罗先生判断,晏词约写于元丰五年(1082),师师二十一岁,当然到了当名妓的年龄。但张、晏在相隔八年之后所见到的师师都是名妓且为一人,则晏几道笔下的师师,肯定要大,而不会是二十一岁。晏几道之后咏师师者为秦观,其《一丛花》词曰:

　　　年时今夜见师师。双颊酒红滋。疏帘半卷微灯外,露华上、烟袅凉飔。簪髻乱抛,偎人不起,弹泪唱新词。　佳期。谁料久参差。愁绪暗萦丝。想应妙舞清歌罢,又还对、秋色嗟咨。唯有画楼,当时明月,两处照相思。

对秦观词中之师师,罗先生分析道:

　　　"年时今夜"不知是那一年,但作者和师师交游当在汴京。秦观在汴京的时候不多,可考的有两个时期,一是他在元丰八年(1085)考中进士,旋即去定海(浙江定海县)当主簿;这年他在汴

京。二是哲宗元祐二年(1087)守旧派当权时,周邦彦自太学正贬
为庐州教授后,他由苏轼的举荐,入京任太学博士,其后累迁秘书
省正字兼国史馆编修;至绍圣二年(1095),因守旧派彻底垮台,他
坐党籍被放逐在外,直至死去,再没有机会回汴京了。他和师师交
游,一定在这两个时期之一。按照词中追述的旖旎风光,师师当在
锦瑟年华,即多半是元丰八年或稍前,那时师师约二十四岁。①

　　但罗先生假定秦观是在元丰八年见师师的,如果是在绍圣二年见
师师,那么他在"词中追述的旖旎风光",是否也是"二十四岁"的"锦瑟
年华"呢？看来罗先生之分析虽然在理,却仍然缺乏可靠的资料予以
证明。更何况秦观所写之师师,与张先、晏几道笔下之师师一样,根本
就无法断定她们何姓,当然就更无法断定与活动在徽宗时期之师师是
一是二了。况且一如夏先生前所称引的,《李师师传》中即云:"洛俗,
凡生男女,父母爱之,必为舍身佛寺,节为佛弟子者,俗呼为师,故名之
曰师师。"小说家言,于事实不可当真;然于风俗,却不可当假。据此,
就更无法断定从张先到周邦彦之后,亦即从熙宁年间直到绍兴年间,活
动在汴京的只有一个师师即李师师,不会有另外一个别姓之师师。如
果不据资料证明,那么柳永词中多处写到师师,又何尝不能将其看作李
师师,即便是《醉翁谈录》与《柳耆卿诗酒玩江楼》说她姓张姓陈,而小
说家言是不足为凭的,又安知她不是李师师呢？如果这样的话,那李师
师可真是经百年而不见其老的天仙了。总之,柳永、张先、晏几道、秦观
笔下,都出现过师师的名字,但却未指明此师师何姓。要证明他们是一
个人,而且就是后来活动在徽宗朝的李师师,如果没有确切的资料予以
支撑,是很难有说服力的。

---

① 罗忼烈:《谈李师师》,《两小山斋论文集》,第126页。

第二节　晁冲之与李师师游冶考

喻汝励《晁具茨先生诗集序》曰:"方绍圣初,天下伟异豪爽特绝之士,离谗放逐,晁氏群从,多在党中。叔用(晁冲之又以字)于是飘然遗形迹而去之,宅幽皋、荫茂林于具茨之下,世之网罗,不得而撄也。"是明谓晁叔用未尝罹党祸,不惟如此,党人名单中亦无晁冲之之名。查《长编拾补》卷二〇,崇宁元年(1102)九月兴党祸,晁补之入所谓"元祐奸党",分邪上犹甚、邪上、邪中、邪下四等,晁说之入所谓"邪中",晁咏之入所谓"邪下",而在这四等中,唯独不见晁冲之之名,足以证明晁冲之并未入党籍。

冲之之生年尚可与其他亲友之生年相佐证。冲之有六姊一兄,惟载之生在他前,亦即在六姊一兄中,他生年最晚。而他的生年,亦可从他与朋友及其六位姊丈的诗歌往来中得到佐证与补充:《具茨集》有《送王敦素朴》诗云:"先君有六女,所托皆高门。季也久择婿,晚得与子婚。子家望海内,实惟谪仙孙。笔也有家法,势作风雷奔。结交多英豪,坐致名誉喧。忆昔识子初,河流出昆仑。中间一再见,麒麟始伏辕。去年接同居,底里见所存。磊落忠义人,爱国忧黎元。使当元祐时,密勿与讨论。上可参廊庙,下可裨谏垣。惜哉不遇知,白发早已繁。子家钟山下,随事有田园。……客至勿多语,欲吐且复吞。书来无匆匆,慰我别后魂。""先君六女"之"季"即最小女嫁王敦素。《具茨集》又有《次韵集津兄会群从工敦素宿工立之园明日西征马上寓示诸人》诗,题下小字注云:"以道(载之字)监陕府集津仓"。从上考可知,崇宁初晁说之监陕府集津仓,王敦素其时即与说之游。《送王敦素朴》又谓"中间一再见,麒麟始伏辕","使当元祐时,密勿与讨论",足见王敦素出仕最迟亦当在元祐以前甚或更早。诗又谓"惜哉不遇知,白发早已繁。"

《具茨集》又有《送王敦素朴》七律，前四句云："龙蟠山色引衡庐，霜落江清影碧虚。鼓枻厌骑沙苑马，行厨欲食武昌鱼。""鼓枻"，亦作"鼓枻"，划桨，谓泛舟。《楚辞·渔父》："渔父莞尔而笑，鼓枻而去。"杜甫《幽人》："洪涛隐笑语，鼓枻蓬莱池。""沙苑马"，宋时良马。宋有养马监十四，以同州（今陕西大荔）沙苑监所产之马为最优。《宋史》卷一九八《兵十二》载：枢密院言："左右厢今岁籍马万三千有奇，堪配军者无几，惟沙苑马六千匹愈于他监。""今沙苑最号多马。""旧制，自御马而下，次给赐臣僚，次诸军，而驿马为下。"据此，知臣僚所骑之马，当为沙苑马无疑。此句意谓愿泛舟江湖，而不愿骑马上朝。故二诗合观，当为王敦素罢官归金陵作。以何罢官，虽无以详考，但原诗意当为因元祐党争之故。宋制，朝官以上始上朝，而元祐年间，王敦素即能骑马上朝，则起码在升朝官以上。又有《敦素有以书局处之者作诗迎之》，首二句即曰："君王侧席芳词臣，万里江湖贺子真。"又显系王敦素重新被起用之证。故综合考察，至元祐年间，王敦素已为升朝官，知其出仕最迟亦当在元丰初。"先君六女"中另一女（其排行未知）嫁北宋名臣唐介之次子唐义问。《渭南文集》①卷一四《跋诸晁书帖》："某之外大母清丰君，实巨（具）茨先生女兄，而墓刻则景迂（晁说之）先生所作。故某每见昭德及东眷中表，每感怆也。况今年已八十，饰巾待尽，伏读此卷，其情可知。嘉泰甲子六月既望，山阴陆某谨识。"然今存晁说之《景迂生集》无此墓志铭。陆游母为北宋名臣唐介女孙，然唐介有二子，长曰淑问，次曰义问，则陆游之外大父究竟为谁欤？《渭南文集》卷二六《跋唐修撰手简》记唐义问手简事，末谓"而先夫人为言公大节如此"，以此观之，陆游之外大父当为唐义问。又，土垲《华阳集》卷五七《□女郡君狄氏（王珪叔母）墓志铭》云："（夫人）三女子，以适尚书水部郎中晁仲蔚、尚

---

①　[宋]陆游:《渭南文集》，《四部丛刊初编》本。

书都官员外郎赵唐、殿中丞监察御史里行唐淑河。"则可反证唐义问为陆游之外大父。唐义问,《宋史》卷三一六《唐介传》附唐义问《传》云:"义问字士宣,善文辞,琐厅试礼部,用举者召试秘阁,父介引嫌,罢之。""以集贤院撰修知广州。章惇秉政,弃渠阳罪,贬舒州团练副使。后七年,复故官知颍昌府,卒。"《宋史·哲宗纪》:绍圣元年(1094)九月"甲寅,知广州唐义问坐弃渠阳寨责授舒州团练副使。"据此,知"后七年,复故官知颍昌府"时已至徽宗建中靖国元年(1101)。即以治平四年(1067)唐义问二十岁出官计之,则其应生于仁宗庆历八年(1048)。《具茨集》又有《陆元钧宰寄日注茶》诗,可见冲之与其外甥女婿陆宰亦有往来。"先君六女"之三(排行亦未知)即叶助之妻、叶梦得之母。叶梦得生于熙宁十年(1077),仅比晁冲之小六岁。故《晁具茨诗集》卷一三《次君表韵答叶少蕴甥》诗有句云:"敢叨礼亦推甥舅,借为年犹愧弟兄。"

弄清了冲之的大体生年之后,即可来考证冲之与李师师之初次交往。冲之离开京师之时间,喻《序》说得很清楚:"方绍圣初,天下伟异豪爽特绝之士,离谗放逐,晁氏群从,多在党中。叔用于是飘然遗形迹而去之,宅幽阜、荫茂林于具茨之下,世之网罗,不得而撄也。"绍圣初即绍圣元年(1094),绍圣之前即元祐,故罗先生谓冲之与李师师初游"当在元祐年间"是对的,而张邦基谓在政和年间却错了。重来京师是在崇宁二年(1103),再离京师在崇宁二年至大观三年(1109),而非罗先生之所谓在政和年间。元祐年间(1086—1096),冲之在十五六岁至二十四五岁之间,与李师师游当然是有可能的。吕留良所谓"少年豪华自放,挟轻肥,游帝京,狎官妓李师师,缠头以千万,酒船歌板,宾从杂遝,声艳一时。"虽谓"游"者不确,因冲之本来就在帝京,而非自外地来"游"帝京也。然言其"豪华自放",虽无以查证,当大体不误,名门望族之公子,"狎官妓李师师,缠头以千万,酒船歌板,宾从杂遝,声艳一时。"没有什么可奇怪的。问题是李师师此时之年龄,是否如罗先生所说"大约二十五到二十九岁"?罗先生为了证明自元丰年间至绍兴年间只有一个李师师,反复说明李师师是歌妓,是以艺侍人的,而不是以色侍人的。那么就先从冲之再游京师时所写的诗入手,看看是不是只以艺侍人的歌妓。

第一首诗主要是回忆往事,即元祐年间同李师师交游之事,几乎是全写写其歌艺的,所谓:"少年使酒入(走)京华,纵步曾游小小家。看舞霓裳羽衣曲,能歌(听歌)玉树后庭花。门侵杨柳垂珠箔,窗对樱桃卷碧纱。坐客半惊随逝水,吾人(主人)星散落天涯。"(括弧内文字系据《具茨诗钞》校文,下同)"看舞""听歌""坐客""主人",找不到一点"色"的影子,而且是集体听歌的。

但第二首却绝然不同了:"春风踏月过章华,青鸟双邀阿母家。系马柳低当户叶,迎人桃出隔墙花。鬓深钗暖云侵脸,臂薄衫寒玉照纱(玉映纱)。莫作一生惆怅事,邻州不在海西涯。"在这里,"艺"不见了,全变成了"色",所谓"章华",即章台街(妓女所居处)之花;所谓"青鸟",即为西王母传信之青鸾;所谓"阿母",即西王母;所谓"玉",即颜色如玉;所谓"邻州",即与京师邻近之具茨;所谓"海",即西王母所居之瑶池。全用香艳之典以渲染"色",而"艺"已无影无踪了。众所周知,西王母在汉代,还是一个白发而又奇丑的形象,而到了唐宋文人笔下,几乎成了对所欢之最美丽的红粉知己的代称了。然而罗先生却说这时的李师师,已经成了一个四十一岁至四十九岁的歌唱家,而且是一个兼营歌唱业的老板娘了。可是请问:晁冲之第二首诗中的李师师,是个五十岁左右的歌唱家兼营歌唱业的老板娘形象么?反之,晁冲之何以不去狎妓,却要去狎一个年老色衰的老板娘呢?

首先明确提出李师师,并将其人与文士联系起来的,当推由北宋入南宋的张邦基,他在《墨庄漫录》卷八中记李师师与晁冲之事曰:

政和间,汴都平康之盛,而李师师、崔念月二妓,名著一时。晁冲之叔用每会饮,多召侑席。其后十许年,再来京师,二人尚在,而声名溢于京国。李生者,门第尤峻,叔用追感往昔,成二诗,以示江子之,其一云:

少年使酒来京华,纵步曾游小小家。看舞霓裳羽衣曲,听歌玉树后庭花。门侵杨柳垂珠箔,窗对樱桃卷碧纱。坐客半惊随逝水,吾人星散落天涯。

其二云:

春风踏月过章华,青鸟双邀阿母家。系马柳低当户叶,迎人桃出隔墙花。鬓深钗暖云侵脸,臂薄衫寒玉照纱。莫作一生惆怅事,邻州不在海西涯。

靖康中,李生与同辈赵元奴及筑球吹笛袁绚、武震辈,例籍其家。李生流落来浙中,士大夫犹邀之以听其歌,然憔悴无复向来之态矣。①

与柳永、张先、晏几道、秦观笔下的师师不同,张邦基在这里明确提出是李师师,而不是别的什么师师。但他说得对不对呢?还需要用晁冲之的年龄行实来检验。因为晁冲之与周邦彦同时而年齿较小,弄清了晁、李的关系,对弄清周、李的关系会有启发。他们二人与之相游冶的必然是李师师,绝不会是什么别的师师,这是明摆着的事实。文中提到的江子之,即江端本,子之其字。陈留人,端友弟,以学行称,尝入江西诗派图,隐居终身。清人吕留良等所编《宋诗钞·具茨集钞》收有此诗,诗题作《都下追感往昔因成二首》,吕留良在《具茨集钞》前介绍晁冲之曰:

① [宋]张邦基:《墨庄漫录》,《历代笔记小说大观》本,上海古籍出版社2012年版,第132页。

晁冲之,字叔用,初字用道。举进士,与陵阳喻汝砺为同门生。少年豪华自放,挟轻肥,游帝京,狎官妓李师师,缠头以千万,酒船歌板,宾从杂遝,声艳一时。绍圣初,党祸起,群从多在党中,被谪逐,随飘然栖遁于具茨之下,号具茨先生。十余年后,重过京师,忆旧游,作无题诗二首(按即《墨庄漫录》所引之二首),为时所传。

张邦基字子贤,高邮人,仕履未详。书中自称宣和癸卯(1123)在吴中曾见朱勔所采太湖鼋山石,又称绍兴十八年(1148)见赵不弃除侍郎,则为由北宋入南宋时人。所记晁冲之与李师师事,自然得之于传闻。罗忼烈先生在《谈李师师》一文中谓《漫录》所记时间有误,应以清人吕留良等编《宋诗钞》对晁冲之的介绍为准:

晁冲之是苏门四学士之一晁补之(1053—1110)的从弟,行辈不会太晚。绍圣年间保守党垮台,苏轼、秦观、晁补之……等均坐党籍被斥逐离京,晁冲之也走到河南虞县的具茨山隐居,自号具茨先生。诗云"吾人星散走天涯",就指当年树倒猢狲散。等到十多年后的政和年间,再到京师,在大晟府任职,可能有一段时间是大晟府首长周邦彦的僚属。他和李师师最初交游,当在元祐年间,那时候她大约二十五到二十九岁。到了政和重来京师的时候,她已经五十左右了,在歌坛上名气也越来越大了;到靖康时已经六十以上,自然"憔悴无夫向来之态";我们要注意的是,李师师年轻时也许美丽,中年时仍然风华动人。但她始终是以女歌手的姿态出现,不是倚门卖笑者,由于歌艺精湛,或者培养了许多新秀,所以不因年老而失去顾客。①

_____

① 罗忼烈:《谈李师师》,《两小山斋论文集》,第128页。

　　事实如何,让我们以典籍所载来检验。据曾巩《寿安县太君张氏墓志铭》与《光禄少卿晁公墓志铭》①,知宋代晁氏可溯至晁宪,宪生佺,佺生迪、迥、遘三人,晁迥官至工部尚书,卒,谥文元,晁氏起家自迥始。晁迥,世为潭州清丰人,自其父佺,始徙家彭城。迥生宗悫,以父荫为秘书省校书郎,终官资政殿学士、参知政事,卒,谥文庄。迥、宗悫传均见《宋史》卷三〇五。自宗悫始,此一支即世居开封之昭德坊,晁冲之即属此支。宗悫生仲衍、仲蔚,仲蔚名不显。仲衍生子六,其三早夭,另三子曰端彦(1039—1095)、端方(无考)、端本(1046—1090)。端彦几子,无考,唯知长曰说之,亦有咏之而未知其排行。端本有二子,曰觉之、贯之。晁冲之之子晁公武《郡斋读书志》卷二《晁氏具茨集》记曰:"(晁冲之)早受知于陈无己,从兄以道尝谓公宗族中最才华。"以道,说之之字。说之既为其从兄,端本仅有二子曰觉之、贯之,据此,则知晁冲之非仲蔚之孙,即端方之子。所谓"佺生迪、迥、遘三人"。但又说得十分明白,晁氏是以晁迥起家,其祖上以及兄迪、遘弟都是以迥赠官的。况且晁氏至"之"字辈已是第五代人了,罗先生与昌彼得等所撰《宋人传记资料索引》都说晁补之是晁冲之的从弟,不管谁受了谁的影响,实际上都错了,因为《宋史·晁补之传》说他"济州巨野人",而晁冲之却属于晁迥一支,世居开封昭德坊,应该是族弟而非从弟。至于是否"行辈不会太晚"? 还得用事实来检验。

　　现知冲之之母共生七胎,以此原之,每胎之间的间隔,最少亦相隔三年,甚或更少。晁冲之生齿若何? 无以确知,但却能从其胞兄载之之年齿得到大体推算。任渊《后山诗注》卷四《寄晁载之兄弟》"季也亦有诗百篇,叔子拟度骅骝前"二句任渊注:"曾慥《诗选》云:'晁仲(冲)之字叔用,少受知于陈无己,无己赠其兄诗云:"駸駸拟度骅骝前。"谓叔

────────────

①　陈杏珍、晁继周点校:《曾巩集》,中华书局 1984 年版。

用也.'按:善本'駸駸'作'叔子',当是叔与季,兼指两人,但未知叔用为叔为季,而曾氏误以为一人,遂改作'駸駸',非是."①《曲洧旧闻》卷八云:"伯宇名载之,少作《闵吾庐赋》,鲁直以示东坡曰:'此晁家十郎作,年未二十也.'东坡答云:'此赋信奇丽,信是家多异才耶.凡文至足之余,自溢为奇怪.今晁伤奇太早,可作鲁直意微谕之,而勿伤其迈往之气.'伯宇自是文章大进."②晁公武《郡斋读书志》卷四下亦载:"《晁氏封丘集》二十卷,右世父封丘君也,讳某,字伯宇,锁厅中进士第,黄鲁直尝荐之于苏子瞻云:'晁伯宇谨厚,守文元家法,从游多长者,其文已能如此,年盖未二十也,愿子瞻一语教戒之.'子瞻答云:'晁伯宇诗骚细看甚奇丽,信乎其家之多异材也.虽然,凡文至足之余,溢为奇伟,今晁君涉奇似太早,可作朋友切磋之语以告之.非谓其讳也,恐伤其迈往之气耳."后坎壈终身,卒官封丘丞.两籍所引东坡语,见中华书局本《苏轼文集》卷五二,字句稍有不同.晁公武为晁冲之子,既谓载之为"世父",即伯父,曾慥之言当不误.考鲁直与东坡相识在元丰年间,而同在汴京则在元祐年间.但鲁直荐载之既在锁厅中进士第,则必在元祐三年(1088),非特因此年东坡为礼部试主考官,且此前三科为元丰二年、五年与八年,而元丰二年至七年四月苏轼即遭乌台诗案贬官在黄州,七年四月至八年四月又奔波于黄州、金陵、泗州、常州之间,载之即使参加此三科之试,鲁直亦不可能荐载之于苏轼,故只能在元祐三年.《宋会要辑稿·选举一》之十二载:"哲宗元祐三年正月,以翰林学士知制诰苏轼权知贡举,吏部侍郎孙觉、右谏议大夫孔文仲权同知贡举.合格奏名进士五百二十三人."③载之既为元祐三年进士,且

---

① ［宋］陈师道撰,任渊注:《后山诗注补笺》,中华书局1995年版,第136页.
② ［宋］朱弁撰,孔凡礼点校:《曲洧旧闻》,《唐宋史料笔记丛刊》本,中华书局2002年版,第204页.
③ ［清］徐松辑:《宋会要辑稿》,第九册,第5253页.

"年盖未二十",即以十九岁计之,则载之当生于熙宁三年(1070)。即以冲之比载之小三岁计之,他亦当生于熙宁六年。

这虽由推算而得,但大体不差,而且可从冲之的诗中得到佐证与补充,甚至从他的诗中能看出他性格成长的环境与滋养。他在家里是年龄最小的,却有一位哥哥与六位姊姊,其中除了哥哥载之仕途不济早卒之外,而这六位姊丈却都是当时颇有名望的世家大族。晁冲之自绍圣元年(1094)后即隐居于具茨之下,再来京师应试在崇宁二年(1103),其应试后再离京师之时间,复可从与叶梦得酬唱诗中得到引证。晁冲之为叶梦得之舅,《晁具茨先生诗集》(以下简称《具茨诗集》)有数首诗乃与叶梦得唱和之作。其《和叶甥少蕴内翰重开西湖见寄二首》其一有句曰:"使君重凿西湖罢,也复封诗寄我来。"《复和少蕴内翰甥兼谢伯蕴通判兄再赠》有句曰:"西湖波浪还佳色,风物悲人老更惊。"此所谓西湖,乃汝州之西湖,非杭州之西湖,由下诗可知:《复用韵》有句曰:"颍川人望须公守,荀氏家声付此兄。"《和叶甥少蕴内翰见招》有句曰:"两地声闻无百里,想望一覆手中杯。"据《宋史·叶梦得传》,叶梦得大观二年(1108)为翰林学士,三年以龙图阁直学士知汝州,寻落职提举洞霄宫。汝州即颍昌府,治所在长社(今河南许昌市)。具茨即具茨山,亦名大隗山,在新郑(今河南新郑市)西,在宋为郑州与汝州交界处,正好南北相邻,距离很近,故诗谓"两地声闻无百里,想望一覆手中杯",据此,知此数诗写于大观三年(1109),且其时叶梦得在汝州,而晁冲之在具茨。此则可证明最迟至大观三年,晁冲之已离京师回到具茨。要言之,晁冲之应举回京师在崇宁二年(1103),离京师最迟当不逾大观三年(1109)。复以冲之他诗原之,似离京再赴具茨当更早。其《效古别昭德群从》诗曰:"十载一相逢,相见无浃旬。一生能几别,且复无此身。昔别尚可惜,此别重惜之。……"味诗意,当为崇宁二年(1103)应试后复回具茨之作,自绍圣元年(1094)离京居具茨,至此正好十年,果若此,则崇宁二年三月(宋制进士试三月发榜)后,冲之即已离京重赴具茨矣。大观元年(1107),冲之有自具茨至汴京、徐州之行,《具茨诗集》卷十有《积善堂诗》序曰:"皇帝即位之五年,改元年大观,赦天下,诏文武吏亲年九十以上者未应封咸赐封之,……冲之时以事自昭德来徐,……谨撰成积善堂诗十五韵上呈。"卷一二又有《过陈无己墓》诗,亦当作于大观元年徐州之行,诗云:"锁门脱落封将尽,题壁污漫字不分。我亦常参诸弟子,往来徒步拜公坟。"陈师道卒于建中靖国元年(1101),至大观元年(1107)已经七年,诗中所写亦仿佛之,盖大观元年汴京、徐州之行后又回到具茨耳。退一步讲,冲之离京再至具茨,最迟亦当在大观三年(1109)之前。卷首有喻汝砺《晁具茨先生诗集序》谓:"暨朝廷诸公谋欲起之,乃复任心独往高挹而不顾,世之荣利不得而羁也。"知冲之此后即绝意于仕途,高卧具茨而不出矣。罗先生所谓:"等到十多年后的政和年间,再到京师,在大晟府任职,可能有一段时间是大晟府首长周邦彦的僚属。"崇宁二年或大观三年冲之已远离京师而未再归,政和年间(1111—1117)又如何能在大晟府任职,甚至还是"大晟府首长周邦彦的僚属"呢? 况且如前所考,周邦彦未曾在大晟府任职,至于晁冲之,不要说在政和年间,终生都未曾入大晟府,两人是否曾见过面都很难说,罗先生之言岂无根乎?

喻《序》曰:

予襄游都城,于晁用道为同门生。后三十六年,识其子公武于涪陵。又二年,见之于武信。爱其辨博英峙,辞藻蔚如也,因与之善,初不知其为用道子也。一日来谒,曰:"先公平生多所论著,自丙午之乱,埃灭散亡,今所存者特歌诗二百许篇,涪陵太守孙仁宅既为镵诸忠州酆都观,窅然林水之间矣。敢丐先生一言以发之?"予亟闻其语,谢曰:"愿闻先君之所以含咏而独游者。"

公武于是出其家谱牒,乃知其先君名冲之,字叔用,世所谓具茨
先生者也。予于是耸然曰:"是必吾用道耶!第今字叔用为小异
耳。"已而追怀平昔周旋之旧,盖自京师之别,绝不相闻。今乃幸
与其子游,又获观其所论著,为之慨叹者久之。嗟乎,予安得不
为吾用道一言哉!方绍圣初,天下伟异豪爽特绝之士,离逷放
逐,晁氏群从,多在党中。叔用于是飘然遗形迹而去之,宅幽阜、
荫茂林于具茨之下,世之网罗,不得而撄也。暨朝廷诸公谋欲起
之,乃复任心独往高挹而不顾,世之荣利不得而羁也。至于疾革,
乃取平生所著书聚而焚之,曰:"是不足以成吾名,世之言语文章,
不得而污也。"①

毫无疑问,这种群从多在党中的政治环境,以及亲朋好友多为豪门贵
族,正好培养了晁冲之观察问题的敏锐,甚至反照着他性格形成的过
程。因此,当他看到荒淫无道的徽宗,在金兵入侵时将这个烂摊子交给
了儿子,自己却不顾国家安危,仍然到处游冶时,他马上意识到宋钦宗
靖康元年年号"丙午"(1126),正是国难到来的政治信号,于是他便安
排子孙如晁公武他们南渡,好使自己这一支血脉永存,不至有绝户之
虞,自己也放弃了长期隐居在具茨无忧无虑的诗酒生涯,东来汴京勤
王,发动组织群众,厉兵秣马,做好共赴国难的一切准备,最终战死疆
场,成为一位气贯长虹的抗金英雄。这时候,晁冲之的儿子晁公武以及
为晁冲之《诗集》写序的俞汝砺,早已南渡到涪陵(故址今不存,相当于
今之涪陵县),也早已知道晁冲之"身既死兮神亦灵,子魂魄兮为鬼
雄",只好来遥祭这位为国捐躯的英雄。

　　弄清了晁冲之如上诗文行实之后,我们即可从诗文集来考察其与

---

　　①　曾枣庄、刘琳主编:《全宋文》,第178册,第4页。

李师师的游冶。其《具茨诗集》卷一〇有《次二十一兄季此韵》曰：

> 忆在长安最少年，酒酣到处一欣然。猎回汉苑秋高夜，饮罢秦台雪作天。不拟伊优陪殿下，相随《于芳》过楼前。如今白发山城里，宴坐观空习断缘。

《于芳》，歌名，亦称《于芳于》，唐人元德秀所作。全诗写的是听歌，而且是群体听歌，当写于元丰年间无疑。此时李师师尚未生，当是听别人应歌。《具茨诗集》卷一三又有《都下追感往昔因成二首》曰：

> 少年使酒入京华，纵步曾游小小家。看舞霓裳羽衣曲，听歌玉树后庭花。门侵杨柳垂珠箔，窗对樱桃卷碧纱。坐客半惊随逝水，吾人星散落天涯。
>
> 春风踏月过章华，青鸟双邀阿母家。系马柳低当户叶，迎人桃出隔墙花。鬟深钗暖云侵脸，臂薄衫寒玉照纱。莫作一生惆怅事，邻州不在海西涯。

其中第一首诗乃回忆往事，即同李师师交游之事，几乎是全写其歌艺的，所谓"看舞""听歌""坐客""主人"，找不到一点"色"的影子，而且是集体听歌的。但第二首就不同了，"艺"不见了，光剩下"色"，"章华"，即章华街，妓女所居之处；"青鸟"，即为西王母传信的青鸾。众所周知，西王母在汉代还是一个极丑的形象，到了唐宋时期，却变成了美女的形象了。全用香艳之典以渲染"色"，而"艺"已无影无踪了。何以同时所写之诗，却又如此不同？只能有一个解释：冲之在从前与之交游的李师师，还只是以"艺"侍人，不能以"色"侍人的雏妓；到了崇宁、大观间，李师师已经成长为既能以"艺"侍人，又能以"色"侍人的名妓了。

以此原之,冲之初与李师师交游,大约当在元祐年间,甚至在元祐后期。

这里顺便提一下被徽宗君臣蹂躏了一生的李师师的结局。钦宗靖康元年丙午(1126),她已经是一位六十五岁的老人了,却独自一人仓皇逃难。须知战乱中,又是当年的名妓,独自逃难也有说不尽的麻烦。这时候,恰巧冲之的从兄晁说之,也放弃抗敌而仓皇南逃。作为华贵公子,与李师师有染也在意中,于是就带了李师师一块南逃。据晁说之《嵩山文集》一后附《晁氏世系节录》云:

> 文元(迥)玄孙,文庄(宗悫)曾孙,仲衍孙,端彦子。长说之,字以道,一字伯以。元丰五年进士出身,累官至中奉大夫、徽猷阁待制、赐金紫。尝为兖州司法参军,蔡州、宿州教授,改宣德郎,知磁州武安、定州无极县。坐元符应诏上书,得监嵩山中岳庙、陕州集津仓,再请华山西岳庙,明州造船场,通判郿州,提点南京鸿庆宫,知成州,遂请致仕。渊圣皇帝(指钦宗)嗣位,以著作郎召,除秘书少监兼太子谕德,未几,免试除中书舍人兼太子詹事,坐请外补落职,提举西京崇福宫。太上皇帝(指高宗)嗣位,召为侍读,复待制,提举万寿寺。再请,得提举杭州洞霄宫。假葬于江宁府正觉寺,赠通奉大夫,后累赠至光禄大夫。始,公命他日迁葬先茔,长孙子健念先垄久隔,因卜地建康府上元县长宁乡之东阳。幼子公耄与绍兴□年奉永嘉太夫人柩自温来祔葬其地,且遵遗言:不封树,无埋文,而以道号刊石为志。公平生盖慕司马光为人,自号景迂生。晚年留意天台教,日诵《法华经》,则又称天台教僧,亦号老法华,复以昭陵所赐文庄飞白"国安"字名堂,而号国安堂主。此其号云。

至于李师师结局如何,却让南宋刘子翚《屏山诗集》卷一八《汴京纪事诗十八首》之十八表现了出来：

> 辇毂怜繁华事可伤，师师垂老过湖湘。缕衣檀板无颜色，一曲
> 当时当帝王。

刘子翚为南宋高宗时人，据《宋史·刘子翚传》载："刘子翚字彦
冲，赠太师韐之仲子。以父任承务郎，辟真定府幕属。韐死靖康之
难……庐墓三年。服除，通判兴化军（宋属福建路）。寇杨勍犯境，子
翚与郡将张当世画计备御如素服戎事者，贼不敢犯。"

第三节　周邦彦妓女词可证其与李师师并非
仅止于"听歌"与"应歌"

弄清了晁冲之与李师师的关系及李师师的大体年龄之后，再来看
周邦彦与李师师的关系，是否仅止于"应歌"与"听歌"。《少年游》历来
是被视为写李师师的，其词曰：

> 并刀如水，吴盐胜雪，纤指破新橙。锦幄初温，兽香不断，相对
> 坐吹笙。　　低声问向谁行宿，城上已三更。马滑霜浓，不如休
> 去，直是少人行。

"并刀"，古时并州所产的剪刀，以锋利著称。杜甫《戏题王宰画山水图
歌》："焉得并州快剪刀，剪取吴淞半江水。""吴盐"句，李白《梁园吟》：
"玉盘杨梅为君设，吴盐如花皎白雪。""坐吹笙"，王建《宫词》："院院
烧灯如白日，沉香火底坐吹笙。""谁行"，谁家，谁哪里。

前人对此词评价甚高，王又华《古今词论》节录毛稚黄《与沈去矜
论填词书》曰："周清真《少年游》题云'冬景'，却似饮妓馆之作。起句

'并刀如水'四字,若掩却下文,不知何为陡着此语。'吴盐''新橙'写境清别,'锦幄'数语,似为上下太淡宕,故着浓耳。后阕绝不作了语。"《时地考略》认为这首词是在元丰二年到五年之间作的。即便是如罗先生所说,但《少年游》不止于"应歌"与"听歌"总该是事实吧?况且前已考出,元丰二年邦彦尚未入太学,入太学是元丰五年的事。即便是撇开邦彦与李师师之关系考察此词,谓其为咏妓、恋妓、泥妓、妓留其宿,总该不会冤枉邦彦吧?那么请邦彦留宿之妓是谁呢?先别急着作结论,且看下去。题曰"咏妓"之《望江南》词曰:

> 歌席上,无赖是横波。宝髻玲珑欹玉燕,绣巾柔腻掩香罗。人好自宜多。　无个事,因甚敛双蛾。浅淡梳妆疑见画,惺忪言语胜闻歌。何况会婆娑。

这是一个能歌善舞之妓,且"无赖是横波",既对邦彦不无情意,又"人好自宜多"。那么这位出类拔萃之妓,与"当时选舞万人长。玉带小排方。喧传京国声价,年少最无量"之妓,是什么关系呢?换句话说,究竟是一人还是二人?题曰"美咏"之《意难忘》词曰:

> 衣染莺黄。爱停歌驻拍,劝酒持觞。低鬟蝉影动,私语口脂香。檐露滴,竹风凉,拼剧饮淋浪。夜渐深、笼灯就月,子细端详。
> 知音见说无双。解移宫换羽,未怕周郎。长颦知有恨,贪要不成妆。些个事,恼人肠。试说与何妨。又恐伊、寻消问息,瘦减容光。

这又是一个色艺无双之妓,观其"解移宫换羽,未怕周郎"即知。而这位艺妓,其艺已精到"未怕周郎",足见其艺之高。那么这位色艺无双之妓又是谁呢?题曰"携妓"之《迎春乐》词曰:

人人花艳明春柳。忆筵上，偷携手。趁歌停舞罢来相就。醒醒个，无些酒。　　比目香囊新刺绣。连隔座、一时熏透。为甚月中归，长是他，随车后。

题曰"佳人"之《风来朝》词曰：

逗晓看娇面。小窗深弄明未遍。爱残朱宿粉云鬟乱。最好是帐中见。　　说梦双蛾未敛。锦衾温、酒香未断。待起又如何拼。任日炙画栏暖。

此词即《耆旧续闻》谓"周美成至汴京，主角妓李师师家，为作《洛阳春》，师师欲委身而未能也，与同起止。美成复作《风来朝》"云云，即便不是为李师师而作，其写床第狎昵盖无疑义，总不能说邦彦词仅止于"听歌""应歌"吧？《阮郎归》词曰：

菖蒲叶老水平沙。临流苏小家。画阑曲径宛秋蛇，金英垂露华。　　烧蜜炬，引莲娃。酒香熏脸霞。再来重约日西斜。倚门听暮鸦。

值得注意的是邦彦谓此妓曰"临流苏小家"，而晁冲之谓李师师曰"纵步曾游小小家"，邦彦谓此妓之住处曰"菖蒲叶老水平沙"，"画阑曲径宛秋蛇"，而晁冲之谓李师师之住处曰"门侵杨柳垂珠箔，窗对樱桃卷碧纱"。苏小小为钱塘名妓，晁、周二人均不约而同以苏小小为比，当然所比未必就是一人。周笔下此妓之住处为秋季，晁笔下李师师住处为春季。不佞无意于证明邦彦此处所咏之妓就是李师师，然而他们之间的某些相似之处,总会给人一些启发。在邦彦词中,妓女词不胜枚举。不必为邦彦讳,亦无法为邦彦讳。

第四节　周邦彦与李师师游冶考

至如邦彦与李师师之交游,宋人记载者颇多,然多将邦彦与徽宗因李师师而争风吃醋事纠缠在一起。他们只顾花样翻新,出奇斗艳,却从不互相驳难,考稽史乘,徒给后人留下难解之连环。不佞以为欲断清这桩历史公案,必先从有史可稽之事入手。王国维在作《遗事》时,对邦彦与李师师事尚持游移态度,仅谓邦彦"时已至列卿,不当有游冶之事",后来于史料中发现赐玉之滥,即改变看法,在《片玉词题跋》一文中曰:

> 曩读周清真《片玉词·诉衷情》一阕(《片玉词》《清真集》均不载)曰:"当时选舞万人长。玉带小排方。喧传京国声价,年少最无量。"按"排方""玉带"乃宋时乘舆之服。岳倦翁《愧郯录》十二:"国朝服带之制,乘舆东宫以玉,大臣以金,勋旧间赐以玉,其次则犀、则角,此不易之制。考之典故,玉带,乘舆以排方,东宫不佩鱼,亲王佩玉鱼,大臣勋旧佩金鱼。"《石林燕语》七亦云:"国朝亲王皆佩金带,元丰中官制行,上欲宠嘉、岐二王,乃诏赐方团玉带,着为朝仪。先是,乘舆玉带皆排方,故以方团别之,二王力辞,乞宝藏于家而不用,不许,乃请加佩金鱼,遂诏以金鱼赐之,亲王玉带佩鱼自此始。故事,玉带皆不许施于公服,然熙宁中收复熙河,神宗特解所系带赐王荆公,且使服以入贺,荆公力辞久之,不从,上待服而后追班,不得已受诏。次日,即释去。(维案:《临川集》卷十八荆公《辞玉带谢表》末云:'退藏唯谨,知燕及于云来。'知释去

之说不妄。)大观中收复青、唐,以熙河故事,复赐蔡鲁公而用排方。时公已进太师,上以为三师礼当异特,许施于公服,辞,乃乞琢为方团。既以为未安,或诵韩退之'玉带垂金鱼'之礼,告以请,因加佩金鱼。(《铁围山丛谈》《挥麈前录》所记略同。)"则带之赐者可以指数。太祖时则有李崇兴、符彦卿、王审琦、石保吉,英宗时则有王守约,(保吉、守约皆以主婿赐。)神宗时则有王安石、嘉岐二王,徽宗时则有蔡京、何执中、郑居中、王黼、蔡攸、童贯、赵仲忽,钦宗时则有李纲。(上皇所赐。)南宋得赐者,文臣有张浚、秦桧、史浩、史弥远、郑清之、贾似道,宗室则有居广、士輵、伯圭、师揆、师弥,勋臣则有刘光世、张俊、杨存中、吴璘,外戚则有吴益、谢渊、杨次山,(何执中以下五人赐玉带事见《石林燕语》,史弥远、赵师揆见《四朝闻见录》,贾似道、师弥见《癸辛杂识》。余见《宋史》本传及《玉海》卷八十六。)此外罕闻。唯《太祖纪》载:"建隆元年正月以犀玉带遍赐宰相枢密使及诸军列校。"此行佐命之赏,惟可据为典要。又《梦溪笔谈》二十二云:"丁晋公从车驾巡幸礼成,有诏赐辅臣玉带,时辅臣八人行在祗候库只有七带,尚衣有带,谓之比玉,价值数百万,上欲以赐辅臣,以足其数。"《容斋随笔》四驳之曰:"景德元年真宗巡幸西京,大中祥符元年巡幸太山,四年幸河中,丁谓皆为行在三司使,未登政府。七年幸亳州,谓始以参知政事从,时辅臣六人,王旦、向敏中为宰相,王钦若、陈尧叟为枢密使,皆在谓上,谓之下尚有枢密副使马知节,即不与此说合。且既为玉带,而又名比玉,尤可笑。"洪氏之言如此。案《宋史·真宗纪》:"大中祥符二年五月癸亥,以封禅庆成,赐宗室辅臣袭衣金带器币",不云玉带。《旧闻证误》四引某书谓"真宗尝遍以玉带赐两府大臣",盖亦袭《笔谈》之误。夫以乘舆御服,大臣所不得赐,宰相亲王所不敢服,儇侈如蔡京犹必琢为方团,加以金鱼,而后敢用,何物倡优,乃以此自炫于万人之中,此事诚不可解。盖尝参互而得其说焉。《宋史·舆服志》:"太平兴国七年,翰林学士承旨李昉奏奉诏详定车服制度,请从三品以上服玉带。"《旧闻证误》四引《庆元令》云:"诸带三品以上得服玉,臣僚在京者不得施于公服。"盖宋时便服并无禁令,故东坡曾以玉带施元长老,有诗见集中。(《东坡集》十四)其二曰:"此带阅人如传舍,流传到我亦悠哉。锦袍错落真相称,乞与佯狂老万回。"味其诗意,不独东坡可服,了元亦可服矣。《至顺镇江志》十九载此事云:"公便服入方丈。"又云:"师急呼侍者收公所许玉带。"则为便服束带之证。东坡赠陈季常《临江仙》词云:"细马远驮双侍女,青巾玉带红靴。"亦其一证。陈后山《谈丛》(《后山集》十九)亦云:"都市大贾赵氏,世居货宝,言玉带有刻文者,皆有疵疾以蔽映耳,美玉盖不琢也。比岁杭、扬二州,化洛石为假带,色如瑾瑜,然可辨者,以其有光也。"观此,知宋时上下便服通用玉带,故人能辨之,慢至倡优服饰,上僭乘舆,虽云细事,亦可见哲、徽以后政刑之失矣。

曩作《清真先生遗事》,颇辨《贵耳集》《浩然斋雅谈》记李师师事之妄,今得李师师金带一事,见于当时公牍,当为实事。案《三朝北盟会编》三十:"靖康元年正月十五日,圣旨:应有官无官诸色人,曾经赐金带,各据前项所赐条数,自行纳官,如敢隐蔽,许人告犯,重行断遣。"后有尚书省指挥云:"赵元奴、李师师、王仲端曾经祗候倡优之家(中略),曾经赐金带者,并行陈纳。"当时名器之滥如是,则"玉带""牸方"亦何足为怪。颇疑此词为师师作矣。然当时制度之紊,实出意外,《老学庵笔记》一言:"宣和间,亲王公主及他近属戚里入宫辄得金带关子,得者旋添姓名卖之,价五百千,虽卒伍屠酤,自一命以上皆可得。方腊破钱塘时,太守客次有服金腰带者数十人,皆朱勔家奴也。时谚曰:金腰带,银腰带,赵家天下朱家坏。"然则徽宗南狩时,尽以太宗时紫云楼金带赐蔡攸、童贯等(见《铁围山丛谈》六)更不足道,以公服而犹若是,则便服之僭侈更何待言。"国家之亡,必有妖孽",殆谓是欤?①

然而始终以王国维为宗的罗忼烈,却置王国维有错必纠的学术风范于不顾,岂不怪哉!

周邦彦有《诉衷情》词云:

> 当时选舞万人长。玉带小排方。喧传京国声价,年少最无量。
> 花阁迥,酒筵香。想难忘。而今何事,伴向人前,不认周郎。

从邦彦所写之《诉衷情》词来体察,此次"选舞"、赐"玉",邦彦是亲经亲见者。在"选舞"过程中,邦彦尚与有力焉,即帮过李师师之忙,故下阕始谓"而今何事,伴向人前,不认周郎"。而邦彦能帮李师师什么忙呢?无非是曾为李师师写过一些词罢了。

若以大观二年(1108)李师师在"选舞"中被选为"万人长"并得玉带之赐计之,据前考,此年李师师二十六七岁,周邦彦五十三岁,在京为宗正少卿兼议礼局检讨。在此之前,邦彦即为李师师写词,颂其歌舞伎艺。那么前到什么时候呢?从前考已知,李师师至元祐后期始渐渐走红,而邦彦却于元祐三年即离京赴庐州教授任,故知邦彦与李师师之交游,最早亦当在绍圣三年回京之后。那么词谓"而今何事,伴向人前,不认周郎"之"而今"又是何时呢?现已考知,邦彦于政和元年(1111)底出知河中,政和七年(1117)上半年入为秘书监。若从短计之,"而

---

① 王国维:《庚辛之间读书记》,《王国维全集》第二册,浙江教育出版社2009年版,第439—442页。

今"可谓大观三年至政和元年邦彦出都之前;若从长计之,亦可谓政和七年至重和元年(1118)三月出知真定之前。《兰陵王·咏柳》词,据罗先生考证,是写于重和元年出知真定时的;这首词又历来被认为是别李师师之作。如此看来,邦彦与李师师之往来,当在二十余年间耳。《长相思慢》词曰:

> 夜色澄明。天街如水,风力微冷帘旌。幽期再偶,坐久相看才喜,欲叹还惊。醉眼重醒。映雕阑修竹,共数流萤。细语轻轻。尽银台、挂蜡潜听。　　自初识伊来,便惜妖娆艳质,美盼柔情。桃溪换世,鸾驭凌空,有愿须成。游丝荡絮,任轻狂、相逐牵萦。但连环不解,流水长东,难负深盟。

既曰"天街如水",则必写于在汴京时。词始谓"幽期再偶",继谓"桃溪换世",又谓"鸾驭凌空,有愿须成",结谓"连环不解",岂其与李师师有瓜葛乎?邦彦在妓女中多有红粉知己,如少年游荆州、长安时之"萧娘",元丰、元祐时之"秋娘",溧水时之"主簿姬",大观时之"楚云",还有"当时选舞万人长"之李师师,等等。然这些红粉知己,或一时系念,如"萧娘";或来往较久,如"秋娘";或只是邂逅相遇,如"主簿姬"。而让邦彦不能忘怀者,唯楚云与李师师耳。其于李师师,既谓"而今何事,不认周郎",又谓"桃溪换世","鸾驭凌空,有愿须成",再致意焉,其情意之深重可知。

第五节　宋徽宗与李师师游冶考

让我们从典籍入手来考述这个问题:

《宋史·徽宗纪》曰:

（宣和元年十二月）丙申，帝数微行，正字曹辅尚书极论之，编管郴州。

（宣和七年）十二月，……己未，下诏罪己。令中外直言极谏，郡邑帅师勤王；……罢道官，罢大晟府、行幸局；……①

《宋史·曹辅传》曰：

自政和后，帝多微行，乘小轿子，数内臣导从。置行幸局，局中以帝出日谓之有排当，次日未还，则传旨称疮痍，不坐朝。始，民间犹未知。及蔡京谢表有"轻车小辇，七次临幸"，自是邸报闻四方，而臣僚阿顺，莫敢言。辅上疏略曰（疏文略）。上得疏，出示宰臣，令赴都堂审问。太宰余深曰："辅小官，何敢论大事？"辅对曰："大官不言，故小官言之。官有大小，爱君之心，则一也。"少宰王黼阳顾左丞张邦昌、右丞李邦彦曰："有是事乎？"皆应以不知。辅曰："兹事虽里巷细民无不知，相公当国，独不知耶？曾此不知，焉用彼相！"黼怒其侵己，令吏从辅受辞。辅操笔曰："区区之心，一无所求，爱君而已。"退，待罪于家。黼奏不重责辅，无以息浮言，遂编管郴州。②

庄绰《鸡肋编》卷下载：

宣和中，余深为太宰，王黼为少宰。是时上皇多微行，而司谏曹辅言之。一日，上皇独留黼，问辅何自而知，对曰："辅剑南人，而余深门客乃辅兄弟，恐深与客言，而达于辅也。"上皇然之。即

---

① ［元］脱脱：《宋史》，第405、417页。
② ［元］脱脱：《宋史》，第11128—11129页。

下开封府捕深客,锢身押归本贯。内外惊骇,莫知其由。而深患失,何敢与客语? 又,曹只同姓同郡,实非亲也。未几,王独赐玉带,余遂求罢,即得请。黼遽攘其位焉。①

据《宋大臣年表》,知余深于宣和二年十一月落太宰出知福州,王黼同时由少宰迁太宰,《鸡肋编》所记当不诬,亦知曹辅因谏徽宗微行被罢官亦在宣和二年十一月耳。正史与野史相印证,知徽宗微行始于政和而极于宣和,曹辅谏微行亦当在其微行极盛之时。李师师入宫事,亦见于郭彖《睽车志》:

> 宣和间,林灵素希世宠幸,数召入禁中,赐坐便殿。一日,灵素倏起,趋阶下,曰:"九华安妃且至,玉清上真也。"有顷,果中官至,灵素再拜殿下。继又曰:"神霄某夫人来。"已而果有贵嫔继至者。灵素曰:"在仙班中与臣等列,不当拜。"长揖而坐。俄忽愕视曰:"是间何乃有妖魅气耶?"时露台妓李师师者出入宫禁,言讫而师师至。灵素怒目攘袂亟起,取御炉火箸逐而击之,内侍救护得免。灵素曰:"若杀此人,其尸无狐尾者,臣甘罔上之诛。"上笑而不从。②

郭彖字伯象,和州人,由进士历官知兴国军,余无考。《四库全书总目》谓:"是书皆纪鬼怪神异之事,为当时耳目所见闻者","书中所载,多建炎、绍兴、乾道、淳熙间事,而汴京旧闻亦间为录入。"可知郭彖盖为高宗至孝宗时人,早于陈鹄、张端义与周密三人。《总目》又谓:

---

① [宋]庄绰:《鸡肋编》,《唐宋史料笔记丛刊》本,中华书局1983年版,第90页。
② [宋]郭彖:《睽车志》,《丛书集成初编》本,商务印书馆1939年版,第1页。

"其大旨亦主于阐明因果,以资劝戒。特搋拾既广,亦往往缘饰附会,有乖事实。"①所记李师师事,即"鬼神怪异",见林灵素术数之神耳。徽宗荒淫无道,岂其以名妓李师师事"缘饰附会"而"有乖事实"者耶? 抑或李师师入宫事真而林灵素谓其妖为妄耶? 然李师师是否入宫,和徽宗与李师师是否有染是两回事,即使未尝入宫,亦不能否定徽宗与李师师无染,此理至明,无须细辨。据《续资治通鉴拾补》卷四〇与赵与时《林灵素传》②载,林灵素于政和三年(1113)至京,宣和元年(1119)十一月得罪出京居温州,则所谓林灵素见"露台妓李师师者出入宫禁"者,当在此期间,亦与政和间徽宗始微行合耳。

前已考知晁冲之与李师师交游在崇宁、大观间,孟元老之《东京梦华录》记李师师事亦在崇宁、大观间,至如徽宗,其微行在政和年间,"选舞"与赠李师师"玉带小排方"在大观二年(1108),而与李师师交游会不会更早呢? 果真更早,则徽宗之狎李师师亦在崇宁、大观间,其偶然乎? 其必然乎?

政和至宣和年间(1111—1125),李师师方三十余岁至四十余岁。《徽宗纪》与《曹辅传》,但言徽宗微行而未及李师师,《睽车志》但言李师师入宫而未及徽宗微行,此正史与野史之别也。徽宗微行既是事实,李师师又色艺双绝,则郭彖所记虽然荒诞,但李师师出入宫中,却未必即假。

史载李弼孺之升迁黜降亦颇令人寻味。《建炎以来系年要录》卷六八:绍兴三年九月"乙卯,湖南转运副使李弼孺论罢。先是,本路安抚使折彦质奏:弼孺与之有旧隙,请罢去。诏弼孺移江西(五月庚申)。时湖寇充斥,弼孺闻命不行。遍檄诸州,有敢应副帅司者当官枷项送

---

①　[清]永瑢等:《四库全书总目》,第 1213 页。

②　赵与时:《林灵素传》,《续说郛》卷一一三,《说郛三种》,上海古籍出版社 1988 年版。《宋史·方技下》亦有《林灵素传》,未若赵《传》之为详。

狱。御史常同言弼孺趣操卑污,顷年尝认倡人李师师为姑,诏事朱勔,脏污狼藉,今又公违诏旨,占获钱粮,意望败事。故弼孺遂罢。"[1]《吴郡志》卷七《提举常平茶盐司》:"通直郎李弼孺,宣和五年到任,六年丁忧。"《咸淳临安志》卷五〇《两浙转运司》:"李弼孺,宣和七年。"《宝庆四明志》卷一《郡守》:"李弼孺直秘阁,宣和八年。"李弼孺,《宋史》无传,见于史籍所载者如上而已,其人生卒年亦不详。然自宣和五年至宣和八年,三年间即自通直郎升至直秘阁,且六年丁忧,不足一年,至七年又任转运副使,其升迁之快速,差遣之遽要,自然与"尝认娼人李师师为姑,诏事朱勔"至关重要矣。李师师若与徽宗无染,李弼孺能认她为姑么?常同奏疏虽未明言"顷年"是何年,然观李弼孺宣和年间升迁之速、差遣之遽,即可知其大概矣。

第六节　李师师事之小说化

李师师事之迅速小说化,究其主要原因,恐并非在于与邦彦有染,而在于与宋徽宗有染。于是又有《宣和遗事》者出,记李师师之夫贾奕因李师师而与宋徽宗争风吃醋之风流艳事:谓杨戬与童贯等陪徽宗微行至周秀酒肆,由周秀拉纤扯篷,遂宿李师师处,临别,以龙凤鲛绡为赠。李师师婿贾奕为武功郎、右厢都巡官,归,见龙凤鲛绡,遂知师师与徽宗有染,作《南乡子》词曰:"闲步小楼前。见个佳人貌类仙。暗想圣情浑似梦,追欢。执手兰房,恣意一夜说盟言。满掬沉檀喷瑞烟。报道早朝归去,晚回銮。留下鲛绡当宿钱。"贾奕又将徽宗与师师事告诉陈州通判宋邦杰,宋又转告其姑丈曹辅,于是有曹辅上疏被贬郴州事。后徽宗发现贾所作《南乡子》词,龙颜大怒,又将贾奕推出午门问斩,赖张

---

① ［元］李心传:《建炎以来系年要录》,中华书局1988年版,第1143页。

商英力谏,乃改贬琼州司户参军,张商英亦被贬出国门。曹、张被贬后,杨戬、童贯诸奸簸弄徽宗封师师为明妃,改师师所居之金线巷为小御街,除周秀提举泗州茶事。

　　显然,《宣和遗事》记徽宗与师师事真中有假,其中除贾奕与宋邦杰于史无考外,余皆一时大臣。师师未曾入宫,然却被封为明妃。《宣和遗事》未知谁作,其记事止于绍兴年间,昔以为宋元间人,恐亦未必。若果为宋元间人,何以记事止于绍兴年间耶? 以其记事止于绍兴年间而臆测之,其作者当为孝宗至光宗时人方合于事理。《浩然斋雅谈》谓:“师师后入中,封瀛国夫人。朱希真有诗云:‘解唱《阳关》别调声,前朝唯有李夫人’,即其人也。”①所谓“李明妃”“瀛国夫人”“李夫人”,岂其相互影响欤? 孰先孰后,已莫能辨,而李师师事之迅速小说化,却可于中窥见其蛛丝马迹。

　　《李师师外传》亦未知出于谁手,然其情节却比《宣和遗事》简单得多,仅谓寺人张迪陪徽宗微行,在皇宫与师师所居之镇安坊间开潜道,来往不绝,馈赠颇丰。后金兵南下,索李师师甚迫,张邦昌踪迹师师,以献金营。师师骂曰:“吾以贱妓蒙皇帝眷,宁一死,无他志。若辈高爵厚禄,朝廷何负于汝,乃事事为斩灭宗社计? 今又北面事丑虏,冀得一当为呈身之地,吾岂作若辈羔雁贽耶? 乃脱金簪自刺其喉,不死,折而吞之,乃死。道君帝在五国城,知师师死状,犹不自禁其涕泣之汍澜也。”结尾有论曰:“李师师以娼妓下流,猥蒙异数,所谓处非其据矣。然观其晚节,烈烈有侠士风,不可谓非庸中佼佼者也! 道君奢侈无度,卒召北辕之祸,宜哉!”

　　所谓“镇安坊”,经查《宋会要辑稿·方域一》,汴京新旧城并无此坊之名。然小说家言,真假相混,亦为常例,不究可也。至如“潜道”,

　　① [宋]周密:《浩然斋雅谈》,《新世纪万有文库》本,辽宁教育出版 2000 年版,第 58 页。

《宋史·地理一》在汴京"延福宫"下小字记曰：

> 政和三年春,新作于大内北拱辰门外。……初,蔡京命童贯、杨戬、贾详、蓝从熙、何欣等分任宫役,五人者皆各为制度,不务沿袭,故号"延福五位"。东西配大内,南方稍劣。其东直景龙门,西抵天波门,宫东西二横门,皆视禁门法,所谓晨辉、丽泽者也,而晨辉门出入最多。其后又跨旧城修筑,号"延福第六位"。跨城之外浚壕,深水者三尺,东景龙门桥,西天波门桥,二桥之下叠石为固,引舟相通,而桥上人物外自通行不觉,名曰景龙江。①

未知其所谓"潜道"者,是否与此景龙江有关,录之以待通家耳。《宣和遗事》与《李师师外传》相较,不惟文笔悬殊,且截然两李师师矣。张邦基《汴都平康记》亦载:

> 晁无咎和李珏《双头牡丹》有云:"二乔新获吴宫怯,双隗初临晋帐羞。月地故应相伴语,风前各是一般愁。"政和间,汴都平康之盛,而李师师、翠念月二妓,名著一时。② (下与《墨庄漫录》所记同,故略去)

另行注云:

> 一云,李生慷慨飞扬,有丈夫气,以侠名倾一时,号飞将军。每

---

① [元]脱脱:《宋史》,第2100页。
② 《汴都平康记》,今能见之最早本为明陶宗仪所编之《说郛》本,后又被"小说丛书之二"《五朝小说大观》第一百帙所收。所谓《汴都平康记》,仅此一页。臆其盖为张邦基另一书,至《说郛》入收时,仅留此一页耳。

客退,焚香啜茗,萧然自如,人靡得而窥之也。邦基又识。

　　《李师师外传》之与《汴都平康记》,孰先孰后姑且无论,谓师师之侠义则一也。岂其时有两李师师欤?抑或一李师师而被涂为两面欤?殊难遽断,存疑可也。然张端义在其《贵耳集》中即云:"道君在五国城,凡有小小吉凶丧祭,北房必有赐赍,一赐必要一谢表,北房集成一帙,刊在榷场中博易,士大夫皆有之。余昔见一本,更有《李师师小传》同行于时。"疑所谓《李师师小传》即《李师师外传》。《贵耳集》所记事实虽有真假之别,然其谓曾见《李师师小传》,则证明当时即有其书;不然,何以会偶合如此耶?小张端义八岁的刘克庄在其《后村集》卷一八亦云:"汴京角妓部六、李师师,多见前辈杂记。部即蔡奴也,元丰中,命待诏崔白图其貌入禁中。师师著名宣和,入至披庭。顷见郑左司子敬云:汪端明家有《李师师传》,欲借抄不果。刘屏山诗云:'辇毂繁华事可伤,师师垂老过湖湘。缕衣檀板无颜色,一曲当时动帝王。'亦前人感慨杜秋娘、梨园子弟之类。"以此原之,《李师师外传》起码当为早于张端义之南宋人作无疑,然是否亦早于张邦基,则无以确考,可略析之如次:北人将徽宗谢表刊以榷卖,却决不会将《李师师外传》杂其中,因《外传》写师师不屈并骂北房,北房岂能将此书杂其中耶?故将《外传》杂其中者,必然为南宋人无疑。徽宗绍兴五年(1135)卒于五国城,则北人刊徽宗谢表榷卖亦当在其时或稍后,又足以证明《外传》亦当作于绍兴五年前后。准此,则知《外传》早于《汴都平康记》矣。

　　《墨庄漫录》与《汴都平康记》同为张邦基所作,然孰先孰后却无以考知。臆张邦基先作《墨庄漫录》,后又将《漫录》中记妓女事别出并扩而广之,作《汴都平康记》。故同为记晁冲之与李师师事,《汴都平康记》比《漫录》却多出"晁无咎和李秬《双头牡丹》有云:……"另作一行又云:"一云,李生慷慨飞扬,有丈夫气……邦基又识。""又识"云云,显然有"后记"之意耳。岂张邦基作《汴都平康记》时,《外传》已广为流传,故始有所谓"以侠名倾一时"云云耶? 果若此,则"以侠名倾一时"之李师师根本不存在,乃文人为伸张民族正气,遂让烟花女子亦具慷慨骂敌之姿矣。所谓世道人心,于此可见。如此看来,徽宗朝只有一个色艺双绝之李师师,周邦彦、晁冲之、宋徽宗等都曾是她的狎客。靖康元年(1126),在大敌当前时,荒淫无能的宋徽宗,匆匆禅位给儿子,百官多随其潜逃,给儿子留下个难以收拾的烂摊子。钦宗无力抗敌,却有本事抄李师师与其他人之家产。靖康之难后,她流落江浙湖湘,并没有被张邦昌献给金人,当然更不会去慷慨骂贼了。

至如《墨庄漫录》谓"靖康间,李生与同辈赵元奴及筑球吹笛袁绚、武震辈,例籍其家。李生流落来浙,士大夫犹邀之以听歌,然憔悴无复向来之态矣",亦可从其他典籍中与以印证。宋徐梦莘(1124—1205)《三朝北盟会编》卷三〇记李师师被抄家事曰:

> 靖康元年正月十五日,圣旨:应有官无官诸色人,曾经赐金帛,各据前项所赐条数,自陈纳官。如敢隐数,许人告犯,重行断遣。尚书省直取金银指挥奉圣旨:仰聂山、何桌、周懿文、李光,只金(应为"今"字之误)直取。杨球、张补、姜尧臣、李宗佑、张师贤、宋辉、李宗振、董庠下项逐家金银于元丰库送纳。赵元奴、李师师、王仲端,曾经祇应倡优之家,并箫管袁陶(绚)、武震、史彦、蒋翊、王人,筑球郭老娘,逐人家产籍没。并内侍省官、道官、乐官、曾经入内医官、辇官、幕士、忠佐,并应曾特赐金带,许系金带人并行陈纳。若敢徇情隐庇,并转为藏匿之家,许日下自首。如违,并行军法。诸色人所藏之物,以半充赏。

《宋史·钦宗纪》载:靖康元年正月,金兵已至汴京城下,"道君皇帝（即徽宗）入亳州，百官多潜通。""辛未（是月丁卯朔，辛未为正月初五），以李纲为亲征行营使，……是夜，金人攻宣泽门，李纲御之，斩获百余人，至旦始退。甲戌（正月初八）金人遣吴孝民来议和，命李棁使金军。……乙亥（正月初九）金人攻通津、正阳等门，李纲督战，自卯至酉，斩首数千级，何灌战死。李棁与萧三宝奴、耶律忠、王汭来索金帛数千万，且求割太原、中山、河间三镇，并宰相亲王为质，乃退师。丙子（正月初十），避正殿，减常膳。括借金银，籍倡优家财。"《老学庵笔记》卷一亦载："靖康末，括金赂虏，诏群臣服金带者，权以通犀带易只，独存金鱼。又，执政则正透，从官则倒透。至建炎中兴，朝廷草创，犹用此制。吕好问为右丞，特赐金带，高宗面谕曰：'此带朕自视上方工为之。'盖特恩也。绍兴三年，兵革初定，始诏依故事，服金带。"正与《三朝北盟会编》相补充，知金人"索金帛数千万"，国库无以支付，始"括借金银，籍倡优家财"，乃至收缴臣僚所服金带，委食于虎，解城下之围。此年，李师师已将近五十岁矣。张邦基谓"李生流落来浙，士大夫犹邀之以听歌，然憔悴无复向来之态矣"，即以建炎元年（1127）李师师流落江浙计之，虽尚不足五十岁，然饱经战乱之人，亦与"憔悴无复向来之态"不相矛盾。

明人梅鼎祚《青泥莲花记》记李师师事曰：

　　东京角妓李师师，住金线巷，色艺冠绝。徽宗自政和后，多微行，乘小轿子，数内臣导从往李师师家。靖康之乱，师师南徙，有人遇之湖湘间，衰老憔悴，无复向时风态。刘屏山诗云："辇毂繁华事可伤，师师垂老过湖湘。缕金檀板今无色，一曲当年动帝王。"师师旧婚武功郎贾奕《南乡子》词云："闲步小楼前，见个佳人貌类仙。暗想圣情浑似梦，追欢。执手兰房恣意怜。一夜说盟言。满掬沉檀喷瑞烟。报道早朝归去晚，回銮。留下鲛绡当宿钱。"奕由是贬琼州。宣和六年,册师师为李明妃,改金线巷为小御街。樊楼乃丰乐楼之异名,上有御座,徽宗时与师师宴饮于此。金兵至,李明妃废为庶人,流落湘湖,为商人所得。①

梅鼎祚距李师师已远,其《青泥莲花记》乃因诗猜事,非因事注诗,且撮录前人所记而更衍之,不足为据。据前所考,《李师师外传》当早于《宣和遗事》。然事过境迁,自岳武穆被秦桧杀害之后,南宋小朝廷渐渐习于苟安一隅,朝野上下亦渐渐泯灭了那股同仇敌忾之气。于是《李师师外传》中那种侠骨义胆,便让位于《宣和遗事》中的旖旎风光,成了南宋人编造小说的蓝本。然贾奕其人名不见经传,莫若周邦彦之声名远播,此陈鹄之《耆旧续闻》所以为南宋人喜闻乐见欤?《耆旧续闻》记徽宗与周邦彦因李师师而争风吃醋事曰:

　　周美成至汴京,主角妓李师师家,为作《洛阳春》云:"眉共春山争秀。可怜长皱。莫将清泪湿花枝,恐花也、如人瘦。　　清润玉箫闲久。知音稀有。欲知日日倚阑愁,但问取、亭前柳。"师师欲委身而未能也。与同起止,美成复作《凤来朝》云:"逗晓看娇面。小窗深、弄明未辨。爱残妆宿粉云鬟乱,畅好是、帐中见。　　说梦双娥微敛。锦衾温、兽香未断。待起难抛舍,任日炙,画楼暖。"一夕,徽宗幸师师家,美成仓卒不能出,匿复壁间,遂制《少年游》以纪其事。徽宗知而谴发之,师师饯送,美成作《兰陵王》云:"应折柔条过千尺。"至"斜阳冉冉春无极",人尽以为咏柳,淡宕有情,不知为别师师而作,便觉离愁在目。徽宗又至,师师归迟,更诵《兰陵王》别曲,含泪以告,乃留为大晟府待制。②

---

① 丁传靖辑:《宋人轶事汇编》卷一四,中华书局2003年版,第733页。
② [宋]陈鹄:《耆旧续闻》,《唐宋史料笔记丛刊》本,中华书局2002年版。

《清真集》中《洛阳春》词牌作《一落索》,字句全与此处所记同。陈鹄字西塘,南阳人。书中自言尝与知辰州陆子逸游,则为宁宗开禧(1205—1207)以后人,晚于《宣和遗事》之作者而早于张端义。书中所记多汴京故事及南渡后名人言行,盖杂采群籍而成书,亦间及考证。然此条不见于今本《耆旧续闻》,故有人怀疑采自他书。陈鹄距邦彦之卒已数十年,此前未见记邦彦与徽宗争风吃醋者,知其为口耳传闻,且为传闻之传闻明矣。至张端义则愈加故事化,其《贵耳集》下记曰:

> 道君幸李师师家。偶周邦彦先在焉。知道君至,遂匿于床下。道君自携新橙一颗,云:"江南初进来。"遂与师师谑语。邦彦悉闻之,隐括成《少年游》云:"并刀如水,吴盐胜雪,纤手破新橙。"后云:"城上已三更,马滑霜浓,不如休去,直是少人行。"李师师因歌此词,道君问谁作,李师师奏云:"周邦彦词。"道君大怒,坐朝宣谕蔡京云:"开封府有监税周邦彦者,闻课额不登,如何京尹不案发来?"蔡京罔知所以,奏云:"容臣退朝呼京尹叩问,续得覆奏。"京尹至,蔡以御前圣旨谕之。京尹云:"惟周邦彦课额增羡。"蔡云:"上意如此,只得迁就将上。"得旨:"周邦彦职事废弛,可日下押出国门。"隔一二日,道君复幸李师师家,不见李师师,问其家,知送周监税。道君方以邦彦出国门为喜,既至不遇,坐久,至更初,李始归,愁眉泪睫,憔悴可掬。道君大怒,云:"尔往那里去?"李奏:"臣妾万死,知周邦彦得罪,押出国门,略致一杯相别,不知官家来。"道君问:"曾有词否?"李奏云:"有《兰陵王》词。"今"柳阴直"者是也。道君云:"唱一遍看。"李奏云:"容臣奉奉一杯,歌此词,为官家寿。"曲终,道君大喜,复召为大晟乐正,后官至大晟乐府待制。邦彦以词行,当时皆称美成词,殊不知美成文笔大有可观,作《汴都赋》,如笺奏杂著。皆是杰作,可惜以词掩其他文

也。当时李师师家有二邦彦,一周美成,一李士美,皆为道君狎客。士美因而为宰相,吁!君臣遇合于倡优下贱之家,国之安危治乱,可想而知矣!①

其末谓"君臣遇合于倡优下贱之家,国之安危治乱,可想而知矣",已明其创作旨矣。张端义字正夫,晚自号荃翁,郑州人,居吴。生于宋孝宗淳熙六年(1179),卒年不详。理宗端平二年(1235)曾应诏三次上书,后因触忌被放逐韶州(今广东曲江),《贵耳集》即写于韶州。初集成书于理宗淳祐元年(1241),二集成书于淳祐四年,三集成书于淳祐八年。《四库全书总目提要》谓其"负气好议论,故引据非其所长",且张端义生时距周邦彦之卒已近六十年,《贵耳集》成书时距邦彦之卒已一百二十余年,此记显系出《耆旧续闻》而更演之。王国维与罗忼烈驳之甚是。周密《浩然斋雅谈》下亦记周邦彦与李师师事曰:

> 宣和中,李师师以能歌舞称,时周邦彦为太学生,每游其家。一夕,值祐陵临幸,仓猝隐去。既而,赋小词,所谓"并刀如水,吴盐胜雪"者,盖纪此夕事也。未几,李被宣唤,遂歌于上前,问谁所为,则以邦彦对。于是遂与解褐,自此通显。既而朝廷赐脯,师师又歌《大酺》《六丑》二解,上顾教坊使袁裪问,裪曰:"此起居舍人新知潞州周邦彦作也。"问《六丑》之义,莫能对,急召邦彦问之,对曰:"此犯六调,皆声之美者,然绝难歌,昔高阳氏有子六人,才而丑,故以比之。"上喜,意将留行,且以近者祥瑞沓至,将使播之乐府,命蔡元长微叩之,邦彦云:"某老矣,颇悔少作。"会起居郎张果

---

① 〔宋〕张端义:《贵耳集》,《影印文渊阁四库全书》,台湾商务印书馆1985年版,第865册,第452页。

与之不咸,廉知邦彦尝于亲王席上,作小词赠舞鬟,云:"歌席上,无赖是横波。宝髻玲珑敧玉燕,绣巾柔腻掩香罗。何况会婆娑。

无个事,固甚敛双蛾。浅淡梳妆疑是画,惺忪言语胜闻歌。好处是情多。"为蔡道其事,上知之,由是得罪。师师后入中,封瀛国夫人。朱希真有诗云:"解唱《阳关》别调声,前朝唯有李夫人。"即其人也。①

所谓"邦彦尝于亲王席上,作小词赠舞鬟"词,即前曾引录,题曰"咏妓"之《望江南》词。周密字公谨,号草窗,又号萧斋,以流寓于吴兴弁山,又号弁阳啸翁。生于宋理宗绍定五年(1232),华不注山人,寓居吴兴,工诗词,淳祐中(1241—1252)官义乌令,宋亡不仕,自号泗水潜夫,卒于元成宗大德二年(1298)。其距邦彦之卒则更为久远,且所记正好与张端义所记相抵牾,张谓邦彦因李师师先获罪而后通显,周谓邦彦因李师师先解褐而后获罪,王、罗二氏驳之亦为有据。然与此前所记不同者,即将周邦彦外任,与政治斗争联系起来,且有踪迹可寻,前已考之矣,此不再赘笔。尚需说明的则是,即使是小说家言,亦真假相掺,宜剔其假而存其真,不宜以其假而将其真亦并弃之也。《遗事》在驳《浩然斋雅谈》之后又曰:"然则弁阳翁所记'颇悔少作'之对,当得其实,不得以他事失实而并疑之也。"诚哉斯言!

行文至此,可总结如次:北宋初至元祐年间,有名妓师师者,未知何姓,柳永、张先、晏几道、秦观等名家,都曾有词赠她。至崇宁、大观后,汴京又有名妓曰李师师者出,她曾在大观三年(1109)选舞时,于力人之中脱颖而出,红极一时,宋徽宗及词坛名家如周邦彦、晁冲之等都与之往来不绝。何以同名不同姓者如此之多又如此巧合?则诚

① [宋]周密:《浩然斋雅谈》,第39—40页。

如《李师师外传》所云:"汴俗,凡男女生,父母爱之,必为舍身佛寺。"如此而已。

　　王国维、陈思与罗忼烈三位均以周邦彦是"新党代表人物",又从维护"新党代表人物形象"发展,进而在周邦彦与妓女的关系上为邦彦讳,其实是大可不必的。

证后余思

    王国维、陈思与罗忼烈相较,则以王国维对周邦彦词研究的前后变化最具代表性,析其所以变化之故,对今之学人尤其对邦彦之研究,当不无参考。王国维早年读周济《词辨》有五条眉批,其中就有两条涉及邦彦①;壮年作《人间词话》②,评邦彦条目更多;晚年又著《清真先生遗事》万六千余言,对清真可谓三致意焉。其《词辨》两条眉批云:

>   美成词多作态,故不是大家气象。若同叔、永叔虽不作态,而一笑百媚生矣。此天才与人力之别也。
>
>   予于词,五代喜李后主、冯正中而不喜《花间》。宋喜同叔、永叔、子瞻、少游而不喜美成。南宋只爱稼轩一人,而最恶梦窗、玉田。介存《词辨》所选词,颇多不当人意。而其论词颇多独到之语。始知天下固有具眼人,非予一人之私见也。

《人间词话》有四条评及邦彦:

>   词之雅正,在神不在貌。永叔、少游虽作艳语,终有品格。方

---

① 王国维:《人间词话·附录》,人民文学出版社1962年版。其《附录》共二十九条,据徐调孚注,其中有五条为陈乃乾录自观堂旧藏《词辨》眉间批语。此眉批作年莫考,一般认为作于早年,罗忼烈先生亦持此说。

② 《人间词话》尾署"宣统庚戌(1910)九月脱稿于京师定武城南寓庐"。

之美成,便有淑女与娼妓之别。

美成深远之致不及欧苏。惟言情体物,穷极工巧,故不失为第一流之作者。但恨创调之才多,创意之才少耳。

周介存谓:"《梅溪》词中,喜用'偷'字,足以定其品格。"刘融斋谓:"周旨荡而史意贪。"此二语令人解颐。

诗人对宇宙人生,须入乎其内,又须出乎其外。入乎其内,故能写之。出乎其外,故能观之。入乎其内,故有生气。出乎其外,故有高致。美成能入不能出。白石以降,对此皆未梦见。

《删稿》有五条评及邦彦:

词家多以景寓情。其专作情语而绝妙者,如牛峤之"甘(当作须)作一生拼,尽君今日欢",顾夐之"换我心为你心,始知相忆深",欧阳修(应为柳永)之"衣带渐宽终不悔,为伊消得人憔悴",美成之"许多烦恼,只为当时,一饷留情",此等词求之古今人词中,曾不多见。

"西(当作秋)风吹渭水,落日(当作叶)满长安。"美成以之入词,白仁甫以之入曲,此借古人之境界为我之境界者也。然非自有境界,古人亦不为我用。

长调以周、柳、苏、辛为最工。美成《浪淘沙》二词,精壮顿挫,已开北曲之先声。若屯田之《八声甘州》,东坡之《水调歌头》,则佇兴之作,格高千古,不能以常调论也。

词之最工者,实推后主、正中、永叔、少游、美成,而后此南宋诸公不与焉。(徐调孚按:"末句原稿作'前此温、韦,后此姜、吴,皆不与焉。'")

唐五代之词,有句而无篇。南宋名家之词,有篇而无句。有篇有句,唯李后主降宋后之作,及永叔、子瞻、少游、美成、稼轩数人而已。

罗先生将王国维对周邦彦的评价分为四个阶段①,实际上很难以时段来划分,因为上述二著,不惟时间跨度很大,而且相互穿插。如《人间词》,虽结稿于1910年9月,但观其重贬重褒均在其中,即知其不作于一时,且时间跨度很大。以对邦彦词之评价而言,实则为重贬、褒中有贬、褒而无贬三个阶段而已。其早年盖对邦彦持否定态度,观其"宋喜同叔、永叔、子瞻、少游而不喜美成。""美成词多作态,故不是大家气象。""永叔、少游虽作艳语,终有品格。方之美成,便有淑女与娼妓之别"可知。其后则贬中有褒,所谓"美成深远之致不及欧苏。惟言情体物,穷极工巧,故不失为第一流之作者。但恨创调之才多,创意之才少耳",则贬中有褒也。其盛誉邦彦盖始于1906年。署名樊志厚,实则为王国维自作的《人间词》前叙云:"君之于词,于五代喜李后主、冯正中,于北宋喜永叔、子瞻、少游、美成,于南宋除稼轩、白石外,所嗜盖鲜矣。"②与前期相较,则以美成易同叔矣,文尾署"光绪丙午三月","光绪丙午"即光绪三十二年(1906),待四年后《人间词话》始结稿。但对邦彦重褒重贬皆在《人间词话》中,故知《人间词话》之作,不惟时间跨度很长,且疑其非晚年手订者。至作《清真先生遗事》时,则谓邦彦在《汴都赋》中"颇颂新法",故邦彦始被抬到了"词中老杜"的宝座。

———————————

① 罗忼烈先生在《王国维与清真词》一文中,将王国维对周邦彦的评价分为四个时期。该文最初刊于香港《海洋文艺》1978年第五卷第十期,后收入《两小山斋论文集》,中华书局1982年版。

② 王国维:《人间词话》。徐调孚《重印后记》曰:"其中署名山阴樊志厚的《人间词》甲乙稿两序,据赵万里先生所作《年谱》,实在是王国维自己的作品,所以也一并收入附录中。"

"词中娼妓"与"词中老杜",则自九渊升九天矣。原王国维对邦彦之评价,所以前后如此悬殊,其间原因故多,但关键在于政治与道德之评价,或者可谓之政治之道德评价。如果除去邦彦头上那些人为地加上去的政治道德光环以及随之而来的寄托说,单就词论词,还是王氏在《人间词话》中所说的那句话最为准确,即邦彦"故不失为第一流之作者。但恨创调之才多,创意之才少耳"。

原邦彦一生,前后判若两人。早期之邦彦,本性情中人,尚可称之为清流人物。后期之邦彦,身处浊流又不甘其浊,从奸人驱使又不见为恶,以人杰为鉴又不能慎独。故平心论邦彦,心慕儒家之教,行乖儒家之轨,达不能兼济天下,穷不能独善其身,内心充满了憧憬与焦灼、满足与不安,只好用诗文词来反复表达灵魂的自戒与自赎,给自己树立一个独立不移的抒情主人公形象,又力图掩盖自己的隐痛与疮疤。这种人格和文格的统一又分裂,诚如孙虹教授在《清真集校注·前言》中所论:

> 须知文学在某种意义上可视为精神超越的方式。封建社会士子受正统儒家思想教育,当其行为越出传统规范,高自标置既是抚平内疚的精神安慰,也是弥补仕途不达的精神满足。如潘岳仕宦不达时,曾作《闲居赋》。潘岳在《闲居赋》中,表示守拙养巧,"资忠履信以进德,修辞立诚以居业";"览知足之分,庶浮云之志。筑室种树,逍遥自得",俨然既遵从儒家不义而富贵于我如浮云的立身原则,并能以知足不辱,知止不殆的思想修身养性。然富贵浮云,绝利去欲,不辱于身;知可止则止,不殆于身——此种儒道互渗的人格范式,与潘岳之轻躁趋利不啻天壤,故后人有"高情自古《闲居赋》,争知安仁拜路尘"之叹。文学是苦闷的象征,作者

完全可以持一己之主观标准塑造人物包括创造自我。但并不表明潘岳式的自我创造,在实际生活中能得到认同。这也许能视为作者创作作品时的人格分裂,它表现了人类潜意识中隐然求善的愿望。邦彦人品虽然有污,但其词作的内容纤尘不染,似也可以作如是观。①

---

① ［宋］周邦彦著,孙虹校注,薛瑞生订补:《清真集校注·前言》,中华书局 2002 年版,第 13 页。

薛瑞生著述编年[*]

1979 年

《思想、形象和倾向——评刘心武同志小说中的议论》，刊于《陕西师范大学学报》（哲学社会科学版）1979 年第 3 期。《谈文苑风骨》，刊于《延河》1979 年第 8 期。《文学是真实的领域——关于现实主义之一》，刊于《延河》1979 年第 9 期。

1980 年

《给胡适在"红学"史上以应有的地位》，刊于《西北大学学报》（哲学社会科学版）1980 年第 1 期。《"石兄（石头）说"质疑》，刊于《文艺研究》1980 年第 2 期。《论贾探春——兼与王永同志商榷》，刊于《陕西师范大学学报》（哲学社会科学版）1980 年第 2 期。《倾向性浅识——再谈现实主义》，刊于《延河》1980 年第 2 期。《苏轼散文的艺术特色》，刊于《陕西教育》1980 年第 8 期。《"两结合"创作方法漫议》，刊于《人文杂志》1980 年第 5 期。

1981 年

《现象·本质·真实——评〈时代的报告〉的两篇评论》，刊于《长安》1981 年第 1 期。《要多给读者一些"过剩题材"和"多余思想"》，刊于《长安》1981 年第 4 期。《现实主义走向深化》，刊于《长安》1981 年第 5 期。《论典型的个性化道路及其他》，刊于《西北大学学报》（哲学社会科学版）1981 年第 2 期。《评苏轼对词的贡献》，刊于《陕西师范大

＊ 本文由西北大学文学院邱晓编制。

学学报》(哲学社会科学版)1981年第3期。《"心似双丝网,中有千千结"——李清照〈声声慢〉赏析》,刊于《陕西教育》1981年第6期。

1982年

《〈红楼梦〉的政治倾向与曹雪芹的世界观》,刊于《西北大学学报》(哲学社会科学版)1982年第1期。《佳作结构类天成——论〈红楼梦〉的结构艺术》,刊于《文艺研究》1982年第3期。《"醉翁"四笔》,刊于《陕西教育》1982年第4期。《点墨·破墨·泼墨——谈〈王桂庵〉的写人艺术》,刊于《延河》1982年第7期。《〈红楼梦〉艺术概论》,刊于《陕西师范大学学报》(哲学社会科学版)1982年第4期。《笔花生彩墨花香——论〈红楼梦〉的细节描写》,刊于《西北大学学报》(哲学社会科学版)1982年第4期。《墨痕中和着血和泪——读林觉民的〈与妻书〉》,刊于《陕西教育》1982年第10期。

1983年

《好驴马不逐队行——由京夫的迁拙谈小说的创新》,刊于《延河》1983年第1期。《淡极始知花更艳——论〈红楼梦〉的语言艺术》,刊于《红楼梦学刊》1983年第3期。《〈林黛玉进贾府〉的人物描写》,刊于《陕西教育》1983年第10期。

1984年

《活现痴人恋恋间——论〈红楼梦〉的爱情描写》,刊于《西北大学学报》(哲学社会科学版)1984年第1期。《景夺文章造化功——论〈红楼梦〉的景物描写》,刊于《陕西师范大学学报》(哲学社会科学版)1984年第2期。《不依古法但横行——〈红楼梦〉与中国古典现实主义的终结》,刊于《文艺研究》1984年第3期。《奇外无奇更出奇——〈红楼梦〉的艺术特色》,刊于《红楼梦学刊》1984年第4期。

1985年

《玉楼赴召在玄羊——曹雪芹卒年问题浅识》,刊于《西北大学学报》(哲学社会科学版)1985年第2期。《大千世界总多情——论〈红楼梦〉的感情表现》,刊于《红楼梦学刊》1985 年第 3 期。

1986 年

《红楼采珠》,由百花文艺出版社出版。

《人生为学背书始》,刊于《中学生文史》1986 年第 5 期。《解到情切文自工——〈祭妹文〉赏析》,刊于《陕西教育》1986 年第 6 期。

1987 年

《南渡词论略》,刊于《西北大学学报》(哲学社会科学版)1987 年第 2 期。《苏门、苏学与苏体》,刊于《渭南教研》1987 年第 3 期。

1988 年

《中国古典小说六大名著鉴赏辞典》(副主编),由华岳文艺出版社出版。

《苏门、苏学与苏体——兼论北宋的党争与文学》,刊于《文学遗产》1988 年第 5 期。

1989 年

《论何其芳在当代红学史上的地位——兼评余英时先生的"两个世界"说》,刊于《汕头大学学报》(人文社会科学版)1989 年第 1 期。《冰雪招来露砌魂——论薛宝钗》,刊于《西北大学学报》(哲学社会科学版)1989 年第 4 期。

1990 年

《苏词"应社"说——兼论东坡倅杭之心境与词境》,刊于《中国韵文学刊》1990 年第 1 期。

1992 年

《中国古代文学作品选导读》,由陕西师范大学出版社出版。

《东坡前壬子词考证——坡词编年考证之一》,刊于《西北大学学报》(哲学社会科学版)1992 年第 1 期。《封建末世的多余人——论贾宝玉"自色悟空"的文化思想心理依据》,刊于《红楼梦学刊》1992 年第 2 期。

1993 年

《蘅芜何曾负潇湘——论曹雪芹笔下的钗黛形象》,刊于《宝鸡文理学院学报》(哲学社会科学版)1993 年第 3 期。《捧心西子玉为魂——林黛玉论》,刊于《红楼梦学刊》1993 年第 3 期。

1994 年

《红楼梦》校注(赵俊玠、薛瑞生、费秉勋、刘建军、房日晰校注),由四川文艺出版社出版。《乐章集校注》,由中华书局出版。

《柳永生卒年与交游宦踪新考》,刊于《中国韵文学刊》1994 年第 2 期。《柳永卒年新说》,刊于《西北大学学报》(哲学社会科学版)1994 年第 3 期。

1995 年

《机关算尽太聪明——王熙凤论》,刊于《红楼梦学刊》1995 年第 2 期。

1996 年

《东坡南迁词考辨》,刊于《人文杂志》1996 年第 1 期。《是真名士自风流——史湘云论》,刊于《红楼梦学刊》1996 年第 3 期。《柳永杂考》,刊于《西北师大学报》(社会科学版)1996 年第 4 期、《西北大学学报》(哲学社会科学版)1996 年第 4 期。

1997 年

《恼人最是戒珠圆——妙玉论》,刊于《红楼梦学刊》1997 年第 1 期。《大宝玉与〈风月宝鉴〉》,刊于《红楼梦学刊》1997 年第 S1 期。《关于两书合成〈红楼梦〉的思考》,刊于《西北大学学报》(哲学社会科学版) 1997 年第 3 期。《两书合成〈红楼梦〉——关于〈红楼梦〉著作权问题的思考》,刊于《人文杂志》1997 年第 4 期。

1998 年

《红楼梦谫论》,由太白文艺出版社出版。《唐宋八大家文钞校注集评》(执行主编),由三秦出版社出版。《东坡词编年笺证》,由三秦出版社出版。

《〈叶氏宗谱序〉与〈像赞〉非苏轼、苏洵作辨》,刊于《人文杂志》
1998 年第 1 期。《关于两书合成〈红楼梦〉的思考》,刊于《唐都学刊》
1998 年第 2 期。

2000 年

《说凤城》,刊于《陕西教育》2000 年第 1 期。《"弄獐宰相"与"伏
猎侍郎"》,刊于《陕西教育》2000 年第 6 期。《两宋提倡妇女改嫁说》,
刊于《文史知识》2000 年第 7 期。《古人趣闻杂俎》,刊于《文史知识》
2000 年第 9 期。《说"凤城"》,刊于《文史知识》2000 年第 10 期。

2001 年

《清真事迹新证》(薛瑞生、孙虹),刊于《新宋学》2001 年创刊号。
《"弄獐宰相"与"伏猎侍郎"》,刊于《文史知识》2001 年第 4 期。《〈乐
章集校注辨识〉献异》,刊于《书品》2001 年第 5 期。《〈乐章集校注辨
识〉献异(续)》,刊于《书品》2001 年第 6 期。

2002 年

《清真集校注》(孙虹校注,薛瑞生订补),中华书局 2002 年 1 月。

《关于"新世纪古典文学研究走向"的思考》,刊于《新疆师范大学
学报》(哲学社会科学版)2002 年第 1 期。《它山之石 可以为错——就
苏词编年答保苅佳昭与曾枣庄君》,刊于《西北大学学报》(哲学社会科
学版)2002 年第 1 期。《闲话"拆字"》,刊于《文史知识》2001 年第 3
期。《周邦彦两入长安考》,刊于《文学遗产》2002 年第 3 期。《就〈乐
章集校注辨误〉答陈永正教授》,收入《宋代文学研究丛刊》第 6 期,由
台湾丽文文化事业公司出版。

2003 年

《柳永事迹新证》,收入《新宋学》2003 年第 2 辑。《周邦彦两入长安
考》,收入《宋代文学研究丛刊》第 7 期,由台湾丽文文化事业公司出版。

2004 年

《周邦彦卷入王宷、刘昺"谋逆"事件考辨》,刊于《西北大学学报》(哲学社会科学版)2004 年第 4 期。《于细微处见文心——评邹同庆、王宗堂〈苏轼词编年校注〉》,刊于《南阳师范学院学报》(社会科学版)2004 年第 7 期。《"分茶"并非"品茶"说》,刊于《文史知识》2004 年第 7 期。《楼钥为周邦彦遮饰考》,收入《中华传统文化与新世纪》,由三秦出版社出版。《柳永事迹考辨》,收入《宋代文学研究丛刊》第 8 期,由台湾丽文文化事业公司出版。

2005 年

《柳永词选》,由中华书局出版。

《周邦彦并未"流落十年"考辨》,刊于《文学遗产》2005 年第 3 期。《周邦彦知河中府春秋两入长安及离任归期词考证》(孙虹、薛瑞生),收入《宋代文学研究丛刊》第 9 期,由台湾丽文文化事业公司出版。

2006 年

《周邦彦何以写诗为蔡京祝寿并斥范纯粹为"奸臣"考》,刊于《南阳师范学院学报》(社会科学版)2006 年第 2 期。

2007 年

《世经堂康熙十七年残本〈词综〉批语选录》,收入《词学》第 18 辑。

2008 年

《柳永别传:柳永生平事迹新证》《周邦彦别传:周邦彦生平事迹新证》,由三秦出版社出版。

2011 年

《诚斋诗集笺证》,由三秦出版社出版。

《宋元词人词事三考》,刊于《乌鲁木齐职业大学学报》2011 年第 1 期。《苏轼数篇诗词文系年考辨》,刊于《乌鲁木齐职业大学学报》2011 年第 3 期。

2012 年

《乐章集校注（增订本）》，由中华书局出版。

《学术批评不能置学术规范于不顾——— 就〈东坡词笺注补正〉答陈永正》，刊于《南京师范大学文学院学报》2012 年第 1 期。《诚斋体与诚斋诗的阅读》，刊于《乌鲁木齐职业大学学报》2012 年第 2 期。《〈梦窗词集校注笺证〉弁言》，刊于《书品》2012 年第 6 期。

2013 年

《柳永词》，由中华书局出版。

《写在〈乐章集校注〉增订本出版的时候》，刊于《书品》2013 年第 2 期。

《柳永的被理解与被误解——兼谈"柳永热"中的迷途与歧途》，刊于《南京师范大学文学院学报》2013 年第 2 期。

2014 年

《柳永三考》，刊于《中国韵文学刊》2014 年第 1 期。《东坡词三首编年考辨》，刊于《唐都学刊》2014 年第 3 期。《东坡词四首编年刍议》，刊于《南京师范大学文学院学报》2014 年第 3 期。

2015 年

《东坡词五首编年商略》，刊于《南阳师范学院学报》2015 年第 1 期。

2016 年

《晓风残月——柳永传》（署名"简雪庵"），由作家出版社出版。

《学术是愚人的事业——治学随想录（上）》，刊于《西北大学学报》2016 年第 3 期。《学术是愚人的事业——治学随想录（下）》，刊于《西北大学学报》2016 年第 4 期。

跋

　　自近代及今,对周邦彦研究作出突出贡献者,则莫过于王国维、陈思、罗忼烈三位先哲今贤。而是编对前人之说有所辩驳者,亦以三先生为多。扪心自问,不敏对三先生尊礼有加。然尊重莫如真诚,真诚是最大的尊敬,"予岂好辩哉? 予不得已也!"愿以此言为瓣香,献诸三先生焉。知我罪我,敬候高论。书成,交由商务印书馆再版。在增订过程中,商务印书馆编辑为立项出版事宜前后奔波,西北大学文学院极力支持并斥资资助出版,在此一并敬致谢忱!

奉先薛瑞生

2019 初冬最后一次修订

结稿于西北大学蜗居轩